第二次全国残疾人抽样调查资料

上海卷

上海市第二次全国残疾人抽样调查办公室 编

中国统计出版社
China Statistics Press

(京)新登字 041 号

图书在版编目（CIP）数据

第二次全国残疾人抽样调查资料. 上海卷 / 上海市第二次全国残疾人抽样调查办公室编.
—北京：中国统计出版社，2007.12

ISBN 978-7-5037-5288-9

Ⅰ. 第…
Ⅱ. 上…
Ⅲ. 残疾人－抽样调查－统计资料－上海市
Ⅳ. D669.69

中国版本图书馆 CIP 数据核字（2007）第 158102 号

第二次全国残疾人抽样调查资料—上海卷

作　　者 / 上海市第二次全国残疾人抽样调查办公室
责任编辑 / 徐　颖　王振宇
封面设计 / 杨燕超
出版发行 / 中国统计出版社
通信地址 / 北京市西城区月坛南街 57 号
邮政编码 / 100826
办公地址 / 北京市丰台区西三环南路甲 6 号
网　　址 / www.stats.gov.cn/tjshujia
电　　话 / 邮购（010）63376907　书店（010）68783172
印　　刷 / 河北天普润印刷厂
经　　销 / 新华书店
开　　本 / 880 × 1230 毫米　1/16
字　　数 / 1570 千字
印　　张 / 50　3 插页
版　　别 / 2007 年 12 月第 1 版
版　　次 / 2007 年 12 月第 1 次印刷
书　　号 / ISBN 978-7-5037-5288-9/D・169
定　　价 / 350.00 元

本书附同版本 CD-ROM 一张，光盘内容以书面文字为准。

《第二次全国残疾人抽样调查资料》
（上海卷）

编辑人员

总 编 辑： 龚伯荣

副总编辑： 刘建华　顾逸华

编　　辑： （按姓氏笔画为序）

王达文　王　诚　孙晓明　陆　洲

陆卫平　余美华　李　虹　季　芳

张　炜　陈　巍　陈培娣　赵　华

周定中　周新建　郑洁皎　柴捍平

高　清　谈炎华　詹　佳

上海市第二次全国残疾人抽样调查样本区（县）分布示意图

审图号:沪S(2007)126号

编 辑 说 明

我国以2006年4月1日零时为标准时间进行了第二次全国残疾人抽样调查，这是1987年第一次全国残疾人抽样调查19年后进行的又一次全国范围内大规模的残疾人专项调查。在市委、市政府的领导下，在有关部门、社会各方面的大力支持配合下，按照第二次全国残疾人抽样调查领导小组的统一部署，历时两个月的时间，对抽中的19个区县，88个街道、镇的176个调查小区进行了入户调查和残疾评定。调查获得了丰富翔实的资料。为了满足政府部门、科研单位和社会各方面的需要，现将经计算机汇总处理的数据资料编辑出版。

为方便读者准确地使用本资料，现将有关情况说明如下:

一、调查的对象是具有中华人民共和国国籍并在被抽中调查小区内常住的人（指自然人，下同）。调查采用按常住人口登记的原则，以户为单位填报，只调查家庭户，不调查集体户。此次不调查中国人民解放军现役军人和武装警察（包括军队管理的离退休干部）。

应当在本调查小区进行登记的人包括:

1. 居住本调查小区，户口在本镇、街道;

2. 居住本调查小区半年以上，户口在外乡、镇、街道;

3. 居住本调查小区不满半年，离开户口所在地半年以上;

4. 居住本调查小区，户口待定。

二、第二次全国残疾人抽样调查使用三种调查表: 一是《住户调查表》，二是《残疾人调查表》，三是《社区调查表》。调查项目共有52个，包括调查样本人群的家庭及其个人的状况，重点调查残疾人的致残原因、生活状况及其主要需求。

三、本资料是按照现场调查登记直接汇总的数据，未作任何调整。请读者在使用本资料时，特别是推算总体时，对以下因素予以充分注意:

1. 本资料不含调查漏登的人口数;

2. 本资料数据抽样比为4.15‰;

3. 作为一次多指标的抽样调查，有些分组较细的指标，代表性相对较低。

四、本次调查的城乡划分口径为: 城镇包括街道和镇的居委会，农村包括乡和镇的村委会。

五、本资料中空项表示无该项数据。

六、由于计算机运算中采取四舍五入的处理，个别汇总表分栏数据之和与合计数存在微小的差别，不影响对数据的使用。本资料中的第四部分的4-51表、4-56表应反映的情况，在本次调查中未出现，故不再列出表式，也不编页码。

七、为帮助读者准确使用本资料，附录中编印了《上海市第二次全国残疾人抽样调查主要数据公报》、《第二次全国残疾人抽样调查方案》、《第二次全国残疾人抽样调查残疾标准》、《第二次全国残疾人抽样调查住户调查表》和填写说明、《第二次全国残疾人抽样调查残疾人调查表》和填写说明、《第二次全国残疾人抽样调查社区调查表》和填写说明、《上海市第二次全国残疾人抽样调查抽样实施方案》、《上海市第二次全国残疾人抽样调查调查队组成》等。

编 者

2007年10月

编辑说明

目　录

第一部分　调查人口的基本状况

第二部分　残疾人口的基本状况

第五部分　社区和住户基本情况

附　录

第一部分　调查人口的基本状况

1－1　各地区调查样本基本情况

单位：人

地　区	调查的县(市、区)数(个)	调查的乡(镇、街道)数(个)	调查的小区数(个)	调查的总户数(户)	调查的总人口数			调查的残疾人数		
					合计	男	女	合计	男	女
总　计	**19**	**88**	**176**	**28032**	**73864**	**36344**	**37520**	**3910**	**1847**	**2063**
黄浦区	1	4	8	1288	3356	1711	1645	167	73	94
卢湾区	1	2	4	632	1661	775	886	107	50	57
徐汇区	1	6	12	1869	4974	2419	2555	209	113	96
长宁区	1	4	8	1360	3337	1626	1711	191	88	103
静安区	1	2	4	647	1677	824	853	100	53	47
普陀区	1	6	12	1901	5070	2488	2582	253	115	138
闸北区	1	5	10	1611	4157	2004	2153	270	125	145
虹口区	1	5	10	1685	4205	2036	2169	313	146	167
杨浦区	1	7	14	2181	5933	2936	2997	366	169	197
闵行区	1	5	10	1622	4131	2016	2115	128	55	73
宝山区	1	5	10	1616	4282	2150	2132	227	115	112
嘉定区	1	4	8	1229	3370	1668	1702	154	72	82
浦东新区	1	12	24	3764	10068	4962	5106	471	230	241
金山区	1	3	6	939	2537	1275	1262	152	75	77
松江区	1	3	6	918	2493	1274	1219	122	51	71
青浦区	1	3	6	871	2491	1218	1273	174	85	89
南汇区	1	5	10	1632	4184	2064	2120	163	76	87
奉贤区	1	3	6	1037	2571	1273	1298	172	77	95
崇明县	1	4	8	1230	3367	1625	1742	171	79	92

1－2 分年龄、性别的人口

单位：人，%

年龄	调查的总人数				调查的残疾人口			
	合计	男	女	性别比	合计	男	女	性别比
总 计	**73864**	**36344**	**37520**	**97**	**3910**	**1847**	**2063**	**90**
0-4	**1860**	**997**	**863**	**116**	**24**	**14**	**10**	**140**
0岁	354	193	161	120	5	3	2	150
1岁	445	236	209	113	2		2	
2岁	322	166	156	106	3	2	1	200
3岁	396	217	179	121	7	5	2	250
4岁	343	185	158	117	7	4	3	133
5-9	**1997**	**1025**	**972**	**105**	**14**	**6**	**8**	**75**
5岁	399	189	210	90	1	1		
6岁	355	175	180	97	3		3	
7岁	420	221	199	111	3	1	2	50
8岁	398	211	187	113	5	2	3	67
9岁	425	229	196	117	2	2		
10-14	**2383**	**1200**	**1183**	**101**	**19**	**11**	**8**	**138**
10岁	477	229	248	92	3	2	1	200
11岁	476	256	220	116	4	2	2	100
12岁	430	232	198	117	3	1	2	50
13岁	479	231	248	93	4	2	2	100
14岁	521	252	269	94	5	4	1	400
15-19	**4516**	**2237**	**2279**	**98**	**41**	**23**	**18**	**128**
15岁	624	321	303	106	8	2	6	33
16岁	876	450	426	106	7	6	1	600
17岁	933	451	482	94	11	5	6	83
18岁	1040	511	529	97	8	3	5	60
19岁	1043	504	539	94	7	7		
20-24	**5852**	**2808**	**3044**	**92**	**61**	**27**	**34**	**79**
20岁	939	455	484	94	12	7	5	140
21岁	1015	475	540	88	6	1	5	20
22岁	1114	564	550	103	8	5	3	167
23岁	1409	686	723	95	16	7	9	78
24岁	1375	628	747	84	19	7	12	58
25-29	**5351**	**2512**	**2839**	**88**	**58**	**34**	**24**	**142**
25岁	1032	511	521	98	15	11	4	275
26岁	1095	520	575	90	9	7	2	350
27岁	1113	479	634	76	14	6	8	75

1－2 续表 1

单位：人，%

年 龄	调查人口				调查残疾人			
	合计	男	女	性别比	合计	男	女	性别比
28岁	1093	520	573	91	13	8	5	160
29岁	1018	482	536	90	7	2	5	40
30-34	**4925**	**2445**	**2480**	**99**	**75**	**47**	**28**	**168**
30岁	978	519	459	113	8	6	2	300
31岁	971	486	485	100	15	11	4	275
32岁	1012	490	522	94	20	9	11	82
33岁	983	466	517	90	18	13	5	260
34岁	981	484	497	97	14	8	6	133
35-39	**5187**	**2591**	**2596**	**100**	**85**	**48**	**37**	**130**
35岁	1085	534	551	97	22	16	6	267
36岁	1143	551	592	93	13	6	7	86
37岁	1154	603	551	109	18	9	9	100
38岁	927	456	471	97	17	8	9	89
39岁	878	447	431	104	15	9	6	150
40-44	**6267**	**3104**	**3163**	**98**	**177**	**98**	**79**	**124**
40岁	956	468	488	96	25	16	9	178
41岁	1136	556	580	96	19	12	7	171
42岁	1520	733	787	93	36	18	18	100
43岁	1530	784	746	105	48	24	24	100
44岁	1125	563	562	100	49	28	21	133
45-49	**7922**	**4099**	**3823**	**107**	**276**	**154**	**122**	**126**
45岁	1234	633	601	105	36	22	14	157
46岁	1443	734	709	104	49	25	24	104
47岁	1552	823	729	113	48	26	22	118
48岁	1955	999	956	104	75	43	32	134
49岁	1738	910	828	110	68	38	30	127
50-54	**7822**	**3936**	**3886**	**101**	**316**	**172**	**144**	**119**
50岁	1596	807	789	102	49	32	17	188
51岁	1876	907	969	94	73	41	32	128
52岁	1573	779	794	98	47	24	23	104
53岁	1404	733	671	109	79	40	39	103
54岁	1373	710	663	107	68	35	33	106
55-59	**5387**	**2723**	**2664**	**102**	**273**	**148**	**125**	**118**
55岁	1172	613	559	110	52	28	24	117
56岁	1180	588	592	99	64	31	33	94

1－2 续表 2

单位：人，%

年 龄	调查人口				调查残疾人			
	合计	男	女	性别比	合计	男	女	性别比
57岁	1062	519	543	96	45	24	21	114
58岁	1015	509	506	101	60	35	25	140
59岁	958	494	464	106	52	30	22	136
60-64	**3409**	**1696**	**1713**	**99**	**211**	**99**	**112**	**88**
60岁	792	388	404	96	48	26	22	118
61岁	763	377	386	98	40	21	19	111
62岁	674	337	337	100	30	15	15	100
63岁	602	300	302	99	46	17	29	59
64岁	578	294	284	104	47	20	27	74
65-69	**2817**	**1357**	**1460**	**93**	**247**	**121**	**126**	**96**
65岁	574	287	287	100	50	27	23	117
66岁	506	227	279	81	35	17	18	94
67岁	586	277	309	90	60	27	33	82
68岁	586	284	302	94	49	23	26	88
69岁	565	282	283	100	53	27	26	104
70-74	**3403**	**1570**	**1833**	**86**	**551**	**246**	**305**	**81**
70岁	728	348	380	92	99	56	43	130
71岁	652	318	334	95	97	49	48	102
72岁	703	301	402	75	107	46	61	75
73岁	692	308	384	80	145	56	89	63
74岁	628	295	333	89	103	39	64	61
75-79	**2511**	**1123**	**1388**	**81**	**603**	**258**	**345**	**75**
75岁	573	265	308	86	129	53	76	70
76岁	543	234	309	76	101	35	66	53
77岁	493	222	271	82	111	53	58	91
78岁	477	201	276	73	125	53	72	74
79岁	425	201	224	90	137	64	73	88
80-84	**1483**	**636**	**847**	**75**	**506**	**212**	**294**	**72**
80岁	407	168	239	70	136	52	84	62
81岁	292	128	164	78	92	44	48	92
82岁	312	140	172	81	107	47	60	78
83岁	243	95	148	64	82	30	52	58
84岁	229	105	124	85	89	39	50	78
85+	**772**	**285**	**487**	**59**	**373**	**129**	**244**	**53**

1－2a 城镇分年龄、性别的人口

单位：人，%

年 龄	调查人口				调查残疾人			
	合计	男	女	性别比	合计	男	女	性别比
总 计	**56475**	**27681**	**28794**	**96**	**2985**	**1418**	**1567**	**90**
0-4	**1223**	**635**	**588**	**108**	**13**	**8**	**5**	**160**
0岁	227	121	106	114	3	2	1	200
1岁	285	148	137	108	1		1	
2岁	210	102	108	94	1		1	
3岁	270	139	131	106	4	3	1	300
4岁	231	125	106	118	4	3	1	300
5-9	**1465**	**754**	**711**	**106**	**8**	**4**	**4**	**100**
5岁	296	135	161	84	1	1		
6岁	236	120	116	103	2		2	
7岁	318	170	148	115	2	1	1	100
8岁	300	156	144	108	1		1	
9岁	315	173	142	122	2	2		
10-14	**1790**	**901**	**889**	**101**	**14**	**8**	**6**	**133**
10岁	340	164	176	93	3	2	1	200
11岁	358	193	165	117	4	2	2	100
12岁	325	174	151	115				
13岁	368	178	190	94	4	2	2	100
14岁	399	192	207	93	3	2	1	200
15-19	**3533**	**1789**	**1744**	**103**	**32**	**19**	**13**	**146**
15岁	505	263	242	109	7	2	5	40
16岁	695	360	335	107	4	4		
17岁	729	361	368	98	9	5	4	125
18岁	790	395	395	100	7	3	4	75
19岁	814	410	404	101	5	5		
20-24	**4546**	**2201**	**2345**	**94**	**49**	**24**	**25**	**96**
20岁	712	354	358	99	10	7	3	233
21岁	792	382	410	93	4	1	3	33
22岁	896	457	439	104	8	5	3	167
23岁	1091	535	556	96	11	5	6	83
24岁	1055	473	582	81	16	6	10	60
25-29	**3907**	**1795**	**2112**	**85**	**35**	**20**	**15**	**133**
25岁	762	365	397	92	9	7	2	350
26岁	795	372	423	88	5	3	2	150
27岁	838	344	494	70	9	4	5	80

1－2a 续表 1

单位：人，%

年 龄	调查人口				调查残疾人			
	合计	男	女	性别比	合计	男	女	性别比
28岁	791	362	429	84	8	4	4	100
29岁	721	352	369	95	4	2	2	100
30-34	**3435**	**1663**	**1772**	**94**	**53**	**33**	**20**	**165**
30岁	703	369	334	110	6	5	1	500
31岁	666	313	353	89	10	8	2	400
32岁	711	345	366	94	17	8	9	89
33岁	679	310	369	84	11	8	3	267
34岁	676	326	350	93	9	4	5	80
35-39	**3567**	**1752**	**1815**	**97**	**59**	**32**	**27**	**119**
35岁	747	361	386	94	14	11	3	367
36岁	782	371	411	90	7	3	4	75
37岁	781	400	381	105	15	8	7	114
38岁	671	324	347	93	12	5	7	71
39岁	586	296	290	102	11	5	6	83
40-44	**4652**	**2269**	**2383**	**95**	**126**	**69**	**57**	**121**
40岁	638	308	330	93	16	11	5	220
41岁	784	375	409	92	12	6	6	100
42岁	1137	541	596	91	22	12	10	120
43岁	1163	589	574	103	37	18	19	95
44岁	930	456	474	96	39	22	17	129
45-49	**6600**	**3428**	**3172**	**108**	**231**	**131**	**100**	**131**
45岁	1031	530	501	106	28	17	11	155
46岁	1195	608	587	104	44	22	22	100
47岁	1304	703	601	117	42	25	17	147
48岁	1644	837	807	104	63	36	27	133
49岁	1426	750	676	111	54	31	23	135
50-54	**6312**	**3172**	**3140**	**101**	**234**	**133**	**101**	**132**
50岁	1310	650	660	98	38	24	14	171
51岁	1542	735	807	91	53	34	19	179
52岁	1274	636	638	100	37	20	17	118
53岁	1104	588	516	114	54	27	27	100
54岁	1082	563	519	108	52	28	24	117
55-59	**4190**	**2119**	**2071**	**102**	**199**	**110**	**89**	**124**
55岁	927	475	452	105	35	18	17	106
56岁	928	475	453	105	48	27	21	129

1－2a 续表 2

单位：人，%

年 龄	调查人口				调查残疾人			
	合计	男	女	性别比	合计	男	女	性别比
57岁	818	402	416	97	29	16	13	123
58岁	804	401	403	100	54	30	24	125
59岁	713	366	347	105	33	19	14	136
60-64	**2515**	**1245**	**1270**	**98**	**154**	**75**	**79**	**95**
60岁	569	278	291	96	33	20	13	154
61岁	580	284	296	96	30	17	13	131
62岁	497	244	253	96	26	14	12	117
63岁	434	218	216	101	33	12	21	57
64岁	435	221	214	103	32	12	20	60
65-69	**2158**	**1030**	**1128**	**91**	**173**	**81**	**92**	**88**
65岁	434	218	216	101	35	18	17	106
66岁	389	176	213	83	21	9	12	75
67岁	428	202	226	89	45	20	25	80
68岁	465	216	249	87	37	15	22	68
69岁	442	218	224	97	35	19	16	119
70-74	**2725**	**1254**	**1471**	**85**	**432**	**193**	**239**	**81**
70岁	567	261	306	85	69	35	34	103
71岁	516	254	262	97	75	38	37	103
72岁	567	239	328	73	85	41	44	93
73岁	559	255	304	84	122	48	74	65
74岁	516	245	271	90	81	31	50	62
75-79	**2039**	**914**	**1125**	**81**	**469**	**200**	**269**	**74**
75岁	466	208	258	81	91	33	58	57
76岁	453	195	258	76	88	30	58	52
77岁	403	182	221	82	86	42	44	95
78岁	375	163	212	77	94	43	51	84
79岁	342	166	176	94	110	52	58	90
80-84	**1207**	**527**	**680**	**78**	**418**	**174**	**244**	**71**
80岁	332	139	193	72	117	45	72	63
81岁	247	105	142	74	82	36	46	78
82岁	243	111	132	84	83	36	47	77
83岁	195	81	114	71	62	24	38	63
84岁	190	91	99	92	74	33	41	80
85+	**611**	**233**	**378**	**62**	**286**	**104**	**182**	**57**

1－2b　农村分年龄、性别的人口

单位：人，%

年　龄	调查人口				调查残疾人			
	合计	男	女	性别比	合计	男	女	性别比
总　计	**17389**	**8663**	**8726**	**99**	**925**	**429**	**496**	**86**
0-4	**637**	**362**	**275**	**132**	**11**	**6**	**5**	**120**
0岁	127	72	55	131	2	1	1	100
1岁	160	88	72	122	1		1	
2岁	112	64	48	133	2	2		
3岁	126	78	48	163	3	2	1	200
4岁	112	60	52	115	3	1	2	50
5-9	**532**	**271**	**261**	**104**	**6**	**2**	**4**	**50**
5岁	103	54	49	110				
6岁	119	55	64	86	1		1	
7岁	102	51	51	100	1		1	
8岁	98	55	43	128	4	2	2	100
9岁	110	56	54	104				
10-14	**593**	**299**	**294**	**102**	**5**	**3**	**2**	**150**
10岁	137	65	72	90				
11岁	118	63	55	115				
12岁	105	58	47	123	3	1	2	50
13岁	111	53	58	91				
14岁	122	60	62	97	2	2		
15-19	**983**	**448**	**535**	**84**	**9**	**4**	**5**	**80**
15岁	119	58	61	95	1		1	
16岁	181	90	91	99	3	2	1	200
17岁	204	90	114	79	2		2	
18岁	250	116	134	87	1		1	
19岁	229	94	135	70	2	2		
20-24	**1306**	**607**	**699**	**87**	**12**	**3**	**9**	**33**
20岁	227	101	126	80	2		2	
21岁	223	93	130	72	2		2	
22岁	218	107	111	96				
23岁	318	151	167	90	5	2	3	67
24岁	320	155	165	94	3	1	2	50
25-29	**1444**	**717**	**727**	**99**	**23**	**14**	**9**	**156**
25岁	270	146	124	118	6	4	2	200
26岁	300	148	152	97	4	4		
27岁	275	135	140	96	5	2	3	67

1－2b 续表 1

单位：人，%

年 龄	调查人口				调查残疾人			
	合计	男	女	性别比	合计	男	女	性别比
28岁	302	158	144	110	5	4	1	400
29岁	297	130	167	78	3		3	
30-34	**1490**	**782**	**708**	**110**	**22**	**14**	**8**	**175**
30岁	275	150	125	120	2	1	1	100
31岁	305	173	132	131	5	3	2	150
32岁	301	145	156	93	3	1	2	50
33岁	304	156	148	105	7	5	2	250
34岁	305	158	147	107	5	4	1	400
35-39	**1620**	**839**	**781**	**107**	**26**	**16**	**10**	**160**
35岁	338	173	165	105	8	5	3	167
36岁	361	180	181	99	6	3	3	100
37岁	373	203	170	119	3	1	2	50
38岁	256	132	124	106	5	3	2	150
39岁	292	151	141	107	4	4		
40-44	**1615**	**835**	**780**	**107**	**51**	**29**	**22**	**132**
40岁	318	160	158	101	9	5	4	125
41岁	352	181	171	106	7	6	1	600
42岁	383	192	191	101	14	6	8	75
43岁	367	195	172	113	11	6	5	120
44岁	195	107	88	122	10	6	4	150
45-49	**1322**	**671**	**651**	**103**	**45**	**23**	**22**	**105**
45岁	203	103	100	103	8	5	3	167
46岁	248	126	122	103	5	3	2	150
47岁	248	120	128	94	6	1	5	20
48岁	311	162	149	109	12	7	5	140
49岁	312	160	152	105	14	7	7	100
50-54	**1510**	**764**	**746**	**102**	**82**	**39**	**43**	**91**
50岁	286	157	129	122	11	8	3	267
51岁	334	172	162	106	20	7	13	54
52岁	299	143	156	92	10	4	6	67
53岁	300	145	155	94	25	13	12	108
54岁	291	147	144	102	16	7	9	78
55-59	**1197**	**604**	**593**	**102**	**74**	**38**	**36**	**106**
55岁	245	138	107	129	17	10	7	143
56岁	252	113	139	81	16	4	12	33

1－2b　续表 2

单位：人，%

年　龄	调查人口				调查残疾人			
	合计	男	女	性别比	合计	男	女	性别比
57岁	244	117	127	92	16	8	8	100
58岁	211	108	103	105	6	5	1	500
59岁	245	128	117	109	19	11	8	138
60-64	**894**	**451**	**443**	**102**	**57**	**24**	**33**	**73**
60岁	223	110	113	97	15	6	9	67
61岁	183	93	90	103	10	4	6	67
62岁	177	93	84	111	4	1	3	33
63岁	168	82	86	95	13	5	8	63
64岁	143	73	70	104	15	8	7	114
65-69	**659**	**327**	**332**	**98**	**74**	**40**	**34**	**118**
65岁	140	69	71	97	15	9	6	150
66岁	117	51	66	77	14	8	6	133
67岁	158	75	83	90	15	7	8	88
68岁	121	68	53	128	12	8	4	200
69岁	123	64	59	108	18	8	10	80
70-74	**678**	**316**	**362**	**87**	**119**	**53**	**66**	**80**
70岁	161	87	74	118	30	21	9	233
71岁	136	64	72	89	22	11	11	100
72岁	136	62	74	84	22	5	17	29
73岁	133	53	80	66	23	8	15	53
74岁	112	50	62	81	22	8	14	57
75-79	**472**	**209**	**263**	**79**	**134**	**58**	**76**	**76**
75岁	107	57	50	114	38	20	18	111
76岁	90	39	51	76	13	5	8	63
77岁	90	40	50	80	25	11	14	79
78岁	102	38	64	59	31	10	21	48
79岁	83	35	48	73	27	12	15	80
80-84	**276**	**109**	**167**	**65**	**88**	**38**	**50**	**76**
80岁	75	29	46	63	19	7	12	58
81岁	45	23	22	105	10	8	2	400
82岁	69	29	40	73	24	11	13	85
83岁	48	14	34	41	20	6	14	43
84岁	39	14	25	56	15	6	9	67
85+	**161**	**52**	**109**	**48**	**87**	**25**	**62**	**40**

1-3 调查家庭户类别

单位：户

家庭户规模	合计	一代户	二代户	三代户	四代户及以上
总　计	**28032**	**11427**	**13080**	**3439**	**86**
一人户	4034	4034			
二人户	8886	7160	1726		
三人户	10634	177	10193	264	
四人户	2674	45	1046	1581	2
五人户	1479	8	84	1369	18
六人户	232	2	27	158	45
七人户	71		4	49	18
八人户	22	1		18	3
九人户					

1－4 各地区分性别、户口登记状况的人口

单位：人

地区	总人口数			住本调查小区，户口在本乡、镇、街道		
	合计	男	女	小计	男	女
总　计	**73864**	**36344**	**37520**	**50430**	**25200**	**25230**
黄浦区	3356	1711	1645	2273	1158	1115
卢湾区	1661	775	886	1125	541	584
徐汇区	4974	2419	2555	3624	1796	1828
长宁区	3337	1626	1711	2311	1174	1137
静安区	1677	824	853	1251	631	620
普陀区	5070	2488	2582	3539	1779	1760
闸北区	4157	2004	2153	2934	1480	1454
虹口区	4205	2036	2169	2981	1480	1501
杨浦区	5933	2936	2997	3981	2051	1930
闵行区	4131	2016	2115	1890	963	927
宝山区	4282	2150	2132	2665	1382	1283
嘉定区	3370	1668	1702	2206	1086	1120
浦东新区	10068	4962	5106	6259	3131	3128
金山区	2537	1275	1262	1966	988	978
松江区	2493	1274	1219	1300	633	667
青浦区	2491	1218	1273	1985	975	1010
南汇区	4184	2064	2120	3461	1700	1761
奉贤区	2571	1273	1298	1595	774	821
崇明县	3367	1625	1742	3084	1478	1606

1－4 续表

单位：人

地　区	住本调查小区半年以上，户口在外乡、镇、街道			住本调查小区不满半年，离开户口所在地半年以上			住本调查小区，户口待定		
	小计	男	女	小计	男	女	小计	男	女
总　计	**22316**	**10603**	**11713**	**973**	**480**	**493**	**145**	**61**	**84**
黄浦区	924	473	451	154	77	77	5	3	2
卢湾区	533	234	299	2		2	1		1
徐汇区	1327	614	713	18	7	11	5	2	3
长宁区	1001	444	557	22	7	15	3	1	2
静安区	406	186	220	18	7	11	2		2
普陀区	1489	699	790	30	7	23	12	3	9
闸北区	1197	514	683	24	9	15	2	1	1
虹口区	1191	544	647	28	11	17	5	1	4
杨浦区	1902	862	1040	44	20	24	6	3	3
闵行区	2172	1023	1149	67	30	37	2		2
宝山区	1533	724	809	78	42	36	6	2	4
嘉定区	1093	543	550	51	30	21	20	9	11
浦东新区	3547	1699	1848	242	125	117	20	7	13
金山区	558	281	277	7	3	4	6	3	3
松江区	1022	549	473	156	87	69	15	5	10
青浦区	484	232	252	11	5	6	11	6	5
南汇区	703	351	352	11	7	4	9	6	3
奉贤区	963	490	473	10	6	4	3	3	
崇明县	271	141	130				12	6	6

1－5 各地区分户口登记状况、户口性质的人口

单位：人

地 区	总人口数			住本调查小区，户口在本乡、镇、街道		
	合计	农业	非农业	小计	农业	非农业
总 计	**73719**	**18237**	**55482**	**50430**	**8852**	**41578**
黄浦区	3351	570	2781	2273	3	2270
卢湾区	1660	63	1597	1125		1125
徐汇区	4969	227	4742	3624	1	3623
长宁区	3334	195	3139	2311	1	2310
静安区	1675	146	1529	1251		1251
普陀区	5058	359	4699	3539	2	3537
闸北区	4155	399	3756	2934		2934
虹口区	4200	284	3916	2981		2981
杨浦区	5927	459	5468	3981		3981
闵行区	4129	730	3399	1890	7	1883
宝山区	4276	1506	2770	2665	682	1983
嘉定区	3350	978	2372	2206	452	1754
浦东新区	10048	2248	7800	6259	494	5765
金山区	2531	882	1649	1966	718	1248
松江区	2478	1471	1007	1300	398	902
青浦区	2480	1479	1001	1985	1218	767
南汇区	4175	2715	1460	3461	2310	1151
奉贤区	2568	1464	1104	1595	604	991
崇明县	3355	2062	1293	3084	1962	1122

1－5 续表

单位：人

地　区	住本调查小区半年以上，户口在外乡、镇、街道			住本调查小区不满半年，离开户口所在地半年以上		
	小计	农业	非农业	小计	农业	非农业
总　计	**22316**	**8673**	**13643**	**973**	**712**	**261**
黄浦区	924	445	479	154	122	32
卢湾区	533	62	471	2	1	1
徐汇区	1327	222	1105	18	4	14
长宁区	1001	185	816	22	9	13
静安区	406	134	272	18	12	6
普陀区	1489	344	1145	30	13	17
闸北区	1197	385	812	24	14	10
虹口区	1191	273	918	28	11	17
杨浦区	1902	432	1470	44	27	17
闵行区	2172	675	1497	67	48	19
宝山区	1533	765	768	78	59	19
嘉定区	1093	492	601	51	34	17
浦东新区	3547	1581	1966	242	173	69
金山区	558	161	397	7	3	4
松江区	1022	919	103	156	154	2
青浦区	484	253	231	11	8	3
南汇区	703	395	308	11	10	1
奉贤区	963	850	113	10	10	
崇明县	271	100	171			

1－6　6岁及以上人口分年龄、性别的受教育程度

单位：人

年龄	6岁及以上人口			不识字			未上过学		
	合计	男	女	小计	男	女	小计	男	女
总　计	**71605**	**35158**	**36447**	**4540**	**839**	**3701**	**183**	**67**	**116**
6-9岁	**1598**	**836**	**762**	**212**	**93**	**119**	**6**	**6**	
6岁	355	175	180	202	90	112	6	6	
7岁	420	221	199	7	2	5			
8岁	398	211	187	2		2			
9岁	425	229	196	1	1				
10-14	**2383**	**1200**	**1183**	**5**	**4**	**1**			
10岁	477	229	248	1	1				
11岁	476	256	220						
12岁	430	232	198						
13岁	479	231	248	3	2	1			
14岁	521	252	269	1	1				
15-19	**4516**	**2237**	**2279**	**10**	**8**	**2**	**1**		**1**
15岁	624	321	303						
16岁	876	450	426	4	4				
17岁	933	451	482	3	2	1			
18岁	1040	511	529	1		1	1		1
19岁	1043	504	539	2	2				
20-24	**5852**	**2808**	**3044**	**22**	**8**	**14**	**5**	**2**	**3**
20岁	939	455	484	3	1	2			
21岁	1015	475	540	2		2	1		1
22岁	1114	564	550	1	1		1		1
23岁	1409	686	723	6	3	3	2	1	1
24岁	1375	628	747	10	3	7	1	1	
25-29	**5351**	**2512**	**2839**	**32**	**9**	**23**	**3**	**2**	**1**
25岁	1032	511	521	3	2	1	2	2	
26岁	1095	520	575	4		4			
27岁	1113	479	634	6	2	4	1		1
28岁	1093	520	573	9	4	5			
29岁	1018	482	536	10	1	9			
30-34	**4925**	**2445**	**2480**	**84**	**25**	**59**	**6**	**1**	**5**
30岁	978	519	459	14	3	11	1		1

1-6 续表 1

单位：人

年龄	6岁及以上人口			不识字			未上过学		
	合计	男	女	小计	男	女	小计	男	女
31岁	971	486	485	15	5	10	1		1
32岁	1012	490	522	21	7	14	1	1	
33岁	983	466	517	19	5	14	1		1
34岁	981	484	497	15	5	10	2		2
35-39	**5187**	**2591**	**2596**	**90**	**18**	**72**	**7**	**4**	**3**
35岁	1085	534	551	20	6	14	1	1	
36岁	1143	551	592	14	3	11	2	1	1
37岁	1154	603	551	20	5	15	3	1	2
38岁	927	456	471	13		13			
39岁	878	447	431	23	4	19	1	1	
40-44	**6267**	**3104**	**3163**	**102**	**22**	**80**	**6**	**4**	**2**
40岁	956	468	488	27	3	24			
41岁	1136	556	580	22	6	16	3	2	1
42岁	1520	733	787	22	7	15	2	2	
43岁	1530	784	746	20	2	18	1		1
44岁	1125	563	562	11	4	7			
45-49	**7922**	**4099**	**3823**	**112**	**24**	**88**	**6**	**3**	**3**
45岁	1234	633	601	5		5			
46岁	1443	734	709	15	2	13	1	1	
47岁	1552	823	729	23	6	17	1		1
48岁	1955	999	956	30	7	23	3	1	2
49岁	1738	910	828	39	9	30	1	1	
50-54	**7822**	**3936**	**3886**	**290**	**48**	**242**	**13**	**7**	**6**
50岁	1596	807	789	36	7	29	3	2	1
51岁	1876	907	969	59	8	51	2	1	1
52岁	1573	779	794	56	9	47	3	1	2
53岁	1404	733	671	82	14	68	3	2	1
54岁	1373	710	663	57	10	47	2	1	1
55-59	**5387**	**2723**	**2664**	**253**	**44**	**209**	**10**	**2**	**8**
55岁	1172	613	559	50	15	35	3	1	2
56岁	1180	588	592	55	7	48	1		1
57岁	1062	519	543	54	5	49	3	1	2
58岁	1015	509	506	46	7	39	3		3

1－6 续表 2

单位：人

年 龄	6岁及以上人口			不识字			未上过学		
	合计	男	女	小计	男	女	小计	男	女
59岁	958	494	464	48	10	38			
60-64	**3409**	**1696**	**1713**	**325**	**48**	**277**	**14**	**2**	**12**
60岁	792	388	404	62	10	52	2		2
61岁	763	377	386	52	5	47	3		3
62岁	674	337	337	72	9	63	3	1	2
63岁	602	300	302	70	10	60	2	1	1
64岁	578	294	284	69	14	55	4		4
65-69	**2817**	**1357**	**1460**	**465**	**70**	**395**	**18**	**6**	**12**
65岁	574	287	287	74	11	63	1	1	
66岁	506	227	279	77	9	68	2		2
67岁	586	277	309	107	17	90	5	1	4
68岁	586	284	302	101	14	87	6	2	4
69岁	565	282	283	106	19	87	4	2	2
70-74	**3403**	**1570**	**1833**	**850**	**143**	**707**	**31**	**10**	**21**
70岁	728	348	380	168	31	137	5	4	1
71岁	652	318	334	144	28	116	5	3	2
72岁	703	301	402	193	26	167	8	3	5
73岁	692	308	384	181	29	152	10		10
74岁	628	295	333	164	29	135	3		3
75-79	**2511**	**1123**	**1388**	**806**	**144**	**662**	**32**	**11**	**21**
75岁	573	265	308	158	31	127	7	2	5
76岁	543	234	309	181	24	157	8	3	5
77岁	493	222	271	165	29	136	5	2	3
78岁	477	201	276	171	35	136	5	1	4
79岁	425	201	224	131	25	106	7	3	4
80+	**2255**	**921**	**1334**	**882**	**131**	**751**	**25**	**7**	**18**

1-6 续表 3

单位：人

年 龄	小 学			初 中			高 中		
	小计	男	女	小计	男	女	小计	男	女
总 计	**11411**	**5190**	**6221**	**23065**	**11871**	**11194**	**13891**	**7230**	**6661**
6-9岁	**1378**	**736**	**642**	**2**	**1**	**1**			
6岁	147	79	68						
7岁	411	218	193	2	1	1			
8岁	396	211	185						
9岁	424	228	196						
10-14	**938**	**478**	**460**	**1438**	**716**	**722**	**1**	**1**	
10岁	475	227	248	1	1				
11岁	340	189	151	136	67	69			
12岁	88	46	42	342	186	156			
13岁	23	10	13	453	219	234			
14岁	12	6	6	506	243	263	1	1	
15-19	**54**	**31**	**23**	**966**	**487**	**479**	**1816**	**894**	**922**
15岁	6	3	3	409	217	192	152	75	77
16岁	10	7	3	138	72	66	522	256	266
17岁	10	5	5	117	52	65	572	267	305
18岁	16	9	7	150	79	71	416	208	208
19岁	12	7	5	152	67	85	154	88	66
20-24	**81**	**26**	**55**	**1092**	**492**	**600**	**699**	**384**	**315**
20岁	11	6	5	173	76	97	98	56	42
21岁	11	3	8	170	68	102	99	53	46
22岁	16	4	12	205	97	108	130	73	57
23岁	19	6	13	256	117	139	184	99	85
24岁	24	7	17	288	134	154	188	103	85
25-29	**251**	**68**	**183**	**1646**	**767**	**879**	**794**	**400**	**394**
25岁	27	9	18	270	141	129	133	75	58
26岁	53	15	38	309	145	164	181	89	92
27岁	41	13	28	344	142	202	176	83	93
28岁	60	17	43	353	172	181	162	84	78
29岁	70	14	56	370	167	203	142	69	73
30-34	**522**	**196**	**326**	**1921**	**992**	**929**	**724**	**371**	**353**
30岁	68	23	45	362	195	167	140	77	63

1－6 续表 4

单位：人

年 龄	小学			初中			高中		
	小计	男	女	小计	男	女	小计	男	女
31岁	99	46	53	367	189	178	148	70	78
32岁	105	35	70	396	198	198	170	87	83
33岁	118	37	81	406	209	197	128	73	55
34岁	132	55	77	390	201	189	138	64	74
35-39	**705**	**286**	**419**	**2119**	**1060**	**1059**	**924**	**499**	**425**
35岁	119	47	72	418	197	221	182	95	87
36岁	159	54	105	482	242	240	199	101	98
37岁	160	77	83	481	252	229	206	119	87
38岁	141	55	86	359	182	177	187	99	88
39岁	126	53	73	379	187	192	150	85	65
40-44	**501**	**198**	**303**	**2312**	**1183**	**1129**	**2205**	**1041**	**1164**
40岁	110	39	71	434	223	211	192	95	97
41岁	120	51	69	481	245	236	305	138	167
42岁	101	40	61	617	302	315	520	230	290
43岁	105	42	63	507	260	247	636	318	318
44岁	65	26	39	273	153	120	552	260	292
45-49	**602**	**255**	**347**	**2544**	**1327**	**1217**	**3476**	**1750**	**1726**
45岁	62	24	38	324	163	161	632	315	317
46岁	88	37	51	464	230	234	675	335	340
47岁	110	46	64	512	275	237	678	354	324
48岁	148	59	89	664	356	308	836	410	426
49岁	194	89	105	580	303	277	655	336	319
50-54	**1149**	**506**	**643**	**3995**	**2059**	**1936**	**1168**	**651**	**517**
50岁	195	91	104	638	327	311	467	254	213
51岁	246	106	140	1020	497	523	288	169	119
52岁	237	94	143	872	451	421	174	95	79
53岁	221	102	119	774	415	359	121	72	49
54岁	250	113	137	691	369	322	118	61	57
55-59	**1145**	**520**	**625**	**2090**	**1075**	**1015**	**642**	**342**	**300**
55岁	210	103	107	611	322	289	93	50	43
56岁	241	101	140	506	268	238	133	69	64
57岁	245	120	125	358	174	184	127	68	59
58岁	216	97	119	319	160	159	161	83	78

1-6 续表 5

单位：人

年 龄	小 学			初 中			高 中		
	小计	男	女	小计	男	女	小计	男	女
59岁	233	99	134	296	151	145	128	72	56
60-64	**767**	**360**	**407**	**871**	**458**	**413**	**466**	**259**	**207**
60岁	190	80	110	215	106	109	103	56	47
61岁	168	81	87	224	121	103	112	54	58
62岁	142	65	77	167	89	78	102	61	41
63岁	129	64	65	140	71	69	83	55	28
64岁	138	70	68	125	71	54	66	33	33
65-69	**736**	**321**	**415**	**620**	**347**	**273**	**283**	**169**	**114**
65岁	146	66	80	113	62	51	68	42	26
66岁	123	50	73	114	48	66	58	32	26
67岁	158	74	84	121	65	56	52	30	22
68岁	162	74	88	135	82	53	51	28	23
69岁	147	57	90	137	90	47	54	37	17
70-74	**1077**	**470**	**607**	**673**	**397**	**276**	**324**	**225**	**99**
70岁	238	112	126	156	89	67	54	32	22
71岁	204	86	118	132	83	49	63	46	17
72岁	205	83	122	125	70	55	71	49	22
73岁	224	96	128	133	81	52	71	49	22
74岁	206	93	113	127	74	53	65	49	16
75-79	**833**	**401**	**432**	**423**	**276**	**147**	**199**	**135**	**64**
75岁	207	98	109	103	64	39	46	34	12
76岁	165	79	86	86	58	28	42	24	18
77岁	168	85	83	83	53	30	38	29	9
78岁	156	68	88	68	45	23	41	28	13
79岁	137	71	66	83	56	27	32	20	12
80+	**672**	**338**	**334**	**353**	**234**	**119**	**170**	**109**	**61**

1－6 续表 6

单位：人

年龄	中专			大学专科			大学本科			研究生		
	小计	男	女	小计	男	女	小计	男	女	小计	男	女
总　计	**5733**	**2845**	**2888**	**6889**	**3658**	**3231**	**5334**	**3099**	**2235**	**559**	**359**	**200**
6-9岁												
6岁												
7岁												
8岁												
9岁												
10-14	**1**	**1**										
10岁												
11岁												
12岁												
13岁												
14岁	1	1										
15-19	**961**	**511**	**450**	**375**	**164**	**211**	**333**	**142**	**191**			
15岁	57	26	31									
16岁	201	110	91	1	1							
17岁	225	123	102	4	1	3	2	1	1			
18岁	250	132	118	109	46	63	97	37	60			
19岁	228	120	108	261	116	145	234	104	130			
20-24	**1054**	**554**	**500**	**1597**	**711**	**886**	**1258**	**606**	**652**	**44**	**25**	**19**
20岁	148	77	71	276	134	142	230	105	125			
21岁	189	96	93	314	137	177	229	118	111			
22岁	185	105	80	326	156	170	244	124	120	6	4	2
23岁	272	152	120	365	157	208	290	142	148	15	9	6
24岁	260	124	136	316	127	189	265	117	148	23	12	11
25-29	**693**	**342**	**351**	**961**	**421**	**540**	**802**	**409**	**393**	**169**	**94**	**75**
25岁	171	84	87	223	92	131	177	90	87	26	16	10
26岁	170	87	83	187	77	110	167	93	74	24	14	10
27岁	133	55	78	207	93	114	170	72	98	35	19	16
28岁	126	62	64	183	79	104	162	80	82	38	22	16
29岁	93	54	39	161	80	81	126	74	52	46	23	23
30-34	**344**	**172**	**172**	**639**	**292**	**347**	**546**	**308**	**238**	**139**	**88**	**51**
30岁	83	45	38	153	82	71	128	76	52	29	18	11

1-6 续表 7

单位：人

年 龄	中 专			大学专科			大学本科			研究生		
	小计	男	女	小计	男	女	小计	男	女	小计	男	女
31岁	63	36	27	125	52	73	116	66	50	37	22	15
32岁	67	31	36	125	58	67	101	57	44	26	16	10
33岁	62	26	36	129	51	78	98	49	49	22	16	6
34岁	69	34	35	107	49	58	103	60	43	25	16	9
35-39	**325**	**166**	**159**	**511**	**252**	**259**	**429**	**257**	**172**	**77**	**49**	**28**
35岁	91	51	40	119	60	59	120	70	50	15	7	8
36岁	72	30	42	107	54	53	92	53	39	16	13	3
37岁	66	36	30	123	58	65	78	44	34	17	11	6
38岁	55	26	29	89	41	48	68	43	25	15	10	5
39岁	41	23	18	73	39	34	71	47	24	14	8	6
40-44	**229**	**107**	**122**	**500**	**269**	**231**	**353**	**236**	**117**	**59**	**44**	**15**
40岁	36	16	20	71	39	32	70	41	29	16	12	4
41岁	37	17	20	80	42	38	80	50	30	8	5	3
42岁	46	20	26	121	66	55	77	57	20	14	9	5
43岁	49	28	21	127	74	53	70	46	24	15	14	1
44岁	61	26	35	101	48	53	56	42	14	6	4	2
45-49	**422**	**195**	**227**	**500**	**347**	**153**	**234**	**178**	**56**	**26**	**20**	**6**
45岁	65	32	33	83	57	26	60	41	19	3	1	2
46岁	75	36	39	79	56	23	41	33	8	5	4	1
47岁	85	35	50	96	69	27	44	36	8	3	2	1
48岁	101	44	57	124	83	41	42	33	9	7	6	1
49岁	96	48	48	118	82	36	47	35	12	8	7	1
50-54	**477**	**192**	**285**	**515**	**338**	**177**	**200**	**122**	**78**	**15**	**13**	**2**
50岁	118	45	73	98	55	43	39	24	15	2	2	
51岁	105	33	72	112	66	46	40	24	16	4	3	1
52岁	86	31	55	102	66	36	41	30	11	2	2	
53岁	76	43	33	82	57	25	40	23	17	5	5	
54岁	92	40	52	121	94	27	40	21	19	2	1	1
55-59	**514**	**253**	**261**	**493**	**314**	**179**	**229**	**164**	**65**	**11**	**9**	**2**
55岁	68	27	41	98	65	33	36	28	8	3	2	1
56岁	97	45	52	106	70	36	39	26	13	2	2	
57岁	142	61	81	89	61	28	42	28	14	2	1	1
58岁	112	62	50	110	62	48	48	38	10			

1-6 续表 8

单位：人

年龄	中专			大学专科			大学本科			研究生		
	小计	男	女	小计	男	女	小计	男	女	小计	男	女
59岁	95	58	37	90	56	34	64	44	20	4	4	
60-64	**349**	**171**	**178**	**347**	**215**	**132**	**261**	**174**	**87**	**9**	**9**	
60岁	66	36	30	80	48	32	68	46	22	6	6	
61岁	68	30	38	84	51	33	52	35	17			
62岁	72	37	35	71	48	23	44	26	18	1	1	
63岁	67	28	39	65	38	27	44	31	13	2	2	
64岁	76	40	36	47	30	17	53	36	17			
65-69	**200**	**89**	**111**	**188**	**135**	**53**	**301**	**214**	**87**	**6**	**6**	
65岁	56	25	31	45	34	11	70	45	25	1	1	
66岁	39	22	17	27	18	9	66	48	18			
67岁	41	14	27	39	25	14	61	49	12	2	2	
68岁	33	13	20	41	31	10	56	39	17	1	1	
69岁	31	15	16	36	27	9	48	33	15	2	2	
70-74	**104**	**60**	**44**	**151**	**114**	**37**	**191**	**151**	**40**	**2**		**2**
70岁	31	22	9	40	29	11	36	29	7			
71岁	22	10	12	38	29	9	44	33	11			
72岁	25	13	12	32	22	10	44	35	9			
73岁	13	8	5	26	20	6	33	25	8	1		1
74岁	13	7	6	15	14	1	34	29	5	1		1
75-79	**42**	**25**	**17**	**68**	**55**	**13**	**108**	**76**	**32**			
75岁	12	7	5	16	13	3	24	16	8			
76岁	9	8	1	20	14	6	32	24	8			
77岁	8	4	4	11	11		15	9	6			
78岁	6	4	2	15	11	4	15	9	6			
79岁	7	2	5	6	6		22	18	4			
80+	**18**	**7**	**11**	**44**	**31**	**13**	**89**	**62**	**27**	**2**	**2**	

1－7 15岁及以上分年龄、性别的文盲人口

单位：人，%

年龄	15岁及以上人口			文盲人口			文盲人口占15岁及以上人口比例		
	合计	男	女	小计	男	女	小计	男	女
总　计	**67624**	**33122**	**34502**	**4323**	**742**	**3581**	**6.39**	**2.24**	**10.38**
15-19	**4516**	**2237**	**2279**	**10**	**8**	**2**	**0.22**	**0.36**	**0.09**
15岁	624	321	303						
16岁	876	450	426	4	4		0.46	0.89	
17岁	933	451	482	3	2	1	0.32	0.44	0.21
18岁	1040	511	529	1		1	0.10		0.19
19岁	1043	504	539	2	2		0.19	0.40	
20-24	**5852**	**2808**	**3044**	**22**	**8**	**14**	**0.38**	**0.28**	**0.46**
20岁	939	455	484	3	1	2	0.32	0.22	0.41
21岁	1015	475	540	2		2	0.20		0.37
22岁	1114	564	550	1	1		0.09	0.18	
23岁	1409	686	723	6	3	3	0.43	0.44	0.41
24岁	1375	628	747	10	3	7	0.73	0.48	0.94
25-29	**5351**	**2512**	**2839**	**32**	**9**	**23**	**0.60**	**0.36**	**0.81**
25岁	1032	511	521	3	2	1	0.29	0.39	0.19
26岁	1095	520	575	4		4	0.37		0.70
27岁	1113	479	634	6	2	4	0.54	0.42	0.63
28岁	1093	520	573	9	4	5	0.82	0.77	0.87
29岁	1018	482	536	10	1	9	0.98	0.21	1.68
30-34	**4925**	**2445**	**2480**	**84**	**25**	**59**	**1.71**	**1.02**	**2.38**
30岁	978	519	459	14	3	11	1.43	0.58	2.40
31岁	971	486	485	15	5	10	1.54	1.03	2.06
32岁	1012	490	522	21	7	14	2.08	1.43	2.68
33岁	983	466	517	19	5	14	1.93	1.07	2.71
34岁	981	484	497	15	5	10	1.53	1.03	2.01

1－7 续表 1

单位：人，%

年 龄	15岁及以上人口			文盲人口			文盲人口占15岁及以上人口比例		
	合计	男	女	小计	男	女	小计	男	女
35-39	**5187**	**2591**	**2596**	**90**	**18**	**72**	**1.74**	**0.69**	**2.77**
35岁	1085	534	551	20	6	14	1.84	1.12	2.54
36岁	1143	551	592	14	3	11	1.22	0.54	1.86
37岁	1154	603	551	20	5	15	1.73	0.83	2.72
38岁	927	456	471	13		13	1.40		2.76
39岁	878	447	431	23	4	19	2.62	0.89	4.41
40-44	**6267**	**3104**	**3163**	**102**	**22**	**80**	**1.63**	**0.71**	**2.53**
40岁	956	468	488	27	3	24	2.82	0.64	4.92
41岁	1136	556	580	22	6	16	1.94	1.08	2.76
42岁	1520	733	787	22	7	15	1.45	0.95	1.91
43岁	1530	784	746	20	2	18	1.31	0.26	2.41
44岁	1125	563	562	11	4	7	0.98	0.71	1.25
45-49	**7922**	**4099**	**3823**	**112**	**24**	**88**	**1.41**	**0.59**	**2.30**
45岁	1234	633	601	5		5	0.41		0.83
46岁	1443	734	709	15	2	13	1.04	0.27	1.83
47岁	1552	823	729	23	6	17	1.48	0.73	2.33
48岁	1955	999	956	30	7	23	1.53	0.70	2.41
49岁	1738	910	828	39	9	30	2.24	0.99	3.62
50-54	**7822**	**3936**	**3886**	**290**	**48**	**242**	**3.71**	**1.22**	**6.23**
50岁	1596	807	789	36	7	29	2.26	0.87	3.68
51岁	1876	907	969	59	8	51	3.14	0.88	5.26
52岁	1573	779	794	56	9	47	3.56	1.16	5.92
53岁	1404	733	671	82	14	68	5.84	1.91	10.13
54岁	1373	710	663	57	10	47	4.15	1.41	7.09
55-59	**5387**	**2723**	**2664**	**253**	**44**	**209**	**4.70**	**1.62**	**7.85**
55岁	1172	613	559	50	15	35	4.27	2.45	6.26
56岁	1180	588	592	55	7	48	4.66	1.19	8.11
57岁	1062	519	543	54	5	49	5.08	0.96	9.02
58岁	1015	509	506	46	7	39	4.53	1.38	7.71
59岁	958	494	464	48	10	38	5.01	2.02	8.19

1-7 续表 2

单位：人，%

年龄	15岁及以上人口			文盲人口			文盲人口占15岁及以上人口比例		
	合计	男	女	小计	男	女	小计	男	女
60-64	**3409**	**1696**	**1713**	**325**	**48**	**277**	**9.53**	**2.83**	**16.17**
60岁	792	388	404	62	10	52	7.83	2.58	12.87
61岁	763	377	386	52	5	47	6.82	1.33	12.18
62岁	674	337	337	72	9	63	10.68	2.67	18.69
63岁	602	300	302	70	10	60	11.63	3.33	19.87
64岁	578	294	284	69	14	55	11.94	4.76	19.37
65-69	**2817**	**1357**	**1460**	**465**	**70**	**395**	**16.51**	**5.16**	**27.05**
65岁	574	287	287	74	11	63	12.89	3.83	21.95
66岁	506	227	279	77	9	68	15.22	3.96	24.37
67岁	586	277	309	107	17	90	18.26	6.14	29.13
68岁	586	284	302	101	14	87	17.24	4.93	28.81
69岁	565	282	283	106	19	87	18.76	6.74	30.74
70-74	**3403**	**1570**	**1833**	**850**	**143**	**707**	**24.98**	**9.11**	**38.57**
70岁	728	348	380	168	31	137	23.08	8.91	36.05
71岁	652	318	334	144	28	116	22.09	8.81	34.73
72岁	703	301	402	193	26	167	27.45	8.64	41.54
73岁	692	308	384	181	29	152	26.16	9.42	39.58
74岁	628	295	333	164	29	135	26.11	9.83	40.54
75-79	**2511**	**1123**	**1388**	**806**	**144**	**662**	**32.10**	**12.82**	**47.69**
75岁	573	265	308	158	31	127	27.57	11.70	41.23
76岁	543	234	309	181	24	157	33.33	10.26	50.81
77岁	493	222	271	165	29	136	33.47	13.06	50.18
78岁	477	201	276	171	35	136	35.85	17.41	49.28
79岁	425	201	224	131	25	106	30.82	12.44	47.32
80-84	**1483**	**636**	**847**	**528**	**86**	**442**	**35.60**	**13.52**	**52.18**
80岁	407	168	239	143	24	119	35.14	14.29	49.79
81岁	292	128	164	95	18	77	32.53	14.06	46.95
82岁	312	140	172	109	18	91	34.94	12.86	52.91
83岁	243	95	148	94	13	81	38.68	13.68	54.73
84岁	229	105	124	87	13	74	37.99	12.38	59.68
85+	772	285	487	354	45	309	45.85	15.79	63.45

1－7a 城镇15岁及以上分年龄、性别的文盲人口

单位：人，%

年龄	15岁及以上人口			文盲人口			文盲人口占15岁及以上人口比例		
	合计	男	女	小计	男	女	小计	男	女
总计	**51997**	**25391**	**26606**	**2131**	**268**	**1863**	**4.10**	**1.06**	**7.00**
15-19	**3533**	**1789**	**1744**	**9**	**7**	**2**	**0.25**	**0.39**	**0.11**
15岁	505	263	242						
16岁	695	360	335	3	3		0.43	0.83	
17岁	729	361	368	3	2	1	0.41	0.55	0.27
18岁	790	395	395	1		1	0.13		0.25
19岁	814	410	404	2	2		0.25	0.49	
20-24	**4546**	**2201**	**2345**	**10**	**5**	**5**	**0.22**	**0.23**	**0.21**
20岁	712	354	358	3	1	2	0.42	0.28	0.56
21岁	792	382	410	1		1	0.13		0.24
22岁	896	457	439						
23岁	1091	535	556	3	2	1	0.27	0.37	0.18
24岁	1055	473	582	3	2	1	0.28	0.42	0.17
25-29	**3907**	**1795**	**2112**	**8**	**3**	**5**	**0.20**	**0.17**	**0.24**
25岁	762	365	397	2	2		0.26	0.55	
26岁	795	372	423	1		1	0.13		0.24
27岁	838	344	494						
28岁	791	362	429	2	1	1	0.25	0.28	0.23
29岁	721	352	369	3		3	0.42		0.81
30-34	**3435**	**1663**	**1772**	**25**	**6**	**19**	**0.73**	**0.36**	**1.07**
30岁	703	369	334	2	1	1	0.28	0.27	0.30
31岁	666	313	353	4	2	2	0.60	0.64	0.57
32岁	711	345	366	7	1	6	0.98	0.29	1.64
33岁	679	310	369	7	2	5	1.03	0.65	1.36
34岁	676	326	350	5		5	0.74		1.43
35-39	**3567**	**1752**	**1815**	**27**	**6**	**21**	**0.76**	**0.34**	**1.16**
35岁	747	361	386	6	3	3	0.80	0.83	0.78
36岁	782	371	411	4	1	3	0.51	0.27	0.73
37岁	781	400	381	5	1	4	0.64	0.25	1.05

1-7a 续表 1

单位：人，%

年 龄	15岁及以上人口			文盲人口			文盲人口占15岁及以上人口比例		
	合计	男	女	小计	男	女	小计	男	女
38岁	671	324	347	5		5	0.75		1.44
39岁	586	296	290	7	1	6	1.19	0.34	2.07
40-44	**4652**	**2269**	**2383**	**54**	**8**	**46**	**1.16**	**0.35**	**1.93**
40岁	638	308	330	13		13	2.04		3.94
41岁	784	375	409	14	3	11	1.79	0.80	2.69
42岁	1137	541	596	12	2	10	1.06	0.37	1.68
43岁	1163	589	574	8		8	0.69		1.39
44岁	930	456	474	7	3	4	0.75	0.66	0.84
45-49	**6600**	**3428**	**3172**	**56**	**11**	**45**	**0.85**	**0.32**	**1.42**
45岁	1031	530	501	2		2	0.19		0.40
46岁	1195	608	587	8		8	0.67		1.36
47岁	1304	703	601	13	5	8	1.00	0.71	1.33
48岁	1644	837	807	16	5	11	0.97	0.60	1.36
49岁	1426	750	676	17	1	16	1.19	0.13	2.37
50-54	**6312**	**3172**	**3140**	**91**	**14**	**77**	**1.44**	**0.44**	**2.45**
50岁	1310	650	660	12	1	11	0.92	0.15	1.67
51岁	1542	735	807	19	2	17	1.23	0.27	2.11
52岁	1274	636	638	20	2	18	1.57	0.31	2.82
53岁	1104	588	516	22	4	18	1.99	0.68	3.49
54岁	1082	563	519	18	5	13	1.66	0.89	2.50
55-59	**4190**	**2119**	**2071**	**81**	**10**	**71**	**1.93**	**0.47**	**3.43**
55岁	927	475	452	21	7	14	2.27	1.47	3.10
56岁	928	475	453	17	1	16	1.83	0.21	3.53
57岁	818	402	416	17	1	16	2.08	0.25	3.85
58岁	804	401	403	14		14	1.74		3.47
59岁	713	366	347	12	1	11	1.68	0.27	3.17
60-64	**2515**	**1245**	**1270**	**93**	**12**	**81**	**3.70**	**0.96**	**6.38**
60岁	569	278	291	17	3	14	2.99	1.08	4.81
61岁	580	284	296	14		14	2.41		4.73

1－7a 续表 2

单位：人，%

年龄	15岁及以上人口			文盲人口			文盲人口占15岁及以上人口比例		
	合计	男	女	小计	男	女	小计	男	女
62岁	497	244	253	21	2	19	4.23	0.82	7.51
63岁	434	218	216	15	2	13	3.46	0.92	6.02
64岁	435	221	214	26	5	21	5.98	2.26	9.81
65－69	**2158**	**1030**	**1128**	**175**	**17**	**158**	**8.11**	**1.65**	**14.01**
65岁	434	218	216	19	2	17	4.38	0.92	7.87
66岁	389	176	213	22	2	20	5.66	1.14	9.39
67岁	428	202	226	34	4	30	7.94	1.98	13.27
68岁	465	216	249	50	4	46	10.75	1.85	18.47
69岁	442	218	224	50	5	45	11.31	2.29	20.09
70－74	**2725**	**1254**	**1471**	**451**	**44**	**407**	**16.55**	**3.51**	**27.67**
70岁	567	261	306	86	5	81	15.17	1.92	26.47
71岁	516	254	262	66	5	61	12.79	1.97	23.28
72岁	567	239	328	108	10	98	19.05	4.18	29.88
73岁	559	255	304	99	12	87	17.71	4.71	28.62
74岁	516	245	271	92	12	80	17.83	4.90	29.52
75－79	**2039**	**914**	**1125**	**489**	**63**	**426**	**23.98**	**6.89**	**37.87**
75岁	466	208	258	89	8	81	19.10	3.85	31.40
76岁	453	195	258	119	9	110	26.27	4.62	42.64
77岁	403	182	221	109	18	91	27.05	9.89	41.18
78岁	375	163	212	97	17	80	25.87	10.43	37.74
79岁	342	166	176	75	11	64	21.93	6.63	36.36
80－84	**1207**	**527**	**680**	**335**	**40**	**295**	**27.75**	**7.59**	**43.38**
80岁	332	139	193	87	9	78	26.20	6.47	40.41
81岁	247	105	142	71	9	62	28.74	8.57	43.66
82岁	243	111	132	63	7	56	25.93	6.31	42.42
83岁	195	81	114	57	8	49	29.23	9.88	42.98
84岁	190	91	99	57	7	50	30.00	7.69	50.51
85+	**611**	**233**	**378**	**227**	**22**	**205**	**37.15**	**9.44**	**54.23**

1－7b 农村15岁及以上分年龄、性别的文盲人口

单位：人，%

年 龄	15岁及以上人口			文盲人口			文盲人口占15岁及以上人口比例		
	合计	男	女	小计	男	女	小计	男	女
总 计	**15627**	**7731**	**7896**	**2192**	**474**	**1718**	**14.03**	**6.13**	**21.76**
15-19	**983**	**448**	**535**	**1**	**1**		**0.10**	**0.22**	
15岁	119	58	61						
16岁	181	90	91	1	1		0.55	1.11	
17岁	204	90	114						
18岁	250	116	134						
19岁	229	94	135						
20-24	**1306**	**607**	**699**	**12**	**3**	**9**	**0.92**	**0.49**	**1.29**
20岁	227	101	126						
21岁	223	93	130	1		1	0.45		0.77
22岁	218	107	111	1	1		0.46	0.93	
23岁	318	151	167	3	1	2	0.94	0.66	1.20
24岁	320	155	165	7	1	6	2.19	0.65	3.64
25-29	**1444**	**717**	**727**	**24**	**6**	**18**	**1.66**	**0.84**	**2.48**
25岁	270	146	124	1		1	0.37		0.81
26岁	300	148	152	3		3	1.00		1.97
27岁	275	135	140	6	2	4	2.18	1.48	2.86
28岁	302	158	144	7	3	4	2.32	1.90	2.78
29岁	297	130	167	7	1	6	2.36	0.77	3.59
30-34	**1490**	**782**	**708**	**59**	**19**	**40**	**3.96**	**2.43**	**5.65**
30岁	275	150	125	12	2	10	4.36	1.33	8.00
31岁	305	173	132	11	3	8	3.61	1.73	6.06
32岁	301	145	156	14	6	8	4.65	4.14	5.13
33岁	304	156	148	12	3	9	3.95	1.92	6.08
34岁	305	158	147	10	5	5	3.28	3.16	3.40
35-39	**1620**	**839**	**781**	**63**	**12**	**51**	**3.89**	**1.43**	**6.53**
35岁	338	173	165	14	3	11	4.14	1.73	6.67
36岁	361	180	181	10	2	8	2.77	1.11	4.42
37岁	373	203	170	15	4	11	4.02	1.97	6.47
38岁	256	132	124	8		8	3.13		6.45
39岁	292	151	141	16	3	13	5.48	1.99	9.22

1－7b 续表 1

单位：人，%

年 龄	15岁及以上人口			文盲人口			文盲人口占15岁及以上人口比例		
	合计	男	女	小计	男	女	小计	男	女
40-44	**1615**	**835**	**780**	**48**	**14**	**34**	**2.97**	**1.68**	**4.36**
40岁	318	160	158	14	3	11	4.40	1.88	6.96
41岁	352	181	171	8	3	5	2.27	1.66	2.92
42岁	383	192	191	10	5	5	2.61	2.60	2.62
43岁	367	195	172	12	2	10	3.27	1.03	5.81
44岁	195	107	88	4	1	3	2.05	0.93	3.41
45-49	**1322**	**671**	**651**	**56**	**13**	**43**	**4.24**	**1.94**	**6.61**
45岁	203	103	100	3		3	1.48		3.00
46岁	248	126	122	7	2	5	2.82	1.59	4.10
47岁	248	120	128	10	1	9	4.03	0.83	7.03
48岁	311	162	149	14	2	12	4.50	1.23	8.05
49岁	312	160	152	22	8	14	7.05	5.00	9.21
50-54	**1510**	**764**	**746**	**199**	**34**	**165**	**13.18**	**4.45**	**22.12**
50岁	286	157	129	24	6	18	8.39	3.82	13.95
51岁	334	172	162	40	6	34	11.98	3.49	20.99
52岁	299	143	156	36	7	29	12.04	4.90	18.59
53岁	300	145	155	60	10	50	20.00	6.90	32.26
54岁	291	147	144	39	5	34	13.40	3.40	23.61
55-59	**1197**	**604**	**593**	**172**	**34**	**138**	**14.37**	**5.63**	**23.27**
55岁	245	138	107	29	8	21	11.84	5.80	19.63
56岁	252	113	139	38	6	32	15.08	5.31	23.02
57岁	244	117	127	37	4	33	15.16	3.42	25.98
58岁	211	108	103	32	7	25	15.17	6.48	24.27
59岁	245	128	117	36	9	27	14.69	7.03	23.08
60-64	**894**	**451**	**443**	**232**	**36**	**196**	**25.95**	**7.98**	**44.24**
60岁	223	110	113	45	7	38	20.18	6.36	33.63
61岁	183	93	90	38	5	33	20.77	5.38	36.67
62岁	177	93	84	51	7	44	28.81	7.53	52.38
63岁	168	82	86	55	8	47	32.74	9.76	54.65
64岁	143	73	70	43	9	34	30.07	12.33	48.57

1－7b 续表 2

单位：人，%

年龄	15岁及以上人口			文盲人口			文盲人口占15岁及以上人口比例		
	合计	男	女	小计	男	女	小计	男	女
65-69	**659**	**327**	**332**	**290**	**53**	**237**	**44.01**	**16.21**	**71.39**
65岁	140	69	71	55	9	46	39.29	13.04	64.79
66岁	117	51	66	55	7	48	47.01	13.73	72.73
67岁	158	75	83	73	13	60	46.20	17.33	72.29
68岁	121	68	53	51	10	41	42.15	14.71	77.36
69岁	123	64	59	56	14	42	45.53	21.88	71.19
70-74	**678**	**316**	**362**	**399**	**99**	**300**	**58.85**	**31.33**	**82.87**
70岁	161	87	74	82	26	56	50.93	29.89	75.68
71岁	136	64	72	78	23	55	57.35	35.94	76.39
72岁	136	62	74	85	16	69	62.50	25.81	93.24
73岁	133	53	80	82	17	65	61.65	32.08	81.25
74岁	112	50	62	72	17	55	64.29	34.00	88.71
75-79	**472**	**209**	**263**	**317**	**81**	**236**	**67.16**	**38.76**	**89.73**
75岁	107	57	50	69	23	46	64.49	40.35	92.00
76岁	90	39	51	62	15	47	68.89	38.46	92.16
77岁	90	40	50	56	11	45	62.22	27.50	90.00
78岁	102	38	64	74	18	56	72.55	47.37	87.50
79岁	83	35	48	56	14	42	67.47	40.00	87.50
80-84	**276**	**109**	**167**	**193**	**46**	**147**	**69.93**	**42.20**	**88.02**
80岁	75	29	46	56	15	41	74.67	51.72	89.13
81岁	45	23	22	24	9	15	53.33	39.13	68.18
82岁	69	29	40	46	11	35	66.67	37.93	87.50
83岁	48	14	34	37	5	32	77.08	35.71	94.12
84岁	39	14	25	30	6	24	76.92	42.86	96.00
85+	**161**	**52**	**109**	**127**	**23**	**104**	**78.88**	**44.23**	**95.41**

1－8 15岁及以上人口分年龄、性别的婚姻状况

单位：人

年龄	15岁及以上人口			未婚			初婚有配偶		
	合计	男	女	小计	男	女	小计	男	女
总计	**67624**	**33122**	**34502**	**12292**	**6821**	**5471**	**48262**	**23934**	**24328**
15-19	**4516**	**2237**	**2279**	**4469**	**2227**	**2242**	**43**	**9**	**34**
15岁	624	321	303	622	319	303	2	2	
16岁	876	450	426	871	448	423	2	1	1
17岁	933	451	482	930	451	479	3		3
18岁	1040	511	529	1032	509	523	8	2	6
19岁	1043	504	539	1014	500	514	28	4	24
20-24	**5852**	**2808**	**3044**	**4489**	**2364**	**2125**	**1355**	**443**	**912**
20岁	939	455	484	873	439	434	66	16	50
21岁	1015	475	540	888	448	440	125	27	98
22岁	1114	564	550	915	497	418	198	66	132
23岁	1409	686	723	986	547	439	421	139	282
24岁	1375	628	747	827	433	394	545	195	350
25-29	**5351**	**2512**	**2839**	**1689**	**993**	**696**	**3598**	**1496**	**2102**
25岁	1032	511	521	482	284	198	542	224	318
26岁	1095	520	575	409	232	177	675	284	391
27岁	1113	479	634	320	175	145	778	300	478
28岁	1093	520	573	286	169	117	792	344	448
29岁	1018	482	536	192	133	59	811	344	467
30-34	**4925**	**2445**	**2480**	**541**	**367**	**174**	**4215**	**2019**	**2196**
30岁	978	519	459	154	106	48	804	408	396
31岁	971	486	485	125	84	41	818	395	423
32岁	1012	490	522	122	85	37	855	395	460
33岁	983	466	517	73	49	24	869	396	473
34岁	981	484	497	67	43	24	869	425	444
35-39	**5187**	**2591**	**2596**	**290**	**235**	**55**	**4584**	**2239**	**2345**
35岁	1085	534	551	80	68	12	941	446	495
36岁	1143	551	592	64	52	12	1016	475	541
37岁	1154	603	551	61	50	11	1012	522	490

1-8 续表 1

单位：人

年 龄	15岁及以上人口			未 婚			初婚有配偶		
	合计	男	女	小计	男	女	小计	男	女
38岁	927	456	471	42	33	9	828	402	426
39岁	878	447	431	43	32	11	787	394	393
40-44	**6267**	**3104**	**3163**	**228**	**202**	**26**	**5559**	**2698**	**2861**
40岁	956	468	488	43	39	4	849	405	444
41岁	1136	556	580	36	33	3	1040	495	545
42岁	1520	733	787	45	42	3	1345	634	711
43岁	1530	784	746	53	43	10	1353	688	665
44岁	1125	563	562	51	45	6	972	476	496
45-49	**7922**	**4099**	**3823**	**248**	**212**	**36**	**6988**	**3522**	**3466**
45岁	1234	633	601	53	47	6	1072	532	540
46岁	1443	734	709	45	38	7	1275	628	647
47岁	1552	823	729	49	46	3	1360	696	664
48岁	1955	999	956	61	50	11	1717	861	856
49岁	1738	910	828	40	31	9	1564	805	759
50-54	**7822**	**3936**	**3886**	**175**	**125**	**50**	**6996**	**3527**	**3469**
50岁	1596	807	789	40	36	4	1423	704	719
51岁	1876	907	969	42	31	11	1692	811	881
52岁	1573	779	794	36	23	13	1401	702	699
53岁	1404	733	671	28	17	11	1253	657	596
54岁	1373	710	663	29	18	11	1227	653	574
55-59	**5387**	**2723**	**2664**	**85**	**52**	**33**	**4810**	**2472**	**2338**
55岁	1172	613	559	24	15	9	1051	562	489
56岁	1180	588	592	12	8	4	1062	530	532
57岁	1062	519	543	15	9	6	966	483	483
58岁	1015	509	506	18	10	8	891	455	436
59岁	958	494	464	16	10	6	840	442	398
60-64	**3409**	**1696**	**1713**	**32**	**21**	**11**	**2978**	**1540**	**1438**
60岁	792	388	404	8	5	3	703	357	346
61岁	763	377	386	6	6		672	347	325

1－8 续表 2

单位：人

年龄	15岁及以上人口			未婚			初婚有配偶		
	合计	男	女	小计	男	女	小计	男	女
62岁	674	337	337	6	4	2	591	300	291
63岁	602	300	302	7	3	4	516	265	251
64岁	578	294	284	5	3	2	496	271	225
65-69	**2817**	**1357**	**1460**	**21**	**12**	**9**	**2299**	**1195**	**1104**
65岁	574	287	287	6	1	5	486	262	224
66岁	506	227	279	3	3		427	202	225
67岁	586	277	309	5	3	2	483	238	245
68岁	586	284	302	1	1		466	245	221
69岁	565	282	283	6	4	2	437	248	189
70-74	**3403**	**1570**	**1833**	**9**	**6**	**3**	**2459**	**1339**	**1120**
70岁	728	348	380	2	2		554	304	250
71岁	652	318	334	3	2	1	515	284	231
72岁	703	301	402	2	1	1	492	258	234
73岁	692	308	384	1	1		471	253	218
74岁	628	295	333	1		1	427	240	187
75-79	**2511**	**1123**	**1388**	**8**	**5**	**3**	**1473**	**848**	**625**
75岁	573	265	308	2		2	360	205	155
76岁	543	234	309	1	1		339	182	157
77岁	493	222	271	2	2		287	173	114
78岁	477	201	276	1	1		267	152	115
79岁	425	201	224	2	1	1	220	136	84
80-84	**1483**	**636**	**847**	**7**		**7**	**682**	**431**	**251**
80岁	407	168	239	2		2	199	122	77
81岁	292	128	164	1		1	151	89	62
82岁	312	140	172	1		1	135	92	43
83岁	243	95	148				100	63	37
84岁	229	105	124	3		3	97	65	32
85+	**772**	**285**	**487**	**1**		**1**	**223**	**156**	**67**

1－8 续表 3

单位：人

年龄	再婚有配偶			离婚			丧偶		
	小计	男	女	小计	男	女	小计	男	女
总计	**1320**	**646**	**674**	**1495**	**745**	**750**	**4255**	**976**	**3279**
15－19	**3**	**1**	**2**	**1**		**1**			
15岁									
16岁	2	1	1	1		1			
17岁									
18岁									
19岁	1		1						
20－24	**3**		**3**	**5**	**1**	**4**			
20岁									
21岁	1		1	1		1			
22岁				1	1				
23岁	1		1	1		1			
24岁	1		1	2		2			
25－29	**30**	**11**	**19**	**32**	**12**	**20**	**2**		**2**
25岁	5	2	3	3	1	2			
26岁	4	2	2	6	2	4	1		1
27岁	7	2	5	8	2	6			
28岁	3	2	1	11	5	6	1		1
29岁	11	3	8	4	2	2			
30－34	**71**	**26**	**45**	**93**	**31**	**62**	**5**	**2**	**3**
30岁	7	2	5	13	3	10			
31岁	15	4	11	13	3	10			
32岁	14	4	10	20	6	14	1		1
33岁	15	11	4	24	9	15	2	1	1
34岁	20	5	15	23	10	13	2	1	1
35－39	**149**	**54**	**95**	**146**	**59**	**87**	**18**	**4**	**14**
35岁	30	12	18	30	8	22	4		4
36岁	28	12	16	32	11	21	3	1	2
37岁	37	12	25	42	19	23	2		2

1-8 续表 4

单位：人

年 龄	再婚有配偶			离 婚			丧 偶		
	小计	男	女	小计	男	女	小计	男	女
38岁	34	13	21	19	7	12	4	1	3
39岁	20	5	15	23	14	9	5	2	3
40-44	**182**	**78**	**104**	**253**	**118**	**135**	**45**	**8**	**37**
40岁	29	13	16	28	11	17	7		7
41岁	25	10	15	35	18	17			
42岁	52	25	27	69	30	39	9	2	7
43岁	43	15	28	66	35	31	15	3	12
44岁	33	15	18	55	24	31	14	3	11
45-49	**226**	**125**	**101**	**369**	**213**	**156**	**91**	**27**	**64**
45岁	43	21	22	55	31	24	11	2	9
46岁	41	22	19	69	41	28	13	5	8
47岁	52	27	25	75	49	26	16	5	11
48岁	49	32	17	97	48	49	31	8	23
49岁	41	23	18	73	44	29	20	7	13
50-54	**175**	**87**	**88**	**283**	**151**	**132**	**193**	**46**	**147**
50岁	42	24	18	59	32	27	32	11	21
51岁	47	25	22	61	31	30	34	9	25
52岁	34	12	22	65	32	33	37	10	27
53岁	27	15	12	58	36	22	38	8	30
54岁	25	11	14	40	20	20	52	8	44
55-59	**142**	**66**	**76**	**150**	**82**	**68**	**200**	**51**	**149**
55岁	32	12	20	33	19	14	32	5	27
56岁	31	15	16	37	19	18	38	16	22
57岁	22	9	13	26	10	16	33	8	25
58岁	22	10	12	34	24	10	50	10	40
59岁	35	20	15	20	10	10	47	12	35
60-64	**74**	**37**	**37**	**63**	**39**	**24**	**262**	**59**	**203**
60岁	20	7	13	17	11	6	44	8	36
61岁	15	9	6	14	6	8	56	9	47

1-8 续表 5

单位：人

年龄	再婚有配偶			离婚			丧偶		
	小计	男	女	小计	男	女	小计	男	女
62岁	14	9	5	12	9	3	51	15	36
63岁	17	10	7	7	4	3	55	18	37
64岁	8	2	6	13	9	4	56	9	47
65-69	**81**	**40**	**41**	**38**	**17**	**21**	**378**	**93**	**285**
65岁	14	7	7	9	4	5	59	13	46
66岁	14	6	8	8	4	4	54	12	42
67岁	16	13	3	6	4	2	76	19	57
68岁	20	9	11	5	1	4	94	28	66
69岁	17	5	12	10	4	6	95	21	74
70-74	**92**	**53**	**39**	**25**	**8**	**17**	**818**	**164**	**654**
70岁	21	12	9	5	2	3	146	28	118
71岁	18	11	7	4	1	3	112	20	92
72岁	17	7	10	6	2	4	186	33	153
73岁	18	12	6	8	2	6	194	40	154
74岁	18	11	7	2	1	1	180	43	137
75-79	**56**	**41**	**15**	**20**	**11**	**9**	**954**	**218**	**736**
75岁	13	10	3	7	6	1	191	44	147
76岁	13	10	3	4	2	2	186	39	147
77岁	9	5	4	3	1	2	192	41	151
78岁	9	6	3	4	2	2	196	40	156
79岁	12	10	2	2		2	189	54	135
80-84	**31**	**23**	**8**	**10**	**2**	**8**	**753**	**180**	**573**
80岁	10	7	3	3	1	2	193	38	155
81岁	6	4	2	4		4	130	35	95
82岁	8	5	3				168	43	125
83岁	4	4		3	1	2	136	27	109
84岁	3	3					126	37	89
85+	**5**	**4**	**1**	**7**	**1**	**6**	**536**	**124**	**412**

1－9　15岁及以上人口分性别、受教育程度的婚姻状况

单位：人

受教育程度	15岁及以上人口			未婚			初婚有配偶		
	合计	男	女	小计	男	女	小计	男	女
总　计	**67624**	**33122**	**34502**	**12292**	**6821**	**5471**	**48262**	**23934**	**24328**
不识字	4323	742	3581	117	78	39	2515	506	2009
未上过学	177	61	116	10	7	3	114	46	68
小　学	9095	3976	5119	179	137	42	7305	3310	3995
初　中	21625	11154	10471	2082	1277	805	17694	9063	8631
高　中	13890	7229	6661	2971	1700	1271	9878	5052	4826
中　专	5732	2844	2888	2143	1234	909	3315	1505	1810
大学专科	6889	3658	3231	2513	1207	1306	4062	2302	1760
大学本科	5334	3099	2235	2128	1087	1041	2979	1888	1091
研究生	559	359	200	149	94	55	400	262	138

1－9　续表

单位：人

受教育程度	再婚有配偶			离婚			丧偶		
	小计	男	女	小计	男	女	小计	男	女
总　计	**1320**	**646**	**674**	**1495**	**745**	**750**	**4255**	**976**	**3279**
不识字	80	18	62	23	10	13	1588	130	1458
未上过学	6	2	4	2	1	1	45	5	40
小　学	240	99	141	114	60	54	1257	370	887
初　中	499	254	245	606	319	287	744	241	503
高　中	290	147	143	429	213	216	322	117	205
中　专	67	40	27	103	39	64	104	26	78
大学专科	86	47	39	130	60	70	98	42	56
大学本科	50	38	12	82	41	41	95	45	50
研究生	2	1	1	6	2	4	2		2

1－10 分年龄、性别的经济活动人口

单位：人

年 龄	15岁及以上人口			在业人口			不在业人口		
	合计	男	女	小计	男	女	小计	男	女
总 计	**67624**	**33122**	**34502**	**34887**	**20116**	**14771**	**32737**	**13006**	**19731**
15-19	**4516**	**2237**	**2279**	**586**	**264**	**322**	**3930**	**1973**	**1957**
15岁	624	321	303	5	3	2	619	318	301
16岁	876	450	426	55	27	28	821	423	398
17岁	933	451	482	88	36	52	845	415	430
18岁	1040	511	529	174	82	92	866	429	437
19岁	1043	504	539	264	116	148	779	388	391
20-24	**5852**	**2808**	**3044**	**3564**	**1733**	**1831**	**2288**	**1075**	**1213**
20岁	939	455	484	290	149	141	649	306	343
21岁	1015	475	540	433	203	230	582	272	310
22岁	1114	564	550	667	335	332	447	229	218
23岁	1409	686	723	1091	535	556	318	151	167
24岁	1375	628	747	1083	511	572	292	117	175
25-29	**5351**	**2512**	**2839**	**4582**	**2273**	**2309**	**769**	**239**	**530**
25岁	1032	511	521	849	436	413	183	75	108
26岁	1095	520	575	945	475	470	150	45	105
27岁	1113	479	634	978	441	537	135	38	97
28岁	1093	520	573	935	469	466	158	51	107
29岁	1018	482	536	875	452	423	143	30	113
30-34	**4925**	**2445**	**2480**	**4284**	**2292**	**1992**	**641**	**153**	**488**
30岁	978	519	459	855	492	363	123	27	96
31岁	971	486	485	839	455	384	132	31	101
32岁	1012	490	522	887	465	422	125	25	100
33岁	983	466	517	853	438	415	130	28	102
34岁	981	484	497	850	442	408	131	42	89
35-39	**5187**	**2591**	**2596**	**4420**	**2359**	**2061**	**767**	**232**	**535**
35岁	1085	534	551	936	503	433	149	31	118
36岁	1143	551	592	973	497	476	170	54	116
37岁	1154	603	551	981	544	437	173	59	114
38岁	927	456	471	798	419	379	129	37	92
39岁	878	447	431	732	396	336	146	51	95

1－10 续表

单位：人

年 龄	15岁及以上人口			在业人口			不在业人口		
	合计	男	女	小计	男	女	小计	男	女
40-44	**6267**	**3104**	**3163**	**5034**	**2710**	**2324**	**1233**	**394**	**839**
40岁	956	468	488	797	420	377	159	48	111
41岁	1136	556	580	948	504	444	188	52	136
42岁	1520	733	787	1223	634	589	297	99	198
43岁	1530	784	746	1212	681	531	318	103	215
44岁	1125	563	562	854	471	383	271	92	179
45-49	**7922**	**4099**	**3823**	**5491**	**3347**	**2144**	**2431**	**752**	**1679**
45岁	1234	633	601	902	524	378	332	109	223
46岁	1443	734	709	1004	588	416	439	146	293
47岁	1552	823	729	1089	688	401	463	135	328
48岁	1955	999	956	1344	825	519	611	174	437
49岁	1738	910	828	1152	722	430	586	188	398
50-54	**7822**	**3936**	**3886**	**4117**	**3044**	**1073**	**3705**	**892**	**2813**
50岁	1596	807	789	889	653	236	707	154	553
51岁	1876	907	969	981	720	261	895	187	708
52岁	1573	779	794	817	599	218	756	180	576
53岁	1404	733	671	730	549	181	674	184	490
54岁	1373	710	663	700	523	177	673	187	486
55-59	**5387**	**2723**	**2664**	**2036**	**1598**	**438**	**3351**	**1125**	**2226**
55岁	1172	613	559	497	399	98	675	214	461
56岁	1180	588	592	457	355	102	723	233	490
57岁	1062	519	543	384	291	93	678	228	450
58岁	1015	509	506	365	293	72	650	216	434
59岁	958	494	464	333	260	73	625	234	391
60-64	**3409**	**1696**	**1713**	**539**	**347**	**192**	**2870**	**1349**	**1521**
60岁	792	388	404	173	112	61	619	276	343
61岁	763	377	386	120	75	45	643	302	341
62岁	674	337	337	94	64	30	580	273	307
63岁	602	300	302	79	48	31	523	252	271
64岁	578	294	284	73	48	25	505	246	259
65+	**10986**	**4971**	**6015**	**234**	**149**	**85**	**10752**	**4822**	**5930**

1－11 人口分年龄、性别的职业状况

单位：人

年龄	在业人口			国家机关、党群组织、企业、事业单位负责人			专业技术人员			办事人员和有关人员		
	合计	男	女	小计	男	女	小计	男	女	小计	男	女
总计	**34887**	**20116**	**14771**	**1193**	**961**	**232**	**5303**	**2485**	**2818**	**5714**	**3792**	**1922**
15-19	586	264	322	1	1		27	4	23	39	17	22
20-24	3564	1733	1831	23	11	12	772	346	426	709	263	446
25-29	4582	2273	2309	123	86	37	1017	439	578	781	369	412
30-34	4284	2292	1992	155	115	40	735	312	423	549	321	228
35-39	4420	2359	2061	186	143	43	633	244	389	540	367	173
40-44	5034	2710	2324	188	154	34	622	273	349	708	444	264
45-49	5491	3347	2144	177	150	27	594	278	316	1008	752	256
50-54	4117	3044	1073	197	166	31	489	261	228	860	758	102
55-59	2036	1598	438	118	112	6	298	237	61	431	417	14
60-64	539	347	192	21	19	2	72	63	9	66	62	4
65+	234	149	85	4	4		44	28	16	23	22	1

1－11 续表

单位：人

年龄	商业、服务业人员			农、林、牧、渔、水利业生产人员			生产、运输设备操作人员及有关人员			不便分类的其他从业人员		
	小计	男	女	小计	男	女	小计	男	女	小计	男	女
总计	**9710**	**4709**	**5001**	**1971**	**834**	**1137**	**10925**	**7281**	**3644**	**71**	**54**	**17**
15-19	234	100	134	6	3	3	279	139	140			
20-24	1122	518	604	30	11	19	896	579	317	12	5	7
25-29	1360	581	779	71	30	41	1222	761	461	8	7	1
30-34	1328	594	734	88	34	54	1426	913	513	3	3	
35-39	1296	569	727	156	77	79	1607	958	649	2	1	1
40-44	1429	576	853	205	89	116	1864	1161	703	18	13	5
45-49	1499	729	770	292	128	164	1904	1295	609	17	15	2
50-54	920	668	252	425	171	254	1217	1012	205	9	8	1
55-59	407	301	106	346	131	215	434	398	36	2	2	
60-64	78	49	29	244	105	139	58	49	9			
65+	37	24	13	108	55	53	18	16	2			

1－12 人口分性别、受教育程度的职业状况

单位：人

受教育程度	在业人口数			国家机关、党群组织、企业、事业单位负责人			专业技术人员			办事人员和有关人员		
	合计	男	女	合计	男	女	合计	男	女	合计	男	女
总　计	**34887**	**20116**	**14771**	**1193**	**961**	**232**	**5303**	**2485**	**2818**	**5714**	**3792**	**1922**
不 识 字	675	176	499							9	9	
未上过学	39	25	14	2	2		1		1	3	3	
小　学	3778	1930	1848	11	11		15	12	3	175	160	15
初　中	11978	7363	4615	140	125	15	257	131	126	1286	1079	207
高　中	7376	4437	2939	221	181	40	628	254	374	1372	922	450
中　专	3011	1638	1373	85	68	17	752	251	501	636	362	274
大学专科	4349	2351	1998	335	263	72	1659	703	956	1335	750	585
大学本科	3198	1889	1309	326	252	74	1694	951	743	808	454	354
研 究 生	483	307	176	73	59	14	297	183	114	90	53	37

1－12 续表

单位：人

受教育程度	商业、服务业人员			农、林、牧、渔、水利业生产人员			生产、运输设备操作人员及有关人员			不便分类的其他从业人员		
	合计	男	女	合计	男	女	合计	男	女	合计	男	女
总　计	**9710**	**4709**	**5001**	**1971**	**834**	**1137**	**10925**	**7281**	**3644**	**71**	**54**	**17**
不 识 字	220	46	174	281	54	227	162	64	98	3	3	
未上过学	11	6	5	10	5	5	12	9	3			
小　学	1112	516	596	891	375	516	1569	854	715	5	2	3
初　中	3953	1972	1981	666	327	339	5658	3714	1944	18	15	3
高　中	2568	1195	1373	113	68	45	2447	1796	651	27	21	6
中　专	815	403	412	7	4	3	712	547	165	4	3	1
大学专科	711	384	327	2	1	1	299	245	54	8	5	3
大学本科	298	176	122	1		1	66	52	14	5	4	1
研 究 生	22	11	11							1	1	

1－13 分年龄、性别的未工作人口

单位：人

年龄	总计			在校学生			离退休		
	合计	男	女	小计	男	女	小计	男	女
总计	**32737**	**13006**	**19731**	**5126**	**2555**	**2571**	**17183**	**6326**	**10857**
15-19	**3930**	**1973**	**1957**	**3673**	**1828**	**1845**			
15岁	619	318	301	608	310	298			
16岁	821	423	398	790	405	385			
17岁	845	415	430	794	386	408			
18岁	866	429	437	794	386	408			
19岁	779	388	391	687	341	346			
20-24	**2288**	**1075**	**1213**	**1410**	**700**	**710**			
20岁	649	306	343	523	250	273			
21岁	582	272	310	452	214	238			
22岁	447	229	218	267	144	123			
23岁	318	151	167	110	58	52			
24岁	292	117	175	58	34	24			
25-29	**769**	**239**	**530**	**36**	**23**	**13**			
25岁	183	75	108	18	11	7			
26岁	150	45	105	6	4	2			
27岁	135	38	97	7	3	4			
28岁	158	51	107	3	3				
29岁	143	30	113	2	2				
30-34	**641**	**153**	**488**	**3**	**2**	**1**	**2**		**2**
30岁	123	27	96						
31岁	132	31	101	2	1	1			
32岁	125	25	100						
33岁	130	28	102				1		1
34岁	131	42	89	1	1		1		1
35-39	**767**	**232**	**535**	**1**	**1**		**1**		**1**
35岁	149	31	118						
36岁	170	54	116	1	1				
37岁	173	59	114						

1－13 续表 1

单位：人

年 龄	总 计			在校学生			离退休		
	合计	男	女	小计	男	女	小计	男	女
38岁	129	37	92						
39岁	146	51	95				1		1
40-44	**1233**	**394**	**839**				**15**	**5**	**10**
40岁	159	48	111				1	1	
41岁	188	52	136				2	1	1
42岁	297	99	198				4	1	3
43岁	318	103	215				4		4
44岁	271	92	179				4	2	2
45-49	**2431**	**752**	**1679**	**2**	**1**	**1**	**518**	**15**	**503**
45岁	332	109	223				39		39
46岁	439	146	293	1		1	73	1	72
47岁	463	135	328				83	1	82
48岁	611	174	437				154	8	146
49岁	586	188	398	1	1		169	5	164
50-54	**3705**	**892**	**2813**	**1**		**1**	**2542**	**130**	**2412**
50岁	707	154	553				504	14	490
51岁	895	187	708				646	19	627
52岁	756	180	576				505	21	484
53岁	674	184	490				444	31	413
54岁	673	187	486	1		1	443	45	398
55-59	**3351**	**1125**	**2226**				**2558**	**583**	**1975**
55岁	675	214	461				508	92	416
56岁	723	233	490				545	115	430
57岁	678	228	450				514	110	404
58岁	650	216	434				501	120	381
59岁	625	234	391				490	146	344
60-64	**2870**	**1349**	**1521**				**2577**	**1253**	**1324**
60岁	619	276	343				562	257	305
61岁	643	302	341				580	280	300

1－13 续表 2

单位：人

年龄	总计			在校学生			离退休		
	合计	男	女	小计	男	女	小计	男	女
62岁	580	273	307				519	254	265
63岁	523	252	271				462	230	232
64岁	505	246	259				454	232	222
65-69	**2641**	**1249**	**1392**				**2274**	**1130**	**1144**
65岁	529	261	268				461	239	222
66岁	466	200	266				399	189	210
67岁	545	253	292				462	226	236
68岁	554	264	290				488	238	250
69岁	547	271	276				464	238	226
70-74	**3353**	**1533**	**1820**				**2899**	**1395**	**1504**
70岁	710	334	376				607	295	312
71岁	638	307	331				552	280	272
72岁	699	298	401				608	269	339
73岁	683	301	382				587	282	305
74岁	623	293	330				545	269	276
75-79	**2505**	**1120**	**1385**				**2133**	**998**	**1135**
75岁	572	264	308				489	230	259
76岁	541	233	308				478	214	264
77岁	493	222	271				420	199	221
78岁	474	200	274				388	173	215
79岁	425	201	224				358	182	176
80-84	**1482**	**635**	**847**				**1172**	**571**	**601**
80岁	407	168	239				331	151	180
81岁	292	128	164				236	112	124
82岁	312	140	172				249	126	123
83岁	242	94	148				183	87	96
84岁	229	105	124				173	95	78
85+	**771**	**285**	**486**				**492**	**246**	**246**

1－13 续表 3

单位：人

年龄	料理家务			丧失劳动能力			毕业后未工作			因单位原因失去原工作		
	小计	男	女	小计	男	女	小计	男	女	小计	男	女
总　计	**4432**	**895**	**3537**	**701**	**294**	**407**	**656**	**392**	**264**	**2543**	**1445**	**1098**
15-19	**31**	**6**	**25**	**18**	**11**	**7**	**185**	**111**	**74**			
15岁							11	8	3			
16岁	5	2	3	5	5		21	11	10			
17岁	8	2	6	7	3	4	36	24	12			
18岁	6	1	5	3		3	54	34	20			
19岁	12	1	11	3	3		63	34	29			
20-24	**195**	**5**	**190**	**26**	**15**	**11**	**364**	**211**	**153**	**44**	**32**	**12**
20岁	19		19	6	4	2	74	40	34	5	3	2
21岁	32	1	31	3		3	59	34	25	5	5	
22岁	33	1	32	5	4	1	95	52	43	6	3	3
23岁	47	1	46	5	4	1	76	49	27	13	9	4
24岁	64	2	62	7	3	4	60	36	24	15	12	3
25-29	**317**	**10**	**307**	**22**	**15**	**7**	**84**	**55**	**29**	**58**	**37**	**21**
25岁	54	1	53	6	6		32	24	8	10	8	2
26岁	61	3	58	3	1	2	19	11	8	13	8	5
27岁	56	2	54	6	3	3	13	10	3	12	7	5
28岁	73	2	71	6	5	1	15	8	7	15	12	3
29岁	73	2	71	1		1	5	2	3	8	2	6
30-34	**324**	**19**	**305**	**22**	**16**	**6**	**17**	**12**	**5**	**70**	**30**	**40**
30岁	60	3	57	4	2	2	7	5	2	12	4	8
31岁	61	2	59	4	3	1	5	4	1	10	5	5
32岁	69	5	64	5	3	2	3	2	1	13	2	11
33岁	75	2	73	6	6		2	1	1	10	6	4
34岁	59	7	52	3	2	1				25	13	12
35-39	**324**	**21**	**303**	**29**	**14**	**15**	**2**	**1**	**1**	**170**	**71**	**99**
35岁	74	4	70	10	7	3	1		1	26	8	18
36岁	63	1	62	4	1	3	1	1		40	19	21
37岁	73	6	67	9	3	6				36	18	18

1-13 续表 4

单位：人

年 龄	料理家务			丧失劳动能力			毕业后未工作			因单位原因失去原工作		
	小计	男	女	小计	男	女	小计	男	女	小计	男	女
38岁	59	3	56	1	1					29	12	17
39岁	55	7	48	5	2	3				39	14	25
40-44	**407**	**57**	**350**	**50**	**28**	**22**	**1**		**1**	**466**	**150**	**316**
40岁	69	8	61	5	4	1				44	18	26
41岁	68	9	59	5	2	3	1		1	69	19	50
42岁	97	19	78	13	9	4				117	37	80
43岁	97	11	86	9	3	6				131	48	83
44岁	76	10	66	18	10	8				105	28	77
45-49	**492**	**104**	**388**	**61**	**39**	**22**	**2**	**2**		**976**	**393**	**583**
45岁	74	15	59	6	2	4				159	61	98
46岁	83	21	62	10	6	4				194	83	111
47岁	114	20	94	9	7	2	2	2		184	67	117
48岁	110	18	92	17	15	2				244	92	152
49岁	111	30	81	19	9	10				195	90	105
50-54	**416**	**129**	**287**	**40**	**24**	**16**	**1**		**1**	**458**	**435**	**23**
50岁	66	21	45	3	3					85	81	4
51岁	94	32	62	9	4	5				95	93	2
52岁	81	19	62	6	2	4				110	102	8
53岁	91	30	61	13	11	2				79	78	1
54岁	84	27	57	9	4	5	1		1	89	81	8
55-59	**335**	**118**	**217**	**24**	**16**	**8**				**299**	**296**	**3**
55岁	63	27	36	4	2	2				68	68	
56岁	76	23	53	4	4					65	64	1
57岁	65	27	38	9	5	4				63	63	
58岁	71	23	48	3	2	1				56	55	1
59岁	60	18	42	4	3	1				47	46	1
60-64	**251**	**74**	**177**	**20**	**10**	**10**				**2**	**1**	**1**
60岁	50	15	35	4	2	2				1	1	
61岁	54	18	36	1		1				1		1

1－13 续表 5

单位：人

年 龄	料理家务			丧失劳动能力			毕业后未工作			因单位原因失去原工作		
	小计	男	女	小计	男	女	小计	男	女	小计	男	女
62岁	53	13	40	6	5	1						
63岁	55	19	36	4	2	2						
64岁	39	9	30	5	1	4						
65-69	**309**	**96**	**213**	**37**	**12**	**25**						
65岁	55	16	39	9	3	6						
66岁	56	8	48	6	1	5						
67岁	72	23	49	7	2	5						
68岁	55	21	34	9	3	6						
69岁	71	28	43	6	3	3						
70-74	**380**	**110**	**270**	**58**	**22**	**36**						
70岁	84	28	56	14	9	5						
71岁	65	18	47	16	7	9						
72岁	76	26	50	14	2	12						
73岁	82	16	66	10	3	7						
74岁	73	22	51	4	1	3						
75-79	**277**	**82**	**195**	**88**	**35**	**53**						
75岁	56	20	36	23	11	12						
76岁	46	14	32	17	5	12						
77岁	57	16	41	15	6	9						
78岁	68	18	50	17	8	9						
79岁	50	14	36	16	5	11						
80-84	**223**	**47**	**176**	**81**	**15**	**66**						
80岁	56	12	44	18	4	14						
81岁	39	10	29	16	5	11						
82岁	48	12	36	15	2	13						
83岁	42	6	36	16	1	15						
84岁	38	7	31	16	3	13						
85+	**151**	**17**	**134**	**125**	**22**	**103**						

1－13　续表 6

单位：人

年龄	因本人原因失去原工作			承包土地被征用			其他		
	小计	男	女	小计	男	女	小计	男	女
总计	**1784**	**976**	**808**	**273**	**96**	**177**	**39**	**27**	**12**
15-19	**20**	**15**	**5**				**3**	**2**	**1**
15岁									
16岁									
17岁									
18岁	6	6					3	2	1
19岁	14	9	5						
20-24	**237**	**104**	**133**	**3**	**2**	**1**	**9**	**6**	**3**
20岁	21	9	12	1		1			
21岁	29	16	13				2	2	
22岁	38	22	16				3	3	
23岁	65	29	36				2	1	1
24岁	84	28	56	2	2		2		2
25-29	**240**	**93**	**147**	**8**	**3**	**5**	**4**	**3**	**1**
25岁	61	24	37	1		1	1	1	
26岁	45	17	28	3	1	2			
27岁	39	12	27	1		1	1	1	
28岁	43	19	24	1	1		2	1	1
29岁	52	21	31	2	1	1			
30-34	**193**	**69**	**124**	**6**	**3**	**3**	**4**	**2**	**2**
30岁	40	13	27						
31岁	47	15	32	3	1	2			
32岁	32	12	20				3	1	2
33岁	35	13	22	1		1			
34岁	39	16	23	2	2		1	1	
35-39	**224**	**117**	**107**	**14**	**6**	**8**	**2**	**1**	**1**
35岁	36	11	25	2	1	1			
36岁	56	29	27	4	2	2	1		1
37岁	52	30	22	3	2	1			

1－13　续表 7

单位：人

年龄	因本人原因失去原工作			承包土地被征用			其他		
	小计	男	女	小计	男	女	小计	男	女
38岁	40	21	19						
39岁	40	26	14	5	1	4	1	1	
40-44	**264**	**145**	**119**	**25**	**5**	**20**	**5**	**4**	**1**
40岁	35	16	19	5	1	4			
41岁	37	21	16	6		6			
42岁	58	31	27	6		6	2	2	
43岁	69	35	34	6	4	2	2	2	
44岁	65	42	23	2		2	1		1
45-49	**332**	**183**	**149**	**45**	**13**	**32**	**3**	**2**	**1**
45岁	47	30	17	7	1	6			
46岁	67	32	35	10	2	8	1	1	
47岁	61	35	26	10	3	7			
48岁	80	38	42	5	3	2	1		1
49岁	77	48	29	13	4	9	1	1	
50-54	**177**	**158**	**19**	**68**	**14**	**54**	**2**	**2**	
50岁	37	33	4	11	1	10	1	1	
51岁	37	34	3	14	5	9			
52岁	39	35	4	15	1	14			
53岁	34	33	1	13	1	12			
54岁	30	23	7	15	6	9	1	1	
55-59	**85**	**80**	**5**	**49**	**31**	**18**	**1**	**1**	
55岁	18	16	2	13	8	5	1	1	
56岁	20	20		13	7	6			
57岁	20	19	1	7	4	3			
58岁	14	13	1	5	3	2			
59岁	13	12	1	11	9	2			
60-64	**5**	**5**		**14**	**6**	**8**	**1**		**1**
60岁				2	1	1			
61岁	2	2		5	2	3			

1－13 续表 8

单位：人

年 龄	因本人原因失去原工作			承包土地被征用			其 他		
	小计	男	女	小计	男	女	小计	男	女
62岁	1	1		1		1			
63岁				2	1	1			
64岁	2	2		4	2	2	1		1
65-69	**5**	**5**		**15**	**5**	**10**	**1**	**1**	
65岁	3	3		1		1			
66岁	2	2		3		3			
67岁				4	2	2			
68岁				1	1		1	1	
69岁				6	2	4			
70-74	**1**	**1**		**15**	**5**	**10**			
70岁				5	2	3			
71岁				5	2	3			
72岁				1	1				
73岁				4		4			
74岁	1	1							
75-79				**4**	**2**	**2**	**3**	**3**	
75岁				3	2	1	1	1	
76岁									
77岁							1	1	
78岁							1	1	
79岁				1		1			
80-84	**1**	**1**		**4**	**1**	**3**	**1**		**1**
80岁	1	1					1		1
81岁				1	1				
82岁									
83岁				1		1			
84岁				2		2			
85+				**3**		**3**			

1－14 分年龄、性别的未工作者主要生活来源

单位：人

年 龄	总 计			离退休金			领取基本生活费		
	合计	男	女	小计	男	女	小计	男	女
总 计	**32737**	**13006**	**19731**	**17178**	**6325**	**10853**	**3671**	**1700**	**1971**
15-19	**3930**	**1973**	**1957**				**44**	**20**	**24**
15岁	619	318	301				8	2	6
16岁	821	423	398				11	7	4
17岁	845	415	430				9	2	7
18岁	866	429	437				9	3	6
19岁	779	388	391				7	6	1
20-24	**2288**	**1075**	**1213**				**42**	**25**	**17**
20岁	649	306	343				6	4	2
21岁	582	272	310				10	4	6
22岁	447	229	218				11	8	3
23岁	318	151	167				5	4	1
24岁	292	117	175				10	5	5
25-29	**769**	**239**	**530**				**33**	**16**	**17**
25岁	183	75	108				7	3	4
26岁	150	45	105				7	4	3
27岁	135	38	97				7	2	5
28岁	158	51	107				7	6	1
29岁	143	30	113				5	1	4
30-34	**641**	**153**	**488**	**2**		**2**	**57**	**28**	**29**
30岁	123	27	96				5	1	4
31岁	132	31	101				11	5	6
32岁	125	25	100				16	8	8
33岁	130	28	102	1		1	8	8	
34岁	131	42	89	1		1	17	6	11
35-39	**767**	**232**	**535**	**1**		**1**	**136**	**66**	**70**
35岁	149	31	118				22	11	11
36岁	170	54	116				29	14	15
37岁	173	59	114				28	12	16

1-14 续表 1

单位：人

年 龄	总 计			离退休金			领取基本生活费		
	合计	男	女	小计	男	女	小计	男	女
38岁	129	37	92				27	12	15
39岁	146	51	95	1		1	30	17	13
40-44	**1233**	**394**	**839**	**14**	**5**	**9**	**359**	**146**	**213**
40岁	159	48	111	1	1		36	19	17
41岁	188	52	136	2	1	1	48	16	32
42岁	297	99	198	3	1	2	97	37	60
43岁	318	103	215	4		4	94	40	54
44岁	271	92	179	4	2	2	84	34	50
45-49	**2431**	**752**	**1679**	**518**	**15**	**503**	**908**	**356**	**552**
45岁	332	109	223	39		39	117	50	67
46岁	439	146	293	73	1	72	168	73	95
47岁	463	135	328	83	1	82	188	72	116
48岁	611	174	437	154	8	146	237	82	155
49岁	586	188	398	169	5	164	198	79	119
50-54	**3705**	**892**	**2813**	**2541**	**130**	**2411**	**451**	**322**	**129**
50岁	707	154	553	504	14	490	81	61	20
51岁	895	187	708	645	19	626	94	69	25
52岁	756	180	576	505	21	484	105	72	33
53岁	674	184	490	444	31	413	83	62	21
54岁	673	187	486	443	45	398	88	58	30
55-59	**3351**	**1125**	**2226**	**2561**	**585**	**1976**	**396**	**319**	**77**
55岁	675	214	461	507	92	415	69	55	14
56岁	723	233	490	547	116	431	89	69	20
57岁	678	228	450	515	111	404	74	60	14
58岁	650	216	434	501	120	381	82	67	15
59岁	625	234	391	491	146	345	82	68	14
60-64	**2870**	**1349**	**1521**	**2575**	**1251**	**1324**	**125**	**49**	**76**
60岁	619	276	343	563	257	306	19	5	14
61岁	643	302	341	580	280	300	26	12	14

1－14 续表 2

单位：人

年龄	总计			离退休金			领取基本生活费		
	合计	男	女	小计	男	女	小计	男	女
62岁	580	273	307	519	254	265	23	9	14
63岁	523	252	271	462	230	232	31	12	19
64岁	505	246	259	451	230	221	26	11	15
65-69	**2641**	**1249**	**1392**	**2275**	**1131**	**1144**	**227**	**78**	**149**
65岁	529	261	268	461	239	222	33	14	19
66岁	466	200	266	399	189	210	38	8	30
67岁	545	253	292	463	227	236	63	19	44
68岁	554	264	290	488	238	250	38	16	22
69岁	547	271	276	464	238	226	55	21	34
70-74	**3353**	**1533**	**1820**	**2895**	**1393**	**1502**	**287**	**96**	**191**
70岁	710	334	376	606	294	312	62	31	31
71岁	638	307	331	551	280	271	60	23	37
72岁	699	298	401	608	269	339	59	18	41
73岁	683	301	382	586	281	305	59	10	49
74岁	623	293	330	544	269	275	47	14	33
75-79	**2505**	**1120**	**1385**	**2131**	**998**	**1133**	**273**	**99**	**174**
75岁	572	264	308	488	230	258	59	31	28
76岁	541	233	308	478	214	264	45	12	33
77岁	493	222	271	419	199	220	57	22	35
78岁	474	200	274	388	173	215	66	19	47
79岁	425	201	224	358	182	176	46	15	31
80-84	**1482**	**635**	**847**	**1173**	**571**	**602**	**192**	**54**	**138**
80岁	407	168	239	331	151	180	52	12	40
81岁	292	128	164	236	112	124	34	13	21
82岁	312	140	172	249	126	123	43	12	31
83岁	242	94	148	184	87	97	34	7	27
84岁	229	105	124	173	95	78	29	10	19
85+	**771**	**285**	**486**	**492**	**246**	**246**	**141**	**26**	**115**

1－14 续表 3

单位：人

年 龄	家庭其他成员供养			财产性收入			保险收入			其 他		
	小计	男	女	小计	男	女	小计	男	女	小计	男	女
总 计	**11559**	**4774**	**6785**	**250**	**158**	**92**	**2**		**2**	**77**	**49**	**28**
15－19	**3883**	**1951**	**1932**	**1**	**1**					**2**	**1**	**1**
15岁	611	316	295									
16岁	810	416	394									
17岁	836	413	423									
18岁	855	425	430							2	1	1
19岁	771	381	390	1	1							
20－24	**2229**	**1043**	**1186**	**13**	**5**	**8**	**1**		**1**	**3**	**2**	**1**
20岁	641	301	340	1	1					1		1
21岁	570	266	304	1	1					1	1	
22岁	434	221	213	2		2						
23岁	310	146	164	2		2				1	1	
24岁	274	109	165	7	3	4	1		1			
25－29	**710**	**212**	**498**	**21**	**8**	**13**				**5**	**3**	**2**
25岁	171	70	101	4	1	3				1	1	
26岁	137	39	98	5	1	4				1	1	
27岁	127	35	92	1	1							
28岁	144	42	102	5	2	3				2	1	1
29岁	131	26	105	6	3	3				1		1
30－34	**548**	**103**	**445**	**32**	**21**	**11**				**2**	**1**	**1**
30岁	110	19	91	8	7	1						
31岁	117	25	92	4	1	3						
32岁	103	14	89	4	2	2				2	1	1
33岁	113	15	98	8	5	3						
34岁	105	30	75	8	6	2						
35－39	**581**	**136**	**445**	**39**	**27**	**12**				**10**	**3**	**7**
35岁	120	18	102	5	2	3				2		2
36岁	130	35	95	7	4	3				4	1	3
37岁	133	38	95	10	8	2				2	1	1

1－14 续表 4

单位：人

年 龄	家庭其他成员供养			财产性收入			保险收入			其 他		
	小计	男	女	小计	男	女	小计	男	女	小计	男	女
38岁	96	21	75	6	4	2						
39岁	102	24	78	11	9	2				2	1	1
40-44	**796**	**208**	**588**	**46**	**27**	**19**				**18**	**8**	**10**
40岁	115	24	91	4	3	1				3	1	2
41岁	132	30	102	5	4	1				1	1	
42岁	182	53	129	12	6	6				3	2	1
43岁	198	52	146	15	7	8				7	4	3
44岁	169	49	120	10	7	3				4		4
45-49	**947**	**338**	**609**	**38**	**27**	**11**				**20**	**16**	**4**
45岁	165	51	114	7	5	2				4	3	1
46岁	184	60	124	8	7	1				6	5	1
47岁	187	59	128	4	2	2				1	1	
48岁	211	78	133	8	5	3				1	1	
49岁	200	90	110	11	8	3				8	6	2
50-54	**671**	**405**	**266**	**33**	**26**	**7**				**9**	**9**	
50岁	114	72	42	4	3	1				4	4	
51岁	142	86	56	11	10	1				3	3	
52岁	139	80	59	6	6					1	1	
53岁	140	86	54	6	4	2				1	1	
54岁	136	81	55	6	3	3						
55-59	**375**	**206**	**169**	**15**	**11**	**4**				**4**	**4**	
55岁	93	62	31	5	4	1				1	1	
56岁	86	47	39	1	1							
57岁	83	51	32	4	4					2	2	
58岁	63	26	37	3	2	1				1	1	
59岁	50	20	30	2		2						
60-64	**163**	**45**	**118**	**5**	**3**	**2**				**2**	**1**	**1**
60岁	34	11	23	3	3							
61岁	35	9	26	1		1				1	1	

1-14 续表 5

单位：人

年 龄	家庭其他成员供养			财产性收入			保险收入			其 他		
	小计	男	女	小计	男	女	小计	男	女	小计	男	女
62岁	37	10	27	1		1						
63岁	30	10	20									
64岁	27	5	22							1		1
65-69	**134**	**37**	**97**	**3**	**2**	**1**	**1**		**1**	**1**	**1**	
65岁	34	7	27	1	1							
66岁	29	3	26									
67岁	18	7	11	1		1						
68岁	27	9	18							1	1	
69岁	26	11	15	1	1		1		1			
70-74	**169**	**44**	**125**	**2**		**2**						
70岁	41	9	32	1		1						
71岁	26	4	22	1		1						
72岁	32	11	21									
73岁	38	10	28									
74岁	32	10	22									
75-79	**100**	**23**	**77**	**1**		**1**						
75岁	25	3	22									
76岁	18	7	11									
77岁	16	1	15	1		1						
78岁	20	8	12									
79岁	21	4	17									
80-84	**116**	**10**	**106**	**1**		**1**						
80岁	24	5	19									
81岁	21	3	18	1		1						
82岁	20	2	18									
83岁	24		24									
84岁	27		27									
85+	**137**	**13**	**124**							**1**		**1**

第二部分　残疾人口的基本状况

2－1　各地区分性别、残疾类别的残疾人

单位：人

地　区	残疾人			视力残疾人			听力残疾人			言语残疾人		
	合计	男	女	小计	男	女	小计	男	女	小计	男	女
总　计	**3910**	**1847**	**2063**	**655**	**228**	**427**	**1077**	**549**	**528**	**46**	**31**	**15**
黄浦区	167	73	94	38	16	22	33	14	19			
卢湾区	107	50	57	27	11	16	33	17	16			
徐汇区	209	113	96	45	21	24	44	25	19	4	4	
长宁区	191	88	103	15	5	10	36	18	18	1		1
静安区	100	53	47	8	4	4	49	24	25	1	1	
普陀区	253	115	138	47	11	36	51	24	27	4	4	
闸北区	270	125	145	51	19	32	53	28	25	6	3	3
虹口区	313	146	167	52	16	36	136	65	71	3	3	
杨浦区	366	169	197	52	17	35	84	37	47	2	2	
闵行区	128	55	73	24	5	19	46	26	20	2	1	1
宝山区	227	115	112	36	13	23	67	43	24	1	1	
嘉定区	154	72	82	21	7	14	41	20	21	1	1	
浦东新区	471	230	241	86	28	58	121	67	54	5	4	1
金山区	152	75	77	25	3	22	43	26	17	5	3	2
松江区	122	51	71	22	7	15	47	23	24	1		1
青浦区	174	85	89	23	11	12	67	34	33	1		1
南汇区	163	76	87	31	14	17	43	18	25	7	4	3
奉贤区	172	77	95	27	7	20	38	19	19	1		1
崇明县	171	79	92	25	13	12	45	21	24	1		1

2－1 续表

单位：人

地 区	肢体残疾人			智力残疾人			精神残疾人			多重残疾人		
	小计	男	女	小计	男	女	小计	男	女	小计	男	女
总 计	**1131**	**579**	**552**	**269**	**134**	**135**	**314**	**149**	**165**	**418**	**177**	**241**
黄浦区	53	20	33	15	7	8	13	8	5	15	8	7
卢湾区	24	10	14	2		2	4	3	1	17	9	8
徐汇区	56	36	20	15	6	9	20	10	10	25	11	14
长宁区	74	31	43	12	6	6	23	12	11	30	16	14
静安区	19	11	8	3	3		4	3	1	16	7	9
普陀区	81	46	35	9	7	2	30	12	18	31	11	20
闸北区	99	46	53	11	7	4	31	15	16	19	7	12
虹口区	43	25	18	17	7	10	21	15	6	41	15	26
杨浦区	132	67	65	24	12	12	34	15	19	38	19	19
闵行区	21	10	11	5	3	2	10	3	7	20	7	13
宝山区	46	23	23	12	8	4	18	7	11	47	20	27
嘉定区	49	27	22	7	3	4	14	5	9	21	9	12
浦东新区	133	74	59	44	23	21	40	18	22	42	16	26
金山区	49	24	25	16	12	4	9	5	4	5	2	3
松江区	29	14	15	13	3	10	5	3	2	5	1	4
青浦区	50	26	24	6	4	2	13	5	8	14	5	9
南汇区	48	26	22	18	7	11	7	2	5	9	5	4
奉贤区	76	41	35	15	2	13	5	4	1	10	4	6
崇明县	49	22	27	25	14	11	13	4	9	13	5	8

2－2　分年龄、性别、残疾类别的残疾人

单位：人

年　龄	残疾人			视力残疾人			听力残疾人			言语残疾人		
	合计	男	女	小计	男	女	小计	男	女	小计	男	女
总　计	**3910**	**1847**	**2063**	**655**	**228**	**427**	**1077**	**549**	**528**	**46**	**31**	**15**
0-4	**24**	**14**	**10**	**1**	**1**					**3**	**3**	
0岁	5	3	2									
1岁	2		2									
2岁	3	2	1									
3岁	7	5	2	1	1					2	2	
4岁	7	4	3							1	1	
5-9	**14**	**6**	**8**							**1**		**1**
5岁	1	1										
6岁	3		3									
7岁	3	1	2									
8岁	5	2	3							1		1
9岁	2	2										
10-14	**19**	**11**	**8**				**1**	**1**				
10岁	3	2	1				1	1				
11岁	4	2	2									
12岁	3	1	2									
13岁	4	2	2									
14岁	5	4	1									
15-19	**41**	**23**	**18**	**1**	**1**		**1**	**1**				
15岁	8	2	6									
16岁	7	6	1	1	1							
17岁	11	5	6									
18岁	8	3	5				1	1				
19岁	7	7										
20-24	**61**	**27**	**34**	**3**	**1**	**2**	**3**	**1**	**2**	**1**		**1**
20岁	12	7	5				1	1				
21岁	6	1	5	1		1						
22岁	8	5	3	1	1		1		1			
23岁	16	7	9	1		1				1		1
24岁	19	7	12				1		1			
25-29	**58**	**34**	**24**	**3**	**3**		**3**	**1**	**2**	**3**	**1**	**2**
25岁	15	11	4				1		1			
26岁	9	7	2	1	1		1	1				
27岁	14	6	8	1	1		1		1			

2-2 续表 1

单位：人

年龄	残疾人			视力残疾人			听力残疾人			言语残疾人		
	合计	男	女	小计	男	女	小计	男	女	小计	男	女
28岁	13	8	5	1	1					1	1	
29岁	7	2	5							2		2
30-34	**75**	**47**	**28**	**5**	**3**	**2**	**3**	**2**	**1**	**1**	**1**	
30岁	8	6	2	1	1							
31岁	15	11	4	1	1							
32岁	20	9	11				1		1			
33岁	18	13	5	2	1	1	1	1				
34岁	14	8	6	1		1	1	1		1	1	
35-39	**85**	**48**	**37**	**7**	**4**	**3**	**6**	**3**	**3**	**1**	**1**	
35岁	22	16	6	2	2		1		1			
36岁	13	6	7	3	1	2	1	1		1	1	
37岁	18	9	9				1		1			
38岁	17	8	9				1		1			
39岁	15	9	6	2	1	1	2	2				
40-44	**177**	**98**	**79**	**16**	**7**	**9**	**20**	**9**	**11**	**4**	**3**	**1**
40岁	25	16	9	2		2	2	2		1	1	
41岁	19	12	7				1	1		1		1
42岁	36	18	18	3	2	1	5	2	3	1	1	
43岁	48	24	24	6	3	3	7	3	4			
44岁	49	28	21	5	2	3	5	1	4	1	1	
45-49	**276**	**154**	**122**	**49**	**28**	**21**	**24**	**12**	**12**	**3**	**1**	**2**
45岁	36	22	14	4	1	3	5	4	1	1		1
46岁	49	25	24	16	8	8	1		1			
47岁	48	26	22	9	5	4	5	1	4			
48岁	75	43	32	10	8	2	8	3	5			
49岁	68	38	30	10	6	4	5	4	1	2	1	1
50-54	**316**	**172**	**144**	**64**	**37**	**27**	**32**	**17**	**15**	**4**	**2**	**2**
50岁	49	32	17	9	7	2	4	2	2	1	1	
51岁	73	41	32	18	11	7	5	3	2	1	1	
52岁	47	24	23	11	5	6	3	2	1	2		2
53岁	79	40	39	15	9	6	9	5	4			
54岁	68	35	33	11	5	6	11	5	6			
55-59	**273**	**148**	**125**	**52**	**26**	**26**	**41**	**29**	**12**	**1**	**1**	
55岁	52	28	24	8	3	5	8	5	3			

2-2 续表 2

单位：人

年 龄	残疾人			视力残疾人			听力残疾人			言语残疾人		
	合计	男	女	小计	男	女	小计	男	女	小计	男	女
56岁	64	31	33	11	6	5	4	3	1			
57岁	45	24	21	9	4	5	6	4	2			
58岁	60	35	25	13	7	6	13	10	3	1	1	
59岁	52	30	22	11	6	5	10	7	3			
60-64	**211**	**99**	**112**	**33**	**13**	**20**	**50**	**27**	**23**	**4**	**1**	**3**
60岁	48	26	22	5	2	3	10	6	4	1		1
61岁	40	21	19	5	2	3	13	8	5			
62岁	30	15	15	6	4	2	4	2	2	2		2
63岁	46	17	29	5	1	4	12	6	6			
64岁	47	20	27	12	4	8	11	5	6	1	1	
65-69	**247**	**121**	**126**	**31**	**11**	**20**	**74**	**35**	**39**	**6**	**4**	**2**
65岁	50	27	23	6	2	4	9	4	5	1		1
66岁	35	17	18	5	1	4	9	4	5	2	1	1
67岁	60	27	33	7	3	4	19	5	14	2	2	
68岁	49	23	26	4	2	2	18	9	9			
69岁	53	27	26	9	3	6	19	13	6	1	1	
70-74	**551**	**246**	**305**	**95**	**18**	**77**	**213**	**116**	**97**	**7**	**7**	
70岁	99	56	43	10	3	7	39	26	13	2	2	
71岁	97	49	48	17	5	12	37	20	17	1	1	
72岁	107	46	61	15	1	14	39	24	15	1	1	
73岁	145	56	89	26	7	19	60	28	32	1	1	
74岁	103	39	64	27	2	25	38	18	20	2	2	
75-79	**603**	**258**	**345**	**131**	**36**	**95**	**222**	**119**	**103**	**3**	**3**	
75岁	129	53	76	31	8	23	39	21	18			
76岁	101	35	66	23	5	18	34	14	20			
77岁	111	53	58	23	7	16	45	26	19			
78岁	125	53	72	25	9	16	48	26	22	1	1	
79岁	137	64	73	29	7	22	56	32	24	2	2	
80-84	**506**	**212**	**294**	**98**	**30**	**68**	**227**	**108**	**119**	**4**	**3**	**1**
80岁	136	52	84	24	8	16	67	28	39			
81岁	92	44	48	19	4	15	33	21	12	1	1	
82岁	107	47	60	21	7	14	43	23	20	2	1	1
83岁	82	30	52	16	4	12	41	15	26	1	1	
84岁	89	39	50	18	7	11	43	21	22			
85+	**373**	**129**	**244**	**66**	**9**	**57**	**157**	**68**	**89**			

2-2 续表 3

单位：人

年 龄	肢体残疾人			智力残疾人			精神残疾人			多重残疾人		
	小计	男	女	小计	男	女	小计	男	女	小计	男	女
总 计	**1131**	**579**	**552**	**269**	**134**	**135**	**314**	**149**	**165**	**418**	**177**	**241**
0-4				**14**	**6**	**8**				**6**	**4**	**2**
0岁				4	2	2				1	1	
1岁				1		1				1		1
2岁				3	2	1						
3岁				1		1				3	2	1
4岁				5	2	3				1	1	
5-9	**1**		**1**	**5**	**2**	**3**				**7**	**4**	**3**
5岁										1	1	
6岁										3		3
7岁				2		2				1	1	
8岁	1		1	3	2	1						
9岁										2	2	
10-14	**3**	**1**	**2**	**14**	**8**	**6**				**1**	**1**	
10岁				1		1				1	1	
11岁	1		1	3	2	1						
12岁				3	1	2						
13岁	1		1	3	2	1						
14岁	1	1		4	3	1						
15-19	**9**	**3**	**6**	**24**	**16**	**8**	**2**	**1**	**1**	**4**	**1**	**3**
15岁	2		2	4	2	2				2		2
16岁	2	2		3	2	1				1	1	
17岁	3		3	6	5	1	1		1	1		1
18岁	2	1	1	4		4	1	1				
19岁				7	7							
20-24	**15**	**5**	**10**	**21**	**9**	**12**	**7**	**4**	**3**	**11**	**7**	**4**
20岁	1		1	5	2	3	1	1		4	3	1
21岁	3		3	1		1	1	1				
22岁	3	2	1	2	1	1				1	1	
23岁	4	2	2	3	1	2	3	2	1	4	2	2
24岁	4	1	3	10	5	5	2		2	2	1	1
25-29	**11**	**5**	**6**	**13**	**8**	**5**	**16**	**10**	**6**	**9**	**6**	**3**
25岁	2	1	1	6	5	1	3	3		3	2	1
26岁	4	3	1	1		1	1	1		1	1	
27岁	4	1	3	1	1		5	3	2	2		2

2-2 续表 4

单位：人

年 龄	肢体残疾人			智力残疾人			精神残疾人			多重残疾人		
	小计	男	女	小计	男	女	小计	男	女	小计	男	女
28岁	1		1	4	2	2	4	2	2	2	2	
29岁				1		1	3	1	2	1	1	
30-34	**20**	**13**	**7**	**19**	**13**	**6**	**19**	**10**	**9**	**8**	**5**	**3**
30岁	2	2		2	1	1	3	2	1			
31岁	3	1	2	7	7		3	1	2	1	1	
32岁	7	4	3	4	1	3	6	3	3	2	1	1
33岁	5	4	1	4	2	2	4	4		2	1	1
34岁	3	2	1	2	2		3		3	3	2	1
35-39	**32**	**21**	**11**	**10**	**5**	**5**	**18**	**11**	**7**	**11**	**3**	**8**
35岁	8	7	1	6	5	1	5	2	3			
36岁	4	1	3				1	1		3	1	2
37岁	6	4	2	1		1	5	3	2	5	2	3
38岁	8	5	3	2		2	4	3	1	2		2
39岁	6	4	2	1		1	3	2	1	1		1
40-44	**56**	**36**	**20**	**33**	**18**	**15**	**35**	**21**	**14**	**13**	**4**	**9**
40岁	8	7	1	5	1	4	7	5	2			
41岁	8	5	3	4	3	1	3	1	2	2	2	
42岁	9	4	5	8	5	3	5	3	2	5	1	4
43岁	18	10	8	5	2	3	9	5	4	3	1	2
44岁	13	10	3	11	7	4	11	7	4	3		3
45-49	**115**	**73**	**42**	**26**	**13**	**13**	**33**	**16**	**17**	**26**	**11**	**15**
45岁	14	11	3	4	1	3	4	3	1	4	2	2
46岁	24	13	11	3	3		4	1	3	1		1
47岁	20	14	6	9	5	4	4	1	3	1		1
48岁	27	18	9	5	2	3	13	6	7	12	6	6
49岁	30	17	13	5	2	3	8	5	3	8	3	5
50-54	**122**	**73**	**49**	**29**	**9**	**20**	**44**	**22**	**22**	**21**	**12**	**9**
50岁	20	15	5	5	2	3	6	2	4	4	3	1
51岁	24	16	8	8	3	5	12	4	8	5	3	2
52岁	18	11	7	2		2	6	5	1	5	1	4
53岁	33	17	16	10	3	7	8	4	4	4	2	2
54岁	27	14	13	4	1	3	12	7	5	3	3	
55-59	**109**	**60**	**49**	**15**	**5**	**10**	**43**	**21**	**22**	**12**	**6**	**6**
55岁	17	11	6	4	1	3	14	7	7	1	1	

2－2 续表 5

单位：人

年龄	肢体残疾人			智力残疾人			精神残疾人			多重残疾人		
	小计	男	女	小计	男	女	小计	男	女	小计	男	女
56岁	34	15	19	5	1	4	9	5	4	1	1	
57岁	17	9	8	4	2	2	8	4	4	1	1	
58岁	23	13	10	1		1	6	2	4	3	2	1
59岁	18	12	6	1	1		6	3	3	6	1	5
60-64	**74**	**34**	**40**	**6**	**4**	**2**	**24**	**11**	**13**	**20**	**9**	**11**
60岁	20	11	9	1		1	5	3	2	6	4	2
61岁	15	7	8	2	2		1		1	4	2	2
62岁	7	5	2	1		1	7	3	4	3	1	2
63岁	15	5	10	1	1		10	4	6	3		3
64岁	17	6	11	1	1		1	1		4	2	2
65-69	**101**	**50**	**51**	**4**	**2**	**2**	**8**	**4**	**4**	**23**	**15**	**8**
65岁	24	16	8	2	1	1	3	1	2	5	3	2
66岁	14	6	8				1	1		4	4	
67岁	22	10	12	1	1		1	1		8	5	3
68岁	21	9	12				2	1	1	4	2	2
69岁	20	9	11	1		1	1		1	2	1	1
70-74	**164**	**76**	**88**	**10**	**6**	**4**	**15**	**4**	**11**	**47**	**19**	**28**
70岁	33	18	15	3	2	1	6	2	4	6	3	3
71岁	28	16	12	1		1	2		2	11	7	4
72岁	36	15	21	1	1		3	1	2	12	3	9
73岁	37	13	24	4	2	2	4	1	3	13	4	9
74岁	30	14	16	1	1					5	2	3
75-79	**147**	**67**	**80**	**15**	**7**	**8**	**29**	**9**	**20**	**56**	**17**	**39**
75岁	34	16	18	8	2	6	10	3	7	7	3	4
76岁	27	13	14	2	1	1	7	1	6	8	1	7
77岁	27	12	15				4	2	2	12	6	6
78岁	27	10	17	2	1	1	1		1	21	6	15
79岁	32	16	16	3	3		7	3	4	8	1	7
80-84	**95**	**40**	**55**	**7**	**1**	**6**	**8**	**1**	**7**	**67**	**29**	**38**
80岁	30	13	17	2		2	3		3	10	3	7
81岁	19	9	10	2	1	1	2	1	1	16	7	9
82岁	22	10	12	1		1	1		1	17	6	11
83岁	13	4	9	1		1	1		1	9	6	3
84岁	11	4	7	1		1	1		1	15	7	8
85+	**57**	**22**	**35**	**4**	**2**	**2**	**13**	**4**	**9**	**76**	**24**	**52**

2－2a 城镇分年龄、性别、残疾类别的残疾人

单位：人

年龄	残疾人			视力残疾人			听力残疾人			言语残疾人		
	合计	男	女	小计	男	女	小计	男	女	小计	男	女
总 计	**2985**	**1418**	**1567**	**508**	**174**	**334**	**827**	**424**	**403**	**33**	**25**	**8**
0-4	**13**	**8**	**5**	**1**	**1**					**2**	**2**	
0岁	3	2	1									
1岁	1		1									
2岁	1		1									
3岁	4	3	1	1	1					1	1	
4岁	4	3	1							1	1	
5-9	**8**	**4**	**4**									
5岁	1	1										
6岁	2		2									
7岁	2	1	1									
8岁	1		1									
9岁	2	2										
10-14	**14**	**8**	**6**				**1**	**1**				
10岁	3	2	1				1	1				
11岁	4	2	2									
12岁												
13岁	4	2	2									
14岁	3	2	1									
15-19	**32**	**19**	**13**	**1**	**1**		**1**	**1**				
15岁	7	2	5									
16岁	4	4		1	1							
17岁	9	5	4									
18岁	7	3	4				1	1				
19岁	5	5										
20-24	**49**	**24**	**25**	**3**	**1**	**2**	**3**	**1**	**2**			
20岁	10	7	3				1	1				
21岁	4	1	3	1		1						
22岁	8	5	3	1	1		1		1			
23岁	11	5	6	1		1						
24岁	16	6	10				1		1			
25-29	**35**	**20**	**15**	**1**	**1**		**2**	**1**	**1**	**2**	**1**	**1**
25岁	9	7	2									
26岁	5	3	2	1	1		1	1				
27岁	9	4	5				1		1			

2－2a 续表 1

单位：人

年 龄	残疾人			视力残疾人			听力残疾人			言语残疾人		
	合计	男	女	小计	男	女	小计	男	女	小计	男	女
28岁	8	4	4							1	1	
29岁	4	2	2							1		1
30-34	**53**	**33**	**20**	**2**	**1**	**1**	**2**	**1**	**1**	**1**	**1**	
30岁	6	5	1									
31岁	10	8	2	1	1							
32岁	17	8	9				1		1			
33岁	11	8	3				1	1				
34岁	9	4	5	1		1				1	1	
35-39	**59**	**32**	**27**	**3**	**2**	**1**	**3**	**1**	**2**	**1**	**1**	
35岁	14	11	3	2	2							
36岁	7	3	4							1	1	
37岁	15	8	7				1		1			
38岁	12	5	7				1		1			
39岁	11	5	6	1		1	1	1				
40-44	**126**	**69**	**57**	**12**	**6**	**6**	**12**	**6**	**6**	**2**	**1**	**1**
40岁	16	11	5	1		1	2	2				
41岁	12	6	6							1		1
42岁	22	12	10	2	2		3	2	1			
43岁	37	18	19	6	3	3	3	1	2			
44岁	39	22	17	3	1	2	4	1	3	1	1	
45-49	**231**	**131**	**100**	**44**	**25**	**19**	**16**	**8**	**8**	**2**		**2**
45岁	28	17	11	4	1	3	5	4	1	1		1
46岁	44	22	22	16	8	8	1		1			
47岁	42	25	17	7	5	2	3	1	2			
48岁	63	36	27	9	7	2	4	1	3			
49岁	54	31	23	8	4	4	3	2	1	1		1
50-54	**234**	**133**	**101**	**46**	**29**	**17**	**22**	**12**	**10**	**3**	**2**	**1**
50岁	38	24	14	7	5	2	2	1	1	1	1	
51岁	53	34	19	13	8	5	1	1		1	1	
52岁	37	20	17	7	4	3	3	2	1	1		1
53岁	54	27	27	12	8	4	6	3	3			
54岁	52	28	24	7	4	3	10	5	5			
55-59	**199**	**110**	**89**	**44**	**22**	**22**	**27**	**20**	**7**	**1**	**1**	
55岁	35	18	17	5	1	4	4	3	1			
56岁	48	27	21	10	6	4	4	3	1			

2－2a 续表 2

单位：人

年 龄	残疾人			视力残疾人			听力残疾人			言语残疾人		
	合计	男	女	小计	男	女	小计	男	女	小计	男	女
57岁	29	16	13	8	4	4	3	2	1			
58岁	54	30	24	13	7	6	10	7	3	1	1	
59岁	33	19	14	8	4	4	6	5	1			
60－64	**154**	**75**	**79**	**27**	**12**	**15**	**36**	**19**	**17**	**3**	**1**	**2**
60岁	33	20	13	3	2	1	8	5	3	1		1
61岁	30	17	13	5	2	3	9	6	3			
62岁	26	14	12	4	3	1	4	2	2	1		1
63岁	33	12	21	5	1	4	8	4	4			
64岁	32	12	20	10	4	6	7	2	5	1	1	
65－69	**173**	**81**	**92**	**22**	**6**	**16**	**53**	**21**	**32**	**4**	**4**	
65岁	35	18	17	4	1	3	6	2	4			
66岁	21	9	12	4	1	3	6	2	4	1	1	
67岁	45	20	25	6	3	3	14	1	13	2	2	
68岁	37	15	22	2		2	15	7	8			
69岁	35	19	16	6	1	5	12	9	3	1	1	
70－74	**432**	**193**	**239**	**80**	**15**	**65**	**168**	**92**	**76**	**5**	**5**	
70岁	69	35	34	8	2	6	26	15	11	1	1	
71岁	75	38	37	14	4	10	30	15	15	1	1	
72岁	85	41	44	12	1	11	31	22	9	1	1	
73岁	122	48	74	23	6	17	50	25	25	1	1	
74岁	81	31	50	23	2	21	31	15	16	1	1	
75－79	**469**	**200**	**269**	**97**	**25**	**72**	**172**	**95**	**77**	**3**	**3**	
75岁	91	33	58	21	4	17	29	14	15			
76岁	88	30	58	18	4	14	31	12	19			
77岁	86	42	44	18	7	11	33	20	13			
78岁	94	43	51	17	5	12	35	22	13	1	1	
79岁	110	52	58	23	5	18	44	27	17	2	2	
80－84	**418**	**174**	**244**	**82**	**25**	**57**	**183**	**86**	**97**	**4**	**3**	**1**
80岁	117	45	72	19	7	12	59	24	35			
81岁	82	36	46	18	3	15	28	17	11	1	1	
82岁	83	36	47	17	5	12	32	18	14	2	1	1
83岁	62	24	38	12	4	8	30	11	19	1	1	
84岁	74	33	41	16	6	10	34	16	18			
85+	**286**	**104**	**182**	**43**	**2**	**41**	**126**	**59**	**67**			

2－2a 续表 3

单位：人

年龄	肢体残疾人			智力残疾人			精神残疾人			多重残疾人		
	小计	男	女	小计	男	女	小计	男	女	小计	男	女
总 计	**839**	**428**	**411**	**163**	**85**	**78**	**266**	**131**	**135**	**349**	**151**	**198**
0-4				**6**	**2**	**4**				**4**	**3**	**1**
0岁				2	1	1				1	1	
1岁										1		1
2岁				1		1						
3岁				1		1				1	1	
4岁				2	1	1				1	1	
5-9	**1**		**1**	**1**		**1**				**6**	**4**	**2**
5岁										1	1	
6岁										2		2
7岁				1		1				1	1	
8岁	1		1									
9岁										2	2	
10-14	**2**		**2**	**10**	**6**	**4**				**1**	**1**	
10岁				1		1				1	1	
11岁	1		1	3	2	1						
12岁												
13岁	1		1	3	2	1						
14岁				3	2	1						
15-19	**6**	**2**	**4**	**18**	**13**	**5**	**2**	**1**	**1**	**4**	**1**	**3**
15岁	2		2	3	2	1				2		2
16岁	1	1		1	1					1	1	
17岁	1		1	6	5	1	1		1	1		1
18岁	2	1	1	3		3	1	1				
19岁				5	5							
20-24	**11**	**4**	**7**	**17**	**8**	**9**	**7**	**4**	**3**	**8**	**6**	**2**
20岁	1		1	3	2	1	1	1		4	3	1
21岁	1		1	1		1	1	1				
22岁	3	2	1	2	1	1				1	1	
23岁	3	1	2	1		1	3	2	1	3	2	1
24岁	3	1	2	10	5	5	2		2			
25-29	**6**	**2**	**4**	**6**	**4**	**2**	**11**	**7**	**4**	**7**	**4**	**3**
25岁	1		1	3	3		3	3		2	1	1
26岁	2	1	1	1		1						
27岁	2	1	1	1	1		3	2	1	2		2

2－2a 续表 4

单位：人

年龄	肢体残疾人			智力残疾人			精神残疾人			多重残疾人		
	小计	男	女	小计	男	女	小计	男	女	小计	男	女
28岁	1		1	1		1	3	1	2	2	2	
29岁							2	1	1	1	1	
30-34	**12**	**7**	**5**	**14**	**10**	**4**	**15**	**9**	**6**	**7**	**4**	**3**
30岁	2	2		2	1	1	2	2				
31岁	2	1	1	4	4		2	1	1	1	1	
32岁	6	3	3	3	1	2	5	3	2	2	1	1
33岁	2	1	1	3	2	1	3	3		2	1	1
34岁				2	2		3		3	2	1	1
35-39	**20**	**12**	**8**	**6**	**3**	**3**	**17**	**10**	**7**	**9**	**3**	**6**
35岁	5	5		3	3		4	1	3			
36岁	3		3				1	1		2	1	1
37岁	5	3	2				5	3	2	4	2	2
38岁	3	2	1	2		2	4	3	1	2		2
39岁	4	2	2	1		1	3	2	1	1		1
40-44	**41**	**27**	**14**	**20**	**10**	**10**	**28**	**16**	**12**	**11**	**3**	**8**
40岁	5	5		2		2	6	4	2			
41岁	6	4	2	2	1	1	2		2	1	1	
42岁	6	2	4	4	2	2	3	3		4	1	3
43岁	14	8	6	3	1	2	8	4	4	3	1	2
44岁	10	8	2	9	6	3	9	5	4	3		3
45-49	**93**	**60**	**33**	**21**	**13**	**8**	**31**	**15**	**16**	**24**	**10**	**14**
45岁	9	7	2	2	1	1	4	3	1	3	1	2
46岁	19	10	9	3	3		4	1	3	1		1
47岁	19	13	6	9	5	4	3	1	2	1		1
48岁	22	14	8	4	2	2	13	6	7	11	6	5
49岁	24	16	8	3	2	1	7	4	3	8	3	5
50-54	**94**	**57**	**37**	**12**	**4**	**8**	**38**	**19**	**19**	**19**	**10**	**9**
50岁	16	12	4	3	1	2	6	2	4	3	2	1
51岁	20	15	5	4	3	1	10	4	6	4	2	2
52岁	13	8	5	2		2	6	5	1	5	1	4
53岁	23	11	12	2		2	7	3	4	4	2	2
54岁	22	11	11	1		1	9	5	4	3	3	
55-59	**75**	**41**	**34**	**6**	**1**	**5**	**36**	**20**	**16**	**10**	**5**	**5**
55岁	10	5	5	2	1	1	13	7	6	1	1	
56岁	25	13	12	2		2	7	5	2			

2－2a 续表 5

单位：人

年 龄	肢体残疾人			智力残疾人			精神残疾人			多重残疾人		
	小计	男	女	小计	男	女	小计	男	女	小计	男	女
57岁	10	6	4	1		1	6	3	3	1	1	
58岁	21	11	10	1		1	5	2	3	3	2	1
59岁	9	6	3				5	3	2	5	1	4
60-64	**51**	**25**	**26**	**3**	**2**	**1**	**18**	**10**	**8**	**16**	**6**	**10**
60岁	14	8	6				2	2		5	3	2
61岁	12	7	5	1	1		1		1	2	1	1
62岁	7	5	2	1		1	6	3	3	3	1	2
63岁	9	3	6				8	4	4	3		3
64岁	9	2	7	1	1		1	1		3	1	2
65-69	**66**	**33**	**33**	**3**	**2**	**1**	**7**	**4**	**3**	**18**	**11**	**7**
65岁	16	10	6	2	1	1	2	1	1	5	3	2
66岁	7	2	5				1	1		2	2	
67岁	14	8	6	1	1		1	1		7	4	3
68岁	15	6	9				2	1	1	3	1	2
69岁	14	7	7				1		1	1	1	
70-74	**122**	**58**	**64**	**3**	**1**	**2**	**14**	**4**	**10**	**40**	**18**	**22**
70岁	23	12	11				5	2	3	6	3	3
71岁	20	12	8				2		2	8	6	2
72岁	28	12	16	1	1		3	1	2	9	3	6
73岁	30	11	19	2		2	4	1	3	12	4	8
74岁	21	11	10							5	2	3
75-79	**120**	**51**	**69**	**7**	**4**	**3**	**26**	**8**	**18**	**44**	**14**	**30**
75岁	26	11	15	1		1	9	2	7	5	2	3
76岁	25	11	14	2	1	1	6	1	5	6	1	5
77岁	19	7	12				4	2	2	12	6	6
78岁	24	9	15	2	1	1	1		1	14	5	9
79岁	26	13	13	2	2		6	3	3	7		7
80-84	**78**	**33**	**45**	**6**		**6**	**7**	**1**	**6**	**58**	**26**	**32**
80岁	26	12	14	2		2	2		2	9	2	7
81岁	17	7	10	1		1	2	1	1	15	7	8
82岁	15	7	8	1		1	1		1	15	5	10
83岁	10	3	7	1		1	1		1	7	5	2
84岁	10	4	6	1		1	1		1	12	7	5
85+	**41**	**16**	**25**	**4**	**2**	**2**	**9**	**3**	**6**	**63**	**22**	**41**

2－2b 农村分年龄、性别、残疾类别的残疾人

单位：人

年 龄	残疾人			视力残疾人			听力残疾人			言语残疾人		
	合计	男	女	小计	男	女	小计	男	女	小计	男	女
总 计	**925**	**429**	**496**	**147**	**54**	**93**	**250**	**125**	**125**	**13**	**6**	**7**
0-4	**11**	**6**	**5**							**1**	**1**	
0岁	2	1	1									
1岁	1		1									
2岁	2	2										
3岁	3	2	1							1	1	
4岁	3	1	2									
5-9	**6**	**2**	**4**							**1**		**1**
5岁												
6岁	1		1									
7岁	1		1									
8岁	4	2	2							1		1
9岁												
10-14	**5**	**3**	**2**									
10岁												
11岁												
12岁	3	1	2									
13岁												
14岁	2	2										
15-19	**9**	**4**	**5**									
15岁	1		1									
16岁	3	2	1									
17岁	2		2									
18岁	1		1									
19岁	2	2										
20-24	**12**	**3**	**9**							**1**		**1**
20岁	2		2									
21岁	2		2									
22岁												
23岁	5	2	3							1		1
24岁	3	1	2									
25-29	**23**	**14**	**9**	**2**	**2**		**1**		**1**	**1**		**1**
25岁	6	4	2				1		1			
26岁	4	4										
27岁	5	2	3	1	1							

2－2b 续表 1

单位：人

年龄	残疾人			视力残疾人			听力残疾人			言语残疾人		
	合计	男	女	小计	男	女	小计	男	女	小计	男	女
28岁	5	4	1	1	1							
29岁	3		3							1		1
30-34	**22**	**14**	**8**	**3**	**2**	**1**	**1**	**1**				
30岁	2	1	1	1	1							
31岁	5	3	2									
32岁	3	1	2									
33岁	7	5	2	2	1	1						
34岁	5	4	1				1	1				
35-39	**26**	**16**	**10**	**4**	**2**	**2**	**3**	**2**	**1**			
35岁	8	5	3				1		1			
36岁	6	3	3	3	1	2	1	1				
37岁	3	1	2									
38岁	5	3	2									
39岁	4	4		1	1		1	1				
40-44	**51**	**29**	**22**	**4**	**1**	**3**	**8**	**3**	**5**	**2**	**2**	
40岁	9	5	4	1		1				1	1	
41岁	7	6	1				1	1				
42岁	14	6	8	1		1	2		2	1	1	
43岁	11	6	5				4	2	2			
44岁	10	6	4	2	1	1	1		1			
45-49	**45**	**23**	**22**	**5**	**3**	**2**	**8**	**4**	**4**	**1**	**1**	
45岁	8	5	3									
46岁	5	3	2									
47岁	6	1	5	2		2	2		2			
48岁	12	7	5	1	1		4	2	2			
49岁	14	7	7	2	2		2	2		1	1	
50-54	**82**	**39**	**43**	**18**	**8**	**10**	**10**	**5**	**5**	**1**		**1**
50岁	11	8	3	2	2		2	1	1			
51岁	20	7	13	5	3	2	4	2	2			
52岁	10	4	6	4	1	3				1		1
53岁	25	13	12	3	1	2	3	2	1			
54岁	16	7	9	4	1	3	1		1			
55-59	**74**	**38**	**36**	**8**	**4**	**4**	**14**	**9**	**5**			
55岁	17	10	7	3	2	1	4	2	2			

2－2b 续表 2

单位：人

年 龄	残疾人			视力残疾人			听力残疾人			言语残疾人		
	合计	男	女	小计	男	女	小计	男	女	小计	男	女
56岁	16	4	12	1		1						
57岁	16	8	8	1		1	3	2	1			
58岁	6	5	1				3	3				
59岁	19	11	8	3	2	1	4	2	2			
60-64	**57**	**24**	**33**	**6**	**1**	**5**	**14**	**8**	**6**	**1**		**1**
60岁	15	6	9	2		2	2	1	1			
61岁	10	4	6				4	2	2			
62岁	4	1	3	2	1	1				1		1
63岁	13	5	8				4	2	2			
64岁	15	8	7	2		2	4	3	1			
65-69	**74**	**40**	**34**	**9**	**5**	**4**	**21**	**14**	**7**	**2**		**2**
65岁	15	9	6	2	1	1	3	2	1	1		1
66岁	14	8	6	1		1	3	2	1	1		1
67岁	15	7	8	1		1	5	4	1			
68岁	12	8	4	2	2		3	2	1			
69岁	18	8	10	3	2	1	7	4	3			
70-74	**119**	**53**	**66**	**15**	**3**	**12**	**45**	**24**	**21**	**2**	**2**	
70岁	30	21	9	2	1	1	13	11	2	1	1	
71岁	22	11	11	3	1	2	7	5	2			
72岁	22	5	17	3		3	8	2	6			
73岁	23	8	15	3	1	2	10	3	7			
74岁	22	8	14	4		4	7	3	4	1	1	
75-79	**134**	**58**	**76**	**34**	**11**	**23**	**50**	**24**	**26**			
75岁	38	20	18	10	4	6	10	7	3			
76岁	13	5	8	5	1	4	3	2	1			
77岁	25	11	14	5		5	12	6	6			
78岁	31	10	21	8	4	4	13	4	9			
79岁	27	12	15	6	2	4	12	5	7			
80-84	**88**	**38**	**50**	**16**	**5**	**11**	**44**	**22**	**22**			
80岁	19	7	12	5	1	4	8	4	4			
81岁	10	8	2	1	1		5	4	1			
82岁	24	11	13	4	2	2	11	5	6			
83岁	20	6	14	4		4	11	4	7			
84岁	15	6	9	2	1	1	9	5	4			
85+	**87**	**25**	**62**	**23**	**7**	**16**	**31**	**9**	**22**			

2－2b 续表 3

单位：人

年 龄	肢体残疾人			智力残疾人			精神残疾人			多重残疾人		
	小计	男	女	小计	男	女	小计	男	女	小计	男	女
总 计	**292**	**151**	**141**	**106**	**49**	**57**	**48**	**18**	**30**	**69**	**26**	**43**
0-4				**8**	**4**	**4**				**2**	**1**	**1**
0岁				2	1	1						
1岁				1		1						
2岁				2	2							
3岁										2	1	1
4岁				3	1	2						
5-9				**4**	**2**	**2**				**1**		**1**
5岁												
6岁										1		1
7岁				1		1						
8岁				3	2	1						
9岁												
10-14	**1**	**1**		**4**	**2**	**2**						
10岁												
11岁												
12岁				3	1	2						
13岁												
14岁	1	1		1	1							
15-19	**3**	**1**	**2**	**6**	**3**	**3**						
15岁				1		1						
16岁	1	1		2	1	1						
17岁	2		2									
18岁				1		1						
19岁				2	2							
20-24	**4**	**1**	**3**	**4**	**1**	**3**				**3**	**1**	**2**
20岁				2		2						
21岁	2		2									
22岁												
23岁	1	1		2	1	1				1		1
24岁	1		1							2	1	1
25-29	**5**	**3**	**2**	**7**	**4**	**3**	**5**	**3**	**2**	**2**	**2**	
25岁	1	1		3	2	1				1	1	
26岁	2	2					1	1		1	1	
27岁	2		2				2	1	1			

2－2b 续表 4

单位：人

年 龄	肢体残疾人			智力残疾人			精神残疾人			多重残疾人		
	小计	男	女	小计	男	女	小计	男	女	小计	男	女
28岁				3	2	1	1	1				
29岁				1		1	1		1			
30-34	**8**	**6**	**2**	**5**	**3**	**2**	**4**	**1**	**3**	**1**	**1**	
30岁							1		1			
31岁	1		1	3	3		1		1			
32岁	1	1		1		1	1		1			
33岁	3	3		1		1	1	1				
34岁	3	2	1							1	1	
35-39	**12**	**9**	**3**	**4**	**2**	**2**	**1**	**1**		**2**		**2**
35岁	3	2	1	3	2	1	1	1				
36岁	1	1								1		1
37岁	1	1		1		1				1		1
38岁	5	3	2									
39岁	2	2										
40-44	**15**	**9**	**6**	**13**	**8**	**5**	**7**	**5**	**2**	**2**	**1**	**1**
40岁	3	2	1	3	1	2	1	1				
41岁	2	1	1	2	2		1	1		1	1	
42岁	3	2	1	4	3	1	2		2	1		1
43岁	4	2	2	2	1	1	1	1				
44岁	3	2	1	2	1	1	2	2				
45-49	**22**	**13**	**9**	**5**		**5**	**2**	**1**	**1**	**2**	**1**	**1**
45岁	5	4	1	2		2				1	1	
46岁	5	3	2									
47岁	1	1					1		1			
48岁	5	4	1	1		1				1		1
49岁	6	1	5	2		2	1	1				
50-54	**28**	**16**	**12**	**17**	**5**	**12**	**6**	**3**	**3**	**2**	**2**	
50岁	4	3	1	2	1	1				1	1	
51岁	4	1	3	4		4	2		2	1	1	
52岁	5	3	2									
53岁	10	6	4	8	3	5	1	1				
54岁	5	3	2	3	1	2	3	2	1			
55-59	**34**	**19**	**15**	**9**	**4**	**5**	**7**	**1**	**6**	**2**	**1**	**1**
55岁	7	6	1	2		2	1		1			

2－2b 续表 5

单位：人

年 龄	肢体残疾人			智力残疾人			精神残疾人			多重残疾人		
	小计	男	女	小计	男	女	小计	男	女	小计	男	女
56岁	9	2	7	3	1	2	2		2	1	1	
57岁	7	3	4	3	2	1	2	1	1			
58岁	2	2					1		1			
59岁	9	6	3	1	1		1		1	1		1
60-64	**23**	**9**	**14**	**3**	**2**	**1**	**6**	**1**	**5**	**4**	**3**	**1**
60岁	6	3	3	1		1	3	1	2	1	1	
61岁	3		3	1	1					2	1	1
62岁							1		1			
63岁	6	2	4	1	1		2		2			
64岁	8	4	4							1	1	
65-69	**35**	**17**	**18**	**1**		**1**	**1**		**1**	**5**	**4**	**1**
65岁	8	6	2				1		1			
66岁	7	4	3							2	2	
67岁	8	2	6							1	1	
68岁	6	3	3							1	1	
69岁	6	2	4	1		1				1		1
70-74	**42**	**18**	**24**	**7**	**5**	**2**	**1**		**1**	**7**	**1**	**6**
70岁	10	6	4	3	2	1	1		1			
71岁	8	4	4	1		1				3	1	2
72岁	8	3	5							3		3
73岁	7	2	5	2	2					1		1
74岁	9	3	6	1	1							
75-79	**27**	**16**	**11**	**8**	**3**	**5**	**3**	**1**	**2**	**12**	**3**	**9**
75岁	8	5	3	7	2	5	1	1		2	1	1
76岁	2	2					1		1	2		2
77岁	8	5	3									
78岁	3	1	2							7	1	6
79岁	6	3	3	1	1		1		1	1	1	
80-84	**17**	**7**	**10**	**1**	**1**		**1**		**1**	**9**	**3**	**6**
80岁	4	1	3				1		1	1	1	
81岁	2	2		1	1					1		1
82岁	7	3	4							2	1	1
83岁	3	1	2							2	1	1
84岁	1		1							3		3
85+	**16**	**6**	**10**				**4**	**1**	**3**	**13**	**2**	**11**

2-3 多重残疾人的残疾类别组合

单位：人

残疾类别组合	多重残疾人数			占多重残疾人总数的比重(%)
	合计	男	女	
总　　计	**418**	**177**	**241**	**100.00**
二种残疾类别组合人数小计	**364**	**151**	**213**	**87.08**
视力、听力	89	28	61	21.29
视力、言语	1	1		0.24
视力、肢体	34	6	28	8.13
视力、智力	4	3	1	0.96
视力、精神	7	1	6	1.67
听力、言语	71	34	37	16.99
听力、智力	7	4	3	1.67
听力、肢体	58	27	31	13.88
听力、精神	7	4	3	1.67
言语、智力	17	8	9	4.07
言语、肢体	29	18	11	6.94
言语、精神	1	1		0.24
智力、肢体	22	10	12	5.26
智力、精神	4	2	2	0.96
肢体、精神	13	4	9	3.11
三种残疾类别组合人数小计	**48**	**25**	**23**	**11.48**
视力、听力、言语	2		2	0.48
视力、听力、肢体	9	4	5	2.15
视力、听力、智力				
视力、听力、精神	1		1	0.24
视力、言语、肢体	1		1	0.24
视力、言语、智力	3	2	1	0.72
视力、言语、精神				
视力、肢体、智力				
视力、肢体、精神	3	1	2	0.72
视力、智力、精神				
听力、言语、肢体	5	4	1	1.20
听力、言语、智力	3	3		0.72
听力、言语、精神	1		1	0.24
听力、肢体、智力	1		1	0.24
听力、肢体、精神				
听力、智力、精神				
言语、肢体、智力	14	10	4	3.35
言语、肢体、精神	1		1	0.24
言语、智力、精神	3		3	0.72
肢体、智力、精神	1	1		0.24
四种残疾类别组合人数小计	**4**		**4**	**0.96**
五种残疾类别组合人数小计	**2**	**1**	**1**	**0.48**
六种残疾类别组合人数小计				

2－4 各地区分民族、性别的残疾人

单位：人

地 区	残疾人			汉 族			蒙古族		
	合计	男	女	小计	男	女	小计	男	女
总 计	**3910**	**1847**	**2063**	**3889**	**1838**	**2051**			
黄浦区	167	73	94	166	73	93			
卢湾区	107	50	57	107	50	57			
徐汇区	209	113	96	207	111	96			
长宁区	191	88	103	189	87	102			
静安区	100	53	47	100	53	47			
普陀区	253	115	138	250	114	136			
闸北区	270	125	145	268	123	145			
虹口区	313	146	167	311	145	166			
杨浦区	366	169	197	363	169	194			
闵行区	128	55	73	127	55	72			
宝山区	227	115	112	226	114	112			
嘉定区	154	72	82	154	72	82			
浦东新区	471	230	241	468	229	239			
金山区	152	75	77	152	75	77			
松江区	122	51	71	122	51	71			
青浦区	174	85	89	173	85	88			
南汇区	163	76	87	163	76	87			
奉贤区	172	77	95	172	77	95			
崇明县	171	79	92	171	79	92			

2-4 续表 1

单位：人

地 区	回 族			藏 族			维吾尔族		
	小计	男	女	小计	男	女	小计	男	女
总 计	**19**	**8**	**11**						
黄浦区	1		1						
卢湾区									
徐汇区	2	2							
长宁区	1		1						
静安区									
普陀区	3	1	2						
闸北区	2	2							
虹口区	2	1	1						
杨浦区	3		3						
闵行区	1		1						
宝山区	1	1							
嘉定区									
浦东新区	3	1	2						
金山区									
松江区									
青浦区									
南汇区									
奉贤区									
崇明县									

2-4 续表 2

单位：人

地 区	苗 族			彝 族			壮 族		
	小计	男	女	小计	男	女	小计	男	女
总 计									
黄浦区									
卢湾区									
徐汇区									
长宁区									
静安区									
普陀区									
闸北区									
虹口区									
杨浦区									
闵行区									
宝山区									
嘉定区									
浦东新区									
金山区									
松江区									
青浦区									
南汇区									
奉贤区									
崇明县									

2-4 续表 3

单位：人

地区	布依族			朝鲜族			满族			其他少数民族		
	小计	男	女	小计	男	女	小计	男	女	小计	男	女
总计				**1**	**1**					**1**		**1**
黄浦区												
卢湾区												
徐汇区												
长宁区				1	1							
静安区												
普陀区												
闸北区												
虹口区												
杨浦区												
闵行区												
宝山区												
嘉定区												
浦东新区												
金山区												
松江区												
青浦区										1		1
南汇区												
奉贤区												
崇明县												

2－5 各地区分性别、户口登记状况的残疾人

单位：人

地区	残疾人数			住本调查小区，户口在本乡、镇、街道		
	合计	男	女	小计	男	女
总　计	**3910**	**1847**	**2063**	**3400**	**1603**	**1797**
黄浦区	167	73	94	150	65	85
卢湾区	107	50	57	91	42	49
徐汇区	209	113	96	180	99	81
长宁区	191	88	103	160	73	87
静安区	100	53	47	94	50	44
普陀区	253	115	138	217	94	123
闸北区	270	125	145	235	107	128
虹口区	313	146	167	269	125	144
杨浦区	366	169	197	304	135	169
闵行区	128	55	73	95	42	53
宝山区	227	115	112	188	103	85
嘉定区	154	72	82	132	61	71
浦东新区	471	230	241	405	197	208
金山区	152	75	77	131	62	69
松江区	122	51	71	107	45	62
青浦区	174	85	89	168	83	85
南汇区	163	76	87	154	71	83
奉贤区	172	77	95	157	72	85
崇明县	171	79	92	163	77	86

2－5 续表

单位：人

地 区	住本调查小区半年以上，户口在外乡、镇、街道			住本调查小区不满半年，离开户口所在地半年以上			住本调查小区，户口待定		
	小计	男	女	小计	男	女	小计	男	女
总 计	**499**	**238**	**261**	**6**	**4**	**2**	**5**	**2**	**3**
黄浦区	16	7	9	1	1				
卢湾区	16	8	8						
徐汇区	27	13	14				2	1	1
长宁区	31	15	16						
静安区	6	3	3						
普陀区	35	21	14	1		1			
闸北区	35	18	17						
虹口区	44	21	23						
杨浦区	62	34	28						
闵行区	33	13	20						
宝山区	39	12	27						
嘉定区	22	11	11						
浦东新区	63	31	32	3	2	1			
金山区	21	13	8						
松江区	12	5	7	1	1		2		2
青浦区	5	1	4				1	1	
南汇区	9	5	4						
奉贤区	15	5	10						
崇明县	8	2	6						

2－6　各地区分性别、户口性质的残疾人

单位：人

地　区	残疾人数			农业户口			非农业户口			户口性质待定		
	合计	男	女	小计	男	女	小计	男	女	小计	男	女
总　计	**3910**	**1847**	**2063**	**733**	**324**	**409**	**3172**	**1521**	**1651**	**5**	**2**	**3**
黄浦区	167	73	94	2	1	1	165	72	93			
卢湾区	107	50	57				107	50	57			
徐汇区	209	113	96	3	3		204	109	95	2	1	1
长宁区	191	88	103	2	1	1	189	87	102			
静安区	100	53	47	2	1	1	98	52	46			
普陀区	253	115	138	2	1	1	251	114	137			
闸北区	270	125	145	5	2	3	265	123	142			
虹口区	313	146	167	1	1		312	145	167			
杨浦区	366	169	197	5	3	2	361	166	195			
闵行区	128	55	73	6	4	2	122	51	71			
宝山区	227	115	112	78	31	47	149	84	65			
嘉定区	154	72	82	18	9	9	136	63	73			
浦东新区	471	230	241	46	21	25	425	209	216			
金山区	152	75	77	62	29	33	90	46	44			
松江区	122	51	71	39	18	21	81	33	48	2		2
青浦区	174	85	89	124	56	68	49	28	21	1	1	
南汇区	163	76	87	113	48	65	50	28	22			
奉贤区	172	77	95	87	31	56	85	46	39			
崇明县	171	79	92	138	64	74	33	15	18			

2－7　有残疾人的家庭户类别

单位：户

家庭户规模	合计	一代户				二代户			
		小计	只有1个残疾人的户	有2个残疾人的户	有3人以上残疾人的户	小计	只有1个残疾人的户	有2个残疾人的户	有3人以上残疾人的户
总　计	**3519**	**1338**	**1217**	**120**	**1**	**1236**	**1114**	**113**	**9**
一人户	420	420	420						
二人户	1110	872	759	113		238	224	14	
三人户	950	38	30	7	1	844	762	75	7
四人户	577	6	6			137	114	21	2
五人户	345	1	1			12	11	1	
六人户	85	1	1			4	2	2	
七人户	24					1	1		
八人户	8								
九人户									

2－7　续表

单位：户

家庭户规模	三代户				四代户及以上			
	小计	只有1个残疾人的户	有2个残疾人的户	有3人以上残疾人的户	小计	只有1个残疾人的户	有2个残疾人的户	有3人以上残疾人的户
总　计	**900**	**782**	**106**	**12**	**45**	**37**	**8**	
一人户								
二人户								
三人户	68	61	6	1				
四人户	433	393	34	6	1	1		
五人户	325	272	50	3	7	7		
六人户	54	43	11		26	23	3	
七人户	14	9	4	1	9	6	3	
八人户	6	4	1	1	2		2	
九人户								

2－7a 城镇有残疾人的家庭户类别

单位：户

家庭户规模	合计	一代户				二代户			
		小计	只有1个残疾人的户	有2个残疾人的户	有3人以上残疾人的户	小计	只有1个残疾人的户	有2个残疾人的户	有3人以上残疾人的户
总　计	**2690**	**972**	**879**	**92**	**1**	**1020**	**923**	**93**	**4**
一人户	307	307	307						
二人户	822	621	536	85		201	191	10	
三人户	802	36	28	7	1	701	635	62	4
四人户	469	6	6			106	88	18	
五人户	223	1	1			8	7	1	
六人户	50	1	1			3	1	2	
七人户	12					1	1		
八人户	5								
九人户									

2－7a 续表

单位：户

家庭户规模	三代户				四代户及以上			
	小计	只有1个残疾人的户	有2个残疾人的户	有3人以上残疾人的户	小计	只有1个残疾人的户	有2个残疾人的户	有3人以上残疾人的户
总　计	**685**	**595**	**82**	**8**	**13**	**11**	**2**	
一人户								
二人户								
三人户	65	58	6	1				
四人户	356	324	27	5	1	1		
五人户	210	171	38	1	4	4		
六人户	41	33	8		5	4	1	
七人户	8	6	2		3	2	1	
八人户	5	3	1	1				
九人户								

2－7b 农村有残疾人的家庭户类别

单位：户

家庭户规模	合计	一代户				二代户			
		小计	只有1个残疾人的户	有2个残疾人的户	有3人以上残疾人的户	小计	只有1个残疾人的户	有2个残疾人的户	有3人以上残疾人的户
总　计	**829**	**366**	**338**	**28**		**216**	**191**	**20**	**5**
一人户	113	113	113						
二人户	288	251	223	28		37	33	4	
三人户	148	2	2			143	127	13	3
四人户	108					31	26	3	2
五人户	122					4	4		
六人户	35					1	1		
七人户	12								
八人户	3								
九人户									

2－7b 续表

单位：户

家庭户规模	三代户				四代户及以上			
	小计	只有1个残疾人的户	有2个残疾人的户	有3人以上残疾人的户	小计	只有1个残疾人的户	有2个残疾人的户	有3人以上残疾人的户
总　计	**215**	**187**	**24**	**4**	**32**	**26**	**6**	
一人户								
二人户								
三人户	3	3						
四人户	77	69	7	1				
五人户	115	101	12	2	3	3		
六人户	13	10	3		21	19	2	
七人户	6	3	2	1	6	4	2	
八人户	1	1			2		2	
九人户								

2－8 6岁及以上残疾人分年龄、性别的受教育程度

单位：人

年 龄	残疾人			不识字			未上过学		
	小计	男	女	小计	男	女	小计	男	女
总 计	**3885**	**1832**	**2053**	**1063**	**240**	**823**	**34**	**11**	**23**
6岁	3		3	3		3			
7岁	3	1	2	2	1	1			
8岁	5	2	3	1		1			
9岁	2	2		1	1				
10岁	3	2	1	1	1				
11岁	4	2	2						
12岁	3	1	2						
13岁	4	2	2	2	2				
14岁	5	4	1	1	1				
15岁	8	2	6						
16岁	7	6	1	4	4				
17岁	11	5	6	3	2	1			
18岁	8	3	5	1		1			
19岁	7	7		2	2				
20岁	12	7	5	3	1	2			
21岁	6	1	5	2		2			
22岁	8	5	3						
23岁	16	7	9	3	2	1			
24岁	19	7	12	5	3	2			
25岁	15	11	4	3	2	1			
26岁	9	7	2	1		1			
27岁	14	6	8	1	1				
28岁	13	8	5	6	4	2			
29岁	7	2	5	1		1			
30岁	8	6	2	2	1	1			
31岁	15	11	4	5	4	1			
32岁	20	9	11	3	1	2			

2－8 续表 1

单位：人

年龄	残疾人			不识字			未上过学		
	小计	男	女	小计	男	女	小计	男	女
33岁	18	13	5	3	3				
34岁	14	8	6	1	1				
35岁	22	16	6	5	4	1			
36岁	13	6	7	1		1			
37岁	18	9	9	1		1			
38岁	17	8	9						
39岁	15	9	6	2		2			
40岁	25	16	9	6	2	4			
41岁	19	12	7	2	2				
42岁	36	18	18	6	3	3			
43岁	48	24	24	1		1			
44岁	49	28	21	6	4	2			
45岁	36	22	14	2		2			
46岁	49	25	24	1		1			
47岁	48	26	22	4	2	2			
48岁	75	43	32	8	3	5			
49岁	68	38	30	7	2	5			
50岁	49	32	17	1	1		1		1
51岁	73	41	32	7	2	5			
52岁	47	24	23	5	1	4			
53岁	79	40	39	12	4	8			
54岁	68	35	33	5	3	2			
55岁	52	28	24	7	3	4			
56岁	64	31	33	11	2	9			
57岁	45	24	21	5	2	3	1	1	
58岁	60	35	25	4	2	2			
59岁	52	30	22	5	2	3			

2－8 续表 2

单位：人

年 龄	残疾人			不识字			未上过学		
	小计	男	女	小计	男	女	小计	男	女
60岁	48	26	22	6	2	4	2		2
61岁	40	21	19	6	2	4			
62岁	30	15	15	5	1	4			
63岁	46	17	29	8	2	6	2	1	1
64岁	47	20	27	10	3	7			
65岁	50	27	23	10	1	9			
66岁	35	17	18	9	4	5			
67岁	60	27	33	11	3	8	1		1
68岁	49	23	26	10	1	9	1		1
69岁	53	27	26	15	4	11			
70岁	99	56	43	29	10	19	1	1	
71岁	97	49	48	24	1	23			
72岁	107	46	61	36	6	30	2	2	
73岁	145	56	89	47	10	37	4		4
74岁	103	39	64	43	9	34	1		1
75岁	129	53	76	45	7	38	2	1	1
76岁	101	35	66	43	3	40	2		2
77岁	111	53	58	38	6	32			
78岁	125	53	72	58	14	44	1	1	
79岁	137	64	73	53	12	41	3	1	2
80岁	136	52	84	51	5	46	2	1	1
81岁	92	44	48	32	9	23	3	1	2
82岁	107	47	60	33	7	26	4	1	3
83岁	82	30	52	36	7	29			
84岁	89	39	50	41	6	35			
85+	373	129	244	190	24	166	1		1

2-8 续表 3

单位：人

年龄	小学			初中			高中		
	小计	男	女	小计	男	女	小计	男	女
总计	**1047**	**518**	**529**	**968**	**573**	**395**	**459**	**299**	**160**
6岁									
7岁	1		1						
8岁	4	2	2						
9岁	1	1							
10岁	2	1	1						
11岁	3	1	2	1	1				
12岁	3	1	2						
13岁	1		1	1		1			
14岁	1	1		3	2	1			
15岁	3	1	2	5	1	4			
16岁	1	1		1		1	1	1	
17岁	3	1	2	2		2	1	1	
18岁	1		1	2		2	3	2	1
19岁	3	3		1	1				
20岁	4	2	2	4	3	1			
21岁				2		2			
22岁	1		1	4	4		1	1	
23岁	2		2	3	2	1			
24岁	2	1	1	6	2	4	1		1
25岁	2	2		4	3	1	3	2	1
26岁	1	1		7	6	1			
27岁	1		1	4	2	2	4	2	2
28岁	1		1	1	1		1		1
29岁				5	2	3	1		1
30岁				1	1		3	2	1
31岁	2	2		5	4	1	2	1	1
32岁	2		2	6	3	3	3	2	1

2－8 续表 4

单位：人

年龄	小学			初中			高中		
	小计	男	女	小计	男	女	小计	男	女
33岁	7	3	4	5	4	1	2	2	
34岁	5	4	1	5	2	3	1		1
35岁	1	1		9	5	4	2	2	
36岁	3	2	1	6	2	4	1	1	
37岁	5	2	3	8	4	4	1	1	
38岁	4		4	6	2	4	3	3	
39岁	2	2		5	3	2	4	3	1
40岁	3	1	2	8	6	2	5	4	1
41岁	6	3	3	6	5	1	5	2	3
42岁	13	4	9	7	5	2	8	5	3
43岁	4	1	3	22	11	11	16	8	8
44岁	5	2	3	15	9	6	22	12	10
45岁	7	2	5	11	10	1	15	9	6
46岁	6	3	3	17	10	7	22	9	13
47岁	8	3	5	16	9	7	17	10	7
48岁	7	2	5	27	21	6	27	13	14
49岁	8	5	3	26	15	11	25	16	9
50岁	7	4	3	21	14	7	13	7	6
51岁	15	5	10	40	24	16	10	10	
52岁	9	2	7	29	19	10	3	2	1
53岁	14	8	6	44	21	23	6	6	
54岁	11	6	5	44	22	22	2	1	1
55岁	15	9	6	26	13	13	1	1	
56岁	15	5	10	27	17	10	6	4	2
57岁	12	3	9	16	10	6	7	4	3
58岁	11	8	3	27	12	15	9	8	1
59岁	16	8	8	15	8	7	9	6	3

2－8 续表 5

单位：人

年 龄	小 学			初 中			高 中		
	小计	男	女	小计	男	女	小计	男	女
60岁	10	4	6	12	7	5	11	9	2
61岁	13	8	5	6	3	3	9	4	5
62岁	8	5	3	6	3	3	5	3	2
63岁	12	4	8	10	3	7	5	3	2
64岁	15	10	5	12	3	9	1	1	
65岁	17	11	6	12	6	6	6	5	1
66岁	10	6	4	5		5	7	4	3
67岁	22	11	11	13	7	6	4	3	1
68岁	17	10	7	7	4	3	7	5	2
69岁	16	8	8	12	10	2	3	1	2
70岁	36	25	11	14	6	8	7	5	2
71岁	34	22	12	21	10	11	14	14	
72岁	35	12	23	21	15	6	6	6	
73岁	45	16	29	29	17	12	11	8	3
74岁	31	13	18	19	12	7	3	1	2
75岁	51	26	25	17	10	7	4	3	1
76岁	24	15	9	19	12	7	5	1	4
77岁	47	26	21	15	13	2	5	4	1
78岁	37	18	19	9	5	4	13	9	4
79岁	48	25	23	20	16	4	8	6	2
80岁	44	19	25	25	19	6	9	5	4
81岁	25	15	10	20	12	8	8	5	3
82岁	41	18	23	19	12	7	7	6	1
83岁	24	9	15	13	8	5	4	4	
84岁	24	16	8	13	9	4	6	4	2
85＋	97	47	50	43	30	13	25	17	8

2－8 续表 6

单位：人

年 龄	中 专			大学专科			大学本科			研究生		
	小计	男	女	小计	男	女	小计	男	女	小计	男	女
总 计	**117**	**63**	**54**	**101**	**63**	**38**	**96**	**65**	**31**			
6岁												
7岁												
8岁												
9岁												
10岁												
11岁												
12岁												
13岁												
14岁												
15岁												
16岁												
17岁	2	1	1									
18岁	1	1										
19岁	1	1										
20岁	1	1										
21岁	1	1		1		1						
22岁				2		2						
23岁	5	3	2	1		1	2		2			
24岁	2	1	1	3		3						
25岁	1		1	1	1		1	1				
26岁												
27岁	1	1		3		3						
28岁	2	2		1		1	1	1				
29岁												
30岁	1	1		1	1							
31岁				1		1						
32岁	2	1	1	4	2	2						

2－8 续表 7

单位：人

年 龄	中 专			大学专科			大学本科			研究生		
	小计	男	女	小计	男	女	小计	男	女	小计	男	女
33岁	1	1										
34岁	2	1	1									
35岁	5	4	1									
36岁	2	1	1									
37岁	1	1		2	1	1						
38岁	2	2		2	1	1						
39岁	2	1	1									
40岁	1	1					2	2				
41岁												
42岁	1		1	1	1							
43岁	1	1		3	3		1		1			
44岁							1	1				
45岁				1	1							
46岁	1	1					2	2				
47岁	2	1	1				1	1				
48岁	1		1	4	3	1	1	1				
49岁	1		1	1		1						
50岁	2	2		3	3		1	1				
51岁	1		1									
52岁				1		1						
53岁	3	1	2									
54岁	2		2	4	3	1						
55岁	1		1	2	2							
56岁	3	2	1	2	1	1						
57岁	2	2		1	1		1	1				
58岁	6	4	2	3	1	2						
59岁	4	4		1	1		2	1	1			

2－8 续表 8

单位：人

年 龄	中 专			大学专科			大学本科			研究生		
	小计	男	女	小计	男	女	小计	男	女	小计	男	女
60岁	1	1		3	2	1	3	1	2			
61岁				4	2	2	2	2				
62岁	2	1	1	1	1		3	1	2			
63岁	3	1	2	4	2	2	2	1	1			
64岁	6	2	4				3	1	2			
65岁	5	4	1									
66岁	2	1	1				2	2				
67岁	5	1	4	1		1	3	2	1			
68岁	2		2	2	2		3	1	2			
69岁	2		2	3	3		2	1	1			
70岁	4	2	2	5	4	1	3	3				
71岁	1		1	1		1	2	2				
72岁	3	2	1	2	1	1	2	2				
73岁	3	1	2	1	1		5	3	2			
74岁	2	1	1				4	3	1			
75岁	2		2	4	3	1	4	3	1			
76岁				4	2	2	4	2	2			
77岁				1	1		5	3	2			
78岁				4	4		3	2	1			
79岁	1		1	1	1		3	3				
80岁				1	1		4	2	2			
81岁	1		1				3	2	1			
82岁				2	2		1	1				
83岁				2	1	1	3	1	2			
84岁	2	1	1				3	3				
85＋	3	1	2	6	4	2	8	6	2			

2－8a 城镇6岁及以上残疾人分年龄、性别的受教育程度

单位：人

年龄	残疾人			不识字			未上过学		
	合计	男	女	小计	男	女	小计	男	女
总计	**2971**	**1409**	**1562**	**621**	**116**	**505**	**22**	**7**	**15**
6岁	2		2	2		2			
7岁	2	1	1	1	1				
8岁	1		1						
9岁	2	2		1	1				
10岁	3	2	1	1	1				
11岁	4	2	2						
12岁									
13岁	4	2	2	2	2				
14岁	3	2	1	1	1				
15岁	7	2	5						
16岁	4	4		3	3				
17岁	9	5	4	3	2	1			
18岁	7	3	4	1		1			
19岁	5	5		2	2				
20岁	10	7	3	3	1	2			
21岁	4	1	3	1		1			
22岁	8	5	3						
23岁	11	5	6	2	1	1			
24岁	16	6	10	3	2	1			
25岁	9	7	2	2	2				
26岁	5	3	2	1		1			
27岁	9	4	5						
28岁	8	4	4	2	1	1			
29岁	4	2	2						
30岁	6	5	1	1	1				
31岁	10	8	2	2	2				

2－8a 续表 1

单位：人

年 龄	残疾人			不识字			未上过学		
	小计	男	女	小计	男	女	小计	男	女
32岁	17	8	9	2	1	1			
33岁	11	8	3	2	2				
34岁	9	4	5						
35岁	14	11	3	4	3	1			
36岁	7	3	4						
37岁	15	8	7						
38岁	12	5	7						
39岁	11	5	6	2		2			
40岁	16	11	5	2		2			
41岁	12	6	6	1	1				
42岁	22	12	10	2	1	1			
43岁	37	18	19	1		1			
44岁	39	22	17	5	3	2			
45岁	28	17	11	1		1			
46岁	44	22	22	1		1			
47岁	42	25	17	4	2	2			
48岁	63	36	27	7	3	4			
49岁	54	31	23	4	1	3			
50岁	38	24	14				1		1
51岁	53	34	19	3	2	1			
52岁	37	20	17	4		4			
53岁	54	27	27	4	2	2			
54岁	52	28	24	2	2				
55岁	35	18	17	3	2	1			
56岁	48	27	21	3		3			
57岁	29	16	13	1		1	1	1	
58岁	54	30	24	1		1			
59岁	33	19	14	1		1			

2－8a 续表 2

单位：人

年 龄	残疾人			不识字			未上过学		
	小计	男	女	小计	男	女	小计	男	女
60岁	33	20	13						
61岁	30	17	13	2		2			
62岁	26	14	12	3	1	2			
63岁	33	12	21	2		2	2	1	1
64岁	32	12	20	5	2	3			
65岁	35	18	17	4		4			
66岁	21	9	12	1		1			
67岁	45	20	25	2		2	1		1
68岁	37	15	22	7		7	1		1
69岁	35	19	16	4	1	3			
70岁	69	35	34	13	2	11			
71岁	75	38	37	16		16			
72岁	85	41	44	19	4	15	1	1	
73岁	122	48	74	29	4	25	1		1
74岁	81	31	50	26	5	21	1		1
75岁	91	33	58	23	2	21	1	1	
76岁	88	30	58	32		32	2		2
77岁	86	42	44	22	3	19			
78岁	94	43	51	30	7	23	1	1	
79岁	110	52	58	34	8	26	3	1	2
80岁	117	45	72	38	2	36	2	1	1
81岁	82	36	46	26	4	22	1		1
82岁	83	36	47	21	4	17	2		2
83岁	62	24	38	20	4	16			
84岁	74	33	41	28	2	26			
85＋	286	104	182	120	13	107	1		1

2-8a 续表 3

单位：人

年 龄	小 学			初 中			高 中		
	小计	男	女	小计	男	女	小计	男	女
总 计	**746**	**327**	**419**	**836**	**487**	**349**	**440**	**286**	**154**
6岁									
7岁	1		1						
8岁	1		1						
9岁	1	1							
10岁	2	1	1						
11岁	3	1	2	1	1				
12岁									
13岁	1		1	1		1			
14岁				2	1	1			
15岁	2	1	1	5	1	4			
16岁							1	1	
17岁	3	1	2	1		1	1	1	
18岁				2		2	3	2	1
19岁	1	1		1	1				
20岁	2	2		4	3	1			
21岁				1		1			
22岁	1		1	4	4		1	1	
23岁	1		1	2	2				
24岁	2	1	1	5	2	3	1		1
25岁				2	2		2	1	1
26岁				4	3	1			
27岁	1		1	2	2		3	2	1
28岁	1		1	1	1		1		1
29岁				3	2	1	1		1
30岁							3	2	1
31岁	1	1		4	4		2	1	1

2－8a　续表 4

单位：人

年　龄	小　学			初　中			高　中		
	小计	男	女	小计	男	女	小计	男	女
32岁	2		2	4	2	2	3	2	1
33岁	2		2	4	3	1	2	2	
34岁	3	2	1	3	1	2	1		1
35岁				5	4	1	1	1	
36岁	2	1	1	3		3	1	1	
37岁	4	2	2	7	3	4	1	1	
38岁	3		3	3		3	2	2	
39岁				3	1	2	4	3	1
40岁	2	1	1	4	3	1	5	4	1
41岁	2		2	4	3	1	5	2	3
42岁	7	2	5	3	3		8	5	3
43岁	1		1	16	8	8	14	6	8
44岁	3	2	1	10	6	4	20	10	10
45岁	6	1	5	7	7		13	8	5
46岁	5	3	2	13	7	6	22	9	13
47岁	5	2	3	14	9	5	16	10	6
48岁	4	1	3	22	17	5	24	11	13
49岁	4	3	1	21	11	10	23	16	7
50岁	2		2	16	11	5	13	7	6
51岁	6	3	3	35	21	14	8	8	
52岁	3		3	26	18	8	3	2	1
53岁	2	1	1	39	17	22	6	6	
54岁	2	2		40	20	20	2	1	1
55岁	4	2	2	24	11	13	1	1	
56岁	9	5	4	25	15	10	6	4	2
57岁	5	2	3	11	5	6	7	4	3
58岁	9	6	3	26	11	15	9	8	1
59岁	4	1	3	12	6	6	9	6	3

2－8a 续表 5

单位：人

年龄	小学			初中			高中		
	小计	男	女	小计	男	女	小计	男	女
60岁	5	1	4	11	7	4	10	8	2
61岁	7	6	1	6	3	3	9	4	5
62岁	7	5	2	5	2	3	5	3	2
63岁	6	1	5	9	3	6	5	3	2
64岁	6	3	3	11	3	8	1	1	
65岁	9	4	5	11	5	6	6	5	1
66岁	5	3	2	5		5	7	4	3
67岁	16	7	9	13	7	6	4	3	1
68岁	9	4	5	6	3	3	7	5	2
69岁	12	6	6	9	7	2	3	1	2
70岁	23	13	10	14	6	8	7	5	2
71岁	23	14	9	18	8	10	14	14	
72岁	31	10	21	21	15	6	6	6	
73岁	43	14	29	29	17	12	11	8	3
74岁	26	9	17	19	12	7	3	1	2
75岁	37	12	25	16	9	7	4	3	1
76岁	22	13	9	19	12	7	5	1	4
77岁	38	18	20	15	13	2	5	4	1
78岁	34	15	19	9	5	4	13	9	4
79岁	43	20	23	17	13	4	8	6	2
80岁	38	15	23	25	19	6	9	5	4
81岁	23	13	10	20	12	8	8	5	3
82岁	33	13	20	17	10	7	7	6	1
83岁	21	7	14	12	7	5	4	4	
84岁	22	14	8	13	9	4	6	4	2
85＋	82	35	47	41	28	13	25	17	8

2－8a 续表 6

单位：人

年龄	中专			大学专科			大学本科			研究生		
	小计	男	女	小计	男	女	小计	男	女	小计	男	女
总计	**110**	**59**	**51**	**101**	**63**	**38**	**95**	**64**	**31**			
6岁												
7岁												
8岁												
9岁												
10岁												
11岁												
12岁												
13岁												
14岁												
15岁												
16岁												
17岁	1	1										
18岁	1	1										
19岁	1	1										
20岁	1	1										
21岁	1	1		1		1						
22岁				2		2						
23岁	3	2	1	1		1	2		2			
24岁	2	1	1	3		3						
25岁	1		1	1	1		1	1				
26岁												
27岁				3		3						
28岁	2	2		1		1						
29岁												
30岁	1	1		1	1							
31岁				1		1						

2－8a 续表 7

单位：人

年 龄	中 专			大学专科			大学本科			研究生		
	小计	男	女	小计	男	女	小计	男	女	小计	男	女
32岁	2	1	1	4	2	2						
33岁	1	1										
34岁	2	1	1									
35岁	4	3	1									
36岁	1	1										
37岁	1	1		2	1	1						
38岁	2	2		2	1	1						
39岁	2	1	1									
40岁	1	1					2	2				
41岁												
42岁	1		1	1	1							
43岁	1	1		3	3		1		1			
44岁							1	1				
45岁				1	1							
46岁	1	1					2	2				
47岁	2	1	1				1	1				
48岁	1		1	4	3	1	1	1				
49岁	1		1	1		1						
50岁	2	2		3	3		1	1				
51岁	1		1									
52岁				1		1						
53岁	3	1	2									
54岁	2		2	4	3	1						
55岁	1		1	2	2							
56岁	3	2	1	2	1	1						
57岁	2	2		1	1		1	1				
58岁	6	4	2	3	1	2						
59岁	4	4		1	1		2	1	1			

2－8a 续表 8

单位：人

年 龄	中 专			大学专科			大学本科			研究生		
	小计	男	女	小计	男	女	小计	男	女	小计	男	女
60岁	1	1		3	2	1	3	1	2			
61岁				4	2	2	2	2				
62岁	2	1	1	1	1		3	1	2			
63岁	3	1	2	4	2	2	2	1	1			
64岁	6	2	4				3	1	2			
65岁	5	4	1									
66岁	1		1				2	2				
67岁	5	1	4	1		1	3	2	1			
68岁	2		2	2	2		3	1	2			
69岁	2		2	3	3		2	1	1			
70岁	4	2	2	5	4	1	3	3				
71岁	1		1	1		1	2	2				
72岁	3	2	1	2	1	1	2	2				
73岁	3	1	2	1	1		5	3	2			
74岁	2	1	1				4	3	1			
75岁	2		2	4	3	1	4	3	1			
76岁				4	2	2	4	2	2			
77岁				1	1		5	3	2			
78岁				4	4		3	2	1			
79岁	1		1	1	1		3	3				
80岁				1	1		4	2	2			
81岁	1		1				3	2	1			
82岁				2	2		1	1				
83岁				2	1	1	3	1	2			
84岁	2	1	1				3	3				
85＋	3	1	2	6	4	2	8	6	2			

2－8b 农村6岁及以上残疾人分年龄、性别的受教育程度

单位：人

年龄	残疾人			不识字			未上过学		
	合计	男	女	小计	男	女	小计	男	女
总计	**914**	**423**	**491**	**442**	**124**	**318**	**12**	**4**	**8**
6岁	1		1	1		1			
7岁	1		1	1		1			
8岁	4	2	2	1		1			
9岁									
10岁									
11岁									
12岁	3	1	2						
13岁									
14岁	2	2							
15岁	1		1						
16岁	3	2	1	1	1				
17岁	2		2						
18岁	1		1						
19岁	2	2							
20岁	2		2						
21岁	2		2	1		1			
22岁									
23岁	5	2	3	1	1				
24岁	3	1	2	2	1	1			
25岁	6	4	2	1		1			
26岁	4	4							
27岁	5	2	3	1	1				
28岁	5	4	1	4	3	1			
29岁	3		3	1		1			
30岁	2	1	1	1		1			
31岁	5	3	2	3	2	1			

2－8b 续表 1

单位：人

年龄	残疾人			不识字			未上过学		
	小计	男	女	小计	男	女	小计	男	女
32岁	3	1	2	1		1			
33岁	7	5	2	1	1				
34岁	5	4	1	1	1				
35岁	8	5	3	1	1				
36岁	6	3	3	1		1			
37岁	3	1	2	1		1			
38岁	5	3	2						
39岁	4	4							
40岁	9	5	4	4	2	2			
41岁	7	6	1	1	1				
42岁	14	6	8	4	2	2			
43岁	11	6	5						
44岁	10	6	4	1	1				
45岁	8	5	3	1		1			
46岁	5	3	2						
47岁	6	1	5						
48岁	12	7	5	1		1			
49岁	14	7	7	3	1	2			
50岁	11	8	3	1	1				
51岁	20	7	13	4		4			
52岁	10	4	6	1	1				
53岁	25	13	12	8	2	6			
54岁	16	7	9	3	1	2			
55岁	17	10	7	4	1	3			
56岁	16	4	12	8	2	6			
57岁	16	8	8	4	2	2			
58岁	6	5	1	3	2	1			
59岁	19	11	8	4	2	2			

2－8b 续表 2

单位：人

年 龄	残疾人			不识字			未上过学		
	小计	男	女	小计	男	女	小计	男	女
60岁	15	6	9	6	2	4	2		2
61岁	10	4	6	4	2	2			
62岁	4	1	3	2		2			
63岁	13	5	8	6	2	4			
64岁	15	8	7	5	1	4			
65岁	15	9	6	6	1	5			
66岁	14	8	6	8	4	4			
67岁	15	7	8	9	3	6			
68岁	12	8	4	3	1	2			
69岁	18	8	10	11	3	8			
70岁	30	21	9	16	8	8	1	1	
71岁	22	11	11	8	1	7			
72岁	22	5	17	17	2	15	1	1	
73岁	23	8	15	18	6	12	3		3
74岁	22	8	14	17	4	13			
75岁	38	20	18	22	5	17	1		1
76岁	13	5	8	11	3	8			
77岁	25	11	14	16	3	13			
78岁	31	10	21	28	7	21			
79岁	27	12	15	19	4	15			
80岁	19	7	12	13	3	10			
81岁	10	8	2	6	5	1	2	1	1
82岁	24	11	13	12	3	9	2	1	1
83岁	20	6	14	16	3	13			
84岁	15	6	9	13	4	9			
85＋	87	25	62	70	11	59			

2－8b 续表 3

单位：人

年 龄	小 学			初 中			高 中		
	小计	男	女	小计	男	女	小计	男	女
总 计	**301**	**191**	**110**	**132**	**86**	**46**	**19**	**13**	**6**
6岁									
7岁									
8岁	3	2	1						
9岁									
10岁									
11岁									
12岁	3	1	2						
13岁									
14岁	1	1		1	1				
15岁	1		1						
16岁	1	1		1		1			
17岁				1		1			
18岁	1		1						
19岁	2	2							
20岁	2		2						
21岁				1		1			
22岁									
23岁	1		1	1		1			
24岁				1		1			
25岁	2	2		2	1	1	1	1	
26岁	1	1		3	3				
27岁				2		2	1		1
28岁									
29岁				2		2			
30岁				1	1				
31岁	1	1		1		1			

2－8b 续表 4

单位：人

年龄	小学			初中			高中		
	小计	男	女	小计	男	女	小计	男	女
32岁				2	1	1			
33岁	5	3	2	1	1				
34岁	2	2		2	1	1			
35岁	1	1		4	1	3	1	1	
36岁	1	1		3	2	1			
37岁	1		1	1	1				
38岁	1		1	3	2	1	1	1	
39岁	2	2		2	2				
40岁	1		1	4	3	1			
41岁	4	3	1	2	2				
42岁	6	2	4	4	2	2			
43岁	3	1	2	6	3	3	2	2	
44岁	2		2	5	3	2	2	2	
45岁	1	1		4	3	1	2	1	1
46岁	1		1	4	3	1			
47岁	3	1	2	2		2	1		1
48岁	3	1	2	5	4	1	3	2	1
49岁	4	2	2	5	4	1	2		2
50岁	5	4	1	5	3	2			
51岁	9	2	7	5	3	2	2	2	
52岁	6	2	4	3	1	2			
53岁	12	7	5	5	4	1			
54岁	9	4	5	4	2	2			
55岁	11	7	4	2	2				
56岁	6		6	2	2				
57岁	7	1	6	5	5				
58岁	2	2		1	1				
59岁	12	7	5	3	2	1			

2－8b 续表 5

单位：人

年 龄	小 学			初 中			高 中		
	小计	男	女	小计	男	女	小计	男	女
60岁	5	3	2	1		1	1	1	
61岁	6	2	4						
62岁	1		1	1	1				
63岁	6	3	3	1		1			
64岁	9	7	2	1		1			
65岁	8	7	1	1	1				
66岁	5	3	2						
67岁	6	4	2						
68岁	8	6	2	1	1				
69岁	4	2	2	3	3				
70岁	13	12	1						
71岁	11	8	3	3	2	1			
72岁	4	2	2						
73岁	2	2							
74岁	5	4	1						
75岁	14	14		1	1				
76岁	2	2							
77岁	9	8	1						
78岁	3	3							
79岁	5	5		3	3				
80岁	6	4	2						
81岁	2	2							
82岁	8	5	3	2	2				
83岁	3	2	1	1	1				
84岁	2	2							
85＋	15	12	3	2	2				

2－8b 续表 6

单位：人

年 龄	中 专			大学专科			大学本科			研究生		
	小计	男	女	小计	男	女	小计	男	女	小计	男	女
总 计	**7**	**4**	**3**				**1**	**1**				
6岁												
7岁												
8岁												
9岁												
10岁												
11岁												
12岁												
13岁												
14岁												
15岁												
16岁												
17岁	1		1									
18岁												
19岁												
20岁												
21岁												
22岁												
23岁	2	1	1									
24岁												
25岁												
26岁												
27岁	1	1										
28岁							1	1				
29岁												
30岁												
31岁												

2－8b 续表 7

单位：人

年 龄	中 专			大学专科			大学本科			研究生		
	小计	男	女	小计	男	女	小计	男	女	小计	男	女
32岁												
33岁												
34岁												
35岁	1	1										
36岁	1		1									
37岁												
38岁												
39岁												
40岁												
41岁												
42岁												
43岁												
44岁												
45岁												
46岁												
47岁												
48岁												
49岁												
50岁												
51岁												
52岁												
53岁												
54岁												
55岁												
56岁												
57岁												
58岁												
59岁												

2－8b 续表 8

单位：人

年龄	中专			大学专科			大学本科			研究生		
	小计	男	女	小计	男	女	小计	男	女	小计	男	女
60岁												
61岁												
62岁												
63岁												
64岁												
65岁												
66岁	1	1										
67岁												
68岁												
69岁												
70岁												
71岁												
72岁												
73岁												
74岁												
75岁												
76岁												
77岁												
78岁												
79岁												
80岁												
81岁												
82岁												
83岁												
84岁												
85+												

2-9 各地区6岁及以上残疾人分性别的受教育程度

单位：人

地区	残疾人			不识字			未上过学		
	合计	男	女	小计	男	女	小计	男	女
总计	**3885**	**1832**	**2053**	**1063**	**240**	**823**	**34**	**11**	**23**
黄浦区	166	73	93	22	2	20	2		2
卢湾区	107	50	57	14		14			
徐汇区	207	112	95	36	13	23	1	1	
长宁区	188	86	102	29	3	26	2	1	1
静安区	99	52	47	11	3	8			
普陀区	252	114	138	41	7	34	2		2
闸北区	268	124	144	64	8	56	1		1
虹口区	312	145	167	40	4	36	2		2
杨浦区	366	169	197	96	20	76	3	2	1
闵行区	128	55	73	32	5	27	3	1	2
宝山区	227	115	112	60	9	51	3	2	1
嘉定区	152	71	81	57	13	44			
浦东新区	467	227	240	125	32	93	5	1	4
金山区	151	74	77	60	12	48			
松江区	119	51	68	58	15	43	3	1	2
青浦区	174	85	89	95	31	64	2	2	
南汇区	161	74	87	54	10	44			
奉贤区	171	76	95	88	23	65	5		5
崇明县	170	79	91	81	30	51			

2－9 续表 1

单位：人

地 区	小 学			初 中			高 中		
	小计	男	女	小计	男	女	小计	男	女
总 计	**1047**	**518**	**529**	**968**	**573**	**395**	**459**	**299**	**160**
黄浦区	45	21	24	52	24	28	30	18	12
卢湾区	23	7	16	36	22	14	19	11	8
徐汇区	54	26	28	50	33	17	40	23	17
长宁区	43	18	25	51	27	24	35	22	13
静安区	22	8	14	23	13	10	26	16	10
普陀区	55	17	38	81	44	37	54	37	17
闸北区	72	42	30	76	43	33	34	19	15
虹口区	75	27	48	114	65	49	40	27	13
杨浦区	72	30	42	109	66	43	44	29	15
闵行区	36	18	18	23	12	11	20	10	10
宝山区	80	44	36	45	28	17	26	21	5
嘉定区	35	19	16	40	25	15	15	10	5
浦东新区	136	58	78	132	85	47	32	25	7
金山区	46	29	17	23	15	8	16	13	3
松江区	34	18	16	16	10	6	6	5	1
青浦区	49	31	18	21	16	5	5	4	1
南汇区	64	40	24	21	12	9	13	6	7
奉贤区	44	31	13	30	19	11	3	2	1
崇明县	62	34	28	25	14	11	1	1	

2-9 续表 2

单位：人

地区	中专			大学专科			大学本科			研究生		
	小计	男	女	小计	男	女	小计	男	女	小计	男	女
总　计	**117**	**63**	**54**	**101**	**63**	**38**	**96**	**65**	**31**			
黄浦区	6	3	3	4	2	2	5	3	2			
卢湾区	2	1	1	8	5	3	5	4	1			
徐汇区	2		2	12	8	4	12	8	4			
长宁区	15	6	9	6	2	4	7	7				
静安区	5	3	2	3	3		9	6	3			
普陀区	8	2	6	5	3	2	6	4	2			
闸北区	8	5	3	7	4	3	6	3	3			
虹口区	9	5	4	14	8	6	18	9	9			
杨浦区	20	10	10	14	7	7	8	5	3			
闵行区	3	2	1	6	3	3	5	4	1			
宝山区	6	4	2	4	4		3	3				
嘉定区	4	3	1	1	1							
浦东新区	20	13	7	11	8	3	6	5	1			
金山区	1		1	2	2		3	3				
松江区	1	1		1	1							
青浦区	1		1	1	1							
南汇区	5	4	1	1	1		3	1	2			
奉贤区	1	1										
崇明县				1		1						

2－10　各地区15岁及以上残疾人分性别的文盲人口

单位：人

地　区	残疾人口			文盲人口			文盲人口占残疾人口的比例（%）		
	合计	男	女	小计	男	女	总比例	男	女
总　计	**3853**	**1816**	**2037**	**1052**	**234**	**818**	**27.30**	**12.89**	**40.16**
黄浦区	166	73	93	22	2	20	13.25	2.74	21.51
卢湾区	107	50	57	14		14	13.08		24.56
徐汇区	203	110	93	34	11	23	16.75	10.00	24.73
长宁区	185	85	100	29	3	26	15.68	3.53	26.00
静安区	99	52	47	11	3	8	11.11	5.77	17.02
普陀区	252	114	138	41	7	34	16.27	6.14	24.64
闸北区	265	123	142	62	7	55	23.40	5.69	38.73
虹口区	309	144	165	39	4	35	12.62	2.78	21.21
杨浦区	365	169	196	96	20	76	26.30	11.83	38.78
闵行区	128	55	73	32	5	27	25.00	9.09	36.99
宝山区	227	115	112	60	9	51	26.43	7.83	45.54
嘉定区	151	70	81	57	13	44	37.75	18.57	54.32
浦东新区	458	219	239	122	29	93	26.64	13.24	38.91
金山区	151	74	77	60	12	48	39.74	16.22	62.34
松江区	118	51	67	57	15	42	48.31	29.41	62.69
青浦区	174	85	89	95	31	64	54.60	36.47	71.91
南汇区	160	74	86	54	10	44	33.75	13.51	51.16
奉贤区	168	76	92	87	23	64	51.79	30.26	69.57
崇明县	167	77	90	80	30	50	47.90	38.96	55.56

2－10a 各地区城镇15岁及以上残疾人分性别的文盲人口

单位：人

地 区	残疾人口			文盲人口			文盲人口占残疾人口的比例（%）		
	合计	男	女	小计	男	女	总比例	男	女
总 计	**2950**	**1398**	**1552**	**613**	**110**	**503**	**20.78**	**7.87**	**32.41**
黄浦区	166	73	93	22	2	20	13.25	2.74	21.51
卢湾区	107	50	57	14		14	13.08		24.56
徐汇区	203	110	93	34	11	23	16.75	10.00	24.73
长宁区	185	85	100	29	3	26	15.68	3.53	26.00
静安区	99	52	47	11	3	8	11.11	5.77	17.02
普陀区	252	114	138	41	7	34	16.27	6.14	24.64
闸北区	265	123	142	62	7	55	23.40	5.69	38.73
虹口区	309	144	165	39	4	35	12.62	2.78	21.21
杨浦区	365	169	196	96	20	76	26.30	11.83	38.78
闵行区	126	53	73	32	5	27	25.40	9.43	36.99
宝山区	144	79	65	25	5	20	17.36	6.33	30.77
嘉定区	95	46	49	30	8	22	31.58	17.39	44.90
浦东新区	392	187	205	95	20	75	24.23	10.70	36.59
金山区	92	47	45	27	5	22	29.35	10.64	48.89
松江区	49	21	28	21	5	16	42.86	23.81	57.14
青浦区	29	16	13	14	5	9	48.28	31.25	69.23
南汇区	42	19	23	10		10	23.81		43.48
奉贤区	16	8	8	5		5	31.25		62.50
崇明县	14	2	12	6		6	42.86		50.00

2-10b 各地区农村15岁及以上残疾人分性别的文盲人口

单位：人

地区	残疾人口			文盲人口			文盲人口占残疾人口的比例（%）		
	合计	男	女	小计	男	女	总比例	男	女
总计	**903**	**418**	**485**	**439**	**124**	**315**	**48.62**	**29.67**	**64.95**
黄浦区									
卢湾区									
徐汇区									
长宁区									
静安区									
普陀区									
闸北区									
虹口区									
杨浦区									
闵行区	2	2							
宝山区	83	36	47	35	4	31	42.17	11.11	65.96
嘉定区	56	24	32	27	5	22	48.21	20.83	68.75
浦东新区	66	32	34	27	9	18	40.91	28.13	52.94
金山区	59	27	32	33	7	26	55.93	25.93	81.25
松江区	69	30	39	36	10	26	52.17	33.33	66.67
青浦区	145	69	76	81	26	55	55.86	37.68	72.37
南汇区	118	55	63	44	10	34	37.29	18.18	53.97
奉贤区	152	68	84	82	23	59	53.95	33.82	70.24
崇明县	153	75	78	74	30	44	48.37	40	56.41

2－11　15岁及以上残疾人分年龄、性别的文盲人口

单位：人

年　龄	残疾人口			文盲人口			文盲人口占残疾人口比例（%）		
	合计	男	女	小计	男	女	总比例	男	女
总　计	**3853**	**1816**	**2037**	**1052**	**234**	**818**	**27.30**	**12.89**	**40.16**
15－19	**41**	**23**	**18**	**10**	**8**	**2**	**24.39**	**34.78**	**11.11**
15岁	8	2	6						
16岁	7	6	1	4	4		57.14	66.67	
17岁	11	5	6	3	2	1	27.27	40.00	16.67
18岁	8	3	5	1		1	12.50		20.00
19岁	7	7		2	2		28.57	28.57	
20－24	**61**	**27**	**34**	**13**	**6**	**7**	**21.31**	**22.22**	**20.59**
20岁	12	7	5	3	1	2	25.00	14.29	40.00
21岁	6	1	5	2		2	33.33		40.00
22岁	8	5	3						
23岁	16	7	9	3	2	1	18.75	28.57	11.11
24岁	19	7	12	5	3	2	26.32	42.86	16.67
25－29	**58**	**34**	**24**	**12**	**7**	**5**	**20.69**	**20.59**	**20.83**
25岁	15	11	4	3	2	1	20.00	18.18	25.00
26岁	9	7	2	1		1	11.11		50.00
27岁	14	6	8	1	1		7.14	16.67	
28岁	13	8	5	6	4	2	46.15	50.00	40.00
29岁	7	2	5	1		1	14.29		20.00
30－34	**75**	**47**	**28**	**14**	**10**	**4**	**18.67**	**21.28**	**14.29**
30岁	8	6	2	2	1	1	25.00	16.67	50.00
31岁	15	11	4	5	4	1	33.33	36.36	25.00
32岁	20	9	11	3	1	2	15.00	11.11	18.18
33岁	18	13	5	3	3		16.67	23.08	
34岁	14	8	6	1	1		7.14	12.50	
35－39	**85**	**48**	**37**	**9**	**4**	**5**	**10.59**	**8.33**	**13.51**
35岁	22	16	6	5	4	1	22.73	25.00	16.67
36岁	13	6	7	1		1	7.69		14.29
37岁	18	9	9	1		1	5.56		11.11

2-11 续表 1

单位：人

年龄	残疾人口			文盲人口			文盲人口占残疾人口比例（%）		
	合计	男	女	小计	男	女	总比例	男	女
38岁	17	8	9						
39岁	15	9	6	2		2	13.33		33.33
40-44	**177**	**98**	**79**	**21**	**11**	**10**	**11.86**	**11.22**	**12.66**
40岁	25	16	9	6	2	4	24.00	12.50	44.44
41岁	19	12	7	2	2		10.53	16.67	
42岁	36	18	18	6	3	3	16.67	16.67	16.67
43岁	48	24	24	1		1	2.08		4.17
44岁	49	28	21	6	4	2	12.24	14.29	9.52
45-49	**276**	**154**	**122**	**22**	**7**	**15**	**7.97**	**4.55**	**12.30**
45岁	36	22	14	2		2	5.56		14.29
46岁	49	25	24	1		1	2.04		4.17
47岁	48	26	22	4	2	2	8.33	7.69	9.09
48岁	75	43	32	8	3	5	10.67	6.98	15.63
49岁	68	38	30	7	2	5	10.29	5.26	16.67
50-54	**316**	**172**	**144**	**30**	**11**	**19**	**9.49**	**6.40**	**13.19**
50岁	49	32	17	1	1		2.04	3.13	
51岁	73	41	32	7	2	5	9.59	4.88	15.63
52岁	47	24	23	5	1	4	10.64	4.17	17.39
53岁	79	40	39	12	4	8	15.19	10.00	20.51
54岁	68	35	33	5	3	2	7.35	8.57	6.06
55-59	**273**	**148**	**125**	**32**	**11**	**21**	**11.72**	**7.43**	**16.80**
55岁	52	28	24	7	3	4	13.46	10.71	16.67
56岁	64	31	33	11	2	9	17.19	6.45	27.27
57岁	45	24	21	5	2	3	11.11	8.33	14.29
58岁	60	35	25	4	2	2	6.67	5.71	8.00
59岁	52	30	22	5	2	3	9.62	6.67	13.64
60-64	**211**	**99**	**112**	**35**	**10**	**25**	**16.59**	**10.10**	**22.32**
60岁	48	26	22	6	2	4	12.50	7.69	18.18
61岁	40	21	19	6	2	4	15.00	9.52	21.05

2－11 续表 2

单位：人

年 龄	残疾人口			文盲人口			文盲人口占残疾人口比例（%）		
	合计	男	女	小计	男	女	总比例	男	女
62岁	30	15	15	5	1	4	16.67	6.67	26.67
63岁	46	17	29	8	2	6	17.39	11.76	20.69
64岁	47	20	27	10	3	7	21.28	15.00	25.93
65-69	**247**	**121**	**126**	**55**	**13**	**42**	**22.27**	**10.74**	**33.33**
65岁	50	27	23	10	1	9	20.00	3.70	39.13
66岁	35	17	18	9	4	5	25.71	23.53	27.78
67岁	60	27	33	11	3	8	18.33	11.11	24.24
68岁	49	23	26	10	1	9	20.41	4.35	34.62
69岁	53	27	26	15	4	11	28.30	14.81	42.31
70-74	**551**	**246**	**305**	**179**	**36**	**143**	**32.49**	**14.63**	**46.89**
70岁	99	56	43	29	10	19	29.29	17.86	44.19
71岁	97	49	48	24	1	23	24.74	2.04	47.92
72岁	107	46	61	36	6	30	33.64	13.04	49.18
73岁	145	56	89	47	10	37	32.41	17.86	41.57
74岁	103	39	64	43	9	34	41.75	23.08	53.13
75-79	**603**	**258**	**345**	**237**	**42**	**195**	**39.30**	**16.28**	**56.52**
75岁	129	53	76	45	7	38	34.88	13.21	50.00
76岁	101	35	66	43	3	40	42.57	8.57	60.61
77岁	111	53	58	38	6	32	34.23	11.32	55.17
78岁	125	53	72	58	14	44	46.40	26.42	61.11
79岁	137	64	73	53	12	41	38.69	18.75	56.16
80-84	**506**	**212**	**294**	**193**	**34**	**159**	**38.14**	**16.04**	**54.08**
80岁	136	52	84	51	5	46	37.50	9.62	54.76
81岁	92	44	48	32	9	23	34.78	20.45	47.92
82岁	107	47	60	33	7	26	30.84	14.89	43.33
83岁	82	30	52	36	7	29	43.90	23.33	55.77
84岁	89	39	50	41	6	35	46.07	15.38	70.00
85+	**373**	**129**	**244**	**190**	**24**	**166**	**50.94**	**18.60**	**68.03**

2－12　15岁及以上残疾人分年龄、性别的婚姻状况

单位：人

年　龄	残疾人			未　婚			初婚有配偶		
	合计	男	女	小计	男	女	小计	男	女
总　计	**3853**	**1816**	**2037**	**421**	**288**	**133**	**2210**	**1208**	**1002**
15-19	**41**	**23**	**18**	**41**	**23**	**18**			
15岁	8	2	6	8	2	6			
16岁	7	6	1	7	6	1			
17岁	11	5	6	11	5	6			
18岁	8	3	5	8	3	5			
19岁	7	7		7	7				
20-24	**61**	**27**	**34**	**53**	**27**	**26**	**7**		**7**
20岁	12	7	5	12	7	5			
21岁	6	1	5	4	1	3	1		1
22岁	8	5	3	8	5	3			
23岁	16	7	9	12	7	5	4		4
24岁	19	7	12	17	7	10	2		2
25-29	**58**	**34**	**24**	**36**	**24**	**12**	**20**	**10**	**10**
25岁	15	11	4	9	9		5	2	3
26岁	9	7	2	3	1	2	6	6	
27岁	14	6	8	10	6	4	3		3
28岁	13	8	5	10	6	4	3	2	1
29岁	7	2	5	4	2	2	3		3
30-34	**75**	**47**	**28**	**35**	**30**	**5**	**35**	**14**	**21**
30岁	8	6	2	5	4	1	3	2	1
31岁	15	11	4	10	9	1	5	2	3
32岁	20	9	11	8	6	2	11	2	9
33岁	18	13	5	9	9		7	3	4
34岁	14	8	6	3	2	1	9	5	4
35-39	**85**	**48**	**37**	**37**	**27**	**10**	**43**	**18**	**25**
35岁	22	16	6	9	9		11	5	6
36岁	13	6	7	5	4	1	6	2	4

2-12 续表 1

单位：人

年 龄	残疾人			未 婚			初婚有配偶		
	合计	男	女	小计	男	女	小计	男	女
37岁	18	9	9	7	4	3	10	4	6
38岁	17	8	9	7	5	2	10	3	7
39岁	15	9	6	9	5	4	6	4	2
40-44	**177**	**98**	**79**	**51**	**41**	**10**	**110**	**47**	**63**
40岁	25	16	9	10	9	1	12	4	8
41岁	19	12	7	3	3		15	9	6
42岁	36	18	18	10	8	2	21	9	12
43岁	48	24	24	8	5	3	37	16	21
44岁	49	28	21	20	16	4	25	9	16
45-49	**276**	**154**	**122**	**53**	**34**	**19**	**187**	**97**	**90**
45岁	36	22	14	8	6	2	22	14	8
46岁	49	25	24	7	5	2	38	17	21
47岁	48	26	22	6	5	1	32	15	17
48岁	75	43	32	19	11	8	51	29	22
49岁	68	38	30	13	7	6	44	22	22
50-54	**316**	**172**	**144**	**53**	**36**	**17**	**229**	**122**	**107**
50岁	49	32	17	8	7	1	37	23	14
51岁	73	41	32	13	9	4	53	29	24
52岁	47	24	23	11	7	4	29	13	16
53岁	79	40	39	12	7	5	61	29	32
54岁	68	35	33	9	6	3	49	28	21
55-59	**273**	**148**	**125**	**29**	**25**	**4**	**210**	**112**	**98**
55岁	52	28	24	9	8	1	36	19	17
56岁	64	31	33	5	5		51	22	29
57岁	45	24	21	5	4	1	33	18	15
58岁	60	35	25	7	5	2	47	26	21
59岁	52	30	22	3	3		43	27	16
60-64	**211**	**99**	**112**	**15**	**13**	**2**	**161**	**73**	**88**
60岁	48	26	22	5	5		39	19	20

2－12 续表 2

单位：人

年 龄	残疾人			未 婚			初婚有配偶		
	合计	男	女	小计	男	女	小计	男	女
61岁	40	21	19	2	2		32	17	15
62岁	30	15	15	4	3	1	17	7	10
63岁	46	17	29	2	2		35	12	23
64岁	47	20	27	2	1	1	38	18	20
65-69	**247**	**121**	**126**	**7**	**4**	**3**	**184**	**96**	**88**
65岁	50	27	23	4	1	3	42	25	17
66岁	35	17	18	2	2		25	11	14
67岁	60	27	33	1	1		45	20	25
68岁	49	23	26				36	18	18
69岁	53	27	26				36	22	14
70-74	**551**	**246**	**305**	**1**		**1**	**356**	**205**	**151**
70岁	99	56	43				70	49	21
71岁	97	49	48				73	44	29
72岁	107	46	61				70	41	29
73岁	145	56	89				86	46	40
74岁	103	39	64	1		1	57	25	32
75-79	**603**	**258**	**345**	**6**	**4**	**2**	**335**	**186**	**149**
75岁	129	53	76	2		2	77	40	37
76岁	101	35	66	1	1		55	27	28
77岁	111	53	58	1	1		65	43	22
78岁	125	53	72	1	1		70	38	32
79岁	137	64	73	1	1		68	38	30
80-84	**506**	**212**	**294**	**4**		**4**	**229**	**149**	**80**
80岁	136	52	84	1		1	69	44	25
81岁	92	44	48	1		1	45	27	18
82岁	107	47	60	1		1	47	30	17
83岁	82	30	52				35	22	13
84岁	89	39	50	1		1	33	26	7
85+	**373**	**129**	**244**				**104**	**79**	**25**

2－12 续表 3

单位：人

年龄	再婚有配偶			离婚			丧偶		
	小计	男	女	小计	男	女	小计	男	女
总计	**91**	**52**	**39**	**93**	**53**	**40**	**1038**	**215**	**823**
15-19									
15岁									
16岁									
17岁									
18岁									
19岁									
20-24				**1**		**1**			
20岁									
21岁				1		1			
22岁									
23岁									
24岁									
25-29	**1**		**1**	**1**		**1**			
25岁	1		1						
26岁									
27岁				1		1			
28岁									
29岁									
30-34				**5**	**3**	**2**			
30岁									
31岁									
32岁				1	1				
33岁				2	1	1			
34岁				2	1	1			
35-39	**2**	**2**		**3**	**1**	**2**			
35岁	1	1		1	1				
36岁				2		2			

2－12 续表 4

单位：人

年 龄	再婚有配偶			离 婚			丧 偶		
	小计	男	女	小计	男	女	小计	男	女
37岁	1	1							
38岁									
39岁									
40-44	**4**	**2**	**2**	**11**	**8**	**3**	**1**		**1**
40岁	2	2		1	1				
41岁				1		1			
42岁	2		2	2	1	1	1		1
43岁				3	3				
44岁				4	3	1			
45-49	**10**	**6**	**4**	**20**	**15**	**5**	**6**	**2**	**4**
45岁	2	1	1	3	1	2	1		1
46岁				3	3		1		1
47岁	3	1	2	6	4	2	1	1	
48岁	2	1	1	2	2		1		1
49岁	3	3		6	5	1	2	1	1
50-54	**7**	**2**	**5**	**17**	**9**	**8**	**10**	**3**	**7**
50岁	1		1	3	2	1			
51岁	3	1	2	3	1	2	1	1	
52岁	2		2	5	4	1			
53岁	1	1		3	2	1	2	1	1
54岁				3		3	7	1	6
55-59	**7**	**2**	**5**	**9**	**4**	**5**	**18**	**5**	**13**
55岁	1		1	1	1		5		5
56岁	3	2	1	2	1	1	3	1	2
57岁	1		1	4	1	3	2	1	1
58岁				2	1	1	4	3	1
59岁	2		2				4		4
60-64	**5**	**2**	**3**	**10**	**9**	**1**	**20**	**2**	**18**
60岁				3	2	1	1		1

2－12 续表 5

单位：人

年龄	再婚有配偶			离婚			丧偶		
	小计	男	女	小计	男	女	小计	男	女
61岁	2	1	1	1	1		3		3
62岁	1	1		3	3		5	1	4
63岁	1		1	2	2		6	1	5
64岁	1		1	1	1		5		5
65-69	**12**	**7**	**5**	**2**	**1**	**1**	**42**	**13**	**29**
65岁	1	1					3		3
66岁	1		1	1	1		6	3	3
67岁	3	3					11	3	8
68岁	1	1					12	4	8
69岁	6	2	4	1		1	10	3	7
70-74	**16**	**9**	**7**	**3**	**1**	**2**	**175**	**31**	**144**
70岁	1	1					28	6	22
71岁	2	1	1	1	1		21	3	18
72岁	3	1	2				34	4	30
73岁	5	1	4	2		2	52	9	43
74岁	5	5					40	9	31
75-79	**13**	**10**	**3**	**3**	**1**	**2**	**246**	**57**	**189**
75岁	2	2		1	1		47	10	37
76岁	3	2	1				42	5	37
77岁							45	9	36
78岁	4	2	2	1		1	49	12	37
79岁	4	4		1		1	63	21	42
80-84	**11**	**8**	**3**	**3**		**3**	**259**	**55**	**204**
80岁	3	2	1	1		1	62	6	56
81岁	2	1	1	1		1	43	16	27
82岁	4	3	1				55	14	41
83岁	1	1		1		1	45	7	38
84岁	1	1					54	12	42
85+	**3**	**2**	**1**	**5**	**1**	**4**	**261**	**47**	**214**

2－13 残疾人分年龄、性别的经济活动人口

单位：人

年 龄	残疾人口			在业人口			不在业人口		
	合计	男	女	小计	男	女	小计	男	女
总 计	**3853**	**1816**	**2037**	**485**	**340**	**145**	**3368**	**1476**	**1892**
15-19	**41**	**23**	**18**	**1**	**1**		**40**	**22**	**18**
15岁	8	2	6				8	2	6
16岁	7	6	1				7	6	1
17岁	11	5	6				11	5	6
18岁	8	3	5				8	3	5
19岁	7	7		1	1		6	6	
20-24	**61**	**27**	**34**	**18**	**9**	**9**	**43**	**18**	**25**
20岁	12	7	5	2	1	1	10	6	4
21岁	6	1	5				6	1	5
22岁	8	5	3	3	2	1	5	3	2
23岁	16	7	9	7	3	4	9	4	5
24岁	19	7	12	6	3	3	13	4	9
25-29	**58**	**34**	**24**	**22**	**15**	**7**	**36**	**19**	**17**
25岁	15	11	4	4	3	1	11	8	3
26岁	9	7	2	5	5		4	2	2
27岁	14	6	8	6	2	4	8	4	4
28岁	13	8	5	4	4		9	4	5
29岁	7	2	5	3	1	2	4	1	3
30-34	**75**	**47**	**28**	**34**	**23**	**11**	**41**	**24**	**17**
30岁	8	6	2	2	2		6	4	2
31岁	15	11	4	8	7	1	7	4	3
32岁	20	9	11	7	3	4	13	6	7
33岁	18	13	5	9	6	3	9	7	2
34岁	14	8	6	8	5	3	6	3	3
35-39	**85**	**48**	**37**	**36**	**24**	**12**	**49**	**24**	**25**
35岁	22	16	6	6	4	2	16	12	4
36岁	13	6	7	7	5	2	6	1	5
37岁	18	9	9	9	7	2	9	2	7

2-13 续表 1

单位：人

年 龄	残疾人口			在业人口			不在业人口		
	合计	男	女	小计	男	女	小计	男	女
38岁	17	8	9	7	3	4	10	5	5
39岁	15	9	6	7	5	2	8	4	4
40-44	**177**	**98**	**79**	**80**	**53**	**27**	**97**	**45**	**52**
40岁	25	16	9	8	7	1	17	9	8
41岁	19	12	7	12	10	2	7	2	5
42岁	36	18	18	15	9	6	21	9	12
43岁	48	24	24	26	13	13	22	11	11
44岁	49	28	21	19	14	5	30	14	16
45-49	**276**	**154**	**122**	**120**	**78**	**42**	**156**	**76**	**80**
45岁	36	22	14	20	14	6	16	8	8
46岁	49	25	24	19	14	5	30	11	19
47岁	48	26	22	22	13	9	26	13	13
48岁	75	43	32	33	17	16	42	26	16
49岁	68	38	30	26	20	6	42	18	24
50-54	**316**	**172**	**144**	**93**	**74**	**19**	**223**	**98**	**125**
50岁	49	32	17	18	15	3	31	17	14
51岁	73	41	32	24	17	7	49	24	25
52岁	47	24	23	12	11	1	35	13	22
53岁	79	40	39	22	16	6	57	24	33
54岁	68	35	33	17	15	2	51	20	31
55-59	**273**	**148**	**125**	**49**	**41**	**8**	**224**	**107**	**117**
55岁	52	28	24	12	11	1	40	17	23
56岁	64	31	33	10	6	4	54	25	29
57岁	45	24	21	7	6	1	38	18	20
58岁	60	35	25	11	10	1	49	25	24
59岁	52	30	22	9	8	1	43	22	21
60-64	**211**	**99**	**112**	**18**	**12**	**6**	**193**	**87**	**106**
60岁	48	26	22	5	3	2	43	23	20
61岁	40	21	19	4	2	2	36	19	17

2－13 续表 2

单位：人

年 龄	残疾人口			在业人口			不在业人口		
	合计	男	女	小计	男	女	小计	男	女
62岁	30	15	15	2	1	1	28	14	14
63岁	46	17	29	2	1	1	44	16	28
64岁	47	20	27	5	5		42	15	27
65-69	**247**	**121**	**126**	**8**	**6**	**2**	**239**	**115**	**124**
65岁	50	27	23	3	3		47	24	23
66岁	35	17	18	2	1	1	33	16	17
67岁	60	27	33	1	1		59	26	33
68岁	49	23	26	2	1	1	47	22	25
69岁	53	27	26				53	27	26
70-74	**551**	**246**	**305**	**5**	**4**	**1**	**546**	**242**	**304**
70岁	99	56	43	4	4		95	52	43
71岁	97	49	48				97	49	48
72岁	107	46	61				107	46	61
73岁	145	56	89				145	56	89
74岁	103	39	64	1		1	102	39	63
75-79	**603**	**258**	**345**				**603**	**258**	**345**
75岁	129	53	76				129	53	76
76岁	101	35	66				101	35	66
77岁	111	53	58				111	53	58
78岁	125	53	72				125	53	72
79岁	137	64	73				137	64	73
80-84	**506**	**212**	**294**				**506**	**212**	**294**
80岁	136	52	84				136	52	84
81岁	92	44	48				92	44	48
82岁	107	47	60				107	47	60
83岁	82	30	52				82	30	52
84岁	89	39	50				89	39	50
85+	**373**	**129**	**244**	**1**		**1**	**372**	**129**	**243**

2－13a 城镇残疾人分年龄、性别的经济活动人口

单位：人

年龄	残疾人口			在业人口			不在业人口		
	合计	男	女	小计	男	女	小计	男	女
总　计	**2950**	**1398**	**1552**	**294**	**215**	**79**	**2656**	**1183**	**1473**
15－19	**32**	**19**	**13**	**1**	**1**		**31**	**18**	**13**
15岁	7	2	5				7	2	5
16岁	4	4					4	4	
17岁	9	5	4				9	5	4
18岁	7	3	4				7	3	4
19岁	5	5		1	1		4	4	
20－24	**49**	**24**	**25**	**13**	**8**	**5**	**36**	**16**	**20**
20岁	10	7	3	1	1		9	6	3
21岁	4	1	3				4	1	3
22岁	8	5	3	3	2	1	5	3	2
23岁	11	5	6	4	2	2	7	3	4
24岁	16	6	10	5	3	2	11	3	8
25－29	**35**	**20**	**15**	**15**	**11**	**4**	**20**	**9**	**11**
25岁	9	7	2	2	1	1	7	6	1
26岁	5	3	2	3	3		2		2
27岁	9	4	5	4	2	2	5	2	3
28岁	8	4	4	4	4		4		4
29岁	4	2	2	2	1	1	2	1	1
30－34	**53**	**33**	**20**	**22**	**13**	**9**	**31**	**20**	**11**
30岁	6	5	1	1	1		5	4	1
31岁	10	8	2	6	5	1	4	3	1
32岁	17	8	9	6	2	4	11	6	5
33岁	11	8	3	5	3	2	6	5	1
34岁	9	4	5	4	2	2	5	2	3
35－39	**59**	**32**	**27**	**23**	**16**	**7**	**36**	**16**	**20**
35岁	14	11	3	2	2		12	9	3
36岁	7	3	4	3	3		4		4
37岁	15	8	7	8	6	2	7	2	5

2-13a 续表 1

单位：人

年 龄	残疾人口			在业人口			不在业人口		
	合计	男	女	小计	男	女	小计	男	女
38岁	12	5	7	4	1	3	8	4	4
39岁	11	5	6	6	4	2	5	1	4
40-44	**126**	**69**	**57**	**51**	**33**	**18**	**75**	**36**	**39**
40岁	16	11	5	5	4	1	11	7	4
41岁	12	6	6	6	5	1	6	1	5
42岁	22	12	10	9	5	4	13	7	6
43岁	37	18	19	17	8	9	20	10	10
44岁	39	22	17	14	11	3	25	11	14
45-49	**231**	**131**	**100**	**87**	**56**	**31**	**144**	**75**	**69**
45岁	28	17	11	13	9	4	15	8	7
46岁	44	22	22	15	11	4	29	11	18
47岁	42	25	17	20	12	8	22	13	9
48岁	63	36	27	22	11	11	41	25	16
49岁	54	31	23	17	13	4	37	18	19
50-54	**234**	**133**	**101**	**52**	**49**	**3**	**182**	**84**	**98**
50岁	38	24	14	10	10		28	14	14
51岁	53	34	19	14	12	2	39	22	17
52岁	37	20	17	9	8	1	28	12	16
53岁	54	27	27	9	9		45	18	27
54岁	52	28	24	10	10		42	18	24
55-59	**199**	**110**	**89**	**24**	**23**	**1**	**175**	**87**	**88**
55岁	35	18	17	4	4		31	14	17
56岁	48	27	21	5	5		43	22	21
57岁	29	16	13	1	1		28	15	13
58岁	54	30	24	10	9	1	44	21	23
59岁	33	19	14	4	4		29	15	14
60-64	**154**	**75**	**79**	**3**	**3**		**151**	**72**	**79**
60岁	33	20	13	3	3		30	17	13

2－13a 续表 2

单位：人

年龄	残疾人口			在业人口			不在业人口		
	合计	男	女	小计	男	女	小计	男	女
61岁	30	17	13				30	17	13
62岁	26	14	12				26	14	12
63岁	33	12	21				33	12	21
64岁	32	12	20				32	12	20
65-69	**173**	**81**	**92**	**2**	**1**	**1**	**171**	**80**	**91**
65岁	35	18	17	1	1		34	17	17
66岁	21	9	12				21	9	12
67岁	45	20	25				45	20	25
68岁	37	15	22	1		1	36	15	21
69岁	35	19	16				35	19	16
70-74	**432**	**193**	**239**	**1**	**1**		**431**	**192**	**239**
70岁	69	35	34	1	1		68	34	34
71岁	75	38	37				75	38	37
72岁	85	41	44				85	41	44
73岁	122	48	74				122	48	74
74岁	81	31	50				81	31	50
75-79	**469**	**200**	**269**				**469**	**200**	**269**
75岁	91	33	58				91	33	58
76岁	88	30	58				88	30	58
77岁	86	42	44				86	42	44
78岁	94	43	51				94	43	51
79岁	110	52	58				110	52	58
80-84	**418**	**174**	**244**				**418**	**174**	**244**
80岁	117	45	72				117	45	72
81岁	82	36	46				82	36	46
82岁	83	36	47				83	36	47
83岁	62	24	38				62	24	38
84岁	74	33	41				74	33	41
85+	**286**	**104**	**182**				**286**	**104**	**182**

2－13b 农村残疾人分年龄、性别的经济活动人口

单位：人

年 龄	残疾人口			在业人口			不在业人口		
	合计	男	女	小计	男	女	小计	男	女
总 计	**903**	**418**	**485**	**191**	**125**	**66**	**712**	**293**	**419**
15-19	**9**	**4**	**5**				**9**	**4**	**5**
15岁	1		1				1		1
16岁	3	2	1				3	2	1
17岁	2		2				2		2
18岁	1		1				1		1
19岁	2	2					2	2	
20-24	**12**	**3**	**9**	**5**	**1**	**4**	**7**	**2**	**5**
20岁	2		2	1		1	1		1
21岁	2		2				2		2
22岁									
23岁	5	2	3	3	1	2	2	1	1
24岁	3	1	2	1		1	2	1	1
25-29	**23**	**14**	**9**	**7**	**4**	**3**	**16**	**10**	**6**
25岁	6	4	2	2	2		4	2	2
26岁	4	4		2	2		2	2	
27岁	5	2	3	2		2	3	2	1
28岁	5	4	1				5	4	1
29岁	3		3	1		1	2		2
30-34	**22**	**14**	**8**	**12**	**10**	**2**	**10**	**4**	**6**
30岁	2	1	1	1	1		1		1
31岁	5	3	2	2	2		3	1	2
32岁	3	1	2	1	1		2		2
33岁	7	5	2	4	3	1	3	2	1
34岁	5	4	1	4	3	1	1	1	
35-39	**26**	**16**	**10**	**13**	**8**	**5**	**13**	**8**	**5**
35岁	8	5	3	4	2	2	4	3	1
36岁	6	3	3	4	2	2	2	1	1
37岁	3	1	2	1	1		2		2

2－13b 续表 1

单位：人

年 龄	残疾人口			在业人口			不在业人口		
	合计	男	女	小计	男	女	小计	男	女
38岁	5	3	2	3	2	1	2	1	1
39岁	4	4		1	1		3	3	
40-44	**51**	**29**	**22**	**29**	**20**	**9**	**22**	**9**	**13**
40岁	9	5	4	3	3		6	2	4
41岁	7	6	1	6	5	1	1	1	
42岁	14	6	8	6	4	2	8	2	6
43岁	11	6	5	9	5	4	2	1	1
44岁	10	6	4	5	3	2	5	3	2
45-49	**45**	**23**	**22**	**33**	**22**	**11**	**12**	**1**	**11**
45岁	8	5	3	7	5	2	1		1
46岁	5	3	2	4	3	1	1		1
47岁	6	1	5	2	1	1	4		4
48岁	12	7	5	11	6	5	1	1	
49岁	14	7	7	9	7	2	5		5
50-54	**82**	**39**	**43**	**41**	**25**	**16**	**41**	**14**	**27**
50岁	11	8	3	8	5	3	3	3	
51岁	20	7	13	10	5	5	10	2	8
52岁	10	4	6	3	3		7	1	6
53岁	25	13	12	13	7	6	12	6	6
54岁	16	7	9	7	5	2	9	2	7
55-59	**74**	**38**	**36**	**25**	**18**	**7**	**49**	**20**	**29**
55岁	17	10	7	8	7	1	9	3	6
56岁	16	4	12	5	1	4	11	3	8
57岁	16	8	8	6	5	1	10	3	7
58岁	6	5	1	1	1		5	4	1
59岁	19	11	8	5	4	1	14	7	7
60-64	**57**	**24**	**33**	**15**	**9**	**6**	**42**	**15**	**27**
60岁	15	6	9	2		2	13	6	7
61岁	10	4	6	4	2	2	6	2	4

2-13b 续表 2

单位：人

年龄	残疾人口			在业人口			不在业人口		
	合计	男	女	小计	男	女	小计	男	女
62岁	4	1	3	2	1	1	2		2
63岁	13	5	8	2	1	1	11	4	7
64岁	15	8	7	5	5		10	3	7
65-69	**74**	**40**	**34**	**6**	**5**	**1**	**68**	**35**	**33**
65岁	15	9	6	2	2		13	7	6
66岁	14	8	6	2	1	1	12	7	5
67岁	15	7	8	1	1		14	6	8
68岁	12	8	4	1	1		11	7	4
69岁	18	8	10				18	8	10
70-74	**119**	**53**	**66**	**4**	**3**	**1**	**115**	**50**	**65**
70岁	30	21	9	3	3		27	18	9
71岁	22	11	11				22	11	11
72岁	22	5	17				22	5	17
73岁	23	8	15				23	8	15
74岁	22	8	14	1		1	21	8	13
75-79	**134**	**58**	**76**				**134**	**58**	**76**
75岁	38	20	18				38	20	18
76岁	13	5	8				13	5	8
77岁	25	11	14				25	11	14
78岁	31	10	21				31	10	21
79岁	27	12	15				27	12	15
80-84	**88**	**38**	**50**				**88**	**38**	**50**
80岁	19	7	12				19	7	12
81岁	10	8	2				10	8	2
82岁	24	11	13				24	11	13
83岁	20	6	14				20	6	14
84岁	15	6	9				15	6	9
85+	**87**	**25**	**62**	**1**		**1**	**86**	**25**	**61**

2－14 残疾人分年龄、性别的职业状况

单位：人

年 龄	在业残疾人			国家机关、党群组织、企业、事业单位负责人			专业技术人员			办事人员和有关人员		
	合计	男	女	合计	男	女	合计	男	女	小计	男	女
总 计	**46752**	**30336**	**16416**	**231**	**208**	**23**	**821**	**611**	**210**	**949**	**821**	**128**
15-19	786	485	301	1		1	8	3	5	9	8	1
20-24	1305	801	504	1		1	24	16	8	23	16	7
25-29	1830	1161	669	2	1	1	56	37	19	38	27	11
30-34	3311	2046	1265	17	16	1	83	51	32	59	45	14
35-39	4743	2914	1829	17	16	1	96	66	30	90	78	12
40-44	5635	3458	2177	37	30	7	110	71	39	145	119	26
45-49	5276	3289	1987	44	40	4	123	86	37	191	160	31
50-54	6645	4230	2415	49	45	4	118	93	25	142	132	10
55-59	5663	3629	2034	30	28	2	97	90	7	121	116	5
60-64	4473	3034	1439	10	9	1	43	42	1	55	53	2
65+	7085	5289	1796	23	23		63	56	7	76	67	9

2－14 续表

单位：人

年 龄	商业、服务业人员			农、林、牧、渔、水利业生产人员			生产、运输设备操作人员及有关人员			不便分类的其他从业人员		
	小计	男	女	小计	男	女	小计	男	女	合计	男	女
总 计	**3872**	**2810**	**1062**	**36212**	**22164**	**14048**	**4610**	**3677**	**933**	**57**	**45**	**12**
15-19	56	33	23	566	357	209	144	83	61	2	1	1
20-24	140	91	49	864	491	373	248	184	64	5	3	2
25-29	204	145	59	1211	703	508	316	245	71	3	3	
30-34	379	272	107	2242	1245	997	528	416	112	3	1	2
35-39	566	400	166	3257	1798	1459	713	553	160	4	3	1
40-44	644	448	196	3838	2121	1717	843	653	190	18	16	2
45-49	541	370	171	3669	2063	1606	703	567	136	5	3	2
50-54	486	377	109	5266	3050	2216	578	527	51	6	6	
55-59	303	240	63	4838	2911	1927	270	240	30	4	4	
60-64	214	167	47	4024	2655	1369	125	107	18	2	1	1
65+	339	267	72	6437	4770	1667	142	102	40	5	4	1

2－15 残疾人分性别、受教育程度的职业状况

单位：人

受教育程度	在业残疾人			国家机关、党群组织、企业、事业单位负责人			专业技术人员			办事人员和有关人员		
	合计	男	女	小计	男	女	小计	男	女	小计	男	女
总　计	**485**	**340**	**145**	**4**	**4**		**37**	**25**	**12**	**62**	**51**	**11**
不识字	28	13	15							1	1	
未上过学												
小　学	107	62	45							9	8	1
初　中	186	144	42	1	1		3	3		20	19	1
高　中	106	82	24	2	2		13	9	4	17	14	3
中　专	22	17	5				2	2		8	6	2
大学专科	26	15	11				14	8	6	6	3	3
大学本科	10	7	3	1	1		5	3	2	1		1
研究生												

2－15 续表

单位：人

受教育程度	商业、服务业人员			农、林、牧、渔、水利业生产人员			生产、运输设备操作人员及有关人员			不便分类的其他从业人员		
	小计	男	女	小计	男	女	小计	男	女	小计	男	女
总　计	**127**	**95**	**32**	**63**	**30**	**33**	**178**	**124**	**54**	**14**	**11**	**3**
不识字	3	2	1	13	3	10	8	4	4	3	3	
未上过学												
小　学	22	9	13	33	16	17	41	28	13	2	1	1
初　中	60	51	9	14	9	5	84	59	25	4	2	2
高　中	34	27	7	3	2	1	32	23	9	5	5	
中　专	4	2	2				8	7	1			
大学专科	1	1					5	3	2			
大学本科	3	3										
研究生												

2－16　各地区残疾人分性别的未工作状况

单位：人

地　区	未工作残疾人			在校学生			离退休		
	合计	男	女	小计	男	女	小计	男	女
总　计	**3368**	**1476**	**1892**	**20**	**7**	**13**	**2255**	**1016**	**1239**
黄浦区	150	60	90				108	42	66
卢湾区	102	46	56				86	39	47
徐汇区	182	97	85	1		1	137	73	64
长宁区	171	76	95	1		1	138	61	77
静安区	91	44	47				76	39	37
普陀区	219	84	135	2	2		168	61	107
闸北区	235	102	133	1		1	180	82	98
虹口区	293	132	161	2		2	235	106	129
杨浦区	320	137	183	5	2	3	233	95	138
闵行区	116	45	71	1		1	94	40	54
宝山区	204	96	108				114	61	53
嘉定区	131	57	74				99	43	56
浦东新区	414	190	224	4	2	2	323	150	173
金山区	129	56	73				55	25	30
松江区	91	33	58				66	23	43
青浦区	147	67	80				40	23	17
南汇区	111	41	70	3	1	2	26	13	13
奉贤区	138	55	83				61	29	32
崇明县	124	58	66				16	11	5

2-16 续表 1

单位：人

地 区	料理家务			丧失劳动能力			毕业后未工作		
	小计	男	女	小计	男	女	小计	男	女
总 计	**438**	**120**	**318**	**437**	**184**	**253**	**15**	**11**	**4**
黄浦区	13	1	12	19	11	8			
卢湾区	2		2	8	2	6	1	1	
徐汇区	10	3	7	19	9	10			
长宁区	19	6	13	8	4	4	1	1	
静安区	1		1	11	3	8	1	1	
普陀区	8	1	7	18	8	10			
闸北区	26	2	24	18	11	7	1	1	
虹口区	18	1	17	24	11	13	1	1	
杨浦区	21	3	18	22	11	11	3	1	2
闵行区	6		6	13	5	8	1		1
宝山区	51	16	35	27	10	17	1	1	
嘉定区	9	2	7	7	3	4	1	1	
浦东新区	25	2	23	33	17	16	2	1	1
金山区	26	10	16	38	14	24			
松江区	13	6	7	10	2	8			
青浦区	64	27	37	38	15	23			
南汇区	45	12	33	31	11	20	1	1	
奉贤区	49	16	33	26	9	17			
崇明县	32	12	20	67	28	39	1	1	

2-16 续表 2

单位：人

地 区	因单位原因失去原工作			因本人原因失去原工作			承包土地被征用			其 他		
	小计	男	女	小计	男	女	小计	男	女	小计	男	女
总 计	**99**	**76**	**23**	**79**	**49**	**30**	**16**	**7**	**9**	**9**	**6**	**3**
黄浦区	4	3	1	6	3	3						
卢湾区	5	4	1									
徐汇区	4	3	1	11	9	2						
长宁区				4	4							
静安区	1	1		1		1						
普陀区	11	7	4	9	3	6	1		1	2	2	
闸北区	4	4		4	2	2				1		1
虹口区	10	10		3	3							
杨浦区	18	13	5	18	12	6						
闵行区	1		1									
宝山区	6	5	1	5	3	2						
嘉定区	7	4	3	4	3	1	4	1	3			
浦东新区	18	14	4	7	3	4				2	1	1
金山区	5	5		1		1	1		1	3	2	1
松江区	1	1		1	1							
青浦区	1		1	4	2	2						
南汇区	2	1	1				3	2	1			
奉贤区	1	1					1		1			
崇明县				1	1		6	4	2	1	1	

2－16a 各地区城镇残疾人分性别的未工作状况

单位：人

地区	未工作残疾人			在校学生			离退休		
	合计	男	女	小计	男	女	小计	男	女
总计	**2656**	**1183**	**1473**	**17**	**7**	**10**	**2061**	**916**	**1145**
黄浦区	150	60	90				108	42	66
卢湾区	102	46	56				86	39	47
徐汇区	182	97	85	1		1	137	73	64
长宁区	171	76	95	1		1	138	61	77
静安区	91	44	47				76	39	37
普陀区	219	84	135	2	2		168	61	107
闸北区	235	102	133	1		1	180	82	98
虹口区	293	132	161	2		2	235	106	129
杨浦区	320	137	183	5	2	3	233	95	138
闵行区	116	45	71	1		1	94	40	54
宝山区	134	70	64				101	53	48
嘉定区	82	38	44				64	30	34
浦东新区	359	166	193	3	2	1	296	135	161
金山区	81	38	43				54	24	30
松江区	41	16	25				36	12	24
青浦区	26	14	12				22	12	10
南汇区	29	9	20	1	1		17	6	11
奉贤区	14	7	7				10	5	5
崇明县	11	2	9				6	1	5

2－16a 续表 1

单位：人

地 区	料理家务			丧失劳动能力			毕业后未工作		
	小计	男	女	小计	男	女	小计	男	女
总 计	**164**	**27**	**137**	**227**	**101**	**126**	**14**	**10**	**4**
黄浦区	13	1	12	19	11	8			
卢湾区	2		2	8	2	6	1	1	
徐汇区	10	3	7	19	9	10			
长宁区	19	6	13	8	4	4	1	1	
静安区	1		1	11	3	8	1	1	
普陀区	8	1	7	18	8	10			
闸北区	26	2	24	18	11	7	1	1	
虹口区	18	1	17	24	11	13	1	1	
杨浦区	21	3	18	22	11	11	3	1	2
闵行区	6		6	13	5	8	1		1
宝山区	9	3	6	12	5	7	1	1	
嘉定区	4	1	3	4	1	3	1	1	
浦东新区	15	2	13	22	10	12	2	1	1
金山区	2		2	16	7	9			
松江区	2	2		2	1	1			
青浦区	2	2		1		1			
南汇区	3		3	5		5	1	1	
奉贤区	2		2	2	2				
崇明县	1		1	3		3			

2－16a　续表 2

单位：人

地　区	因单位原因失去原工作			因本人原因失去原工作			承包土地被征用			其　他		
	小计	男	女	小计	男	女	小计	男	女	小计	男	女
总　计	**95**	**72**	**23**	**71**	**46**	**25**	**1**		**1**	**6**	**4**	**2**
黄浦区	4	3	1	6	3	3						
卢湾区	5	4	1									
徐汇区	4	3	1	11	9	2						
长宁区				4	4							
静安区	1	1		1		1						
普陀区	11	7	4	9	3	6	1		1	2	2	
闸北区	4	4		4	2	2				1		1
虹口区	10	10		3	3							
杨浦区	18	13	5	18	12	6						
闵行区	1		1									
宝山区	6	5	1	5	3	2						
嘉定区	5	2	3	4	3	1						
浦东新区	18	14	4	3	2	1						
金山区	5	5		1		1				3	2	1
松江区				1	1							
青浦区	1		1									
南汇区	2	1	1									
奉贤区												
崇明县				1	1							

2－16b　各地区农村残疾人分性别的未工作状况

单位：人

地区	未工作残疾人			在校学生			离退休		
	合计	男	女	小计	男	女	小计	男	女
总计	**712**	**293**	**419**	**3**		**3**	**196**	**101**	**95**
黄浦区									
卢湾区									
徐汇区									
长宁区									
静安区									
普陀区									
闸北区									
虹口区									
杨浦区									
闵行区									
宝山区	70	26	44				13	8	5
嘉定区	49	19	30				35	13	22
浦东新区	55	24	31	1		1	29	16	13
金山区	48	18	30				1	1	
松江区	50	17	33				30	11	19
青浦区	121	53	68				18	11	7
南汇区	82	32	50	2		2	9	7	2
奉贤区	124	48	76				51	24	27
崇明县	113	56	57				10	10	

2－16b 续表 1

单位：人

地 区	料理家务			丧失劳动能力			毕业后未工作		
	小计	男	女	小计	男	女	小计	男	女
总 计	**274**	**93**	**181**	**210**	**83**	**127**	**1**	**1**	
黄浦区									
卢湾区									
徐汇区									
长宁区									
静安区									
普陀区									
闸北区									
虹口区									
杨浦区									
闵行区									
宝山区	42	13	29	15	5	10			
嘉定区	5	1	4	3	2	1			
浦东新区	10		10	11	7	4			
金山区	24	10	14	22	7	15			
松江区	11	4	7	8	1	7			
青浦区	62	25	37	37	15	22			
南汇区	42	12	30	26	11	15			
奉贤区	47	16	31	24	7	17			
崇明县	31	12	19	64	28	36	1	1	

2-16b 续表 2

单位：人

地 区	因单位原因失去原工作			因本人原因失去原工作			承包土地被征用			其 他		
	小计	男	女	小计	男	女	小计	男	女	小计	男	女
总 计	**4**	**4**		**8**	**3**	**5**	**15**	**7**	**8**	**1**	**1**	
黄浦区												
卢湾区												
徐汇区												
长宁区												
静安区												
普陀区												
闸北区												
虹口区												
杨浦区												
闵行区												
宝山区												
嘉定区	2	2					4	1	3			
浦东新区				4	1	3						
金山区							1		1			
松江区	1	1										
青浦区				4	2	2						
南汇区							3	2	1			
奉贤区	1	1					1		1			
崇明县							6	4	2	1	1	

2－17 残疾人分年龄、性别的未工作状况

单位：人

年龄	未工作残疾人			在校学生			离退休		
	合计	男	女	小计	男	女	小计	男	女
总计	**3368**	**1476**	**1892**	**20**	**7**	**13**	**2255**	**1016**	**1239**
15-19	40	22	18	17	7	10			
20-24	43	18	25	3		3			
25-29	36	19	17						
30-34	41	24	17				2		2
35-39	49	24	25						
40-44	97	45	52				8	2	6
45-49	156	76	80				40	7	33
50-54	223	98	125				139	48	91
55-59	224	107	117				148	54	94
60-64	193	87	106				162	76	86
65-69	239	115	124				184	91	93
70-74	546	242	304				459	214	245
75-79	603	258	345				491	224	267
80-84	506	212	294				400	189	211
85+	372	129	243				222	111	111

2－17 续表 1

单位：人

年龄	料理家务			丧失劳动能力			毕业后未工作		
	小计	男	女	小计	男	女	小计	男	女
总计	**438**	**120**	**318**	**437**	**184**	**253**	**15**	**11**	**4**
15-19	1		1	18	11	7	2	2	
20-24	2		2	23	12	11	9	6	3
25-29	8	2	6	20	14	6	2	1	1
30-34	5		5	21	15	6	2	2	
35-39	7	2	5	27	12	15			
40-44	19	7	12	37	21	16			
45-49	17	5	12	39	23	16			
50-54	22	8	14	33	17	16			
55-59	25	9	16	18	12	6			
60-64	19	5	14	11	5	6			
65-69	39	20	19	14	2	12			
70-74	63	20	43	22	8	14			
75-79	78	20	58	34	14	20			
80-84	61	16	45	42	6	36			
85+	72	6	66	78	12	66			

2－17 续表 2

单位：人

年 龄	因单位原因失去原工作			因本人原因失去原工作			承包土地被征用			其 他		
	小计	男	女	小计	男	女	小计	男	女	小计	男	女
总 计	**99**	**76**	**23**	**79**	**49**	**30**	**16**	**7**	**9**	**9**	**6**	**3**
15−19				1	1					1	1	
20−24				5		5				1		1
25−29	1		1	3	1	2				2	1	1
30−34	3	2	1	8	5	3						
35−39	4	2	2	9	6	3	1	1		1	1	
40−44	15	5	10	18	10	8						
45−49	36	27	9	21	12	9	2	1	1	1	1	
50−54	18	18		6	6		4		4	1	1	
55−59	22	22		7	7		4	3	1			
60−64							1	1				
65−69				1	1					1	1	
70−74							2		2			
75−79												
80−84							2	1	1	1		1
85+												

2－17a 城镇残疾人分年龄、性别的未工作状况

单位：人

年 龄	未工作残疾人			在校学生			离退休		
	合计	男	女	小计	男	女	小计	男	女
总 计	**2656**	**1183**	**1473**	**17**	**7**	**10**	**2059**	**915**	**1144**
15−19	31	18	13	14	7	7			
20−24	36	16	20	3		3			
25−29	20	9	11						
30−34	31	20	11				2		2
35−39	36	16	20						
40−44	75	36	39				8	2	6
45−49	144	75	69				40	7	33
50−54	182	84	98				138	48	90
55−59	175	87	88				138	54	84
60−64	151	72	79				144	68	76
65−69	171	80	91				160	74	86
70−74	431	192	239				417	191	226
75−79	469	200	269				441	198	243
80−84	418	174	244				376	173	203
85+	286	104	182				195	100	95

2－17a　续表 1

单位：人

年　龄	料理家务			丧失劳动能力			毕业后未工作		
	小计	男	女	小计	男	女	小计	男	女
总　计	**164**	**27**	**137**	**227**	**101**	**126**	**14**	**10**	**4**
15-19				14	8	6	1	1	
20-24				19	10	9	9	6	3
25-29	1		1	11	6	5	2	1	1
30-34	3		3	15	11	4	2	2	
35-39	4		4	20	9	11			
40-44	10	6	4	26	14	12			
45-49	13	5	8	34	23	11			
50-54	8	6	2	12	6	6			
55-59	5	3	2	7	5	2			
60-64	3	1	2	4	3	1			
65-69	5	3	2	4	1	3			
70-74	14	1	13						
75-79	20	1	19	8	1	7			
80-84	25		25	15	1	14			
85+	53	1	52	38	3	35			

2－17a　续表 2

单位：人

年　龄	因单位原因失去原工作			因本人原因失去原工作			承包土地被征用			其　他		
	小计	男	女	小计	男	女	小计	男	女	小计	男	女
总　计	**95**	**72**	**23**	**71**	**46**	**25**	**1**		**1**	**8**	**5**	**3**
15-19				1	1					1	1	
20-24				4		4				1		1
25-29	1		1	3	1	2				2	1	1
30-34	3	2	1	6	5	1						
35-39	3	1	2	8	5	3				1	1	
40-44	15	5	10	16	9	7						
45-49	36	27	9	20	12	8				1	1	
50-54	18	18		6	6							
55-59	19	19		6	6							
60-64												
65-69				1	1					1	1	
70-74												
75-79												
80-84							1		1	1		1
85+												

2－17b　农村残疾人分年龄、性别的未工作状况

单位：人

年　龄	未工作残疾人			在校学生			离退休		
	合计	男	女	小计	男	女	小计	男	女
总　计	**712**	**293**	**419**	**3**		**3**	**196**	**101**	**95**
15-19	9	4	5	3		3			
20-24	7	2	5						
25-29	16	10	6						
30-34	10	4	6						
35-39	13	8	5						
40-44	22	9	13						
45-49	12	1	11						
50-54	41	14	27				1		1
55-59	49	20	29				10		10
60-64	42	15	27				18	8	10
65-69	68	35	33				24	17	7
70-74	115	50	65				42	23	19
75-79	134	58	76				50	26	24
80-84	88	38	50				24	16	8
85+	86	25	61				27	11	16

2－17b　续表 1

单位：人

年　龄	料理家务			丧失劳动能力			毕业后未工作		
	小计	男	女	小计	男	女	小计	男	女
总　计	**274**	**93**	**181**	**210**	**83**	**127**	**1**	**1**	
15-19	1		1	4	3	1	1	1	
20-24	2		2	4	2	2			
25-29	7	2	5	9	8	1			
30-34	2		2	6	4	2			
35-39	3	2	1	7	3	4			
40-44	9	1	8	11	7	4			
45-49	4		4	5		5			
50-54	14	2	12	21	11	10			
55-59	20	6	14	11	7	4			
60-64	16	4	12	7	2	5			
65-69	34	17	17	10	1	9			
70-74	49	19	30	22	8	14			
75-79	58	19	39	26	13	13			
80-84	36	16	20	27	5	22			
85+	19	5	14	40	9	31			

2－17b 续表 2

单位：人

年龄	因单位原因失去原工作			因本人原因失去原工作			承包土地被征用			其他		
	小计	男	女	小计	男	女	小计	男	女	小计	男	女
总计	**4**	**4**		**8**	**3**	**5**	**15**	**7**	**8**	**1**	**1**	
15-19												
20-24				1		1						
25-29												
30-34				2		2						
35-39	1	1		1	1		1	1				
40-44				2	1	1						
45-49				1		1	2	1	1			
50-54							4		4	1	1	
55-59	3	3		1	1		4	3	1			
60-64							1	1				
65-69												
70-74							2		2			
75-79												
80-84							1	1				
85+												

2－18 各地区分性别、未工作残疾人的主要生活来源

单位：人

地 区	未工作残疾人			离退休金			领取基本生活费		
	合计	男	女	小计	男	女	小计	男	女
总 计	**3368**	**1476**	**1892**	**2256**	**1017**	**1239**	**662**	**306**	**356**
黄浦区	150	60	90	108	42	66	28	14	14
卢湾区	102	46	56	86	39	47	8	5	3
徐汇区	182	97	85	137	73	64	25	17	8
长宁区	171	76	95	139	61	78	17	9	8
静安区	91	44	47	76	39	37	10	4	6
普陀区	219	84	135	168	61	107	28	14	14
闸北区	235	102	133	180	82	98	29	11	18
虹口区	293	132	161	235	106	129	35	19	16
杨浦区	320	137	183	232	95	137	55	32	23
闵行区	116	45	71	93	40	53	10	3	7
宝山区	204	96	108	115	62	53	55	23	32
嘉定区	131	57	74	99	43	56	21	11	10
浦东新区	414	190	224	324	150	174	55	25	30
金山区	129	56	73	55	25	30	26	15	11
松江区	91	33	58	66	23	43	12	5	7
青浦区	147	67	80	40	23	17	67	29	38
南汇区	111	41	70	26	13	13	51	18	33
奉贤区	138	55	83	61	29	32	54	16	38
崇明县	124	58	66	16	11	5	76	36	40

2-18 续表

单位：人

地区	家庭其他成员供养			财产性收入			保险收入			其他		
	小计	男	女	小计	男	女	小计	男	女	小计	男	女
总计	**436**	**145**	**291**	**7**	**4**	**3**				**7**	**4**	**3**
黄浦区	14	4	10									
卢湾区	8	2	6									
徐汇区	19	7	12							1		1
长宁区	15	6	9									
静安区	5	1	4									
普陀区	23	9	14									
闸北区	26	9	17									
虹口区	22	6	16	1	1							
杨浦区	33	10	23									
闵行区	13	2	11									
宝山区	34	11	23									
嘉定区	11	3	8									
浦东新区	31	13	18	2	1	1				2	1	1
金山区	43	13	30	1		1				4	3	1
松江区	13	5	8									
青浦区	38	13	25	2	2							
南汇区	33	10	23	1		1						
奉贤区	23	10	13									
崇明县	32	11	21									

2－19 分年龄、性别、未工作残疾人的主要生活来源

单位：人

年 龄	未工作残疾人			离退休金			领取基本生活费		
	合计	男	女	小计	男	女	小计	男	女
总 计	**3368**	**1476**	**1892**	**2256**	**1017**	**1239**	**662**	**306**	**356**
15-19	40	22	18				11	4	7
20-24	43	18	25				15	8	7
25-29	36	19	17				8	4	4
30-34	41	24	17	2		2	22	16	6
35-39	49	24	25				35	18	17
40-44	97	45	52	7	2	5	56	27	29
45-49	156	76	80	40	7	33	97	63	34
50-54	223	98	125	139	48	91	49	32	17
55-59	224	107	117	150	55	95	48	38	10
60-64	193	87	106	162	76	86	17	6	11
65-69	239	115	124	184	91	93	28	10	18
70-74	546	242	304	459	214	245	53	18	35
75-79	603	258	345	490	224	266	80	30	50
80-84	506	212	294	401	189	212	63	19	44
85+	372	129	243	222	111	111	80	13	67

2－19 续表

单位：人

年 龄	家庭其他成员供养			财产性收入			保险收入			其 他		
	小计	男	女	小计	男	女	小计	男	女	小计	男	女
总 计	**436**	**145**	**291**	**7**	**4**	**3**				**7**	**4**	**3**
15-19	29	18	11									
20-24	28	10	18									
25-29	26	14	12							2	1	1
30-34	17	8	9									
35-39	13	5	8							1	1	
40-44	33	15	18	1	1							
45-49	18	6	12							1		1
50-54	33	17	16	2	1	1						
55-59	23	12	11	2	1	1				1	1	
60-64	13	4	9	1	1							
65-69	26	13	13							1	1	
70-74	33	10	23	1		1						
75-79	33	4	29									
80-84	42	4	38									
85+	69	5	64							1		1

2－19a 城镇分年龄、性别、未工作残疾人的主要生活来源

单位：人

年 龄	未工作残疾人			离退休金			领取基本生活费		
	合计	男	女	小计	男	女	小计	男	女
总 计	**2656**	**1183**	**1473**	**2059**	**916**	**1143**	**347**	**175**	**172**
15-19	31	18	13				11	4	7
20-24	36	16	20				14	8	6
25-29	20	9	11				6	2	4
30-34	31	20	11	2		2	18	14	4
35-39	36	16	20				26	12	14
40-44	75	36	39	7	2	5	45	22	23
45-49	144	75	69	40	7	33	91	62	29
50-54	182	84	98	138	48	90	29	24	5
55-59	175	87	88	140	55	85	27	24	3
60-64	151	72	79	144	68	76	4	2	2
65-69	171	80	91	160	74	86	4	1	3
70-74	431	192	239	417	191	226	5		5
75-79	469	200	269	440	198	242	10		10
80-84	418	174	244	376	173	203	20		20
85+	286	104	182	195	100	95	37		37

2－19a 续表

单位：人

年 龄	家庭其他成员供养			财产性收入			保险收入			其 他		
	小计	男	女	小计	男	女	小计	男	女	小计	男	女
总 计	**242**	**87**	**155**	**1**	**1**					**7**	**4**	**3**
15-19	20	14	6									
20-24	22	8	14									
25-29	12	6	6							2	1	1
30-34	11	6	5									
35-39	9	3	6							1	1	
40-44	23	12	11									
45-49	12	6	6							1		1
50-54	14	11	3	1	1							
55-59	7	7								1	1	
60-64	3	2	1									
65-69	6	4	2							1	1	
70-74	9	1	8									
75-79	19	2	17									
80-84	22	1	21									
85+	53	4	49							1		1

2－19b 农村分年龄、性别、未工作残疾人的主要生活来源

单位：人

年 龄	未工作残疾人			离退休金			领取基本生活费		
	合计	男	女	小计	男	女	小计	男	女
总 计	**712**	**293**	**419**	**197**	**101**	**96**	**315**	**131**	**184**
15-19	9	4	5						
20-24	7	2	5				1		1
25-29	16	10	6				2	2	
30-34	10	4	6				4	2	2
35-39	13	8	5				9	6	3
40-44	22	9	13				11	5	6
45-49	12	1	11				6	1	5
50-54	41	14	27	1		1	20	8	12
55-59	49	20	29	10		10	21	14	7
60-64	42	15	27	18	8	10	13	4	9
65-69	68	35	33	24	17	7	24	9	15
70-74	115	50	65	42	23	19	48	18	30
75-79	134	58	76	50	26	24	70	30	40
80-84	88	38	50	25	16	9	43	19	24
85+	86	25	61	27	11	16	43	13	30

2－19b 续表

单位：人

年 龄	家庭其他成员供养			财产性收入			保险收入			其 他		
	小计	男	女	小计	男	女	小计	男	女	小计	男	女
总 计	**194**	**58**	**136**	**6**	**3**	**3**						
15-19	9	4	5									
20-24	6	2	4									
25-29	14	8	6									
30-34	6	2	4									
35-39	4	2	2									
40-44	10	3	7	1	1							
45-49	6		6									
50-54	19	6	13	1		1						
55-59	16	5	11	2	1	1						
60-64	10	2	8	1	1							
65-69	20	9	11									
70-74	24	9	15	1		1						
75-79	14	2	12									
80-84	20	3	17									
85+	16	1	15									

2－20 0－14岁残疾儿童及其家庭基本情况

指　　标	单 位	数 量
0－14岁残疾儿童总人数	人	57
有残疾儿童的家庭户	户	56
残疾类别		
视力残疾人	人	1
听力残疾人	人	1
言语残疾人	人	4
肢体残疾人	人	4
智力残疾人	人	33
精神残疾人	人	
多重残疾人	人	14
性别		
男	人	31
女	人	26
性别比(以女性为100)		119.00
年龄		
0-5岁	人	25
6岁	人	3
7-14岁	人	29
民族		
汉族	人	57
少数民族	人	
户口性质		
农业	人	22
非农业	人	32
户口待定	人	3
受教育程度		
未上过学	人	
小学	人	16
初中	人	5
在校生接受义务教育情况		
普通教育学校普通班	人	13
普通教育学校特教班	人	
特殊教育学校	人	9
其他	人	
残疾儿童家庭户2005年人均收入水平		
户人均收入	元	6516
城市	元	8156
农村	元	3757
人均收入在0-683元之间	户	1
人均收入在684-994元之间	户	1

2－21　15岁及以上残疾妇女及其家庭基本情况

指　　标	单　位	数　量
15岁及以上残疾妇女总人数	人	2037
有残疾妇女的家庭户	户	1996
残疾类别		
视力残疾人	人	427
听力残疾人	人	528
言语残疾人	人	14
肢体残疾人	人	549
智力残疾人	人	118
精神残疾人	人	165
多重残疾人	人	236
年龄		
15–49岁	人	342
50–59岁	人	269
60–74岁	人	543
75–89岁	人	826
90岁及以上	人	57
民族		
汉族	人	2025
少数民族	人	12
户口性质		
农业	人	399
非农业	人	1637
户口待定	人	1
文盲人口	人	818
受教育程度		
未上过学	人	23
小学	人	520
初中	人	393

2-21 续表

指 标	单 位	数 量
高中	人	160
中专	人	54
大学专科	人	38
大学本科	人	31
研究生	人	
婚姻状况		
未婚	人	133
初婚有配偶	人	1002
再婚有配偶	人	39
离婚	人	40
丧偶	人	823
当前工作状况		
当前有工作	人	145
当前无工作	人	1892
当前无工作者主要生活来源		
离退休金	人	1239
领取基本生活费	人	356
家庭其它成员供养	人	291
财产性收入	人	3
保险收入	人	
其它	人	3
残疾妇女家庭户2005年人均收入水平		
户人均收入	元	8671
城市	元	9907
农村	元	4884
人均收入在0-683元之间	户	9
人均收入在684-994元之间	户	60

2－22　60岁及以上老年残疾人及其家庭基本情况

指　　标	单　位	数　量
60岁及以上老年残疾人总数	人	2491
有老年残疾人的家庭户	户	2325
残疾类别		
视力残疾人	人	454
听力残疾人	人	943
言语残疾人	人	24
肢体残疾人	人	638
智力残疾人	人	46
精神残疾人	人	97
多重残疾人	人	289
性别		
男	人	1065
女	人	1426
性别比(以女性为100)		75.00
年龄		
60-74岁	人	1009
75-89岁	人	1395
90岁及以上	人	87
民族		
汉族	人	2481
少数民族	人	10
户口性质		
农业	人	410
非农业	人	2079
户口待定	人	2
文盲人口	人	889
受教育程度		
未上过学	人	32
小学	人	783

2-22 续表

指　　标	单 位	数 量
初中	人	412
高中	人	193
中专	人	50
大学专科	人	52
大学本科	人	80
研究生	人	
婚姻状况		
未婚	人	33
初婚有配偶	人	1369
再婚有配偶	人	60
离婚	人	26
丧偶	人	1003
当前工作状况		
当前有工作	人	32
当前无工作	人	2459
当前无工作者主要生活来源		
离退休金	人	1918
领取基本生活费	人	321
家庭其它成员供养	人	216
财产性收入	人	2
保险收入	人	
其它	人	2
老年残疾人家庭户2005年人均收入水平		
户人均收入	元	9189
城市	元	10477
农村	元	4911
人均收入在0-683元之间	户	9
人均收入在684-994元之间	户	92

第三部分　残疾人的残疾类别、等级和主要致残原因

3－1 各地区残疾人分残疾类别、残疾等级分布

单位：人

地 区	视力残疾					听力残疾				
	小计	一级	二级	三级	四级	小计	一级	二级	三级	四级
总 计	**655**	**127**	**53**	**51**	**424**	**1077**	**81**	**81**	**493**	**422**
黄浦区	38	5	3	4	26	33	1		10	22
卢湾区	27	4	1	2	20	33	3	3	19	8
徐汇区	45	8	4	7	26	44	2	7	31	4
长宁区	15		2		13	36	1	1	15	19
静安区	8	3	1		4	49	3	3	25	18
普陀区	47	9	3	4	31	51	2	3	11	35
闸北区	51	16	2	3	30	53	9	8	29	7
虹口区	52	9	6		37	136	8	9	52	67
杨浦区	52	13	6	4	29	84	9	8	54	13
闵行区	24	6	1		17	46	3	3	22	18
宝山区	36	2	3	2	29	67	7	5	32	23
嘉定区	21	1	4	1	15	41	2	4	17	18
浦东新区	86	10	2	3	71	121	11	8	49	53
金山区	25	3	3	3	16	43	1	1	17	24
松江区	22	8	1	2	11	47		2	19	26
青浦区	23	6	2	5	10	67		4	33	30
南汇区	31	7	2	7	15	43	12	4	21	6
奉贤区	27	5	3	3	16	38	1	3	19	15
崇明县	25	12	4	1	8	45	6	5	18	16

3-1 续表 1

单位：人

地　区	言语残疾					肢体残疾				
	小计	一级	二级	三级	四级	小计	一级	二级	三级	四级
总　计	**46**	**19**	**6**	**7**	**14**	**1131**	**42**	**142**	**331**	**616**
黄浦区						53	3	12	12	26
卢湾区						24		5	7	12
徐汇区	4	1	1		2	56	2	10	41	3
长宁区	1			1		74		14	13	47
静安区	1	1				19		1	2	16
普陀区	4	2	1	1		81	1	6	18	56
闸北区	6	1	3		2	99	7	8	16	68
虹口区	3	1			2	43		5	13	25
杨浦区	2	1			1	132	5	16	69	42
闵行区	2	2				21	2	1	3	15
宝山区	1	1				46	2	6	10	28
嘉定区	1	1				49	1	8	15	25
浦东新区	5	2		1	2	133	12	19	40	62
金山区	5	1		2	2	49	3	3	4	39
松江区	1	1				29		3	7	19
青浦区	1			1		50	1	10	7	32
南汇区	7	4	1	1	1	48		1	11	36
奉贤区	1				1	76	1	8	28	39
崇明县	1				1	49	2	6	15	26

3-1 续表 2

单位：人

地 区	智力残疾					精神残疾				
	小计	一级	二级	三级	四级	小计	一级	二级	三级	四级
总 计	**269**	**28**	**29**	**93**	**119**	**314**	**58**	**49**	**62**	**145**
黄浦区	15		2	11	2	13	3	3	2	5
卢湾区	2			1	1	4		3		1
徐汇区	15	1	2	6	6	20	3		4	13
长宁区	12	1	2	3	6	23		1		22
静安区	3			2	1	4	3			1
普陀区	9	1	4	1	3	30	6	5	9	10
闸北区	11	3	1	4	3	31	11	8	3	9
虹口区	17		1	10	6	21	3	1	6	11
杨浦区	24	8		6	10	34	5	6	7	16
闵行区	5			3	2	10		3	2	5
宝山区	12			6	6	18	5	1	5	7
嘉定区	7			3	4	14	1	2	5	6
浦东新区	44	7	7	7	23	40	11	9	11	9
金山区	16	1	3	4	8	9		3	1	5
松江区	13	1		5	7	5		1		4
青浦区	6		1	4	1	13	3	1	4	5
南汇区	18			4	14	7			3	4
奉贤区	15	5	5	4	1	5				5
崇明县	25		1	9	15	13	4	2		7

3－1 续表 3

单位：人

地区	多重残疾				
	小计	一级	二级	三级	四级
总计	**418**	**203**	**50**	**108**	**57**
黄浦区	15	5	1	5	4
卢湾区	17	6	3	4	4
徐汇区	25	15	3	6	1
长宁区	30	14	5	7	4
静安区	16	9	2	4	1
普陀区	31	12	2	11	6
闸北区	19	8	2	4	5
虹口区	41	15	6	16	4
杨浦区	38	20	3	13	2
闵行区	20	7	2	6	5
宝山区	47	24	4	11	8
嘉定区	21	7	5	6	3
浦东新区	42	22	6	7	7
金山区	5	4		1	
松江区	5	2	1	1	1
青浦区	14	4	4	4	2
南汇区	9	9			
奉贤区	10	7	1	2	
崇明县	13	13			

3－1a　各地区城镇残疾人分残疾类别、残疾等级的分布

单位：人

地　区	视力残疾					听力残疾				
	小计	一级	二级	三级	四级	小计	一级	二级	三级	四级
总　计	**508**	**91**	**40**	**32**	**345**	**827**	**62**	**57**	**375**	**333**
黄浦区	38	5	3	4	26	33	1		10	22
卢湾区	27	4	1	2	20	33	3	3	19	8
徐汇区	45	8	4	7	26	44	2	7	31	4
长宁区	15		2		13	36	1	1	15	19
静安区	8	3	1		4	49	3	3	25	18
普陀区	47	9	3	4	31	51	2	3	11	35
闸北区	51	16	2	3	30	53	9	8	29	7
虹口区	52	9	6		37	136	8	9	52	67
杨浦区	52	13	6	4	29	84	9	8	54	13
闵行区	24	6	1		17	45	3	3	22	17
宝山区	25		3		22	38	4	1	16	17
嘉定区	14		4	1	9	30	2	3	14	11
浦东新区	73	6	2	3	62	103	10	6	39	48
金山区	15	3	1	2	9	26			10	16
松江区	12	7	1		4	18			10	8
青浦区	2	1			1	14			4	10
南汇区	3			1	2	21	5	1	11	4
奉贤区	3			1	2	7		1	1	5
崇明县	2	1			1	6			2	4

3－1a 续表 1

单位：人

地 区	言语残疾					肢体残疾				
	小计	一级	二级	三级	四级	小计	一级	二级	三级	四级
总 计	**33**	**13**	**5**	**4**	**11**	**839**	**34**	**114**	**254**	**437**
黄浦区						53	3	12	12	26
卢湾区						24		5	7	12
徐汇区	4	1	1		2	56	2	10	41	3
长宁区	1			1		74		14	13	47
静安区	1	1				19		1	2	16
普陀区	4	2	1	1		81	1	6	18	56
闸北区	6	1	3		2	99	7	8	16	68
虹口区	3	1			2	43		5	13	25
杨浦区	2	1			1	132	5	16	69	42
闵行区	2	2				20	2	1	3	14
宝山区	1	1				30	2	6	8	14
嘉定区	1	1				27	1	6	7	13
浦东新区	4	2			2	114	10	17	36	51
金山区	2			1	1	30	1	2	2	25
松江区						12		1	3	8
青浦区	1			1		10		4		6
南汇区	1				1	10			2	8
奉贤区						3			2	1
崇明县						2				2

3－1a 续表 2

单位：人

地区	智力残疾					精神残疾				
	小计	一级	二级	三级	四级	小计	一级	二级	三级	四级
总计	**163**	**22**	**19**	**57**	**65**	**266**	**48**	**43**	**53**	**122**
黄浦区	15		2	11	2	13	3	3	2	5
卢湾区	2			1	1	4		3		1
徐汇区	15	1	2	6	6	20	3		4	13
长宁区	12	1	2	3	6	23		1		22
静安区	3			2	1	4	3			1
普陀区	9	1	4	1	3	30	6	5	9	10
闸北区	11	3	1	4	3	31	11	8	3	9
虹口区	17		1	10	6	21	3	1	6	11
杨浦区	24	8		6	10	34	5	6	7	16
闵行区	5			3	2	10		3	2	5
宝山区	4			2	2	15	3		5	7
嘉定区	3			1	2	9		1	3	5
浦东新区	30	7	5	4	14	38	10	9	11	8
金山区	7	1	2	1	3	9		3	1	5
松江区	3			1	2	1				1
青浦区										
南汇区	2				2					
奉贤区	1			1		2				2
崇明县						2	1			1

3－1a 续表 3

单位：人

地 区	多重残疾				
	小计	一级	二级	三级	四级
总 计	**349**	**162**	**40**	**97**	**50**
黄浦区	15	5	1	5	4
卢湾区	17	6	3	4	4
徐汇区	25	15	3	6	1
长宁区	30	14	5	7	4
静安区	16	9	2	4	1
普陀区	31	12	2	11	6
闸北区	19	8	2	4	5
虹口区	41	15	6	16	4
杨浦区	38	20	3	13	2
闵行区	20	7	2	6	5
宝山区	31	17	2	8	4
嘉定区	12	3	2	6	1
浦东新区	39	19	6	7	7
金山区	3	3			
松江区	3	1	1		1
青浦区	2	1			1
南汇区	5	5			
奉贤区					
崇明县	2	2			

3－1b 各地区农村残疾人分残疾类别、残疾等级的分布

单位：人

地　区	视力残疾					听力残疾				
	小计	一级	二级	三级	四级	小计	一级	二级	三级	四级
总　计	**147**	**36**	**13**	**19**	**79**	**250**	**19**	**24**	**118**	**89**
黄浦区										
卢湾区										
徐汇区										
长宁区										
静安区										
普陀区										
闸北区										
虹口区										
杨浦区										
闵行区						1				1
宝山区	11	2		2	7	29	3	4	16	6
嘉定区	7	1			6	11		1	3	7
浦东新区	13	4			9	18	1	2	10	5
金山区	10		2	1	7	17	1	1	7	8
松江区	10	1		2	7	29		2	9	18
青浦区	21	5	2	5	9	53		4	29	20
南汇区	28	7	2	6	13	22	7	3	10	2
奉贤区	24	5	3	2	14	31	1	2	18	10
崇明县	23	11	4	1	7	39	6	5	16	12

3-1b 续表 1

单位：人

地 区	言语残疾					肢体残疾				
	小计	一级	二级	三级	四级	小计	一级	二级	三级	四级
总 计	**13**	**6**	**1**	**3**	**3**	**292**	**8**	**28**	**77**	**179**
黄浦区										
卢湾区										
徐汇区										
长宁区										
静安区										
普陀区										
闸北区										
虹口区										
杨浦区										
闵行区						1				1
宝山区						16			2	14
嘉定区						22		2	8	12
浦东新区	1			1		19	2	2	4	11
金山区	3	1		1	1	19	2	1	2	14
松江区	1	1				17		2	4	11
青浦区						40	1	6	7	26
南汇区	6	4	1	1		38		1	9	28
奉贤区	1				1	73	1	8	26	38
崇明县	1				1	47	2	6	15	24

3－1b 续表 2

单位：人

地 区	智力残疾					精神残疾				
	小计	一级	二级	三级	四级	小计	一级	二级	三级	四级
总 计	**106**	**6**	**10**	**36**	**54**	**48**	**10**	**6**	**9**	**23**
黄浦区										
卢湾区										
徐汇区										
长宁区										
静安区										
普陀区										
闸北区										
虹口区										
杨浦区										
闵行区										
宝山区	8			4	4	3	2	1		
嘉定区	4			2	2	5	1	1	2	1
浦东新区	14		2	3	9	2	1			1
金山区	9		1	3	5					
松江区	10	1		4	5	4		1		3
青浦区	6		1	4	1	13	3	1	4	5
南汇区	16			4	12	7			3	4
奉贤区	14	5	5	3	1	3				3
崇明县	25		1	9	15	11	3	2		6

3－1b 续表 3

单位：人

地 区	多重残疾				
	小计	一级	二级	三级	四级
总 计	**69**	**41**	**10**	**11**	**7**
黄浦区					
卢湾区					
徐汇区					
长宁区					
静安区					
普陀区					
闸北区					
虹口区					
杨浦区					
闵行区					
宝山区	16	7	2	3	4
嘉定区	9	4	3		2
浦东新区	3	3			
金山区	2	1		1	
松江区	2	1		1	
青浦区	12	3	4	4	1
南汇区	4	4			
奉贤区	10	7	1	2	
崇明县	11	11			

3－2 残疾人分残疾类别、残疾等级的年龄构成

单位：人

年龄	视力残疾					听力残疾				
	小计	一级	二级	三级	四级	小计	一级	二级	三级	四级
总计	**655**	**127**	**53**	**51**	**424**	**1077**	**81**	**81**	**493**	**422**
0岁										
1岁										
2岁										
3岁	1				1					
4岁										
5岁										
6岁										
7岁										
8岁										
9岁										
10岁						1			1	
11岁										
12岁										
13岁										
14岁										
15岁										
16岁	1			1						
17岁										
18岁						1			1	
19岁										
20岁						1		1		
21岁	1				1					
22岁	1				1	1	1			
23岁	1	1								
24岁						1				1
25岁						1		1		
26岁	1				1	1				1
27岁	1	1				1	1			

3-2 续表 1

单位：人

年 龄	视力残疾					听力残疾				
	小计	一级	二级	三级	四级	小计	一级	二级	三级	四级
28岁	1	1								
29岁										
30岁	1				1					
31岁	1			1						
32岁						1			1	
33岁	2		1		1	1				1
34岁	1				1	1		1		
35岁	2		1		1	1			1	
36岁	3	1		1	1	1				1
37岁						1			1	
38岁						1			1	
39岁	2				2	2	1	1		
40岁	2		1		1	2	1		1	
41岁						1				1
42岁	3				3	5	2	1	1	1
43岁	6	1	1		4	7	1	1	2	3
44岁	5	1			4	5	2	2		1
45岁	4		1		3	5	1		4	
46岁	16	1		3	12	1	1			
47岁	9		1	1	7	5		2	2	1
48岁	10	1	1		8	8	1		5	2
49岁	10	3			7	5	1		3	1
50岁	9	2	1		6	4	1			3
51岁	18	5	1	1	11	5	1	2		2
52岁	11	4	1		6	3	1		1	1
53岁	15	3	1	3	8	9	2	1	1	5
54岁	11	3		1	7	11	2		4	5
55岁	8	2	2		4	8	2		1	5
56岁	11	3		1	7	4			2	2

3-2 续表 2

单位：人

年龄	视力残疾					听力残疾				
	小计	一级	二级	三级	四级	小计	一级	二级	三级	四级
57岁	9	1	1		7	6		1	2	3
58岁	13	3		1	9	13		1	6	6
59岁	11	1		1	9	10	1	1	4	4
60岁	5		1		4	10	1	2	2	5
61岁	5		2	1	2	13		1	5	7
62岁	6	1			5	4	1		3	
63岁	5		1		4	12		1	4	7
64岁	12	5	2	1	4	11	2	1	3	5
65岁	6	3		1	2	9	1	1	3	4
66岁	5		1		4	9	2		2	5
67岁	7	3	1		3	19	1	3	7	8
68岁	4	1		2	1	18	1		5	12
69岁	9	1		1	7	19	1	2	7	9
70岁	10	5	1		4	39	1	1	17	20
71岁	[illegible]		3		14	37	3	2	13	19
72岁	15	2	2		11	39	1	3	19	16
73岁	26	5	1	3	17	60	3	3	17	37
74岁	27	5	1	1	20	38	2	2	18	16
75岁	31	5	2	3	21	39	1	2	18	18
76岁	23	3	2		18	34	2	1	16	15
77岁	23	2	4	3	14	45	2	1	24	18
78岁	25	3	4	2	16	48	4	4	22	18
79岁	29	3	3	1	22	56		2	32	22
80岁	24	4	1	3	16	67	2	5	31	29
81岁	19	4		2	13	33	1	2	16	14
82岁	21	5	2	3	11	43	4	5	21	13
83岁	16	4		4	8	41	2	1	28	10
84岁	18	4	1		13	43	5	4	21	13
85+	66	21	4	5	36	157	15	16	94	32

3－2 续表 3

单位：人

年 龄	言语残疾					肢体残疾				
	小计	一级	二级	三级	四级	小计	一级	二级	三级	四级
总 计	**46**	**19**	**6**	**7**	**14**	**1131**	**42**	**142**	**331**	**616**
0岁										
1岁										
2岁										
3岁	2			1	1					
4岁	1				1					
5岁										
6岁										
7岁										
8岁	1	1				1			1	
9岁										
10岁										
11岁						1				1
12岁										
13岁						1				1
14岁						1			1	
15岁						2	1	1		
16岁						2	1	1		
17岁						3			1	2
18岁						2			2	
19岁										
20岁						1	1			
21岁						3		2		1
22岁						3	1			2
23岁	1		1			4	1		1	2
24岁						4	1			3
25岁						2				2
26岁						4			1	3
27岁						4		1	1	2

3-2 续表 4

单位：人

年龄	言语残疾					肢体残疾				
	小计	一级	二级	三级	四级	小计	一级	二级	三级	四级
28岁	1				1	1			1	
29岁	2				2					
30岁						2			1	1
31岁						3		1	2	
32岁						7		1	2	4
33岁						5				5
34岁	1				1	3			1	2
35岁						8			2	6
36岁	1	1				4			2	2
37岁						6			3	3
38岁						8	1		3	4
39岁						6			2	4
40岁	1				1	8			2	6
41岁	1	1				8			3	5
42岁	1			1		9		1	5	3
43岁						18			7	11
44岁	1		1			13			6	7
45岁	1			1		14		2	4	8
46岁						24		1	5	18
47岁						20		1	5	14
48岁						27		5	3	19
49岁	2	1	1			30		2	7	21
50岁	1			1		20			7	13
51岁	1	1				24	1	1	7	15
52岁	2		1		1	18		2	5	11
53岁						33	1	3	9	20
54岁						27		2	9	16
55岁						17		2	2	13
56岁						34		3	10	21

3-2 续表 5

单位：人

年龄	言语残疾					肢体残疾				
	小计	一级	二级	三级	四级	小计	一级	二级	三级	四级
57岁						17	1	4	2	10
58岁	1	1				23		3	11	9
59岁						18			5	13
60岁	1				1	20		1	7	12
61岁						15		2	6	7
62岁	2	1		1		7		2	2	3
63岁						15			8	7
64岁	1				1	17		1	3	13
65岁	1	1				24		7	9	8
66岁	2	2				14			4	10
67岁	2	1			1	22		4	8	10
68岁						21			8	13
69岁	1				1	20	1	5	5	9
70岁	2	1		1		33	1	3	9	20
71岁	1			1		28	1	2	12	13
72岁	1		1			36	3	6	7	20
73岁	1	1				37		7	12	18
74岁	2	2				30	3	10	4	13
75岁						34		2	10	22
76岁						27	1	5	5	16
77岁						27	4	2	11	10
78岁	1				1	27	3	9	6	9
79岁	2	1	1			32	7	3	9	13
80岁						30	2	5	10	13
81岁	1				1	19	2	3	2	12
82岁	2	2				22	1	5	10	6
83岁	1	1				13		4	3	6
84岁						11			5	6
85+						57	3	15	15	24

3-2 续表 6

单位：人

年龄	智力残疾					精神残疾				
	小计	一级	二级	三级	四级	小计	一级	二级	三级	四级
总　计	**269**	**28**	**29**	**93**	**119**	**314**	**58**	**49**	**62**	**145**
0岁	4			2	2					
1岁	1				1					
2岁	3				3					
3岁	1			1						
4岁	5			2	3					
5岁										
6岁										
7岁	2			1	1					
8岁	3				3					
9岁										
10岁	1				1					
11岁	3				3					
12岁	3		1		2					
13岁	3	2			1					
14岁	4	1			3					
15岁	4	1	1	1	1					
16岁	3			3						
17岁	6	1		3	2	1				1
18岁	4	1		2	1	1				1
19岁	7		1	2	4					
20岁	5	1		2	2	1	1			
21岁	1			1		1	1			
22岁	2			1	1					
23岁	3		1		2	3		1		2
24岁	10	1		3	6	2				2
25岁	6	1		2	3	3		1		2
26岁	1		1			1	1			
27岁	1				1	5		2	1	2

3-2 续表 7

单位：人

年龄	智力残疾					精神残疾				
	小计	一级	二级	三级	四级	小计	一级	二级	三级	四级
28岁	4		1	1	2	4		1		3
29岁	1				1	3	1		1	1
30岁	2			1	1	3	2		1	
31岁	7		1	2	4	3	1	1		1
32岁	4			3	1	6		3	2	1
33岁	4	1			3	4			1	3
34岁	2			2		3	1			2
35岁	6	1		3	2	5			1	4
36岁						1			1	
37岁	1	1				5	1	1		3
38岁	2			1	1	4		2	1	1
39岁	1			1		3			2	1
40岁	5	1		3	1	7	2	1		4
41岁	4	1			3	3		1	1	1
42岁	8		1	6	1	5	1		1	3
43岁	5		1	1	3	9	1	2	2	4
44岁	11		5	2	4	11	1	3	2	5
45岁	4		1	2	1	4				4
46岁	3		1		2	4	1			3
47岁	9	1	2	2	4	4	1	1	1	1
48岁	5	1		2	2	13			1	12
49岁	5		1	2	2	8		3	1	4
50岁	5			3	2	6	2	1		3
51岁	8		1	3	4	12		1	5	6
52岁	2				2	6	1		2	3
53岁	10	1	1	1	7	8		1	1	6
54岁	4			1	3	12	3		5	4
55岁	4		1	2	1	14	3	2	4	5
56岁	5	2	1	1	1	9	2	1	3	3

3-2 续表 8

单位：人

年 龄	智力残疾					精神残疾				
	小计	一级	二级	三级	四级	小计	一级	二级	三级	四级
57岁	4	1	1	2		8			3	5
58岁	1	1				6	1		2	3
59岁	1			1		6	1	1		4
60岁	1				1	5		1	1	3
61岁	2				2	1		1		
62岁	1		1			7		2		5
63岁	1			1		10	1	3	2	4
64岁	1				1	1				1
65岁	2	1			1	3	1	1		1
66岁						1				1
67岁	1				1	1	1			
68岁						2			1	1
69岁	1			1		1			1	
70岁	3			1	2	6		1	2	3
71岁	1			1		2				2
72岁	1				1	3	1			2
73岁	4	1			3	4	2	1		1
74岁	1			1						
75岁	8	1	2	2	3	10	3	3	3	1
76岁	2			2		7	3	1	3	
77岁						4	1		1	2
78岁	2	1	1			1			1	
79岁	3			3		7	4	2		1
80岁	2	1		1		3		1	1	1
81岁	2			2		2			1	1
82岁	1			1		1				1
83岁	1			1		1	1			
84岁	1			1		1	1			
85+	4	2	1	1		13	10	2		1

3－2 续表 9

单位：人

年 龄	多重残疾				
	小计	一级	二级	三级	四级
总 计	**418**	**203**	**50**	**108**	**57**
0岁	1	1			
1岁	1		1		
2岁					
3岁	3	2	1		
4岁	1	1			
5岁	1			1	
6岁	3	3			
7岁	1	1			
8岁					
9岁	2	1	1		
10岁	1	1			
11岁					
12岁					
13岁					
14岁					
15岁	2	2			
16岁	1	1			
17岁	1	1			
18岁					
19岁					
20岁	4	1		2	1
21岁					
22岁	1	1			
23岁	4	1	1	2	
24岁	2	2			
25岁	3	3			
26岁	1	1			
27岁	2	2			

3-2 续表 10

单位：人

年龄	多重残疾				
	小计	一级	二级	三级	四级
28岁	2	2			
29岁	1	1			
30岁					
31岁	1	1			
32岁	2	2			
33岁	2	1		1	
34岁	3	3			
35岁					
36岁	3	1	1	1	
37岁	5	4	1		
38岁	2	2			
39岁	1	1			
40岁					
41岁	2	2			
42岁	5	3		2	
43岁	3	2	1		
44岁	3	2			1
45岁	4	2	1		1
46岁	1	1			
47岁	1			1	
48岁	12	9		2	1
49岁	8	7		1	
50岁	4	2		1	1
51岁	5	2	2	1	
52岁	5	3	1	1	
53岁	4	2		1	1
54岁	3	2	1		
55岁	1		1		
56岁	1	1			

3－2 续表 11

单位：人

年龄	多重残疾				
	小计	一级	二级	三级	四级
57岁	1			1	
58岁	3	2			1
59岁	6	4		1	1
60岁	6	4	1	1	
61岁	4	2		1	1
62岁	3	2			1
63岁	3	2	1		
64岁	4	2	1	1	
65岁	5	4	1		
66岁	4	3	1		
67岁	8	2	1	1	4
68岁	4	1	1	1	1
69岁	2	2			
70岁	6	2		3	1
71岁	11	3	2	1	5
72岁	12	4	3	4	1
73岁	13	6		5	2
74岁	5	1		1	3
75岁	7	1	2	3	1
76岁	8	2		4	2
77岁	12	4	1	3	4
78岁	21	6	1	8	6
79岁	8	3		2	3
80岁	10	5	2	3	
81岁	16	5	2	6	3
82岁	17	5	3	6	3
83岁	9	5		3	1
84岁	15	8	4	3	
85+	76	30	10	29	7

3－2a 残疾人分残疾类别、残疾等级的年龄构成(男性)

单位：人

年龄	视力残疾					听力残疾				
	小计	一级	二级	三级	四级	小计	一级	二级	三级	四级
总计	**228**	**46**	**21**	**24**	**137**	**549**	**31**	**45**	**268**	**205**
0岁										
1岁										
2岁										
3岁	1				1					
4岁										
5岁										
6岁										
7岁										
8岁										
9岁										
10岁						1			1	
11岁										
12岁										
13岁										
14岁										
15岁										
16岁	1			1						
17岁										
18岁						1			1	
19岁										
20岁						1		1		
21岁										
22岁	1				1					
23岁										
24岁										
25岁										
26岁	1				1	1				1
27岁	1	1								

3－2a 续表 1

单位：人

年 龄	视力残疾					听力残疾				
	小计	一级	二级	三级	四级	小计	一级	二级	三级	四级
28岁	1	1								
29岁										
30岁	1				1					
31岁	1			1						
32岁										
33岁	1		1			1				1
34岁						1		1		
35岁	2		1		1					
36岁	1	1				1				1
37岁										
38岁										
39岁	1				1	2	1	1		
40岁						2	1		1	
41岁						1				1
42岁	2				2	2	1		1	
43岁	3	1			2	3			1	2
44岁	2				2	1				1
45岁	1				1	4	1		3	
46岁	8			2	6					
47岁	5				5	1			1	
48岁	8	1	1		6	3	1		1	1
49岁	6	1			5	4	1		2	1
50岁	7	2	1		4	2				2
51岁	11	5		1	5	3	1	1		1
52岁	5	1			4	2	1		1	
53岁	9	1	1	1	6	5	1	1		3
54岁	5	2		1	2	5	1		2	2
55岁	3	1	1		1	5	2		1	2

3－2a 续表 2

单位：人

年 龄	视力残疾					听力残疾				
	小计	一级	二级	三级	四级	小计	一级	二级	三级	四级
56岁	6	2		1	3	3			2	1
57岁	4		1		3	4		1	1	2
58岁	7	2		1	4	10		1	4	5
59岁	6				6	7			3	4
60岁	2		1		1	6	1	1	1	3
61岁	2		1		1	8		1	2	5
62岁	4	1			3	2	1		1	
63岁	1		1			6			4	2
64岁	4	2	1		1	5	1		2	2
65岁	2	1		1		4			2	2
66岁	1				1	4	2		1	1
67岁	3	1	1		1	5		1	3	1
68岁	2	1		1		9			2	7
69岁	3			1	2	13		2	4	7
70岁	3	3				26		1	13	12
71岁	5		1		4	20	2	1	9	8
72岁	1				1	24		2	13	9
73岁	7	1		1	5	28		1	9	18
74岁	2				2	18	1	2	10	5
75岁	8	1	2	1	4	21		1	11	9
76岁	5	1			4	14			9	5
77岁	7		2	1	4	26	1		17	8
78岁	9	1	1	1	6	26	2	2	12	10
79岁	7	1	1		5	32		2	18	12
80岁	8	2	1	2	3	28	1	3	14	10
81岁	4	2		1	1	21	1	1	11	8
82岁	7			3	4	23	3	4	10	6
83岁	4			2	2	15			11	4
84岁	7	1	1		5	21		3	12	6
85+	9	5			4	68	3	10	41	14

3－2a　续表 3

单位：人

年　龄	言语残疾					肢体残疾				
	小计	一级	二级	三级	四级	小计	一级	二级	三级	四级
总　计	**31**	**13**	**3**	**5**	**10**	**579**	**21**	**70**	**178**	**310**
0岁										
1岁										
2岁										
3岁	2			1	1					
4岁	1				1					
5岁										
6岁										
7岁										
8岁										
9岁										
10岁										
11岁										
12岁										
13岁										
14岁						1			1	
15岁										
16岁						2	1	1		
17岁										
18岁						1			1	
19岁										
20岁										
21岁										
22岁						2	1			1
23岁						2			1	1
24岁						1				1
25岁						1				1
26岁						3			1	2
27岁						1				1

3－2a 续表 4

单位：人

年 龄	言语残疾					肢体残疾				
	小计	一级	二级	三级	四级	小计	一级	二级	三级	四级
28岁	1				1					
29岁										
30岁						2			1	1
31岁						1			1	
32岁						4			2	2
33岁						4				4
34岁	1				1	2			1	1
35岁						7			1	6
36岁	1	1				1			1	
37岁						4			3	1
38岁						5	1		2	2
39岁						4			1	3
40岁	1				1	7			2	5
41岁						5			2	3
42岁	1			1		4		1	2	1
43岁						10			4	6
44岁	1		1			10			5	5
45岁						11		2	4	5
46岁						13			2	11
47岁						14		1	5	8
48岁						18		3	3	12
49岁	1	1				17		2	4	11
50岁	1			1		15			5	10
51岁	1	1				16	1	1	2	12
52岁						11		1	2	8
53岁						17		3	3	11
54岁						14		1	4	9
55岁						11		2	1	8

3－2a 续表 5

单位：人

年 龄	言语残疾					肢体残疾				
	小计	一级	二级	三级	四级	小计	一级	二级	三级	四级
56岁						15		1	4	10
57岁						9	1	1	1	6
58岁	1	1				13		2	5	6
59岁						12			4	8
60岁						11		1	4	6
61岁						7		1	3	3
62岁						5		2	1	2
63岁						5			3	2
64岁	1				1	6		1	2	3
65岁						16		1	8	7
66岁	1	1				6			2	4
67岁	2	1			1	10		1	5	4
68岁						9			5	4
69岁	1				1	9	1	2	2	4
70岁	2	1		1		18		1	3	14
71岁	1			1		16	1	1	9	5
72岁	1		1			15	3	4	1	7
73岁	1	1				13		3	7	3
74岁	2	2				14	2	4	3	5
75岁						16		2	4	10
76岁						13	1	3	2	7
77岁						12	1	2	6	3
78岁	1				1	10		4	3	3
79岁	2	1	1			16	3	2	4	7
80岁						13	1	3	6	3
81岁	1				1	9	1	1		7
82岁	1	1				10		3	3	4
83岁	1	1				4			1	3
84岁						4			2	2
85+						22	2	6	8	6

3－2a 续表 6

单位：人

年龄	智力残疾					精神残疾				
	小计	一级	二级	三级	四级	小计	一级	二级	三级	四级
总　计	**134**	**13**	**15**	**44**	**62**	**149**	**22**	**22**	**29**	**76**
0岁	2			1	1					
1岁										
2岁	2				2					
3岁										
4岁	2				2					
5岁										
6岁										
7岁										
8岁	2				2					
9岁										
10岁										
11岁	2				2					
12岁	1				1					
13岁	2	2								
14岁	3	1			2					
15岁	2		1	1						
16岁	2			2						
17岁	5	1		2	2					
18岁						1				1
19岁	7		1	2	4					
20岁	2			1	1	1	1			
21岁						1	1			
22岁	1				1					
23岁	1				1	2				2
24岁	5			2	3					
25岁	5	1		2	2	3		1		2
26岁						1	1			
27岁	1				1	3		1		2

3－2a 续表 7

单位：人

年 龄	智力残疾					精神残疾				
	小计	一级	二级	三级	四级	小计	一级	二级	三级	四级
28岁	2		1	1		2				2
29岁						1			1	
30岁	1				1	2	1		1	
31岁	7		1	2	4	1	1			
32岁	1			1		3		2	1	
33岁	2	1			1	4			1	3
34岁	2			2						
35岁	5	1		3	1	2				2
36岁						1			1	
37岁						3	1			2
38岁						3		1	1	1
39岁						2			2	
40岁	1			1		5	2	1		2
41岁	3	1			2	1				1
42岁	5		1	3	1	3	1			2
43岁	2		1		1	5		1	1	3
44岁	7		4	1	2	7		2	1	4
45岁	1				1	3				3
46岁	3		1		2	1				1
47岁	5		1	1	3	1				1
48岁	2	1		1		6			1	5
49岁	2		1		1	5		3		2
50岁	2			1	1	2	1			1
51岁	3		1	1	1	4			2	2
52岁						5	1		1	3
53岁	3			1	2	4			1	3
54岁	1				1	7	2		3	2
55岁	1		1			7	2	2	1	2

3－2a 续表 8

单位：人

年 龄	智力残疾					精神残疾				
	小计	一级	二级	三级	四级	小计	一级	二级	三级	四级
56岁	1	1				5	1	1	1	2
57岁	2			2		4			1	3
58岁						2			1	1
59岁	1			1		3	1	1		1
60岁						3			1	2
61岁	2				2					
62岁						3		2		1
63岁	1			1		4			1	3
64岁	1				1	1				1
65岁	1				1	1	1			
66岁						1				1
67岁	1				1	1	1			
68岁						1			1	
69岁										
70岁	2			1	1	2			1	1
71岁										
72岁	1				1	1				1
73岁	2				2	1				1
74岁	1			1						
75岁	2			1	1	3		2	1	
76岁	1			1		1			1	
77岁						2			1	1
78岁	1	1								
79岁	3			3		3	1	1		1
80岁										
81岁	1			1		1				1
82岁										
83岁										
84岁										
85+	2	2				4	2	1		1

3－2a 续表 9

单位：人

年 龄	多重残疾				
	小计	一级	二级	三级	四级
总 计	**177**	**89**	**26**	**39**	**23**
0岁	1	1			
1岁					
2岁					
3岁	2	1	1		
4岁	1	1			
5岁	1			1	
6岁					
7岁	1	1			
8岁					
9岁	2	1	1		
10岁	1	1			
11岁					
12岁					
13岁					
14岁					
15岁					
16岁	1	1			
17岁					
18岁					
19岁					
20岁	3	1		1	1
21岁					
22岁	1	1			
23岁	2		1	1	
24岁	1	1			
25岁	2	2			
26岁	1	1			
27岁					

3－2a 续表 10

单位：人

年 龄	多重残疾				
	小计	一级	二级	三级	四级
28岁	2	2			
29岁	1	1			
30岁					
31岁	1	1			
32岁	1	1			
33岁	1	1			
34岁	2	2			
35岁					
36岁	1	1			
37岁	2	1	1		
38岁					
39岁					
40岁					
41岁	2	2			
42岁	1	1			
43岁	1	1			
44岁					
45岁	2	1			1
46岁					
47岁					
48岁	6	4		1	1
49岁	3	3			
50岁	3	1		1	1
51岁	3	1	1	1	
52岁	1	1			
53岁	2	1			1
54岁	3	2	1		
55岁	1		1		

3－2a 续表 11

单位：人

年龄	多重残疾				
	小计	一级	二级	三级	四级
56岁	1	1			
57岁	1			1	
58岁	2	2			
59岁	1	1			
60岁	4	3		1	
61岁	2	1		1	
62岁	1	1			
63岁					
64岁	2	2			
65岁	3	3			
66岁	4	3	1		
67岁	5	1	1	1	2
68岁	2	1	1		
69岁	1	1			
70岁	3	1		2	
71岁	7	2	1		4
72岁	3		1	1	1
73岁	4	2		1	1
74岁	2			1	1
75岁	3		2	1	
76岁	1			1	
77岁	6	2	1	2	1
78岁	6	2		2	2
79岁	1				1
80岁	3	2		1	
81岁	7	2	1	2	2
82岁	6	1	1	4	
83岁	6	4		1	1
84岁	7	2	4	1	
85+	24	8	5	9	2

3－2b　残疾人分残疾类别、残疾等级的年龄构成(女性)

单位：人

年　龄	视力残疾					听力残疾				
	小计	一级	二级	三级	四级	小计	一级	二级	三级	四级
总　计	**427**	**81**	**32**	**27**	**287**	**528**	**50**	**36**	**225**	**217**
0岁										
1岁										
2岁										
3岁										
4岁										
5岁										
6岁										
7岁										
8岁										
9岁										
10岁										
11岁										
12岁										
13岁										
14岁										
15岁										
16岁										
17岁										
18岁										
19岁										
20岁										
21岁	1				1					
22岁						1	1			
23岁	1	1								
24岁						1				1
25岁						1		1		
26岁										
27岁						1	1			

3-2b 续表 1

单位：人

年 龄	视力残疾					听力残疾				
	小计	一级	二级	三级	四级	小计	一级	二级	三级	四级
28岁										
29岁										
30岁										
31岁										
32岁						1			1	
33岁	1				1					
34岁	1				1					
35岁						1			1	
36岁	2			1	1					
37岁						1			1	
38岁						1			1	
39岁	1				1					
40岁	2		1		1					
41岁										
42岁	1				1	3	1	1		1
43岁	3		1		2	4	1	1	1	1
44岁	3	1			2	4	2	2		
45岁	3		1		2	1			1	
46岁	8	1		1	6	1	1			
47岁	4		1	1	2	4		2	1	1
48岁	2				2	5			4	1
49岁	4	2			2	1			1	
50岁	2				2	2	1			1
51岁	7		1		6	2		1		1
52岁	6	3	1		2	1				1
53岁	6	2		2	2	4	1		1	2
54岁	6	1			5	6	1		2	3
55岁	5	1	1		3	3				3

3－2b 续表 2

单位：人

年 龄	视力残疾					听力残疾				
	小计	一级	二级	三级	四级	小计	一级	二级	三级	四级
56岁	5	1			4	1				1
57岁	5	1			4	2			1	1
58岁	6	1			5	3			2	1
59岁	5	1		1	3	3	1	1	1	
60岁	3				3	4		1	1	2
61岁	3		1	1	1	5			3	2
62岁	2				2	2			2	
63岁	4				4	6		1		5
64岁	8	3	1	1	3	6	1	1	1	3
65岁	4	2			2	5	1	1	1	2
66岁	4		1		3	5			1	4
67岁	4	2			2	14	1	2	4	7
68岁	2			1	1	9	1		3	5
69岁	6	1			5	6	1		3	2
70岁	7	2	1		4	13	1		4	8
71岁	12		2		10	17	1	1	4	11
72岁	14	2	2		10	15	1	1	6	7
73岁	19	4	1	2	12	32	3	2	8	19
74岁	25	5	1	1	18	20	1		8	11
75岁	23	4		2	17	18	1	1	7	9
76岁	18	2	2		14	20	2	1	7	10
77岁	16	2	2	2	10	19	1	1	7	10
78岁	16	2	3	1	10	22	2	2	10	8
79岁	22	2	2	1	17	24			14	10
80岁	16	2		1	13	39	1	2	17	19
81岁	15	2		1	12	12		1	5	6
82岁	14	5	2		7	20	1	1	11	7
83岁	12	4		2	6	26	2	1	17	6
84岁	11	3			8	22	5	1	9	7
85+	57	16	4	5	32	89	12	6	53	18

3－2b 续表 3

单位：人

年龄	言语残疾					肢体残疾				
	小计	一级	二级	三级	四级	小计	一级	二级	三级	四级
总计	**15**	**6**	**3**	**2**	**4**	**552**	**21**	**72**	**153**	**306**
0岁										
1岁										
2岁										
3岁										
4岁										
5岁										
6岁										
7岁										
8岁	1	1				1			1	
9岁										
10岁										
11岁						1				1
12岁										
13岁						1				1
14岁										
15岁						2	1	1		
16岁										
17岁						3			1	2
18岁						1			1	
19岁										
20岁						1	1			
21岁						3		2		1
22岁						1				1
23岁	1		1			2	1			1
24岁						3	1			2
25岁						1				1
26岁						1				1
27岁						3		1	1	1

3－2b　续表 4

单位：人

年　龄	言语残疾					肢体残疾				
	小计	一级	二级	三级	四级	小计	一级	二级	三级	四级
28岁						1			1	
29岁	2				2					
30岁										
31岁						2		1	1	
32岁						3		1		2
33岁						1				1
34岁						1				1
35岁						1			1	
36岁						3			1	2
37岁						2				2
38岁						3			1	2
39岁						2			1	1
40岁						1				1
41岁	1	1				3			1	2
42岁						5			3	2
43岁						8			3	5
44岁						3			1	2
45岁	1			1		3				3
46岁						11		1	3	7
47岁						6				6
48岁						9		2		7
49岁	1		1			13			3	10
50岁						5			2	3
51岁						8			5	3
52岁	2		1		1	7		1	3	3
53岁						16	1		6	9
54岁						13		1	5	7
55岁						6			1	5

3－2b 续表 5

单位：人

年 龄	言语残疾					肢体残疾				
	小计	一级	二级	三级	四级	小计	一级	二级	三级	四级
56岁						19		2	6	11
57岁						8		3	1	4
58岁						10		1	6	3
59岁						6			1	5
60岁	1				1	9			3	6
61岁						8		1	3	4
62岁	2	1		1		2			1	1
63岁						10			5	5
64岁						11			1	10
65岁	1	1				8		6	1	1
66岁	1	1				8			2	6
67岁						12		3	3	6
68岁						12			3	9
69岁						11		3	3	5
70岁						15	1	2	6	6
71岁						12		1	3	8
72岁						21		2	6	13
73岁						24		4	5	15
74岁						16	1	6	1	8
75岁						18			6	12
76岁						14		2	3	9
77岁						15	3		5	7
78岁						17	3	5	3	6
79岁						16	4	1	5	6
80岁						17	1	2	4	10
81岁						10	1	2	2	5
82岁	1	1				12	1	2	7	2
83岁						9		4	2	3
84岁						7			3	4
85+						35	1	9	7	18

3－2b 续表 6

单位：人

年 龄	智力残疾					精神残疾				
	小计	一级	二级	三级	四级	小计	一级	二级	三级	四级
总 计	**135**	**15**	**14**	**49**	**57**	**165**	**36**	**27**	**33**	**69**
0岁	2			1	1					
1岁	1				1					
2岁	1				1					
3岁	1			1						
4岁	3			2	1					
5岁										
6岁										
7岁	2			1	1					
8岁	1				1					
9岁										
10岁	1				1					
11岁	1				1					
12岁	2		1		1					
13岁	1				1					
14岁	1				1					
15岁	2	1			1					
16岁	1			1						
17岁	1			1		1				1
18岁	4	1		2	1					
19岁										
20岁	3	1		1	1					
21岁	1			1						
22岁	1			1						
23岁	2		1		1	1		1		
24岁	5	1		1	3	2				2
25岁	1				1					
26岁	1		1							
27岁						2		1	1	

3－2b 续表 7

单位：人

年龄	智力残疾					精神残疾				
	小计	一级	二级	三级	四级	小计	一级	二级	三级	四级
28岁	2				2	2		1		1
29岁	1				1	2	1			1
30岁	1			1		1	1			
31岁						2		1		1
32岁	3			2	1	3		1	1	1
33岁	2				2					
34岁						3	1			2
35岁	1				1	3			1	2
36岁										
37岁	1	1				2		1		1
38岁	2			1	1	1		1		
39岁	1			1		1				1
40岁	4	1		2	1	2				2
41岁	1				1	2		1	1	
42岁	3			3		2			1	1
43岁	3			1	2	4	1	1	1	1
44岁	4		1	1	2	4	1	1	1	1
45岁	3		1	2		1				1
46岁						3	1			2
47岁	4	1	1	1	1	3	1	1	1	
48岁	3			1	2	7				7
49岁	3			2	1	3			1	2
50岁	3			2	1	4	1	1		2
51岁	5			2	3	8		1	3	4
52岁	2				2	1			1	
53岁	7	1	1		5	4		1		3
54岁	3			1	2	5	1		2	2
55岁	3			2	1	7	1		3	3

3-2b 续表 8

单位：人

年龄	智力残疾					精神残疾				
	小计	一级	二级	三级	四级	小计	一级	二级	三级	四级
56岁	4	1	1	1	1	4	1		2	1
57岁	2	1	1			4			2	2
58岁	1	1				4	1		1	2
59岁						3				3
60岁	1				1	2		1		1
61岁						1		1		
62岁	1		1			4				4
63岁						6	1	3	1	1
64岁										
65岁	1	1				2		1		1
66岁										
67岁										
68岁						1				1
69岁	1			1		1			1	
70岁	1				1	4		1	1	2
71岁	1			1		2				2
72岁						2	1			1
73岁	2	1			1	3	2	1		
74岁										
75岁	6	1	2	1	2	7	3	1	2	1
76岁	1			1		6	3	1	2	
77岁						2	1			1
78岁	1		1			1			1	
79岁						4	3	1		
80岁	2	1		1		3		1	1	1
81岁	1			1		1			1	
82岁	1			1		1				1
83岁	1			1		1	1			
84岁	1			1		1	1			
85+	2		1	1		9	8	1		

3－2b　续表 9

单位：人

年　龄	多重残疾				
	小计	一级	二级	三级	四级
总　计	**241**	**114**	**24**	**69**	**34**
0岁					
1岁	1		1		
2岁					
3岁	1	1			
4岁					
5岁					
6岁	3	3			
7岁					
8岁					
9岁					
10岁					
11岁					
12岁					
13岁					
14岁					
15岁	2	2			
16岁					
17岁	1	1			
18岁					
19岁					
20岁	1			1	
21岁					
22岁					
23岁	2	1		1	
24岁	1	1			
25岁	1	1			
26岁					
27岁	2	2			

3－2b 续表 10

单位：人

年　龄	多重残疾				
	小计	一级	二级	三级	四级
28岁					
29岁					
30岁					
31岁					
32岁	1	1			
33岁	1			1	
34岁	1	1			
35岁					
36岁	2		1	1	
37岁	3	3			
38岁	2	2			
39岁	1	1			
40岁					
41岁					
42岁	4	2		2	
43岁	2	1	1		
44岁	3	2			1
45岁	2	1	1		
46岁	1	1			
47岁	1			1	
48岁	6	5		1	
49岁	5	4		1	
50岁	1	1			
51岁	2	1	1		
52岁	4	2	1	1	
53岁	2	1		1	
54岁					
55岁					

3－2b 续表 11

单位：人

年 龄	多重残疾				
	小计	一级	二级	三级	四级
56岁					
57岁					
58岁	1				1
59岁	5	3		1	1
60岁	2	1	1		
61岁	2	1			1
62岁	2	1			1
63岁	3	2	1		
64岁	2		1	1	
65岁	2	1	1		
66岁					
67岁	3	1			2
68岁	2			1	1
69岁	1	1			
70岁	3	1		1	1
71岁	4	1	1	1	1
72岁	9	4	2	3	
73岁	9	4		4	1
74岁	3	1			2
75岁	4	1		2	1
76岁	7	2		3	2
77岁	6	2		1	3
78岁	15	4	1	6	4
79岁	7	3		2	2
80岁	7	3	2	2	
81岁	9	3	1	4	1
82岁	11	4	2	2	3
83岁	3	1		2	
84岁	8	6		2	
85+	52	22	5	20	5

3－3 各地区多重残疾人分残疾类别、残疾等级的分布

单位：人

地 区	视力残疾					听力残疾				
	小计	一级	二级	三级	四级	小计	一级	二级	三级	四级
总 计	**158**	**42**	**12**	**12**	**92**	**258**	**84**	**22**	**94**	**58**
黄浦区	8	3			5	10	1		5	4
卢湾区	7	1			6	11	4		4	3
徐汇区	7	5	1		1	9	5	1	3	
长宁区	6	2	1		3	19	8	1	4	6
静安区	7	1	1		5	10	3	3	4	
普陀区	8	1		3	4	18	4	1	6	7
闸北区	12	4	1	1	6	10	1	3	4	2
虹口区	19	3	1		15	32	6	3	19	4
杨浦区	10	3	2	2	3	19	7		10	2
闵行区	11	2			9	13	2	1	5	5
宝山区	25	3	2	3	17	32	10	3	12	7
嘉定区	7	2	2		3	10	2	1	4	3
浦东新区	13	2		2	9	27	13		6	8
金山区	1	1				2	1	1		
松江区	3	1			2	3			2	1
青浦区	6	1	1		4	11	2		5	4
南汇区	1	1				7	5	2		
奉贤区	3	2		1		7	3	1	1	2
崇明县	4	4				8	7	1		

3-3 续表 1

单位：人

地 区	言语残疾					肢体残疾				
	小计	一级	二级	三级	四级	小计	一级	二级	三级	四级
总 计	**158**	**102**	**18**	**21**	**17**	**196**	**35**	**35**	**54**	**72**
黄浦区	3		1	2		6	1		3	2
卢湾区	5	1	2	1	1	10		2	2	6
徐汇区	13	5	3	3	2	15	1	4	9	1
长宁区	14	8	2		4	16	1	3	3	9
静安区	7	7				8	3	2	1	2
普陀区	8	3	3	2		19	4	2	4	9
闸北区	6	5			1	11	3	1	1	6
虹口区	14	10		2	2	9			4	5
杨浦区	13	9		2	2	24	4	1	12	7
闵行区	5	4		1		5	1	2	2	
宝山区	12	11			1	27	7	4	5	11
嘉定区	7	4		2	1	10	1	2	3	4
浦东新区	20	11	2	5	2	12	5	4		3
金山区	2	2				3		1		2
松江区	1		1			3	1	1		1
青浦区	4	3	1			8		4	2	2
南汇区	8	6	1		1	2			2	
奉贤区	8	5	2	1		1	1			
崇明县	8	8				7	2	2	1	2

3－3　续表 2

单位：人

地区	智力残疾					精神残疾				
	小计	一级	二级	三级	四级	小计	一级	二级	三级	四级
总　计	**82**	**30**	**18**	**21**	**13**	**46**	**29**	**5**	**7**	**5**
黄浦区	1			1		2	2			
卢湾区	4	1	1	1	1					
徐汇区	5	3	1	1		7	3	1	1	2
长宁区	6	2	3	1		3	2		1	
静安区	2	1	1							
普陀区	7	2	1	3	1	6	2		2	2
闸北区	2			1	1	5	5			
虹口区	9		2	4	3	3	1	2		
杨浦区	9	7	1	1		3	2		1	
闵行区	3	1	1		1	3	1		1	1
宝山区	1			1		4	3	1		
嘉定区	6	1	2		3	5	3	1	1	
浦东新区	13	5	4	3	1	3	3			
金山区	2	1		1		2	2			
松江区	1	1								
青浦区	2	1		1						
南汇区	1				1					
奉贤区	5	3		1	1					
崇明县	3	1	1	1						

3－3a 各地区城镇多重残疾人分残疾类别、残疾等级的分布

单位：人

地区	视力残疾					听力残疾				
	小计	一级	二级	三级	四级	小计	一级	二级	三级	四级
总　计	**130**	**31**	**9**	**9**	**81**	**211**	**64**	**18**	**82**	**47**
黄浦区	8	3			5	10	1		5	4
卢湾区	7	1			6	11	4		4	3
徐汇区	7	5	1		1	9	5	1	3	
长宁区	6	2	1		3	19	8	1	4	6
静安区	7	1	1		5	10	3	3	4	
普陀区	8	1		3	4	18	4	1	6	7
闸北区	12	4	1	1	6	10	1	3	4	2
虹口区	19	3	1		15	32	6	3	19	4
杨浦区	10	3	2	2	3	19	7		10	2
闵行区	11	2			9	13	2	1	5	5
宝山区	16	1	1	1	13	21	7	2	8	4
嘉定区	3	1	1		1	5	1		4	
浦东新区	13	2		2	9	24	10		6	8
金山区	1	1				2	1	1		
松江区	1				1	1				1
青浦区						1				1
南汇区	1	1				4	2	2		
奉贤区										
崇明县						2	2			

3－3a 续表 1

单位：人

地 区	言语残疾					肢体残疾				
	小计	一级	二级	三级	四级	小计	一级	二级	三级	四级
总 计	**129**	**78**	**14**	**20**	**17**	**165**	**31**	**27**	**47**	**60**
黄浦区	3		1	2		6	1		3	2
卢湾区	5	1	2	1	1	10		2	2	6
徐汇区	13	5	3	3	2	15	1	4	9	1
长宁区	14	8	2		4	16	1	3	3	9
静安区	7	7				8	3	2	1	2
普陀区	8	3	3	2		19	4	2	4	9
闸北区	6	5			1	11	3	1	1	6
虹口区	14	10		2	2	9			4	5
杨浦区	13	9		2	2	24	4	1	12	7
闵行区	5	4		1		5	1	2	2	
宝山区	10	9			1	16	6	3	3	4
嘉定区	5	2		2	1	6	1		2	3
浦东新区	17	8	2	5	2	12	5	4		3
金山区	1	1				2		1		1
松江区	1		1			3	1	1		1
青浦区	1	1				2		1		1
南汇区	4	3			1	1			1	
奉贤区										
崇明县	2	2								

3－3a 续表 2

单位：人

地 区	智力残疾					精神残疾				
	小计	一级	二级	三级	四级	小计	一级	二级	三级	四级
总 计	**68**	**25**	**16**	**16**	**11**	**41**	**26**	**3**	**7**	**5**
黄浦区	1			1		2	2			
卢湾区	4	1	1	1	1					
徐汇区	5	3	1	1		7	3	1	1	2
长宁区	6	2	3	1		3	2		1	
静安区	2	1	1							
普陀区	7	2	1	3	1	6	2		2	2
闸北区	2			1	1	5	5			
虹口区	9		2	4	3	3	1	2		
杨浦区	9	7	1	1		3	2		1	
闵行区	3	1	1		1	3	1		1	1
宝山区						3	3			
嘉定区	5	1	1		3	2	1		1	
浦东新区	13	5	4	3	1	3	3			
金山区						1	1			
松江区	1	1								
青浦区	1	1								
南汇区										
奉贤区										
崇明县										

3－3b 各地区农村多重残疾人分残疾类别、残疾等级的分布

单位：人

地区	视力残疾					听力残疾				
	小计	一级	二级	三级	四级	小计	一级	二级	三级	四级
总 计	**28**	**11**	**3**	**3**	**11**	**47**	**20**	**4**	**12**	**11**
黄浦区										
卢湾区										
徐汇区										
长宁区										
静安区										
普陀区										
闸北区										
虹口区										
杨浦区										
闵行区										
宝山区	9	2	1	2	4	11	3	1	4	3
嘉定区	4	1	1		2	5	1	1		3
浦东新区						3	3			
金山区										
松江区	2	1			1	2			2	
青浦区	6	1	1		4	10	2		5	3
南汇区						3	3			
奉贤区	3	2		1		7	3	1	1	2
崇明县	4	4				6	5	1		

3－3b 续表 1

单位：人

地 区	言语残疾					肢体残疾				
	小计	一级	二级	三级	四级	小计	一级	二级	三级	四级
总 计	**29**	**24**	**4**	**1**		**31**	**4**	**8**	**7**	**12**
黄浦区										
卢湾区										
徐汇区										
长宁区										
静安区										
普陀区										
闸北区										
虹口区										
杨浦区										
闵行区										
宝山区	2	2				11	1	1	2	7
嘉定区	2	2				4		2	1	1
浦东新区	3	3								
金山区	1	1				1				1
松江区										
青浦区	3	2	1			6		3	2	1
南汇区	4	3	1			1			1	
奉贤区	8	5	2	1		1	1			
崇明县	6	6				7	2	2	1	2

3－3b 续表 2

单位：人

地区	智力残疾					精神残疾				
	小计	一级	二级	三级	四级	小计	一级	二级	三级	四级
总　计	**14**	**5**	**2**	**5**	**2**	**5**	**3**	**2**		
黄浦区										
卢湾区										
徐汇区										
长宁区										
静安区										
普陀区										
闸北区										
虹口区										
杨浦区										
闵行区										
宝山区	1			1		1		1		
嘉定区	1		1			3	2	1		
浦东新区										
金山区	2	1		1		1	1			
松江区										
青浦区	1			1						
南汇区	1				1					
奉贤区	5	3		1	1					
崇明县	3	1	1	1						

3－4 多重残疾人分残疾类别、残疾等级的年龄构成

单位：人

年龄	视力残疾					听力残疾				
	小计	一级	二级	三级	四级	小计	一级	二级	三级	四级
总计	**158**	**42**	**12**	**12**	**92**	**258**	**84**	**22**	**94**	**58**
0岁						1	1			
1岁										
2岁										
3岁	1			1		1	1			
4岁						1	1			
5岁										
6岁	1	1				2	1		1	
7岁										
8岁										
9岁										
10岁										
11岁										
12岁										
13岁										
14岁										
15岁						1	1			
16岁										
17岁										
18岁										
19岁										
20岁						1			1	
21岁										
22岁						1	1			
23岁						2	1		1	
24岁										
25岁						3	3			
26岁						1	1			
27岁						2	2			

3－4 续表 1

单位：人

年 龄	视力残疾					听力残疾				
	小计	一级	二级	三级	四级	小计	一级	二级	三级	四级
28岁						1	1			
29岁						1	1			
30岁										
31岁						1	1			
32岁	1	1				1	1			
33岁						1	1			
34岁						3	3			
35岁										
36岁	1				1	1	1			
37岁						2	2			
38岁						2	2			
39岁										
40岁										
41岁						2	2			
42岁	2	1		1		1	1			
43岁	1	1				2	1	1		
44岁	1				1					
45岁	1				1	2	1	1		
46岁						1	1			
47岁										
48岁	1				1	6	4		2	
49岁						4	4			
50岁	1				1	2	2			
51岁	1				1	1		1		
52岁						1	1			
53岁	1				1	1	1			
54岁						3	1	2		
55岁										

3－4 续表 2

单位：人

年龄	视力残疾					听力残疾				
	小计	一级	二级	三级	四级	小计	一级	二级	三级	四级
56岁						1	1			
57岁	1				1					
58岁						1				1
59岁	1				1	5	4		1	
60岁	2			1	1	3	3			
61岁	1				1	4	1	1	1	1
62岁	1		1			3	1	1		1
63岁	1				1	2		2		
64岁	1				1	3	2		1	
65岁	2	1			1	3	3			
66岁	1				1	2	1			1
67岁	3				3	5	1			4
68岁	2				2	2		1	1	
69岁						1	1			
70岁	1	1				5	1		3	1
71岁	7	1		1	5	7		1	1	5
72岁	5	1	1		3	6	1		3	2
73岁	6	3			3	8	1		4	3
74岁	2				2	4			1	3
75岁	2				2	6	1		4	1
76岁	2	1			1	6			4	2
77岁	8	2			6	8	1		4	3
78岁	12	1	3		8	13	3		5	5
79岁	5	1		1	3	5			2	3
80岁	4	1	1		2	6	1		3	2
81岁	5	1			4	10	1		4	5
82岁	9	2	1	1	5	12	1	1	6	4
83岁	7	3			4	7	1	1	4	1
84岁	7	3	2		2	8	2	2	4	
85+	47	16	3	6	22	57	7	7	33	10

3－4 续表 3

单位：人

年 龄	言语残疾					肢体残疾				
	小计	一级	二级	三级	四级	小计	一级	二级	三级	四级
总 计	**158**	**102**	**18**	**21**	**17**	**196**	**35**	**35**	**54**	**72**
0岁										
1岁						1				1
2岁										
3岁	3	2	1							
4岁	1	1								
5岁	1			1						
6岁	3	3				1	1			
7岁	1	1								
8岁										
9岁	2			2		1		1		
10岁	1	1				1	1			
11岁										
12岁										
13岁										
14岁										
15岁	2	2								
16岁	1	1				1	1			
17岁						1	1			
18岁										
19岁										
20岁	3	1		1	1	2	1			1
21岁										
22岁	1	1								
23岁	2	1			1	2		1	1	
24岁	2	2				1	1			
25岁	3	2	1							
26岁	1	1								
27岁	2			1	1					

3－4　续表 4

单位：人

年龄	言语残疾					肢体残疾				
	小计	一级	二级	三级	四级	小计	一级	二级	三级	四级
28岁	2	1	1			1	1			
29岁	1				1					
30岁										
31岁	1	1								
32岁	2	1	1							
33岁	2	1		1						
34岁	3	3								
35岁										
36岁	1	1				1			1	
37岁	3	3				2		1		1
38岁	2	1	1							
39岁						1	1			
40岁										
41岁	2	2								
42岁	3	2		1		1			1	
43岁	2	1			1	1			1	
44岁	2	2				2	2			
45岁	2	2				2				2
46岁	1	1								
47岁						1				1
48岁	8	3	1	3	1	4	1	1	1	1
49岁	6	4	1	1		2			1	1
50岁	2	2				1				1
51岁	4	2	2			2		1	1	
52岁	2	2				2	1	1		
53岁	3	2			1	1			1	
54岁	3	2			1					
55岁	1			1		1		1		

3-4 续表 5

单位：人

年　龄	言语残疾					肢体残疾				
	小计	一级	二级	三级	四级	小计	一级	二级	三级	四级
56岁	1	1								
57岁						1			1	
58岁	1	1				2			1	1
59岁	4	2	2			2			1	1
60岁	3	3				3		2	1	
61岁	3	1		1	1					
62岁	2	2				1				1
63岁	2	1			1					
64岁	2	2								
65岁	4	3			1	3	1	2		
66岁	2	2				2		2		
67岁	2	1	1			3			2	1
68岁	2	1	1			3	1			2
69岁	2	2				2		2		
70岁	1				1	5			3	2
71岁	3	2			1	4		1	1	2
72岁	3	2		1		8	2		4	2
73岁	3			3		8	1	2	1	4
74岁	1		1			3	1		1	1
75岁	1	1				2		1		1
76岁	1	1				7		1	1	5
77岁	2	1			1	5		1	1	3
78岁	4	2		1	1	13	2		2	9
79岁	1	1				3	2			1
80岁	3	3				7	2	1	2	2
81岁	4	1	1	1	1	10	1	2	4	3
82岁	2	1			1	9	2	1	4	2
83岁	1	1				6	1		1	4
84岁	3	2	1			10		4	4	2
85+	8	4	2	2		38	7	6	11	14

3－4 续表 6

单位：人

年龄	智力残疾					精神残疾				
	小计	一级	二级	三级	四级	小计	一级	二级	三级	四级
总　计	**82**	**30**	**18**	**21**	**13**	**46**	**29**	**5**	**7**	**5**
0岁	1	1								
1岁	1		1							
2岁										
3岁	2			1	1					
4岁										
5岁	1				1					
6岁	3	1	1	1		2	1	1		
7岁	1	1								
8岁										
9岁	2	1	1							
10岁	1	1								
11岁										
12岁										
13岁										
14岁										
15岁	1	1								
16岁	1	1								
17岁	1	1								
18岁										
19岁										
20岁	3	1		1	1					
21岁										
22岁										
23岁	2		1	1						
24岁	2	2								
25岁	1				1					
26岁										
27岁										

3-4 续表 7

单位：人

年龄	智力残疾					精神残疾				
	小计	一级	二级	三级	四级	小计	一级	二级	三级	四级
28岁	1	1								
29岁										
30岁										
31岁										
32岁	1		1							
33岁	1				1					
34岁	1		1							
35岁										
36岁	2		1		1					
37岁	3	2	1			1	1			
38岁										
39岁	1	1								
40岁										
41岁										
42岁	3	1		2						
43岁										
44岁	1		1			1				1
45岁	2		1	1						
46岁										
47岁	1			1						
48岁	4	3			1	1	1			
49岁	4	3			1	1			1	
50岁	2			1	1					
51岁	3		2	1						
52岁	3		1	2		2	1		1	
53岁	2			1	1					
54岁										
55岁										

3－4 续表 8

单位：人

年 龄	智力残疾					精神残疾				
	小计	一级	二级	三级	四级	小计	一级	二级	三级	四级
56岁										
57岁										
58岁						2	2			
59岁						1				1
60岁	1	1				1				1
61岁										
62岁										
63岁						1	1			
64岁						2		1		1
65岁						1	1			
66岁						1	1			
67岁	2	1			1	2	1	1		
68岁										
69岁										
70岁										
71岁	1		1			1			1	
72岁	2		1	1		2	1	1		
73岁	1	1				3	2		1	
74岁										
75岁						3		1	1	1
76岁	1			1		1	1			
77岁	2		1	1						
78岁	1			1		2	2			
79岁	1			1		1	1			
80岁										
81岁	1			1		3	3			
82岁	3	2			1	1	1			
83岁						1	1			
84岁	1	1				3	2		1	
85+	7	2	2	2	1	6	5		1	

3－5　残疾(含多重)人分残疾类别、残疾等级的残疾发现年龄

单位：人

残疾发现年龄	视力残疾					听力残疾				
	小计	一级	二级	三级	四级	小计	一级	二级	三级	四级
总　计	**813**	**169**	**65**	**63**	**516**	**1335**	**165**	**103**	**587**	**480**
0岁	19	6	3	1	9	32	28	2	2	
1岁	7	2	2	2	1	15	10		3	2
2岁	1				1	10	7	1	2	
3岁						19	13	3	2	1
4岁	4	4				9	3	3	1	2
5岁	3	1			2	9	6	2		1
6岁	5	3			2	8	6		2	
7岁	4	2			2	9	1	1	7	
8岁	3			1	2	8	3	2	1	2
9岁						7	2	1	1	3
10岁	6	1			5	10	1	4	3	2
11岁	3	1			2	4	3		1	
12岁	3	1			2	5	1		3	1
13岁	3			1	2					
14岁	3	1			2	6	3		2	1
15岁	1	1				3		1	1	1
16岁	2	1			1	3		1	2	
17岁	4	1			3	4	1		2	1
18岁	2	1			1	5	2		2	1
19岁	4	1			3	5	1	1	2	1
20岁	5	1			4	5	1		2	2
21岁	1	1				4		1	3	
22岁	4	1	1		2	4	1	2		1
23岁	1				1	6	2	2	1	1
24岁	3				3	11	1	1	6	3
25岁	1				1	8	1	3	4	
26岁	2		1		1	3	1		1	1

3－5 续表 1

单位：人

残疾发现年龄	视力残疾					听力残疾				
	小计	一级	二级	三级	四级	小计	一级	二级	三级	四级
27岁						2		1		1
28岁	4	1	1		2	6			2	4
29岁	2	1			1	6	3	1	1	1
30岁	1			1		5	2		2	1
31岁	4	1			3	4			1	3
32岁	8		1		7	3			2	1
33岁	6	1		1	4	5	1		3	1
34岁	6	1	2		3	4		1	2	1
35岁	6	1	1		4	2			1	1
36岁	4			1	3	4	1		1	2
37岁	8	1	2	1	4	2		1	1	
38岁	5				5	6	2		3	1
39岁	4			1	3	8			5	3
40岁	12	4		1	7	9	2	1	4	2
41岁	13	3		1	9	4			1	3
42岁	7	2			5	7			5	2
43岁	8	1		1	6	2			2	
44岁	7	1			6	11	1	2	5	3
45岁	12	3	2		7	8	1	2	4	1
46岁	7				7	6	2	1	1	2
47岁	9	3	1		5	10	1	1	4	4
48岁	10		1	2	7	7	1		2	4
49岁	6	2			4	11	2	1	1	7
50岁	8	2	3	1	2	12	1	2	3	6
51岁	10	3			7	9		1	3	5
52岁	8	2	2	1	3	12		1	4	7
53岁	9	3	1		5	11			7	4
54岁	7	1			6	13	1	2	4	6
55岁	7		1		6	15	2	1	7	5

3-5 续表 2

单位：人

残疾发现年龄	视力残疾					听力残疾				
	小计	一级	二级	三级	四级	小计	一级	二级	三级	四级
56岁	10	1	1	2	6	19	3	1	7	8
57岁	6	1		1	4	20	2	1	10	7
58岁	4		1		3	13	1	2	6	4
59岁	6				6	17	5	2	3	7
60岁	10	3		2	5	14	1	1	7	5
61岁	11	1	1	2	7	21	1	2	9	9
62岁	14	2	1		11	21	3		7	11
63岁	7	1	2		4	11	1	1	5	4
64岁	12	3		1	8	18			7	11
65岁	14	2		1	11	30		1	11	18
66岁	21	2		4	15	22		2	7	13
67岁	21	5	2		14	32	1	2	12	17
68岁	18	3	4	1	10	26	1	2	13	10
69岁	29	4	1	2	22	35		3	14	18
70岁	23	5	2	3	13	49	3	1	23	22
71岁	18	1	2	1	14	33		1	15	17
72岁	25	2	3	1	19	38	1	2	25	10
73岁	23	7		1	15	41	2	3	16	20
74岁	29	4	4	5	16	38	3	2	16	17
75岁	30	10	3		17	45	1	4	18	22
76岁	21	5	3	2	11	36	1		23	12
77岁	21	6		1	14	42		2	19	21
78岁	24	3	3	2	16	44		2	27	15
79岁	16	2		2	12	47	1	3	28	15
80岁	12	1	2	2	7	34	1	1	21	11
81岁	17	6	2	2	7	34	2	2	20	10
82岁	12	5		1	6	31	2	2	20	7
83岁	11	2		1	8	18	1	2	9	6
84岁	16	3	2	1	10	28	2	4	15	7
85+	40	12	1	5	22	62	5	2	37	18

3－5 续表 3

单位：人

残疾发现年龄	言语残疾					肢体残疾				
	小计	一级	二级	三级	四级	小计	一级	二级	三级	四级
总　计	**204**	**121**	**24**	**28**	**31**	**1327**	**77**	**177**	**385**	**688**
0岁	35	24	3	5	3	84	11	14	17	42
1岁	19	12		4	3	56	3	5	19	29
2岁	14	9	2	2	1	25			8	17
3岁	26	16	4	3	3	52	2	5	19	26
4岁	11	6	3		2	24	1	1	7	15
5岁	9	5	1	1	2	13			2	11
6岁	5	4			1	14		1	6	7
7岁	2	1		1		5		1		4
8岁	2			1	1	6			2	4
9岁	2	2				3			2	1
10岁	3	1			2	7			1	6
11岁	1				1	7			3	4
12岁						10		2	1	7
13岁	1			1		7		1	1	5
14岁	2	1		1		7			3	4
15岁						5	1		2	2
16岁						7			2	5
17岁						3		1	1	1
18岁	1	1				6	1			5
19岁						6		1	2	3
20岁						9			3	6
21岁						6	1	2		3
22岁						6			2	4
23岁						5			1	4
24岁	1	1				6			3	3
25岁						6		2		4
26岁						8		1	3	4

3-5 续表 4

单位：人

残疾发现年龄	言语残疾					肢体残疾				
	小计	一级	二级	三级	四级	小计	一级	二级	三级	四级
27岁	1				1	3			3	
28岁						14		2	3	9
29岁						10		1	2	7
30岁						7			1	6
31岁						6			3	3
32岁						5		1	2	2
33岁						15			5	10
34岁						4				4
35岁						10			5	5
36岁	1			1		8		2	2	4
37岁	1	1				8	1		4	3
38岁						14		2	3	9
39岁						9			2	7
40岁	1		1			13		1	4	8
41岁						14		2	4	8
42岁						8			5	3
43岁						11			6	5
44岁	1				1	14	1	2	3	8
45岁						9		1		8
46岁						10			3	7
47岁						15			6	9
48岁						15		1	3	11
49岁						17		2	5	10
50岁						13	1	2	2	8
51岁	1		1			12	1	1	4	6
52岁	2	2				10	1	1	4	4
53岁						14		3	4	7
54岁	1	1				13		2	4	7
55岁						9		1	2	6

3-5 续表 5

单位：人

残疾发现年龄	言语残疾					肢体残疾				
	小计	一级	二级	三级	四级	小计	一级	二级	三级	四级
56岁	1	1				15		3	5	7
57岁	4	1		1	2	11		1	4	6
58岁						16	1	2	6	7
59岁	1				1	12			8	4
60岁						11		5	1	5
61岁	6	4		1	1	19	2	7	8	2
62岁	1	1				17	1	3	7	6
63岁	5	3	2			29	3	4	8	14
64岁	1	1				26	4	5	6	11
65岁	1	1				26	1	5	5	15
66岁	1			1		30		3	8	19
67岁	6	3		1	2	25	1	5	9	10
68岁	3	2			1	19	1	2	3	13
69岁	1			1		35	3	5	12	15
70岁	2		2			28	2	7	6	13
71岁	3	1		1	1	22	3	5	7	7
72岁	3	1	1	1		35		9	9	17
73岁	1				1	16		2	4	10
74岁	3	3				24	6	2	6	10
75岁						31	3	8	7	13
76岁	5	4	1			25	5	3	6	11
77岁	4	2	2			25	2	3	8	12
78岁						22	4	6	4	8
79岁	1	1				9	1	2	4	2
80岁	2	2				17		2	4	11
81岁	1	1				11		4	4	3
82岁	2	1			1	13	3	3	3	4
83岁	1	1				12	1	2	4	5
84岁	1			1		8		1	5	2
85+	1		1			35	5	4	10	16

3-5 续表 6

单位：人

残疾发现年龄	智力残疾					精神残疾				
	小计	一级	二级	三级	四级	小计	一级	二级	三级	四级
总　计	**351**	**58**	**47**	**114**	**132**	**360**	**87**	**54**	**69**	**150**
0岁	82	14	14	23	31					
1岁	32	9	5	11	7					
2岁	38	3	2	14	19	1	1			
3岁	32	8	7	8	9					
4岁	19	2	2	7	8					
5岁	15	3		6	6	1	1			
6岁	9	1	2	2	4					
7岁	14		1	4	9	1		1		
8岁	10			1	9					
9岁										
10岁	2	1		1		1				1
11岁	3		1		2					
12岁	1	1								
13岁	2			1	1					
14岁						2		1	1	
15岁						1		1		
16岁	2			1	1					
17岁	1				1	3			1	2
18岁	2			2		2				2
19岁	1			1		4	1		2	1
20岁	2				2	4			3	1
21岁	1			1		5	2	1	2	
22岁	1				1	7	2	2		3
23岁	1			1		2		1		1
24岁	1		1			8	2	2		4
25岁	1				1					
26岁						5	1		1	3

3-5 续表 7

单位：人

残疾发现年龄	智力残疾					精神残疾				
	小计	一级	二级	三级	四级	小计	一级	二级	三级	四级
27岁						6	1	2	1	2
28岁						5		2	1	2
29岁						4		1	1	2
30岁	1			1		8	1	1	3	3
31岁	1				1	7	1	2	2	2
32岁						3			1	2
33岁	1			1		4		2		2
34岁	1				1	5		2		3
35岁						4		1		3
36岁	1	1				6		1	2	3
37岁						3	1	1	1	
38岁	2				2	4	1	1	1	1
39岁	1				1	6	2		2	2
40岁	3		2		1	8		1	1	6
41岁						4	2		2	
42岁						9		1	2	6
43岁	2			1	1	8	1	1		6
44岁	3	1		2		7	1		2	4
45岁	1		1			10	1	1	3	5
46岁						8	1	1	2	4
47岁						7	1		1	5
48岁	1			1		8	3		2	3
49岁						6				6
50岁						8	1	1	2	4
51岁	2		1		1	4	2		2	
52岁						8	1	1	1	5
53岁	1				1	4	1			3
54岁						8	2	3	1	2
55岁						10	2	1	3	4

3-5 续表 8

单位：人

残疾发现年龄	智力残疾					精神残疾				
	小计	一级	二级	三级	四级	小计	一级	二级	三级	四级
56岁	2	1			1	3		1	2	
57岁	1			1		5	1		2	2
58岁						7	1	1		5
59岁						5	2			3
60岁						7		1	1	5
61岁						7	2	2	1	2
62岁						5	2	1		2
63岁	1	1				6	2		1	3
64岁						6		1	1	4
65岁	2		1		1	4		1	1	2
66岁	2			1	1					
67岁	2		1	1		2	2			
68岁	2		1		1	1		1		
69岁	3	1		1	1					
70岁	3	1		1	1	3			1	2
71岁	4	2		1	1	6	1	1	1	3
72岁	3		1	2		4	2		1	1
73岁	2			2		7	4	2	1	
74岁	5			2	3	3	2	1		
75岁	2		1	1		2	1	1		
76岁	4	1		2	1	7	3		2	2
77岁	1	1				3	2		1	
78岁	5	1	1	3		5	3		1	1
79岁	1			1		6	4		1	1
80岁	2			2		5	3	2		
81岁						4	1			3
82岁	3	3				3	2			1
83岁						2	1	1		
84岁	3		1	1	1	1			1	
85+	5	2	1	2		12	10	1	1	

3－6　视力残疾(含多重)人分城乡、残疾等级的主要致残原因

单位：人

致残主要原因	合计			残疾一级		
	合计	城镇	农村	小计	城镇	农村
视力残疾(含多重)人	**813**	**638**	**175**	**169**	**122**	**47**
致残原因一						
遗传、先天异常或发育障碍	25	17	8	7	4	3
白内障	433	322	111	73	46	27
青光眼	36	31	5	18	14	4
沙眼						
角膜病	21	16	5	13	10	3
视神经病变	40	31	9	19	14	5
视网膜、色素膜病变	214	190	24	31	28	3
屈光不正	30	20	10	1	1	
弱视	3	3				
外伤	5	4	1	1	1	
中毒						
其他	4	3	1	4	3	1
原因不明	2	1	1	2	1	1
致残原因二						
遗传、先天异常或发育障碍						
白内障	2	2		2	2	
青光眼	7	7		3	3	
沙眼						
角膜病	19	16	3	7	6	1
视神经病变	20	16	4	5	4	1
视网膜、色素膜病变	127	101	26	36	26	10
屈光不正	90	82	8	6	6	
弱视	2	2				
外伤	2	1	1			
中毒						
其他						
原因不明						

3-6 续表

单位：人

致残主要原因	残疾二级			残疾三级			残疾四级		
	小计	城镇	农村	小计	城镇	农村	小计	城镇	农村
视力残疾(含多重)人	**65**	**49**	**16**	**63**	**41**	**22**	**516**	**426**	**90**
致残原因一									
遗传、先天异常或发育障碍	3	3		3	2	1	12	8	4
白内障	33	23	10	36	19	17	291	234	57
青光眼	5	5					13	12	1
沙眼									
角膜病							8	6	2
视神经病变	2		2	2	2		17	15	2
视网膜、色素膜病变	19	15	4	20	17	3	144	130	14
屈光不正	2	2		2	1	1	25	16	9
弱视	1	1					2	2	
外伤							4	3	1
中毒									
其他									
原因不明									
致残原因二									
遗传、先天异常或发育障碍									
白内障									
青光眼	1	1		1	1		2	2	
沙眼									
角膜病	2	2		1		1	9	8	1
视神经病变	4	3	1	1	1		10	8	2
视网膜、色素膜病变	9	6	3	12	8	4	70	61	9
屈光不正	5	5		6	5	1	73	66	7
弱视							2	2	
外伤							2	1	1
中毒									
其他									
原因不明									

3－7 听力残疾(含多重)人分城乡、残疾等级的主要致残原因

单位：人

致残主要原因	合计			残疾一级		
	合计	城镇	农村	小计	城镇	农村
听力残疾(含多重)人	**1335**	**1038**	**297**	**165**	**126**	**39**
致残原因一						
遗传	29	18	11	14	9	5
母孕期病毒感染	3	2	1	3	2	1
传染性疾病	29	23	6	19	15	4
自身免疫缺陷性疾病						
全身性疾病	56	47	9	5	5	
中耳炎	142	105	37	20	16	4
老年性耳聋	688	551	137	30	22	8
早产和低体重	2	2		2	2	
新生儿窒息	1		1	1		1
高胆红素血症						
药物中毒	74	69	5	29	26	3
创伤或意外伤害	13	9	4	4	3	1
噪声和爆震	40	37	3	3	3	
其他	25	21	4	6	4	2
原因不明	233	154	79	29	19	10
致残原因二						
遗传						
母孕期病毒感染						
传染性疾病						
自身免疫缺陷性疾病						
全身性疾病	3	2	1			
中耳炎	7	6	1	1		1
老年性耳聋	93	71	22	11	9	2
早产和低体重						
新生儿窒息						
高胆红素血症						
药物中毒	14	12	2	5	4	1
创伤或意外伤害	9	7	2			
噪声和爆震	47	41	6	4	4	
其他						
原因不明						

3－7 续表

单位：人

致残主要原因	残疾二级			残疾三级			残疾四级		
	小计	城镇	农村	小计	城镇	农村	小计	城镇	农村
听力残疾(含多重)人	**103**	**75**	**28**	**587**	**457**	**130**	**480**	**380**	**100**
致残原因一									
遗传	4	2	2	8	5	3	3	2	1
母孕期病毒感染									
传染性疾病	4	4		5	3	2	1	1	
自身免疫缺陷性疾病									
全身性疾病	7	5	2	30	26	4	14	11	3
中耳炎	16	12	4	57	43	14	49	34	15
老年性耳聋	39	27	12	318	253	65	301	249	52
早产和低体重									
新生儿窒息									
高胆红素血症									
药物中毒	8	8		15	14	1	22	21	1
创伤或意外伤害				5	2	3	4	4	
噪声和爆震	3	2	1	20	19	1	14	13	1
其他	4	3	1	5	5		10	9	1
原因不明	18	12	6	124	87	37	62	36	26
致残原因二									
遗传									
母孕期病毒感染									
传染性疾病									
自身免疫缺陷性疾病									
全身性疾病	1		1	2	2				
中耳炎	1	1		4	4		1	1	
老年性耳聋	8	6	2	46	35	11	28	21	7
早产和低体重									
新生儿窒息									
高胆红素血症									
药物中毒	1		1	4	4		4	4	
创伤或意外伤害				3	2	1	6	5	1
噪声和爆震	5	4	1	27	25	2	11	8	3
其他									
原因不明									

3－8　言语残疾(含多重)人分城乡、残疾等级的主要致残原因

单位：人

致残主要原因	合　计			残疾一级		
	合计	城镇	农村	小计	城镇	农村
言语残疾(含多重)人	**204**	**162**	**42**	**121**	**91**	**30**
致残原因一						
唐氏综合症	2	2		1	1	
脑性瘫痪	9	6	3	6	3	3
新生儿病理性黄疸						
早产、低体重和过期产	3	3				
腭裂	8	6	2			
智力低下	12	6	6	5	2	3
脑梗死	36	35	1	21	20	1
脑出血	16	14	2	6	4	2
脑炎	10	8	2	6	4	2
脑囊虫病						
喉、舌疾病术后	8	8		7	7	
听力障碍	60	50	10	45	36	9
帕金森氏病	2	1	1	1		1
多发性硬化						
脊髓侧索硬化						
脑外伤	2	1	1	2	1	1
产伤	1		1			
孤独症						
癫痫	2	2		1	1	
CO中毒						
其他	19	11	8	12	7	5
原因不明	14	9	5	8	5	3
致残原因二						
唐氏综合症						
脑性瘫痪						
新生儿病理性黄疸						
早产、低体重和过期产						
腭裂						
智力低下						
脑梗死						
脑出血	3	3				
脑炎						
脑囊虫病						
喉、舌疾病术后						
听力障碍	4	2	2	1		1
帕金森氏病						
多发性硬化						
脊髓侧索硬化						
脑外伤						
产伤						
孤独症						
癫痫						
CO中毒						
其他						
原因不明						

3-8 续表

单位：人

致残主要原因	残疾二级			残疾三级			残疾四级		
	小计	城镇	农村	小计	城镇	农村	小计	城镇	农村
言语残疾(含多重)人	**24**	**19**	**5**	**28**	**24**	**4**	**31**	**28**	**3**
致残原因一									
唐氏综合症	1	1							
脑性瘫痪	1	1		2	2				
新生儿病理性黄疸									
早产、低体重和过期产				2	2		1	1	
腭裂	2	2		1	1		5	3	2
智力低下	4	1	3	1	1		2	2	
脑梗死	7	7		2	2		6	6	
脑出血	2	2		4	4		4	4	
脑炎	1	1		1	1		2	2	
脑囊虫病									
喉、舌疾病术后							1	1	
听力障碍	4	3	1	5	5		6	6	
帕金森氏病				1	1				
多发性硬化									
脊髓侧索硬化									
脑外伤									
产伤	1		1						
孤独症									
癫痫				1	1				
CO中毒									
其他	1	1		5	2	3	1	1	
原因不明				3	2	1	3	2	1
致残原因二									
唐氏综合症									
脑性瘫痪									
新生儿病理性黄疸									
早产、低体重和过期产									
腭裂									
智力低下									
脑梗死									
脑出血	1	1		1	1		1	1	
脑炎									
脑囊虫病									
喉、舌疾病术后									
听力障碍	1		1				2	2	
帕金森氏病									
多发性硬化									
脊髓侧索硬化									
脑外伤									
产伤									
孤独症									
癫痫									
CO中毒									
其他									
原因不明									

3－9　肢体残疾(含多重)人分城乡、残疾等级的主要致残原因

单位：人

致残主要原因	合　计			残疾一级		
	合计	城镇	农村	小计	城镇	农村
肢体残疾(含多重)人	**1327**	**1004**	**323**	**77**	**65**	**12**
致残原因一						
脑性瘫痪	33	28	5	10	8	2
发育畸形	43	31	12	2	1	1
侏儒症	4	3	1			
其他先天性或发育障碍	17	8	9	3	3	
脊髓灰质炎	134	119	15			
脑血管疾病	394	328	66	42	36	6
周围血管疾病	10	4	6	1	1	
肿瘤	22	19	3			
骨关节病	180	132	48	4	3	1
地方病	1	1				
脊髓疾病	34	26	8	5	5	
工伤	75	45	30			
交通事故	60	38	22	2	1	1
脊髓损伤	7	5	2			
脑外伤	13	11	2			
其他外伤	153	98	55			
结核性感染	16	14	2			
化脓性感染	16	12	4			
中毒						
其他	104	74	30	8	7	1
原因不明	11	8	3			
致残原因二						
脑性瘫痪						
发育畸形						
侏儒症						
其他先天性或发育障碍						
脊髓灰质炎						
脑血管疾病	2	1	1			
周围血管疾病						
肿瘤						
骨关节病	11	11				
地方病						
脊髓疾病	5	4	1	1	1	
工伤	3	3				
交通事故	6	6		1	1	
脊髓损伤	2	2				
脑外伤	2	1	1			
其他外伤	19	16	3	2	2	
结核性感染						
化脓性感染						
中毒						
其他						
原因不明						

3-9 续表

单位：人

致残主要原因	残疾二级			残疾三级			残疾四级		
	小计	城镇	农村	小计	城镇	农村	小计	城镇	农村
肢体残疾(含多重)人	**177**	**141**	**36**	**385**	**301**	**84**	**688**	**497**	**191**
致残原因一									
脑性瘫痪	8	8		6	6		9	6	3
发育畸形	6	5	1	11	7	4	24	18	6
侏儒症							4	3	1
其他先天性或发育障碍				5	3	2	9	2	7
脊髓灰质炎	13	12	1	50	42	8	71	65	6
脑血管疾病	98	79	19	143	120	23	111	93	18
周围血管疾病				3	1	2	6	2	4
肿瘤	1		1	12	11	1	9	8	1
骨关节病	16	11	5	47	37	10	113	81	32
地方病							1	1	
脊髓疾病	4	3	1	11	8	3	14	10	4
工伤	2	2		15	9	6	58	34	24
交通事故	3	2	1	13	9	4	42	26	16
脊髓损伤	1		1	2	2		4	3	1
脑外伤	3	3		6	4	2	4	4	
其他外伤	7	3	4	31	19	12	115	76	39
结核性感染				3	2	1	13	12	1
化脓性感染	1	1		3	2	1	12	9	3
中毒									
其他	13	11	2	22	18	4	61	38	23
原因不明	1	1		2	1	1	8	6	2
致残原因二									
脑性瘫痪									
发育畸形									
侏儒症									
其他先天性或发育障碍									
脊髓灰质炎									
脑血管疾病	1		1	1	1				
周围血管疾病									
肿瘤									
骨关节病	2	2		4	4		5	5	
地方病									
脊髓疾病	1	1		1	1		2	1	1
工伤	1	1		2	2				
交通事故	1	1		2	2		2	2	
脊髓损伤	1	1					1	1	
脑外伤	2	1	1						
其他外伤	5	5		2	2		10	7	3
结核性感染									
化脓性感染									
中毒									
其他									
原因不明									

3－10 智力残疾(含多重)人分城乡、残疾等级的主要致残原因

单位：人

致残主要原因	合计			残疾一级		
	合计	城镇	农村	小计	城镇	农村
智力残疾(含多重)人	**351**	**231**	**120**	**58**	**47**	**11**
致残原因一						
遗传	48	25	23	8	6	2
脑疾病	117	94	23	34	29	5
内分泌障碍	1	1				
惊厥性疾病	19	18	1	2	2	
新生儿窒息	15	13	2	1	1	
早产、低体重和过期产	5	5		1	1	
发育畸形	5	3	2	2	1	1
营养不良	1	1				
母孕期外伤及物力伤害	5	4	1			
产伤	5	3	2			
工伤	1	1				
交通事故	1		1			
其他外伤	12	9	3	1	1	
中毒与过敏反应	1	1				
不良社会文化因素	4		4			
其他	30	18	12	4	2	2
原因不明	81	35	46	5	4	1
致残原因二						
遗传						
脑疾病						
内分泌障碍	1	1				
惊厥性疾病	9	9		3	3	
新生儿窒息	1	1				
早产、低体重和过期产	1	1				
发育畸形						
营养不良						
母孕期外伤及物力伤害						
产伤	1	1				
工伤	1	1				
交通事故	1	1				
其他外伤	3	3		1	1	
中毒与过敏反应						
不良社会文化因素						
其他						
原因不明						

3－10 续表

单位：人

致残主要原因	残疾二级			残疾三级			残疾四级		
	小计	城镇	农村	小计	城镇	农村	小计	城镇	农村
智力残疾(含多重)人	**47**	**35**	**12**	**114**	**73**	**41**	**132**	**76**	**56**
致残原因一									
遗传	6	4	2	11	7	4	23	8	15
脑疾病	19	17	2	40	30	10	24	18	6
内分泌障碍							1	1	
惊厥性疾病	4	4		5	4	1	8	8	
新生儿窒息	2	2		4	4		8	6	2
早产、低体重和过期产				2	2		2	2	
发育畸形				2	2		1		1
营养不良				1	1				
母孕期外伤及物力伤害	2	1	1	1	1		2	2	
产伤	1		1	1	1		3	2	1
工伤	1	1							
交通事故				1		1			
其他外伤				4	3	1	7	5	2
中毒与过敏反应							1	1	
不良社会文化因素				2		2	2		2
其他	4	2	2	14	9	5	8	5	3
原因不明	8	4	4	26	9	17	42	18	24
致残原因二									
遗传									
脑疾病									
内分泌障碍				1	1				
惊厥性疾病	1	1		3	3		2	2	
新生儿窒息				1	1				
早产、低体重和过期产	1	1							
发育畸形									
营养不良									
母孕期外伤及物力伤害									
产伤							1	1	
工伤				1	1				
交通事故				1	1				
其他外伤	1	1					1	1	
中毒与过敏反应									
不良社会文化因素									
其他									
原因不明									

3－11　精神残疾(含多重)人分城乡、残疾等级的主要致残原因

单位：人

致残主要原因	合计			残疾一级		
	合计	城镇	农村	小计	城镇	农村
精神残疾(含多重)人	**360**	**307**	**53**	**87**	**74**	**13**
致残原因一						
痴呆	54	47	7	40	35	5
其他器质性精神障碍	15	13	2	5	5	
使用精神活性物质所致的障碍	3	3				
精神分裂症	247	207	40	39	31	8
妄想性障碍	2	2				
分裂情感性障碍						
其他精神病性障碍	1	1				
心境障碍	22	20	2	2	2	
神经症性障碍	12	10	2			
行为综合症						
人格障碍						
孤独症						
癫痫	1	1				
其他	3	3		1	1	
原因不明						
致残原因二						
痴呆						
其他器质性精神障碍						
使用精神活性物质所致的障碍						
精神分裂症						
妄想性障碍						
分裂情感性障碍						
其他精神病性障碍	1	1				
心境障碍						
神经症性障碍	1	1				
行为综合症						
人格障碍						
孤独症						
癫痫	2	2				
其他						
原因不明						

3－11 续表

单位：人

致残主要原因	残疾二级			残疾三级			残疾四级		
	小计	城镇	农村	小计	城镇	农村	小计	城镇	农村
精神残疾（含多重）人	**54**	**46**	**8**	**69**	**60**	**9**	**150**	**127**	**23**
致残原因一									
痴呆	4	2	2	7	7		3	3	
其他器质性精神障碍	2	2		2	1	1	6	5	1
使用精神活性物质所致的障碍							3	3	
精神分裂症	39	33	6	52	45	7	117	98	19
妄想性障碍				1	1		1	1	
分裂情感性障碍									
其他精神病性障碍	1	1							
心境障碍	5	5		6	5	1	9	8	1
神经症性障碍	1	1		1	1		10	8	2
行为综合症									
人格障碍									
孤独症									
癫痫	1	1							
其他	1	1					1	1	
原因不明									
致残原因二									
痴呆									
其他器质性精神障碍									
使用精神活性物质所致的障碍									
精神分裂症									
妄想性障碍									
分裂情感性障碍									
其他精神病性障碍				1	1				
心境障碍									
神经症性障碍				1	1				
行为综合症									
人格障碍									
孤独症									
癫痫	1	1					1	1	
其他									
原因不明									

3－12　视力残疾(含多重)人分年龄、性别的主要致残原因

单位：人

年　龄	遗传、先天异常或发育障碍		白内障		青光眼		沙　眼		角膜病	
	男	女	男	女	男	女	男	女	男	女
总　计	**16**	**9**	**116**	**319**	**17**	**26**			**15**	**25**
0岁										
1岁										
2岁										
3岁	2									
4岁										
5岁										
6岁		1								
7岁										
8岁										
9岁										
10岁										
11岁										
12岁										
13岁										
14岁										
15岁										
16岁										
17岁										
18岁										
19岁										
20岁										
21岁										
22岁	1									
23岁										
24岁										
25岁										
26岁	1									
27岁										

3－12　续表 1

单位：人

年　龄	遗传、先天异常或发育障碍		白内障		青光眼		沙　眼		角膜病	
	男	女	男	女	男	女	男	女	男	女
28岁										
29岁										
30岁										
31岁	1									
32岁			1							
33岁										
34岁				1						
35岁	1				1					
36岁		1								
37岁										
38岁										
39岁										
40岁										
41岁										
42岁		1								
43岁	1		1	1						
44岁						2				
45岁				1						
46岁				1	1				1	1
47岁		1								
48岁	2				1				1	
49岁	2			1		1				
50岁	1				1					
51岁		1	3		1					
52岁				1						1
53岁	2		1	2						1
54岁				2						
55岁	1					1			1	
56岁				1	1				1	1

3－12 续表 2

单位：人

年龄	遗传、先天异常或发育障碍		白内障		青光眼		沙眼		角膜病	
	男	女	男	女	男	女	男	女	男	女
57岁			1	2						
58岁			2	1	1	1			1	
59岁			4	4						
60岁	1			2						
61岁				3						
62岁			1	1					2	1
63岁				2						1
64岁				2	1	1				1
65岁		1	2	2		1			1	1
66岁			2	1						
67岁			2	4	1					1
68岁			2	1						1
69岁			3	3		1				
70岁				5	1	1				1
71岁		1	6	11						
72岁			2	12						1
73岁			4	15	1					3
74岁			2	17		2				1
75岁			7	17		1			1	1
76岁			2	13	1				1	1
77岁			8	13		3				2
78岁			7	16					1	
79岁			4	17	1	2			1	
80岁			7	16	2	1			1	
81岁			5	14						1
82岁		1	4	13		2				2
83岁			6	14		1			1	
84岁			7	12	1				1	1
85+		1	20	75	1	5				1

3-12 续表 3

单位：人

年 龄	视神经病变		视网膜、色素膜病变		屈光不正		弱 视	
	男	女	男	女	男	女	男	女
总 计	**31**	**29**	**116**	**225**	**45**	**75**	**4**	**1**
0岁								
1岁								
2岁								
3岁								
4岁								
5岁								
6岁								
7岁								
8岁								
9岁								
10岁								
11岁								
12岁								
13岁								
14岁								
15岁								
16岁			1					
17岁								
18岁								
19岁								
20岁								
21岁				1				
22岁								
23岁		1						
24岁								
25岁								
26岁								
27岁	1							

3－12 续表 4

单位：人

年 龄	视神经病变		视网膜、色素膜病变		屈光不正		弱 视	
	男	女	男	女	男	女	男	女
28岁	1							
29岁								
30岁					1			
31岁								
32岁			1					
33岁	1			1		1		
34岁								
35岁	1							
36岁	1			1		2		
37岁								
38岁								
39岁	1			1		1		
40岁				2				
41岁								
42岁	1	1	2		1	1		
43岁	1			2	2	3		
44岁			1	2	2	2		
45岁			2	2	1	2		
46岁		1	6	6	3	3		
47岁			3	3	2	2		
48岁	1		4	1		1	1	
49岁			4	2	1			1
50岁	1		5	1	1	1	1	
51岁	1		10	4	3	4		
52岁		1	3	4	2			
53岁	2		4	6	2	2		
54岁	1		3	5	1	1		
55岁			2	2	2	2		
56岁			4	2	2	3		

3－12 续表 5

单位：人

年 龄	视神经病变		视网膜、色素膜病变		屈光不正		弱 视	
	男	女	男	女	男	女	男	女
57岁			5	5	1	1		
58岁	1		5	4		2		
59岁			3	6	1			
60岁	1	1	1	2		1		
61岁			1	2	1	1	1	
62岁		1	1	1	1			
63岁		1	1	1	1	3		
64岁	2	1	2	6	1	2		
65岁		1						
66岁		1	1	4	1			
67岁	1		2	2		1		
68岁		1	1			1		
69岁		1		2	2			
70岁	1	1	1	5				
71岁	1		2	8	1	2	1	
72岁		3		10		3		
73岁	2	1	4	10		2		
74岁		2	2	12		3		
75岁			3	6	2	3		
76岁	1		2	9		1		
77岁	1	2	2	10	1			
78岁	1	1	4	11	2	5		
79岁	1	2	1	9	2	1		
80岁		1	5	6				
81岁		1		7				
82岁	1	1	5	7		4		
83岁	1		3	3		1		
84岁		1	1	6		2		
85+	2	1	3	23	2	5		

3－12 续表 6

单位：人

年 龄	外 伤		中 毒		其 他		原因不明	
	男	女	男	女	男	女	男	女
总 计	**5**	**2**			**2**	**2**		**2**
0岁								
1岁								
2岁								
3岁								
4岁								
5岁								
6岁								
7岁								
8岁								
9岁								
10岁								
11岁								
12岁								
13岁								
14岁								
15岁								
16岁								
17岁								
18岁								
19岁								
20岁								
21岁								
22岁								
23岁								
24岁								
25岁								
26岁								
27岁								

3－12 续表 7

单位：人

年 龄	外 伤		中 毒		其 他		原因不明	
	男	女	男	女	男	女	男	女
28岁								
29岁								
30岁								
31岁								
32岁								
33岁								
34岁								
35岁								
36岁								
37岁								
38岁								
39岁								
40岁								
41岁								
42岁								
43岁						1		
44岁								
45岁								
46岁	1							
47岁	1							
48岁								
49岁								
50岁								
51岁								
52岁		1			1			
53岁								
54岁	1							
55岁								1
56岁								

3－12 续表 8

单位：人

年 龄	外 伤		中 毒		其 他		原因不明	
	男	女	男	女	男	女	男	女
57岁								
58岁								
59岁								
60岁								
61岁								
62岁								
63岁								
64岁	1							
65岁					1			
66岁								
67岁								
68岁								
69岁								
70岁								
71岁								
72岁								
73岁								
74岁								
75岁		1						
76岁	1							
77岁								
78岁						1		
79岁								
80岁								
81岁								
82岁								
83岁								
84岁								
85+								1

3－13　听力残疾(含多重)人分年龄、性别的主要致残原因

单位：人

年　龄	遗　传		母孕期病毒感染		传染性疾病		自身免疫缺陷性疾病	
	男	女	男	女	男	女	男	女
总　计	**12**	**17**	**2**	**1**	**17**	**12**		
0岁								
1岁								
2岁								
3岁								
4岁								
5岁								
6岁								
7岁								
8岁								
9岁								
10岁								
11岁								
12岁								
13岁								
14岁								
15岁		1						
16岁								
17岁								
18岁								
19岁								
20岁	1							
21岁								
22岁	1							
23岁		1						
24岁								
25岁						1		
26岁								
27岁								

3-13 续表 1

单位：人

年 龄	遗 传		母孕期病毒感染		传染性疾病		自身免疫缺陷性疾病	
	男	女	男	女	男	女	男	女
28岁					1			
29岁								
30岁								
31岁								
32岁								
33岁								
34岁		1						
35岁								
36岁								
37岁	1	1						
38岁		1						
39岁	1							
40岁								
41岁	1							
42岁		1				1		
43岁								
44岁		1						
45岁		1						
46岁								
47岁								
48岁		1			1	1		
49岁	1				1			
50岁								
51岁	1					1		
52岁								
53岁								
54岁					1	1		
55岁			1					
56岁	1							

3－13 续表 2

单位：人

年 龄	遗 传		母孕期病毒感染		传染性疾病		自身免疫缺陷性疾病	
	男	女	男	女	男	女	男	女
57岁								
58岁								
59岁						2		
60岁						1		
61岁					1			
62岁					2			
63岁						1		
64岁					2			
65岁					1			
66岁					1			
67岁						1		
68岁								
69岁		1						
70岁		1			1			
71岁	1							
72岁								
73岁	1	1						
74岁					2			
75岁		1		1		1		
76岁		1						
77岁								
78岁	1	2	1					
79岁					1			
80岁					1			
81岁					1			
82岁		1						
83岁	1							
84岁						1		
85+								

3－13　续表 3

单位：人

年　龄	全身性疾病		中耳炎		老年性耳聋		早产和低体重	
	男	女	男	女	男	女	男	女
总　计	**32**	**27**	**80**	**69**	**370**	**411**	**2**	
0岁								
1岁								
2岁								
3岁								
4岁							1	
5岁								
6岁								
7岁								
8岁								
9岁								
10岁								
11岁								
12岁								
13岁								
14岁								
15岁								
16岁								
17岁								
18岁								
19岁								
20岁								
21岁								
22岁				1				
23岁								
24岁								
25岁				1				
26岁								
27岁								

3－13　续表 4

单位：人

年　龄	全身性疾病		中耳炎		老年性耳聋		早产和低体重	
	男	女	男	女	男	女	男	女
28岁								
29岁							1	
30岁								
31岁								
32岁								
33岁								
34岁			1					
35岁								
36岁								
37岁								
38岁								
39岁								
40岁								
41岁								
42岁				1				
43岁			1	1		1		
44岁								
45岁	1		3					
46岁								
47岁								
48岁			1	2				
49岁			2	1				
50岁			2					
51岁	1			1				
52岁	1							
53岁				1	1	1		
54岁			3		1	2		
55岁			2	1	2	1		
56岁						1		

3-13 续表 5

单位：人

年 龄	全身性疾病		中耳炎		老年性耳聋		早产和低体重	
	男	女	男	女	男	女	男	女
57岁	1			1	2	2		
58岁			2	2	2	2		
59岁			3		3	1		
60岁			2	3	3	1		
61岁	1		2	2	3	3		
62岁				1		1		
63岁		1	2	3	4	4		
64岁				1	1	2		
65岁	1		3	2	3	3		
66岁			2	1	1	5		
67岁	1		1	4	4	6		
68岁	1		2	1	6	5		
69岁			4	2	6	2		
70岁	2	2	6	3	18	9		
71岁		1	4	4	14	7		
72岁	1	1	3	2	18	11		
73岁	1		2	5	21	24		
74岁	1	2			10	17		
75岁	1	2	3		14	8		
76岁		1	1	3	9	18		
77岁	1	1	3	2	25	20		
78岁	1	2	2	2	18	19		
79岁	1	2	4	3	18	24		
80岁	1	1	3	2	22	34		
81岁	3		2		19	13		
82岁	2		1	1	21	17		
83岁	3	3	1	3	9	22		
84岁		1			19	21		
85+	6	7	7	6	73	104		

3-13 续表 6

单位：人

年龄	新生儿窒息		高胆红素血症		药物中毒		创伤或意外伤害	
	男	女	男	女	男	女	男	女
总计		**1**			**43**	**45**	**11**	**11**
0岁								
1岁								
2岁								
3岁								
4岁								
5岁								
6岁		1						
7岁								
8岁								
9岁								
10岁								
11岁								
12岁								
13岁								
14岁								
15岁								
16岁								
17岁								
18岁					1			
19岁								
20岁					1			
21岁								
22岁								
23岁								
24岁								
25岁					1			
26岁					1			
27岁						3		

3-13 续表 7

单位：人

年龄	新生儿窒息		高胆红素血症		药物中毒		创伤或意外伤害	
	男	女	男	女	男	女	男	女
28岁								
29岁					1			
30岁								
31岁								
32岁						1		
33岁					1			
34岁					3			
35岁								1
36岁					2			
37岁						1		
38岁						3		
39岁					1			
40岁					1		1	
41岁								
42岁					2			
43岁						1		
44岁					1	3		
45岁						1		
46岁						1		
47岁					1			
48岁						2		
49岁						1		
50岁					1	1		
51岁					1			
52岁					1			
53岁					3			
54岁					1	4		
55岁					1			
56岁					1			

3－13 续表 8

单位：人

年 龄	新生儿窒息		高胆红素血症		药物中毒		创伤或意外伤害	
	男	女	男	女	男	女	男	女
57岁							1	
58岁					1	1		
59岁								1
60岁						1		
61岁					1	1		1
62岁								
63岁						1		
64岁					1	1		
65岁								
66岁							1	1
67岁					1	1		
68岁					2	1		
69岁					1	1		
70岁						1	1	
71岁					1	1	1	
72岁					1	2	1	
73岁					1			1
74岁					1	1		2
75岁					1	2		1
76岁					1		1	
77岁						1		
78岁						1		
79岁					1	1	1	
80岁					1	1		1
81岁							1	
82岁						1	1	2
83岁								
84岁					1			
85+					1	3	1	

3－13 续表 9

单位：人

年 龄	噪声和爆震		其 他		原因不明	
	男	女	男	女	男	女
总 计	**66**	**21**	**17**	**8**	**107**	**126**
0岁					1	
1岁						
2岁						
3岁						1
4岁						
5岁						
6岁						1
7岁						
8岁						
9岁						
10岁					1	
11岁						
12岁						
13岁						
14岁						
15岁						
16岁						
17岁						
18岁						
19岁						
20岁						
21岁						
22岁						
23岁						1
24岁						1
25岁			1			
26岁			1			
27岁						

3-13 续表 10

单位：人

年 龄	噪声和爆震		其 他		原因不明	
	男	女	男	女	男	女
28岁						
29岁						
30岁						
31岁					1	
32岁		1				
33岁	1					
34岁						
35岁						
36岁						
37岁						
38岁						
39岁						
40岁	1					
41岁					2	
42岁						1
43岁			1		2	2
44岁		1				
45岁					2	
46岁						1
47岁				2		2
48岁	1				2	3
49岁	2		1			1
50岁				1		1
51岁					1	1
52岁		1		1	1	
53岁	2	1				3
54岁			1		2	
55岁	1					2
56岁			2			

3-13 续表 11

单位：人

年 龄	噪声和爆震		其 他		原因不明	
	男	女	男	女	男	女
57岁					1	
58岁			1		4	1
59岁		1			3	2
60岁	2		1		1	
61岁	1				2	1
62岁	1					3
63岁					2	
64岁				1	3	3
65岁				1	1	1
66岁			1		1	
67岁		1			2	5
68岁	1	1			1	2
69岁	2		1		2	2
70岁	2	1	3		3	1
71岁	2				5	8
72岁	5	1			3	7
73岁	6	1			5	8
74岁	3				5	3
75岁	3				4	8
76岁	1	2		1	2	2
77岁	3	1			2	1
78岁	3	1	1		7	7
79岁	3			1	8	1
80岁	4	2			5	6
81岁	1	1			2	4
82岁	5	2			3	5
83岁	4				5	4
84岁	2	1	1		3	3
85+	4	1	1		7	17

3-14 言语残疾(含多重)人分年龄、性别的主要致残原因

单位：人

年 龄	唐氏综合症		脑性瘫痪		新生儿病理性黄疸		早产、低体重和过期产		腭 裂	
	男	女	男	女	男	女	男	女	男	女
总 计	**1**	**1**	**6**	**3**			**2**	**1**	**4**	**4**
0岁										
1岁										
2岁										
3岁										
4岁										
5岁							1			
6岁				1						
7岁			1							
8岁										
9岁			1							
10岁	1									
11岁										
12岁										
13岁										
14岁										
15岁										
16岁			1							
17岁										
18岁										
19岁										
20岁			1							
21岁										
22岁										
23岁										
24岁			1	1						
25岁										
26岁										
27岁										

3-14 续表 1

单位：人

年 龄	唐氏综合症		脑性瘫痪		新生儿病理性黄疸		早产、低体重和过期产		腭 裂	
	男	女	男	女	男	女	男	女	男	女
28岁									1	
29岁							1			1
30岁										
31岁										
32岁										
33岁								1		
34岁									1	
35岁										
36岁										
37岁										
38岁										
39岁										
40岁										
41岁										
42岁										
43岁										
44岁									1	
45岁										1
46岁										
47岁										
48岁										
49岁				1						
50岁										
51岁										
52岁										2
53岁										
54岁										
55岁			1							
56岁										

3-14　续表 2

单位：人

年　龄	唐氏综合症		脑性瘫痪		新生儿病理性黄疸		早产、低体重和过期产		腭　裂	
	男	女	男	女	男	女	男	女	男	女
57岁										
58岁										
59岁										
60岁										
61岁										
62岁										
63岁										
64岁										
65岁										
66岁										
67岁										
68岁										
69岁									1	
70岁										
71岁										
72岁										
73岁										
74岁		1								
75岁										
76岁										
77岁										
78岁										
79岁										
80岁										
81岁										
82岁										
83岁										
84岁										
85+										

3-14 续表 3

单位：人

年 龄	智力低下		脑梗死		脑出血		脑 炎	
	男	女	男	女	男	女	男	女
总 计	**7**	**5**	**21**	**15**	**14**	**5**	**3**	**7**
0岁								
1岁								
2岁								
3岁	2							
4岁								
5岁								
6岁								
7岁								
8岁								
9岁								
10岁								
11岁								
12岁								
13岁								
14岁								
15岁								
16岁								
17岁								
18岁								
19岁								
20岁		1						
21岁								
22岁								
23岁								
24岁								
25岁	1							
26岁								
27岁								

3-14 续表 4

单位：人

年 龄	智力低下		脑梗死		脑出血		脑 炎	
	男	女	男	女	男	女	男	女
28岁					1			
29岁								
30岁								
31岁								
32岁	1							
33岁								
34岁								
35岁								
36岁								
37岁		1						
38岁								
39岁								
40岁								
41岁								
42岁		2						
43岁								
44岁								1
45岁	1							
46岁								
47岁								
48岁								2
49岁								1
50岁								1
51岁			1				1	1
52岁						1		
53岁	2							
54岁								
55岁								
56岁								

3-14 续表 5

单位：人

年龄	智力低下		脑梗死		脑出血		脑炎	
	男	女	男	女	男	女	男	女
57岁								
58岁			1					
59岁								
60岁				1	1			
61岁							1	
62岁								1
63岁								
64岁			1		1		1	
65岁			2					
66岁			1					
67岁			1	1				
68岁			1					
69岁			1	1				
70岁				1				
71岁			2					
72岁			1	1	1	1		
73岁			1	1		1		
74岁								
75岁								
76岁				1				
77岁			1		1			
78岁				1	3			
79岁			1		1			
80岁				2				
81岁			2	1	2			
82岁				2	1			
83岁								
84岁			3					
85+		1	1	2	2	2		

3-14 续表 6

单位：人

年龄	脑囊虫病		喉、舌疾病术后		听力障碍		帕金森氏病		多发性硬化	
	男	女	男	女	男	女	男	女	男	女
总 计			**6**	**2**	**29**	**35**	**2**			
0岁										
1岁										
2岁										
3岁						1				
4岁					1					
5岁										
6岁										
7岁										
8岁						1				
9岁										
10岁										
11岁										
12岁										
13岁										
14岁										
15岁						1				
16岁										
17岁										
18岁										
19岁										
20岁					1					
21岁										
22岁					1					
23岁						2				
24岁										
25岁					1					
26岁					1					
27岁						2				

3-14 续表 7

单位：人

年龄	脑囊虫病		喉、舌疾病术后		听力障碍		帕金森氏病		多发性硬化	
	男	女	男	女	男	女	男	女	男	女
28岁										
29岁					1					
30岁										
31岁					1					
32岁						1				
33岁					1					
34岁					1	1				
35岁										
36岁					1					
37岁					1	1				
38岁						2				
39岁										
40岁										
41岁					2					
42岁						1				
43岁					1	1				
44岁										
45岁					1	1				
46岁						1				
47岁										
48岁					2	2				
49岁					1	2				
50岁					1					
51岁						1				
52岁						1				
53岁						1				
54岁					3					
55岁										
56岁					1					

3-14 续表 8

单位：人

年龄	脑囊虫病		喉、舌疾病术后		听力障碍		帕金森氏病		多发性硬化	
	男	女	男	女	男	女	男	女	男	女
57岁										
58岁			1							
59岁					1	3				
60岁						1				
61岁						1				
62岁					1	1				
63岁						1				
64岁					1					
65岁					1	1				
66岁					1					
67岁			1		1					
68岁							1			
69岁										
70岁										
71岁				1			1			
72岁										
73岁						1				
74岁			1							
75岁						1				
76岁										
77岁										
78岁						1				
79岁			1	1						
80岁										
81岁										
82岁			1							
83岁			1							
84岁										
85+						1				

3-14 续表 9

单位：人

年 龄	脊髓侧索硬化		脑外伤		产 伤		孤独症	
	男	女	男	女	男	女	男	女
总 计			**1**	**1**		**1**		
0岁								
1岁								
2岁								
3岁								
4岁								
5岁								
6岁								
7岁								
8岁								
9岁								
10岁								
11岁								
12岁								
13岁								
14岁								
15岁				1				
16岁								
17岁								
18岁								
19岁								
20岁								
21岁								
22岁								
23岁						1		
24岁								
25岁								
26岁								
27岁								

3-14 续表 10

单位：人

年 龄	脊髓侧索硬化		脑外伤		产 伤		孤独症	
	男	女	男	女	男	女	男	女
28岁								
29岁								
30岁								
31岁								
32岁								
33岁								
34岁								
35岁								
36岁								
37岁								
38岁								
39岁								
40岁								
41岁								
42岁								
43岁								
44岁								
45岁								
46岁								
47岁								
48岁								
49岁								
50岁								
51岁			1					
52岁								
53岁								
54岁								
55岁								
56岁								

3-14 续表 11

单位：人

年 龄	脊髓侧索硬化		脑外伤		产 伤		孤独症	
	男	女	男	女	男	女	男	女
57岁								
58岁								
59岁								
60岁								
61岁								
62岁								
63岁								
64岁								
65岁								
66岁								
67岁								
68岁								
69岁								
70岁								
71岁								
72岁								
73岁								
74岁								
75岁								
76岁								
77岁								
78岁								
79岁								
80岁								
81岁								
82岁								
83岁								
84岁								
85+								

3-14 续表 12

单位：人

年 龄	癫 痫		CO中毒		其 他		原因不明	
	男	女	男	女	男	女	男	女
总 计	**1**	**1**			**11**	**8**	**9**	**5**
0岁								
1岁								
2岁								
3岁							2	
4岁							1	
5岁								
6岁		1						1
7岁								
8岁								
9岁							1	
10岁								
11岁								
12岁								
13岁								
14岁								
15岁								
16岁								
17岁								
18岁								
19岁								
20岁								
21岁								
22岁								
23岁								
24岁								
25岁						1		
26岁								
27岁								

3-14 续表 13

单位：人

年 龄	癫 痫		CO中毒		其 他		原因不明	
	男	女	男	女	男	女	男	女
28岁					1			
29岁						1		
30岁								
31岁								
32岁								
33岁								
34岁							1	
35岁								
36岁							1	
37岁								
38岁								
39岁								
40岁							1	
41岁								1
42岁					1			
43岁								
44岁						1		
45岁								
46岁								
47岁								
48岁					1	1		1
49岁					2	1		
50岁	1							
51岁								
52岁								
53岁								
54岁								
55岁								
56岁								

3-14 续表 14

单位：人

年 龄	癫 痫		CO中毒		其 他		原因不明	
	男	女	男	女	男	女	男	女
57岁								
58岁								
59岁								
60岁					1			
61岁					1			
62岁								1
63岁						1		
64岁								
65岁								1
66岁						1	1	
67岁								
68岁								
69岁								
70岁					2			
71岁								
72岁								
73岁								
74岁					1			
75岁								
76岁								
77岁								
78岁								
79岁								
80岁							1	
81岁								
82岁								
83岁					1			
84岁								
85+						1		

3－15 肢体残疾(含多重)人分年龄、性别的主要致残原因

单位：人

年龄	脑性瘫痪		发育畸形		侏儒症		其他先天性或发育障碍	
	男	女	男	女	男	女	男	女
总计	**18**	**15**	**20**	**23**	**1**	**3**	**9**	**8**
0岁								
1岁				1				
2岁								
3岁								
4岁								
5岁								
6岁		1						
7岁								
8岁				1				
9岁	1							
10岁	1							
11岁				1				
12岁								
13岁								
14岁								
15岁		1						
16岁	2		1					
17岁		3		1				
18岁								1
19岁								
20岁	2							
21岁				1				
22岁							1	
23岁	1							1
24岁	1							
25岁								1
26岁								
27岁		2						

3－15 续表 1

单位：人

年 龄	脑性瘫痪		发育畸形		侏儒症		其他先天性或发育障碍	
	男	女	男	女	男	女	男	女
28岁		1						
29岁								
30岁								
31岁	1							
32岁				1				
33岁								
34岁								
35岁								
36岁		1						
37岁		1						
38岁								
39岁		1	1		1			
40岁				1			1	
41岁							1	
42岁								
43岁				2			1	
44岁			1	1			1	
45岁	1			1			1	
46岁			1	2				1
47岁								
48岁	1					1		
49岁		1	2	1				
50岁						1		
51岁	1							
52岁								
53岁	1		2	2		1		
54岁								
55岁	1	1						
56岁			3	2				

3－15 续表 2

单位：人

年 龄	脑性瘫痪		发育畸形		侏儒症		其他先天性或发育障碍	
	男	女	男	女	男	女	男	女
57岁				1			1	
58岁	1		1					
59岁		1	2					
60岁				1				1
61岁								1
62岁								
63岁								
64岁			1				1	
65岁							1	
66岁				1				1
67岁								
68岁								
69岁								1
70岁			1					
71岁								
72岁								
73岁			1	1				
74岁								
75岁		1						
76岁	1		1	1				
77岁	1							
78岁			1					
79岁								
80岁								
81岁								
82岁								
83岁								
84岁			1					
85+	1							

3－15 续表 3

单位：人

年龄	脊髓灰质炎		脑血管疾病		周围血管疾病		肿瘤	
	男	女	男	女	男	女	男	女
总计	**78**	**56**	**203**	**193**	**6**	**4**	**9**	**13**
0岁								
1岁								
2岁								
3岁								
4岁								
5岁								
6岁								
7岁								
8岁								
9岁								
10岁								
11岁								
12岁								
13岁		1						
14岁							1	
15岁								
16岁								
17岁								
18岁							1	
19岁								
20岁								
21岁								
22岁								
23岁							1	
24岁								
25岁								
26岁								
27岁		1						

3－15 续表 4

单位：人

年 龄	脊髓灰质炎		脑血管疾病		周围血管疾病		肿 瘤	
	男	女	男	女	男	女	男	女
28岁			1					
29岁								
30岁							1	
31岁								1
32岁								
33岁								
34岁								
35岁	1		1					
36岁	1	1		1				
37岁	1	1						
38岁		3	1					
39岁	1							1
40岁	1							
41岁	1		2					
42岁		1	1					
43岁		1						1
44岁	3	1	1					
45岁	3	1						
46岁	4	5		2				
47岁	8	5						
48岁	3	3	1	1		1		
49岁	4	1	1	2			1	
50岁	10	3	1				1	
51岁	5	3	3					
52岁	1	2	1	2				
53岁	4	3	1	1				
54岁	5	2	2	4				
55岁	1	2	2					
56岁	3	6	5	2				2

3－15　续表 5

单位：人

年龄	脊髓灰质炎		脑血管疾病		周围血管疾病		肿瘤	
	男	女	男	女	男	女	男	女
57岁			3	1				
58岁	4	3	1	2			1	
59岁	2	1	5	1				1
60岁	4		4	4				
61岁	1		2	2				2
62岁	1		1					
63岁		1	2	2			1	
64岁			1	2				
65岁		1	5	4				
66岁		1	3	3				
67岁	2	1	6	3				
68岁	1		4	4			1	
69岁			6	7				1
70岁			9	5				
71岁			12	3		1		
72岁			10	13				1
73岁		1	6	12	1			1
74岁			11	10				
75岁	1		7	6	1			
76岁			10	10				1
77岁	1	1	8	5				
78岁			10	13				1
79岁	1		8	14	1			
80岁			7	11				
81岁			7	9	1	1		
82岁			10	9				
83岁			1	3	1			
84岁			6	2				
85+			14	18	1	1		

3－15 续表 6

单位：人

年龄	骨关节病		地方病		脊髓疾病		工伤	
	男	女	男	女	男	女	男	女
总计	**70**	**121**		**1**	**18**	**21**	**52**	**26**
0岁								
1岁								
2岁								
3岁								
4岁								
5岁								
6岁								
7岁								
8岁								
9岁								
10岁								
11岁								
12岁								
13岁								
14岁								
15岁						1		
16岁								
17岁								
18岁								
19岁								
20岁		1						
21岁		1						
22岁								
23岁								
24岁						1		
25岁								
26岁							1	
27岁								

3－15　续表 7

单位：人

年　龄	骨关节病		地方病		脊髓疾病		工　伤	
	男	女	男	女	男	女	男	女
28岁								
29岁								
30岁							1	
31岁	1							
32岁	1						1	
33岁							1	
34岁							1	
35岁	1						1	1
36岁								
37岁		1						
38岁	1							
39岁	1			1				
40岁	1							
41岁		1					1	
42岁	1	2						1
43岁	1					1	2	1
44岁	2							1
45岁	2						2	
46岁		1			2		3	
47岁					1		1	1
48岁	2	1			1		3	1
49岁	2	2			3		2	2
50岁							2	
51岁	1	1					1	2
52岁	2	3			1		2	
53岁	1	5				1		
54岁	1	2					2	1
55岁	1	2			1		4	2
56岁	1	3				1	1	3

3－15 续表 8

单位：人

年 龄	骨关节病		地方病		脊髓疾病		工 伤	
	男	女	男	女	男	女	男	女
57岁	1	4						
58岁		1			1	1	1	2
59岁		2						
60岁		2					1	1
61岁	1							
62岁	1							1
63岁		3				1	1	
64岁		3						1
65岁		1				1	5	
66岁						1	1	
67岁	3	4					1	
68岁		2			1	1	2	
69岁		1					1	
70岁	7	9				1	3	1
71岁	2	2			2	1	1	1
72岁	4	5			1	5		
73岁	2	10			2	1		
74岁	3	5			1			
75岁	3	2					1	
76岁	1	1					1	1
77岁	1	7						
78岁	1	5				1		
79岁	3	1						
80岁	3	2						
81岁	2	3						
82岁	2	3				2		
83岁	2	3					1	
84岁		1						
85+	5	13			1			2

3-15 续表 9

单位：人

年龄	交通事故		脊髓损伤		脑外伤		其他外伤		结核性感染	
	男	女	男	女	男	女	男	女	男	女
总　计	**37**	**29**	**6**	**3**	**9**	**6**	**78**	**94**	**9**	**7**
0岁										
1岁										
2岁										
3岁										
4岁										
5岁										
6岁										
7岁										
8岁										
9岁										
10岁										
11岁										
12岁										
13岁										
14岁										
15岁										
16岁										
17岁										
18岁										
19岁										
20岁										
21岁										
22岁							1			
23岁	1						1			
24岁	1					1		1		
25岁							1			
26岁							2			
27岁										

3－15 续表 10

单位：人

年 龄	交通事故		脊髓损伤		脑外伤		其他外伤		结核性感染	
	男	女	男	女	男	女	男	女	男	女
28岁										
29岁										
30岁										
31岁		1				1				
32岁		1					1			
33岁	2									
34岁							1			
35岁							2			
36岁				1						
37岁	2	1			1		1	1		
38岁	1						2			
39岁										
40岁					1		2			
41岁		1								
42岁							1	1		
43岁	3					1	2	1	1	
44岁	1				1					
45岁		1					3	1		
46岁					1		2			
47岁	1						1	1		
48岁	3		1		1	1	1	1	1	
49岁		3			1	1	3	1		
50岁	2							1		
51岁		2			1		5	1	1	
52岁			1				3			2
53岁	1						4	2	1	
54岁	1	2	1				2			
55岁							1			
56岁							2			

3－15 续表 11

单位：人

年 龄	交通事故		脊髓损伤		脑外伤		其他外伤		结核性感染	
	男	女	男	女	男	女	男	女	男	女
57岁	1						2	2		
58岁		1					2	1		
59岁	1						2	1		
60岁	1						1	1		
61岁	1			1						
62岁					1				1	
63岁										
64岁		1					2	1		
65岁	3	1					1	1	1	
66岁							1	1	1	
67岁	1		1				1	3		
68岁		2						3		1
69岁	1						1	1		
70岁	1	1	1					3		
71岁		2				1		1	1	1
72岁		1					1	4		
73岁	1							4		
74岁							1	1		
75岁		1		1	1		1	5		1
76岁		1						3		
77岁							3	2		1
78岁			1				1	2		
79岁	2	1						2	1	
80岁		1					2	6		1
81岁							4	5		
82岁		1					1	3		
83岁	1	1					2	2		
84岁							1	5		
85+	4	2					4	19		

3－15 续表 12

单位：人

年 龄	化脓性感染		中 毒		其 他		原因不明	
	男	女	男	女	男	女	男	女
总 计	**8**	**8**			**48**	**56**	**7**	**4**
0岁								
1岁								
2岁								
3岁								
4岁								
5岁								
6岁								
7岁								
8岁								
9岁								
10岁								
11岁								
12岁								
13岁								
14岁								
15岁								
16岁								
17岁								
18岁								
19岁								
20岁								
21岁						1		
22岁						1		
23岁						1		
24岁								
25岁								
26岁						1		
27岁	1							

3-15 续表 13

单位：人

年 龄	化脓性感染		中 毒		其 他		原因不明	
	男	女	男	女	男	女	男	女
28岁								
29岁								
30岁								
31岁								
32岁					1	1		
33岁					1			1
34岁								1
35岁	1							
36岁								
37岁								
38岁								
39岁								
40岁					1			
41岁		1					1	
42岁					1	1		
43岁						1		
44岁						2		
45岁	1							
46岁						1		
47岁					2			
48岁					3		1	
49岁								
50岁								
51岁					2			
52岁								
53岁	2				1	3		
54岁						2		
55岁							1	
56岁					1	1		

3－15 续表 14

单位：人

年龄	化脓性感染		中毒		其他		原因不明	
	男	女	男	女	男	女	男	女
57岁					2	1		
58岁					3	1		
59岁					1			
60岁	1	1			1			
61岁	1	1			1	1		
62岁		1				1		
63岁					1	3		
64岁	1					3		
65岁					2	1		
66岁					2			
67岁		1						
68岁					2	1		
69岁					1	1		
70岁					1			
71岁		1			1			
72岁								
73岁					2	1	1	
74岁						1		
75岁					2	2	1	
76岁						2		
77岁					2	1		
78岁						5		
79岁					2	1		
80岁					3	1		
81岁								
82岁						1	1	
83岁					1		1	1
84岁		1			1	3		
85+		1			4	9		1

3－16　智力残疾(含多重)人分年龄、性别的主要致残原因

单位：人

年龄	遗传		脑疾病		内分泌障碍		惊厥性疾病		新生儿窒息	
	男	女	男	女	男	女	男	女	男	女
总　计	**28**	**20**	**58**	**59**	**1**	**1**	**10**	**18**	**8**	**8**
0岁			1						1	
1岁										
2岁	1									
3岁			1							
4岁										
5岁										
6岁								1		
7岁			1							
8岁		1							1	
9岁			1							
10岁	1									1
11岁										1
12岁	1									
13岁	1							1		
14岁										
15岁	1	1							1	
16岁	1	1	1							
17岁			1	1			1		1	1
18岁		1		1						
19岁	1								1	
20岁		1	2						1	
21岁										
22岁				1						1
23岁	1	2	2							
24岁	1	1	2	1			2	1	1	
25岁	4		1							
26岁										1
27岁							1			

3-16 续表 1

单位：人

年龄	遗传		脑疾病		内分泌障碍		惊厥性疾病		新生儿窒息	
	男	女	男	女	男	女	男	女	男	女
28岁		1	2							
29岁		1								
30岁										
31岁	3		1							
32岁			1							
33岁	2									
34岁	1									
35岁	2	1	1							
36岁				2						
37岁		1		2			1			
38岁				1				1		
39岁				1				1		
40岁				1				1		
41岁				1						
42岁			2	1			1			1
43岁			1	2						
44岁	1		3	3				2		
45岁		1	1	1			1	2		
46岁									1	
47岁	1	1	1	2			1			
48岁	1	1	2	3			1	1		
49岁			3					2		2
50岁				2				1		
51岁			2	3				1		
52岁		1	1	3				1		
53岁	1	1	1	2						
54岁		1								
55岁			1	1						
56岁				1				1		

3-16 续表 2

单位：人

年龄	遗传		脑疾病		内分泌障碍		惊厥性疾病		新生儿窒息	
	男	女	男	女	男	女	男	女	男	女
57岁				2						
58岁								1		
59岁	1									
60岁		1	1							
61岁	1									
62岁		1								
63岁	1									
64岁							1			
65岁			1	1						
66岁										
67岁				1						
68岁										
69岁										
70岁										
71岁			1							
72岁			2	1						
73岁			1	1		1				
74岁										
75岁			2	1						
76岁			1	2						
77岁			1	1						
78岁			1	2						
79岁			3	1	1					
80岁				2						
81岁			2	1						
82岁			1	2						
83岁				1						
84岁			1	1						
85+			4	3						

3－16 续表 3

单位：人

年 龄	早产、低体重和过期产		发育畸形		营养不良		母孕期外伤及物理伤害	
	男	女	男	女	男	女	男	女
总 计	**3**	**3**	**3**	**2**		**1**	**3**	**2**
0岁								
1岁								
2岁								
3岁			1	1				
4岁								
5岁	1							
6岁				1				
7岁								1
8岁								
9岁								
10岁								
11岁								
12岁								
13岁								
14岁								
15岁								
16岁								
17岁								
18岁								
19岁							1	
20岁								
21岁								
22岁								
23岁								
24岁								
25岁								
26岁		1						
27岁								

3－16 续表 4

单位：人

年 龄	早产、低体重和过期产		发育畸形		营养不良		母孕期外伤及物理伤害	
	男	女	男	女	男	女	男	女
28岁							1	1
29岁								
30岁								
31岁			1					
32岁								
33岁		1						
34岁	1							
35岁							1	
36岁								
37岁								
38岁								
39岁								
40岁								
41岁			1					
42岁	1							
43岁						1		
44岁								
45岁								
46岁								
47岁		1						
48岁								
49岁								
50岁								
51岁								
52岁								
53岁								
54岁								
55岁								
56岁								

3－16 续表 5

单位：人

年 龄	早产、低体重和过期产		发育畸形		营养不良		母孕期外伤及物理伤害	
	男	女	男	女	男	女	男	女
57岁								
58岁								
59岁								
60岁								
61岁								
62岁								
63岁								
64岁								
65岁								
66岁								
67岁								
68岁								
69岁								
70岁								
71岁								
72岁								
73岁								
74岁								
75岁								
76岁								
77岁								
78岁								
79岁								
80岁								
81岁								
82岁								
83岁								
84岁								
85+								

3-16 续表 6

单位：人

年龄	产伤		工伤		交通事故		其他外伤	
	男	女	男	女	男	女	男	女
总计	**5**	**1**	**2**		**2**		**9**	**6**
0岁								
1岁								
2岁							1	
3岁								
4岁	1							
5岁								
6岁								
7岁								
8岁								
9岁								
10岁								
11岁							1	
12岁								
13岁								
14岁								
15岁								1
16岁								
17岁	1							
18岁								
19岁								
20岁	1		1					
21岁								
22岁	1							
23岁								
24岁								
25岁								
26岁								
27岁								

3－16 续表 7

单位：人

年龄	产伤		工伤		交通事故		其他外伤	
	男	女	男	女	男	女	男	女
28岁								
29岁								
30岁								
31岁								
32岁							1	1
33岁								1
34岁								
35岁								
36岁								
37岁							1	
38岁								
39岁								
40岁								1
41岁								1
42岁								
43岁	1							
44岁							1	
45岁								
46岁								
47岁			1					
48岁							1	
49岁								
50岁					1		1	
51岁					1			
52岁								
53岁								
54岁		1					1	
55岁								
56岁								

3－16 续表 8

单位：人

年 龄	产 伤		工 伤		交通事故		其他外伤	
	男	女	男	女	男	女	男	女
57岁								
58岁								
59岁								
60岁								
61岁								
62岁								
63岁								
64岁								
65岁								
66岁								
67岁							1	
68岁								
69岁								
70岁								
71岁								
72岁								
73岁								
74岁								
75岁								
76岁								
77岁								
78岁								
79岁								
80岁								
81岁								
82岁								1
83岁								
84岁								
85+								

3－16 续表 9

单位：人

年龄	中毒与过敏反应		不良社会文化因素		其他		原因不明	
	男	女	男	女	男	女	男	女
总计		**1**		**4**	**13**	**17**	**42**	**39**
0岁				1			1	1
1岁				1				1
2岁								1
3岁								
4岁				1			1	2
5岁								
6岁								1
7岁				1				
8岁							1	
9岁							1	
10岁								
11岁							1	
12岁								2
13岁							1	
14岁							3	1
15岁						1		
16岁							1	
17岁					1		1	
18岁						2		
19岁							4	
20岁							1	3
21岁						1		
22岁								
23岁								
24岁							1	3
25岁							1	1
26岁								
27岁								

3－16 续表 10

单位：人

年 龄	中毒与过敏反应		不良社会文化因素		其 他		原因不明	
	男	女	男	女	男	女	男	女
28岁								
29岁								
30岁							1	1
31岁					1		1	
32岁								2
33岁						1		
34岁					1			
35岁					1			
36岁								
37岁								
38岁								
39岁								
40岁					1			1
41岁							2	
42岁					2	2	1	1
43岁								
44岁					1		1	1
45岁								1
46岁							2	
47岁					1	1	1	
48岁								1
49岁		1						1
50岁							2	
51岁					2		1	2
52岁								
53岁							3	4
54岁								1
55岁						1		1
56岁					1	2		

3－16 续表 11

单位：人

年 龄	中毒与过敏反应		不良社会文化因素		其 他		原因不明	
	男	女	男	女	男	女	男	女
57岁							2	
58岁								
59岁								
60岁								
61岁							1	
62岁								
63岁								
64岁								
65岁								
66岁								
67岁					1			
68岁								
69岁								1
70岁							2	1
71岁								1
72岁								
73岁							2	
74岁							1	
75岁						2		3
76岁								
77岁								
78岁								
79岁								
80岁								
81岁								
82岁						1		
83岁								
84岁								
85+						3	1	

3－17 精神残疾(含多重)人分年龄、性别的主要致残原因

单位：人

年 龄	痴 呆		其他器质性精神障碍		使用精神活性物质所致的障碍		精神分裂症	
	男	女	男	女	男	女	男	女
总 计	**14**	**40**	**10**	**5**	**3**		**122**	**125**
0岁								
1岁								
2岁								
3岁								
4岁								
5岁								
6岁								
7岁								
8岁								
9岁								
10岁								
11岁								
12岁								
13岁								
14岁								
15岁								
16岁								
17岁								
18岁								
19岁								
20岁							1	
21岁							1	
22岁								
23岁							2	1
24岁								2
25岁							3	
26岁							1	
27岁							3	1
28岁							2	2

3－17 续表 1

单位：人

年龄	痴呆		其他器质性精神障碍		使用精神活性物质所致的障碍		精神分裂症	
	男	女	男	女	男	女	男	女
29岁							1	2
30岁							1	1
31岁							1	1
32岁							3	3
33岁							4	
34岁								3
35岁			1				1	2
36岁							1	
37岁		1					3	2
38岁							3	1
39岁							2	
40岁							5	1
41岁							1	2
42岁							3	2
43岁			1				4	3
44岁							4	4
45岁	1						1	1
46岁							1	2
47岁							1	3
48岁					1		5	7
49岁					1		3	3
50岁				1			2	3
51岁							4	7
52岁			3				3	2
53岁			1		1		2	3
54岁			1				6	5
55岁				1			6	6
56岁			1				4	4
57岁							4	4
58岁	1						3	3

3－17 续表 2

单位：人

年 龄	痴 呆		其他器质性精神障碍		使用精神活性物质所致的障碍		精神分裂症	
	男	女	男	女	男	女	男	女
59岁		1					3	3
60岁							2	2
61岁								
62岁							3	4
63岁		1					3	5
64岁							1	1
65岁			1				1	2
66岁	1							
67岁		1	1				1	
68岁							1	1
69岁								1
70岁	1	1					1	3
71岁	1							1
72岁		3					1	
73岁	1	2					1	3
74岁								
75岁	1	2					4	4
76岁		2						4
77岁	1	1					1	1
78岁		1		1				
79岁	1	3					1	1
80岁				1				1
81岁	1	3					1	
82岁		1		1				
83岁		2						
84岁	1	3						
85+	3	12					2	2

3－17 续表 3

单位：人

年　龄	妄想性障碍		分裂情感性障碍		其他精神病性障碍		心境障碍	
	男	女	男	女	男	女	男	女
总　计	**1**	**1**			**1**	**1**	**9**	**13**
0岁								
1岁								
2岁								
3岁								
4岁								
5岁								
6岁								
7岁								
8岁								
9岁								
10岁								
11岁								
12岁								
13岁								
14岁								
15岁								
16岁								
17岁								
18岁								
19岁								
20岁								
21岁								
22岁								
23岁								
24岁								
25岁								
26岁								
27岁								1
28岁								

3-17 续表 4

单位：人

年 龄	妄想性障碍		分裂情感性障碍		其他精神病性障碍		心境障碍	
	男	女	男	女	男	女	男	女
29岁								
30岁							1	
31岁								1
32岁								
33岁								
34岁								
35岁								1
36岁								
37岁								
38岁								
39岁								1
40岁								1
41岁								
42岁								
43岁								
44岁							1	1
45岁								
46岁								
47岁								
48岁							1	
49岁								
50岁								
51岁		1						
52岁								
53岁								
54岁								
55岁							1	
56岁								
57岁					1			
58岁								

3－17　续表 5

单位：人

年　龄	妄想性障碍		分裂情感性障碍		其他精神病性障碍		心境障碍	
	男	女	男	女	男	女	男	女
59岁								
60岁							2	
61岁								1
62岁								
63岁						1	1	
64岁								
65岁								
66岁							1	
67岁								
68岁								
69岁								
70岁								
71岁								1
72岁								
73岁								
74岁								
75岁								2
76岁							1	1
77岁								
78岁								1
79岁	1							1
80岁								
81岁								
82岁								
83岁								
84岁								
85+								

3－17 续表 6

单位：人

年 龄	神经症性障碍		行为综合症		人格障碍		孤独症	
	男	女	男	女	男	女	男	女
总 计	**4**	**9**						
0岁								
1岁								
2岁								
3岁								
4岁								
5岁								
6岁								
7岁								
8岁								
9岁								
10岁								
11岁								
12岁								
13岁								
14岁								
15岁								
16岁								
17岁								
18岁	1							
19岁								
20岁								
21岁								
22岁								
23岁								
24岁								
25岁								
26岁								
27岁								
28岁								

3－17 续表 7

单位：人

年 龄	神经症性障碍		行为综合症		人格障碍		孤独症	
	男	女	男	女	男	女	男	女
29岁								
30岁								
31岁								
32岁								
33岁								
34岁								
35岁								
36岁								
37岁								
38岁								
39岁								
40岁								
41岁								
42岁								
43岁		1						
44岁	2							
45岁	1							
46岁		1						
47岁								
48岁								
49岁		1						
50岁								
51岁								
52岁								
53岁		1						
54岁								
55岁								
56岁								
57岁								
58岁		1						

3－17　续表 8

单位：人

年　龄	神经症性障碍		行为综合症		人格障碍		孤独症	
	男	女	男	女	男	女	男	女
59岁								
60岁								
61岁								
62岁								
63岁								
64岁		1						
65岁								
66岁								
67岁								
68岁								
69岁								
70岁								
71岁								
72岁		1						
73岁								
74岁								
75岁		1						
76岁								
77岁								
78岁								
79岁								
80岁		1						
81岁								
82岁								
83岁								
84岁								
85+								

3－17 续表 9

单位：人

年 龄	癫 痫		其 他		原因不明	
	男	女	男	女	男	女
总 计	**3**			**3**		
0岁						
1岁						
2岁						
3岁						
4岁						
5岁						
6岁				2		
7岁						
8岁						
9岁						
10岁						
11岁						
12岁						
13岁						
14岁						
15岁						
16岁						
17岁				1		
18岁						
19岁						
20岁						
21岁						
22岁						
23岁						
24岁						
25岁						
26岁						
27岁						
28岁						

3－17 续表 10

单位：人

年龄	癫痫		其他		原因不明	
	男	女	男	女	男	女
29岁						
30岁						
31岁						
32岁						
33岁						
34岁						
35岁						
36岁						
37岁						
38岁						
39岁						
40岁						
41岁						
42岁						
43岁						
44岁						
45岁						
46岁						
47岁						
48岁						
49岁	1					
50岁						
51岁						
52岁	1					
53岁						
54岁						
55岁						
56岁						
57岁						
58岁						

3－17 续表 11

单位：人

年龄	癫痫		其他		原因不明	
	男	女	男	女	男	女
59岁						
60岁						
61岁						
62岁						
63岁						
64岁						
65岁						
66岁						
67岁	1					
68岁						
69岁						
70岁						
71岁						
72岁						
73岁						
74岁						
75岁						
76岁						
77岁						
78岁						
79岁						
80岁						
81岁						
82岁						
83岁						
84岁						
85+						

第四部分　残疾人的活动和参与、义务教育、社会保障、接受服务及主要需求

4－1 各地区18岁及以上视力残疾人分残疾等级的生活自理状况

单位：人

地 区	无障碍/无适用				轻度障碍			
	残疾一级	残疾二级	残疾三级	残疾四级	残疾一级	残疾二级	残疾三级	残疾四级
总 计	**30**	**21**	**28**	**332**	**33**	**17**	**17**	**75**
黄浦区	2	2	3	18	1		1	7
卢湾区	2	1	1	20			1	
徐汇区			1	8		3	5	15
长宁区				11		1		2
静安区	2	1		4	1			
普陀区	1	3	3	26	4		1	4
闸北区	6	2	2	29	8		1	1
虹口区	3	2		30	3	4		4
杨浦区				6	1	1	3	22
闵行区	5	1		17	1			
宝山区		1		29	2	2	2	
嘉定区		2		14				1
浦东新区	1		2	54	3			15
金山区		1	1	12		2	1	1
松江区	5		2	11	1			
青浦区	1	1	4	10	1	1	1	
南汇区			6	10	1		1	3
奉贤区		1	2	15		2		
崇明县	2	3	1	8	6	1		

4-1 续表 1

单位：人

地区	中度障碍				重度障碍			
	残疾一级	残疾二级	残疾三级	残疾四级	残疾一级	残疾二级	残疾三级	残疾四级
总计	**27**	**8**	**5**	**13**	**20**	**4**		**1**
黄浦区	1	1		1				
卢湾区	1				1			
徐汇区	4		1	3	3	1		
长宁区		1						
静安区								
普陀区	4							1
闸北区	1				1			
虹口区	2			1	1			
杨浦区	1	1	1	1	4	2		
闵行区								
宝山区								
嘉定区		1	1		1			
浦东新区	4	2		2	2			
金山区	1		1	3	1			
松江区	1	1			1			
青浦区	1				2			
南汇区		1		2	1	1		
奉贤区	4		1		1			
崇明县	2				1			

4-1 续表 2

单位：人

地 区	极重度障碍/不能完成			
	残疾一级	残疾二级	残疾三级	残疾四级
总 计	**17**	**3**		**2**
黄浦区	1			
卢湾区				
徐汇区	1			
长宁区				
静安区				
普陀区				
闸北区				
虹口区				1
杨浦区	7	2		
闵行区				
宝山区				
嘉定区		1		
浦东新区				
金山区	1			
松江区				
青浦区	1			
南汇区	5			
奉贤区				1
崇明县	1			

4－2 各地区18岁及以上视力残疾人分残疾等级的生活活动状况

单位：人

地区	无障碍/无适用				轻度障碍			
	残疾一级	残疾二级	残疾三级	残疾四级	残疾一级	残疾二级	残疾三级	残疾四级
总　计	**4**	**4**	**11**	**98**	**10**	**8**	**12**	**174**
黄浦区	3	1	3	14	1	1	1	8
卢湾区				6				7
徐汇区							1	7
长宁区				2				10
静安区	1	1		3	1			1
普陀区							1	16
闸北区				7	1	1	2	21
虹口区				15	1	2		9
杨浦区				1				14
闵行区				2				9
宝山区				4				25
嘉定区		1		3		1		9
浦东新区			1	7				17
金山区		1	1	7				5
松江区			1	7	3		1	3
青浦区			4	10	1	2	1	
南汇区			1	2			4	5
奉贤区				8			1	1
崇明县					2	1		7

4-2 续表 1

单位：人

地 区	中度障碍				重度障碍			
	残疾一级	残疾二级	残疾三级	残疾四级	残疾一级	残疾二级	残疾三级	残疾四级
总 计	**21**	**22**	**19**	**116**	**39**	**8**	**6**	**29**
黄浦区	1	1		4				
卢湾区	1	1	1	6			1	
徐汇区		3	5	14	5	1	1	5
长宁区								
静安区	1							
普陀区	1	3	2	13	6		1	1
闸北区	8	1	1	2	6			
虹口区	1	2		8	3	2		3
杨浦区			3	12	2	1		2
闵行区	3	1		2	1			4
宝山区		3	2		2			
嘉定区		2	1	3				
浦东新区	1		1	40	6	2		7
金山区		2	1	2	1		1	2
松江区	2			1	1			
青浦区	1				3			
南汇区				4			2	3
奉贤区			1	4		2		2
崇明县	1	3	1	1	3			

4-2 续表 2

单位：人

地 区	极重度障碍/不能完成			
	残疾一级	残疾二级	残疾三级	残疾四级
总 计	**53**	**11**	**2**	**6**
黄浦区				
卢湾区	3			1
徐汇区	3			
长宁区		2		1
静安区				
普陀区	2			1
闸北区	1			
虹口区	4			1
杨浦区	11	5	1	
闵行区	2			
宝山区				
嘉定区	1			
浦东新区	3			
金山区	2			
松江区	2	1		
青浦区	1			
南汇区	7	2		1
奉贤区	5	1	1	1
崇明县	6			

4－3　各地区18岁及以上视力残疾人分残疾等级的社会参与状况

单位：人

地　区	无障碍/无适用				轻度障碍			
	残疾一级	残疾二级	残疾三级	残疾四级	残疾一级	残疾二级	残疾三级	残疾四级
总　计	**1**	**1**	**8**	**88**	**15**	**19**	**18**	**228**
黄浦区		1	2	9	3	1	2	12
卢湾区				6	1			7
徐汇区								7
长宁区								11
静安区	1			3	1	1		1
普陀区							2	23
闸北区				5	1		2	22
虹口区				19	6	5		13
杨浦区				1				11
闵行区				3				9
宝山区				8		3	1	21
嘉定区				1		2		10
浦东新区				5		1	2	53
金山区			1	9		1	2	3
松江区				3			2	7
青浦区			4	10		2	1	
南汇区				1			3	5
奉贤区			1	5	1	2	1	10
崇明县					2	1		3

4－3　续表 1

单位：人

地　区	中度障碍				重度障碍			
	残疾一级	残疾二级	残疾三级	残疾四级	残疾一级	残疾二级	残疾三级	残疾四级
总　计	**36**	**21**	**20**	**89**	**42**	**6**	**3**	**15**
黄浦区	1	1		5				
卢湾区	2	1	2	4	1			3
徐汇区	4	4	7	18	4			1
长宁区		1		1		1		1
静安区	1							
普陀区	2	3	1	7	6		1	
闸北区	2	2	1	3	13			
虹口区	3	1		4				
杨浦区			3	15	2	2		2
闵行区	4	1		4	1			1
宝山区	1		1					
嘉定区			1	4	1	2		
浦东新区	8	1		13	2			
金山区		2		1	1			3
松江区	1			1	2	1		
青浦区	2				3			
南汇区			2	4	1		2	3
奉贤区	4	1	1					1
崇明县	1	3	1	5	5			

4-3 续表 2

单位：人

地区	极重度障碍/不能完成			
	残疾一级	残疾二级	残疾三级	残疾四级
总　计	**33**	**6**	**1**	**3**
黄浦区	1			
卢湾区				
徐汇区				
长宁区				
静安区				
普陀区	1			1
闸北区				
虹口区				
杨浦区	11	4	1	
闵行区	1			
宝山区	1			
嘉定区				
浦东新区				
金山区	2			
松江区	5			
青浦区	1			
南汇区	6	2		2
奉贤区				
崇明县	4			

4－4 各地区18岁及以上听力残疾人分残疾等级的理解和交流状况

单位：人

地 区	无障碍/无适用				轻度障碍			
	残疾一级	残疾二级	残疾三级	残疾四级	残疾一级	残疾二级	残疾三级	残疾四级
总 计	**9**	**14**	**94**	**169**	**15**	**31**	**252**	**211**
黄浦区			1	3			7	16
卢湾区			5	4	1	2	12	3
徐汇区			1		1	1	9	3
长宁区		1	9	12	1		4	6
静安区			2	5			15	12
普陀区			1	22	1	1	10	13
闸北区			2			4	20	6
虹口区	3	6	22	42	5	1	26	21
杨浦区			15	4		6	34	9
闵行区	1		6	10		2	15	8
宝山区	2	1	8	6	2	1	7	8
嘉定区		2	4	9	1	1	5	9
浦东新区	3	3	7	20	1	5	22	28
金山区			4	19		1	9	5
松江区				1		1	10	17
青浦区			4	3		2	23	26
南汇区				1			8	5
奉贤区			1	4		2	6	7
崇明县		1	2	4	2	1	10	9

4-4 续表 1

单位：人

地 区	中度障碍				重度障碍			
	残疾一级	残疾二级	残疾三级	残疾四级	残疾一级	残疾二级	残疾三级	残疾四级
总 计	**31**	**26**	**123**	**40**	**18**	**7**	**20**	**2**
黄浦区	1		2	3				
卢湾区	2	1	2					1
徐汇区	1	3	15	1		1	6	
长宁区			1	1				
静安区	3	3	8	1				
普陀区		1			1	1		
闸北区	6	2	7	1	3	2		
虹口区		2	4	4				
杨浦区	9	2	5					
闵行区	1	1	1					
宝山区	2	3	15	9	1		2	
嘉定区		1	8		1			
浦东新区	2		12	4	5		7	1
金山区			3		1		1	
松江区		1	6	8			3	
青浦区		2	6	1				
南汇区	1	2	13		4	2		
奉贤区	1	1	11	4				
崇明县	2	1	4	3	2	1	1	

4-4 续表 2

单位：人

地　区	极重度障碍/不能完成			
	残疾一级	残疾二级	残疾三级	残疾四级
总　计	**8**	**3**	**3**	
黄浦区				
卢湾区				
徐汇区		2		
长宁区				
静安区				
普陀区				
闸北区				
虹口区				
杨浦区				
闵行区	1			
宝山区				
嘉定区				
浦东新区			1	
金山区				
松江区				
青浦区				
南汇区	7			
奉贤区			1	
崇明县		1	1	

4－5　各地区18岁及以上听力残疾人分残疾等级的生活自理状况

单位：人

地　区	无障碍/无适用				轻度障碍			
	残疾一级	残疾二级	残疾三级	残疾四级	残疾一级	残疾二级	残疾三级	残疾四级
总　计	**50**	**57**	**375**	**371**	**22**	**17**	**85**	**44**
黄浦区			3	6	1		4	15
卢湾区	3	3	18	7				
徐汇区	1	5	25	4	1	1	4	
长宁区	1	1	12	17				1
静安区	1		17	17	2	3	8	1
普陀区	1	2	5	31	1	1	5	3
闸北区	6	5	23	7	2	3	5	
虹口区	7	7	36	57	1	1	11	8
杨浦区	6	7	48	12	2		4	1
闵行区	2	3	19	17			3	1
宝山区	5	1	20	21	2	3	11	2
嘉定区	2	3	15	16		1	2	2
浦东新区	6	8	36	52	2		6	
金山区			13	23	1	1	3	1
松江区		2	17	26			2	
青浦区		2	20	29		2	13	1
南汇区	4	4	21	6	5			
奉贤区		1	11	11	1	1	4	4
崇明县	5	3	16	12	1			4

4－5 续表 1

单位：人

地　区	中度障碍				重度障碍			
	残疾一级	残疾二级	残疾三级	残疾四级	残疾一级	残疾二级	残疾三级	残疾四级
总　计	**7**	**5**	**25**	**4**	**2**	**1**	**6**	**3**
黄浦区			3	1				
卢湾区			1					1
徐汇区		1	2					
长宁区			2	1				
静安区								
普陀区			1					1
闸北区	1		1					
虹口区		1	3	1			1	1
杨浦区	1	1	1				1	
闵行区					1			
宝山区			1			1		
嘉定区								
浦东新区	2		6	1	1		1	
金山区							1	
松江区								
青浦区								
南汇区	3							
奉贤区		1	3				1	
崇明县		1	1				1	

4－5 续表 2

单位：人

地 区	极重度障碍/不能完成			
	残疾一级	残疾二级	残疾三级	残疾四级
总 计		**1**	**1**	
黄浦区				
卢湾区				
徐汇区				
长宁区				
静安区				
普陀区				
闸北区				
虹口区			1	
杨浦区				
闵行区				
宝山区				
嘉定区				
浦东新区				
金山区				
松江区				
青浦区				
南汇区				
奉贤区				
崇明县		1		

4－6 各地区18岁及以上听力残疾人分残疾等级的与人相处状况

单位：人

地区	无障碍/无适用				轻度障碍			
	残疾一级	残疾二级	残疾三级	残疾四级	残疾一级	残疾二级	残疾三级	残疾四级
总计	**7**	**9**	**94**	**161**	**18**	**32**	**275**	**227**
黄浦区				3	1		7	18
卢湾区			5	3			11	4
徐汇区		1	1	3		2	13	1
长宁区	1	1	12	15			1	3
静安区			2	1		1	15	12
普陀区				13		1	7	20
闸北区			1	1		4	22	4
虹口区	3	3	16	34	2	5	29	29
杨浦区	1		10	6	2	2	33	7
闵行区			5	6		1	13	11
宝山区	2		5	5	5	2	23	13
嘉定区			1	2	1	3	7	16
浦东新区		3	16	19	5	4	22	30
金山区			4	15			8	8
松江区		1	11	21		1	7	5
青浦区			2	4		3	29	26
南汇区							10	6
奉贤区			2	4			8	5
崇明县			1	6	2	3	10	9

4－6 续表 1

单位：人

地 区	中度障碍				重度障碍			
	残疾一级	残疾二级	残疾三级	残疾四级	残疾一级	残疾二级	残疾三级	残疾四级
总 计	**28**	**28**	**105**	**31**	**17**	**9**	**15**	**3**
黄浦区			3	1				
卢湾区	2	3	2	1			1	
徐汇区	1	2	15		1	2	2	
长宁区			1					1
静安区	1	2	8	5	2			
普陀区			4	2	2	1		
闸北区	6	3	5	2	2	1	1	
虹口区	3	1	6	4			1	
杨浦区	6	4	10			2	1	
闵行区	2	2	4	1	1			
宝山区		3	4	5				
嘉定区			9		1	1		
浦东新区	3	1	10	3	3			1
金山区			3	1	1		2	
松江区			1					
青浦区		1	1				1	
南汇区		2	11		3	2		
奉贤区	1	3	2	5			6	1
崇明县	3	1	6	1	1			

4－6 续表 2

单位：人

地 区	极重度障碍/不能完成			
	残疾一级	残疾二级	残疾三级	残疾四级
总 计	**11**	**3**	**3**	
黄浦区				
卢湾区	1			
徐汇区				
长宁区				
静安区				
普陀区		1		
闸北区	1			
虹口区				
杨浦区				
闵行区				
宝山区				
嘉定区				
浦东新区			1	
金山区		1		
松江区				
青浦区				
南汇区	9			
奉贤区			1	
崇明县		1	1	

4－7　各地区18岁及以上听力残疾人分残疾等级的生活活动状况

单位：人

地　区	无障碍/无适用				轻度障碍			
	残疾一级	残疾二级	残疾三级	残疾四级	残疾一级	残疾二级	残疾三级	残疾四级
总　计	**26**	**24**	**152**	**224**	**12**	**23**	**169**	**140**
黄浦区			1	2			4	13
卢湾区	3	2	14	7			4	
徐汇区			1			3	16	2
长宁区	1	1	9	14			1	2
静安区			1	3	1		12	13
普陀区			2	19	1	2	4	13
闸北区	3	3	16	6	3	3	7	1
虹口区	6	7	26	46	2		13	10
杨浦区	4	2	25	6		2	14	5
闵行区	2	1	9	15		2	7	2
宝山区	3	1	8	13		1	10	5
嘉定区	1	1	9	15	1	2	5	3
浦东新区	3	4	13	36	2	3	14	11
金山区			5	16			7	6
松江区		2	7	14			7	10
青浦区			3	7		3	24	21
南汇区							9	5
奉贤区			2	2			5	7
崇明县			1	3	2	2	6	11

4－7　续表 1

单位：人

地　区	中度障碍				重度障碍			
	残疾一级	残疾二级	残疾三级	残疾四级	残疾一级	残疾二级	残疾三级	残疾四级
总　计	**17**	**20**	**114**	**42**	**14**	**7**	**35**	**7**
黄浦区	1		4	6			1	1
卢湾区		1					1	
徐汇区	1	2	7	2			4	
长宁区			3	2			1	
静安区	1	3	11	2	1		1	
普陀区			4	1	1	1	1	1
闸北区	2	2	5		1		1	
虹口区		1	7	7		1	1	2
杨浦区	2	3	9	1	2		5	
闵行区			5	1				
宝山区	4	1	9	4		1	5	1
嘉定区			3			1		
浦东新区	1	1	15	5	3		5	
金山区			2	1			1	
松江区			4	2			1	
青浦区		1	5	2			1	
南汇区	2	3	12	1	4	1		
奉贤区	1	1	5	3		1		2
崇明县	2	1	4	2	2	1	6	

4－7 续表 2

单位：人

地区	极重度障碍/不能完成			
	残疾一级	残疾二级	残疾三级	残疾四级
总计	**12**	**7**	**22**	**9**
黄浦区				
卢湾区				1
徐汇区	1	2	3	
长宁区				1
静安区				
普陀区				1
闸北区				
虹口区			5	2
杨浦区	1	1	1	1
闵行区	1		1	
宝山区		1		
嘉定区				
浦东新区	2		2	1
金山区	1	1	2	1
松江区				
青浦区				
南汇区	6			
奉贤区		1	7	1
崇明县		1	1	

4－8 各地区18岁及以上听力残疾人分残疾等级的社会参与状况

单位：人

地区	无障碍/无适用				轻度障碍			
	残疾一级	残疾二级	残疾三级	残疾四级	残疾一级	残疾二级	残疾三级	残疾四级
总　计	**3**	**7**	**81**	**136**	**16**	**27**	**234**	**232**
黄浦区			1	2			5	17
卢湾区			3	5			13	2
徐汇区			1			1	9	4
长宁区			3	8		1	6	8
静安区			1	3		1	14	14
普陀区			1	19		1	5	13
闸北区			3	1	1	5	19	6
虹口区	2	3	18	33	4	4	21	29
杨浦区			13	5	1	4	27	7
闵行区			14	13	2	2	7	4
宝山区		1	6	11	3	1	18	9
嘉定区		1	6	11		1	10	7
浦东新区	1	2	9	16	3	3	22	32
金山区				4			4	10
松江区				1			14	25
青浦区			2	1		3	28	29
南汇区							3	5
奉贤区				3	1		6	5
崇明县					1		3	6

4－8 续表 1

单位：人

地区	中度障碍				重度障碍			
	残疾一级	残疾二级	残疾三级	残疾四级	残疾一级	残疾二级	残疾三级	残疾四级
总　计	**29**	**25**	**139**	**46**	**24**	**18**	**32**	**7**
黄浦区	1		4	3				
卢湾区	1	2	2		2	1	1	
徐汇区	1	1	12			3	8	
长宁区	1		5	3				
静安区	1	2	8	1	2		2	
普陀区	2	1	4	2		1	1	1
闸北区	5	2	7		3	1		
虹口区	1	1	12	5	1	1	1	
杨浦区	6	3	13	1	2	1		
闵行区	1	1	1	1				
宝山区	4	1	8	3		2		
嘉定区			1		2	2		
浦东新区	5	3	17	5	2		1	
金山区			8	10		1	4	
松江区		2	4				1	
青浦区		1	3					
南汇区		2	17	1	6	2	1	
奉贤区		1	6	2		2	5	5
崇明县		2	7	9	4	1	7	1

4－8　续表 2

单位：人

地　区	极重度障碍/不能完成			
	残疾一级	残疾二级	残疾三级	残疾四级
总　计	**9**	**4**	**6**	**1**
黄浦区				
卢湾区				1
徐汇区	1	2	1	
长宁区				
静安区				
普陀区				
闸北区				
虹口区				
杨浦区			1	
闵行区				
宝山区				
嘉定区				
浦东新区				
金山区	1		1	
松江区				
青浦区				
南汇区	6			
奉贤区			2	
崇明县	1	2	1	

4－9 各地区18岁及以上言语残疾人分残疾等级的理解和交流状况

单位：人

地 区	无障碍/无适用				轻度障碍			
	残疾一级	残疾二级	残疾三级	残疾四级	残疾一级	残疾二级	残疾三级	残疾四级
总 计	**1**			**7**	**8**	**2**	**3**	**3**
黄浦区								
卢湾区								
徐汇区				1	1			
长宁区							1	
静安区	1							
普陀区					1		1	
闸北区				1	1	2		
虹口区					1			
杨浦区				1	1			
闵行区								
宝山区					1			
嘉定区					1			
浦东新区				1	1			1
金山区				1			1	1
松江区								
青浦区								
南汇区				1				
奉贤区								1
崇明县				1				

4－9 续表 1

单位：人

地 区	中度障碍				重度障碍			
	残疾一级	残疾二级	残疾三级	残疾四级	残疾一级	残疾二级	残疾三级	残疾四级
总 计	**5**	**2**	**3**	**1**	**3**	**2**		
黄浦区								
卢湾区								
徐汇区						1		
长宁区								
静安区								
普陀区		1						
闸北区		1						
虹口区				1				
杨浦区								
闵行区	2							
宝山区								
嘉定区								
浦东新区					1			
金山区			1		1			
松江区	1							
青浦区			1					
南汇区	2		1		1	1		
奉贤区								
崇明县								

4－9 续表 2

单位：人

地 区	极重度障碍/不能完成			
	残疾一级	残疾二级	残疾三级	残疾四级
总 计	**1**			**1**
黄浦区				
卢湾区				
徐汇区				
长宁区				
静安区				
普陀区	1			
闸北区				
虹口区				1
杨浦区				
闵行区				
宝山区				
嘉定区				
浦东新区				
金山区				
松江区				
青浦区				
南汇区				
奉贤区				
崇明县				

4-10 各地区18岁及以上言语残疾人分残疾等级的生活自理状况

单位：人

地区	无障碍/无适用				轻度障碍			
	残疾一级	残疾二级	残疾三级	残疾四级	残疾一级	残疾二级	残疾三级	残疾四级
总计	**14**	**3**	**5**	**10**	**1**		**1**	**1**
黄浦区								
卢湾区								
徐汇区	1			1				
长宁区			1					
静安区	1							
普陀区	1	1					1	
闸北区	1	2		1				
虹口区	1			1				
杨浦区	1			1				
闵行区	1				1			
宝山区	1							
嘉定区								
浦东新区	1			1				1
金山区	1		2	2				
松江区	1							
青浦区			1					
南汇区	3		1	1				
奉贤区				1				
崇明县				1				

4－10 续表 1

单位：人

地 区	中度障碍				重度障碍			
	残疾一级	残疾二级	残疾三级	残疾四级	残疾一级	残疾二级	残疾三级	残疾四级
总 计	**1**	**2**			**2**			**1**
黄浦区								
卢湾区								
徐汇区		1						
长宁区								
静安区								
普陀区	1							
闸北区								
虹口区								1
杨浦区								
闵行区								
宝山区								
嘉定区					1			
浦东新区					1			
金山区								
松江区								
青浦区								
南汇区		1						
奉贤区								
崇明县								

4－10　续表 2

单位：人

地　区	极重度障碍/不能完成			
	残疾一级	残疾二级	残疾三级	残疾四级
总　计		**1**		
黄浦区				
卢湾区				
徐汇区				
长宁区				
静安区				
普陀区				
闸北区		1		
虹口区				
杨浦区				
闵行区				
宝山区				
嘉定区				
浦东新区				
金山区				
松江区				
青浦区				
南汇区				
奉贤区				
崇明县				

4－11 各地区18岁及以上言语残疾人分残疾等级的与人相处状况

单位：人

地 区	无障碍/无适用				轻度障碍			
	残疾一级	残疾二级	残疾三级	残疾四级	残疾一级	残疾二级	残疾三级	残疾四级
总 计	**3**	**1**		**4**	**2**	**1**	**2**	**5**
黄浦区								
卢湾区								
徐汇区								1
长宁区								
静安区	1							
普陀区							1	
闸北区	1	1		1		1		
虹口区								
杨浦区								1
闵行区								
宝山区					1			
嘉定区								
浦东新区	1			2				
金山区							1	2
松江区					1			
青浦区								
南汇区				1				
奉贤区								
崇明县								1

4－11 续表 1

单位：人

地 区	中度障碍				重度障碍			
	残疾一级	残疾二级	残疾三级	残疾四级	残疾一级	残疾二级	残疾三级	残疾四级
总 计	**7**	**3**	**4**	**1**	**5**	**1**		**1**
黄浦区								
卢湾区								
徐汇区		1			1			
长宁区			1					
静安区								
普陀区	1	1			1			
闸北区						1		
虹口区	1			1				
杨浦区	1							
闵行区	2							
宝山区								
嘉定区	1							
浦东新区								
金山区			1		1			
松江区								
青浦区			1					
南汇区	1	1	1		2			
奉贤区								1
崇明县								

4-11 续表 2

单位：人

地 区	极重度障碍/不能完成			
	残疾一级	残疾二级	残疾三级	残疾四级
总 计	**1**			**1**
黄浦区				
卢湾区				
徐汇区				
长宁区				
静安区				
普陀区				
闸北区				
虹口区				1
杨浦区				
闵行区				
宝山区				
嘉定区				
浦东新区	1			
金山区				
松江区				
青浦区				
南汇区				
奉贤区				
崇明县				

4－12 各地区18岁及以上言语残疾人分残疾等级的生活活动状况

单位：人

地 区	无障碍/无适用				轻度障碍			
	残疾一级	残疾二级	残疾三级	残疾四级	残疾一级	残疾二级	残疾三级	残疾四级
总 计	**7**	**1**	**2**	**7**	**6**	**2**	**2**	**4**
黄浦区								
卢湾区								
徐汇区				1	1			
长宁区			1					
静安区	1							
普陀区					1	1		
闸北区	1	1				1		1
虹口区	1			1				
杨浦区	1							1
闵行区					2			
宝山区	1							
嘉定区	1							
浦东新区	1			2				
金山区			1	1				1
松江区					1			
青浦区							1	
南汇区				1	1		1	
奉贤区				1				
崇明县								1

4-12 续表 1

单位：人

地 区	中度障碍				重度障碍			
	残疾一级	残疾二级	残疾三级	残疾四级	残疾一级	残疾二级	残疾三级	残疾四级
总 计	**1**		**2**		**2**	**2**		
黄浦区								
卢湾区								
徐汇区						1		
长宁区								
静安区								
普陀区			1					
闸北区								
虹口区								
杨浦区								
闵行区								
宝山区								
嘉定区								
浦东新区								
金山区			1		1			
松江区								
青浦区								
南汇区	1				1	1		
奉贤区								
崇明县								

4－12 续表 2

单位：人

地 区	极重度障碍/不能完成			
	残疾一级	残疾二级	残疾三级	残疾四级
总 计	**2**	**1**		**1**
黄浦区				
卢湾区				
徐汇区				
长宁区				
静安区				
普陀区	1			
闸北区		1		
虹口区				1
杨浦区				
闵行区				
宝山区				
嘉定区				
浦东新区	1			
金山区				
松江区				
青浦区				
南汇区				
奉贤区				
崇明县				

4－13　各地区18岁及以上言语残疾人分残疾等级的社会参与状况

单位：人

地　区	无障碍/无适用				轻度障碍			
	残疾一级	残疾二级	残疾三级	残疾四级	残疾一级	残疾二级	残疾三级	残疾四级
总　计	**1**			**3**	**2**		**2**	**6**
黄浦区								
卢湾区								
徐汇区				1				
长宁区							1	
静安区	1							
普陀区							1	
闸北区					1			1
虹口区								
杨浦区								1
闵行区								
宝山区								
嘉定区								
浦东新区								2
金山区				1				1
松江区					1			
青浦区								
南汇区				1				
奉贤区								
崇明县								1

4－13 续表 1

单位：人

地 区	中度障碍				重度障碍			
	残疾一级	残疾二级	残疾三级	残疾四级	残疾一级	残疾二级	残疾三级	残疾四级
总　计	**5**	**4**	**4**	**1**	**8**			**1**
黄浦区								
卢湾区								
徐汇区		1			1			
长宁区								
静安区								
普陀区	1	1			1			
闸北区		2						
虹口区	1			1				
杨浦区					1			
闵行区	1				1			
宝山区	1							
嘉定区					1			
浦东新区	1							
金山区			2		1			
松江区								
青浦区			1					
南汇区			1		2			
奉贤区								1
崇明县								

4－13 续表 2

单位：人

地 区	极重度障碍/不能完成			
	残疾一级	残疾二级	残疾三级	残疾四级
总 计	**2**	**2**		**1**
黄浦区				
卢湾区				
徐汇区				
长宁区				
静安区				
普陀区				
闸北区		1		
虹口区				1
杨浦区				
闵行区				
宝山区				
嘉定区				
浦东新区	1			
金山区				
松江区				
青浦区				
南汇区	1	1		
奉贤区				
崇明县				

4－14 各地区18岁及以上肢体残疾人分残疾等级的身体移动状况

单位：人

地区	无障碍/无适用				轻度障碍			
	残疾一级	残疾二级	残疾三级	残疾四级	残疾一级	残疾二级	残疾三级	残疾四级
总　计		**2**	**36**	**186**		**3**	**80**	**283**
黄浦区			1	11			2	10
卢湾区				5			2	4
徐汇区			7	2			12	
长宁区			2	12			1	19
静安区			1	6				8
普陀区			3	11			1	17
闸北区				15		2	14	51
虹口区				3			1	5
杨浦区		2	7	7			25	30
闵行区				3				12
宝山区			2	11			3	8
嘉定区			1	5				19
浦东新区			2	33		1	6	15
金山区				19			1	11
松江区			2	4				15
青浦区			2	7				11
南汇区			3	11				13
奉贤区			1	10			11	27
崇明县			2	11			1	8

4-14 续表 1

单位：人

地 区	中度障碍				重度障碍			
	残疾一级	残疾二级	残疾三级	残疾四级	残疾一级	残疾二级	残疾三级	残疾四级
总 计	**1**	**19**	**160**	**128**	**6**	**71**	**39**	**15**
黄浦区		2	4	3	1	4	5	2
卢湾区			1			1	1	3
徐汇区		2	16	1		3	5	
长宁区		1	5	10		7	4	4
静安区			1	2		1		
普陀区		1	14	28		4		
闸北区		3	2	1		2		
虹口区				14			5	3
杨浦区		2	30	5	1	8	6	
闵行区			3					
宝山区		2	2	9	1	3	3	
嘉定区			13	1		8		
浦东新区	1	5	30	13	3	9	2	
金山区		1	3	9		1		
松江区			4			2		
青浦区			2	14		10	3	
南汇区			6	12			1	
奉贤区			16	1		6		1
崇明县			8	5		2	4	2

4－14 续表 2

单位：人

地 区	极重度障碍/不能完成			
	残疾一级	残疾二级	残疾三级	残疾四级
总 计	**33**	**45**	**13**	
黄浦区	2	6		
卢湾区		4	3	
徐汇区	2	5	1	
长宁区		6	1	
静安区				
普陀区	1	1		
闸北区	6	1		
虹口区		4	7	
杨浦区	4	4		
闵行区	2	1		
宝山区	1	1		
嘉定区	1			
浦东新区	8	4		
金山区	3	1		
松江区				
青浦区				
南汇区		1	1	
奉贤区	1	2		
崇明县	2	4		

4－15 各地区18岁及以上肢体残疾人分残疾等级的生活自理状况

单位：人

地区	无障碍/无适用				轻度障碍			
	残疾一级	残疾二级	残疾三级	残疾四级	残疾一级	残疾二级	残疾三级	残疾四级
总 计		**6**	**68**	**278**		**16**	**99**	**277**
黄浦区			1	19		2	6	4
卢湾区			1	8				3
徐汇区		1	10	2			9	1
长宁区		1	2	42		3	7	2
静安区				11			2	5
普陀区			4	36		1	2	10
闸北区			1	16		2	13	51
虹口区				3				19
杨浦区		2	37	22		4	19	18
闵行区				3				12
宝山区		1	2	7			4	17
嘉定区				2			2	23
浦东新区		1	3	41		2	10	17
金山区				26			2	11
松江区				1				18
青浦区								12
南汇区				4			2	26
奉贤区			7	19		2	15	19
崇明县				16			6	9

4－15 续表 1

单位：人

地 区	中度障碍				重度障碍			
	残疾一级	残疾二级	残疾三级	残疾四级	残疾一级	残疾二级	残疾三级	残疾四级
总 计	**1**	**34**	**131**	**55**	**13**	**68**	**24**	**2**
黄浦区		5	3	2	1	5	2	1
卢湾区			4	1		1	1	
徐汇区		1	16			5	5	
长宁区		6	4	1		3		
静安区		1						
普陀区			11	10	1	3	1	
闸北区		3	2		1	3		
虹口区			5	2		3	5	1
杨浦区		4	9	2		3	2	
闵行区		1	3		1			
宝山区			4	4	1	4		
嘉定区		1	12		1	7		
浦东新区		4	24	3	5	12	3	
金山区	1	2	2	2	2	1		
松江区			6			2		
青浦区		1	3	20		9	4	
南汇区			8	6			1	
奉贤区		2	6	1		4		
崇明县		3	9	1		3		

4－15 续表 2

单位：人

地 区	极重度障碍/不能完成			
	残疾一级	残疾二级	残疾三级	残疾四级
总 计	**26**	**16**	**6**	
黄浦区	2			
卢湾区		4	1	
徐汇区	2	3	1	
长宁区		1		
静安区				
普陀区		2		
闸北区	5			
虹口区		1	3	
杨浦区	5	3	1	
闵行区	1			
宝山区	1	1		
嘉定区				
浦东新区	7			
金山区				
松江区				
青浦区				
南汇区		1		
奉贤区	1			
崇明县	2			

4－16 各地区18岁及以上肢体残疾人分残疾等级的生活活动状况

单位：人

地 区	无障碍/无适用				轻度障碍			
	残疾一级	残疾二级	残疾三级	残疾四级	残疾一级	残疾二级	残疾三级	残疾四级
总 计			**1**	**46**			**33**	**340**
黄浦区				9				3
卢湾区				3				
徐汇区			1	1			8	1
长宁区				1				11
静安区				2			1	12
普陀区				5			3	31
闸北区				6			1	43
虹口区							1	15
杨浦区				3			8	27
闵行区				1				13
宝山区							2	8
嘉定区								25
浦东新区				6			3	29
金山区				9				25
松江区								19
青浦区								12
南汇区								18
奉贤区							5	28
崇明县							1	20

4－16 续表 1

单位：人

地 区	中度障碍				重度障碍			
	残疾一级	残疾二级	残疾三级	残疾四级	残疾一级	残疾二级	残疾三级	残疾四级
总 计		**5**	**154**	**173**	**1**	**54**	**88**	**34**
黄浦区				6		2	2	2
卢湾区				2			2	4
徐汇区			15			3	10	1
长宁区		1	2	23		4	3	8
静安区			1	2		1		
普陀区			10	17		3	5	1
闸北区		1	5	17		4	10	1
虹口区			2	8			6	2
杨浦区		2	49	12		7	11	
闵行区			3	1		1		
宝山区		1	3	13		1	5	6
嘉定区			12			6	2	
浦东新区			3	15		2	17	6
金山区			4	4	1	2		1
松江区			6			2		
青浦区			2	20		10	5	
南汇区			9	18			1	
奉贤区			18	11		3	5	
崇明县			10	4		3	4	2

4-16 续表 2

单位：人

地 区	极重度障碍/不能完成			
	残疾一级	残疾二级	残疾三级	残疾四级
总 计	**39**	**81**	**52**	**19**
黄浦区	3	10	10	6
卢湾区		5	5	3
徐汇区	2	7	7	
长宁区		9	8	2
静安区				
普陀区	1	3		2
闸北区	6	3		
虹口区		4	4	
杨浦区	5	7		
闵行区	2			
宝山区	2	4		1
嘉定区	1	2		
浦东新区	12	17	17	5
金山区	2	1		
松江区				
青浦区				
南汇区		1	1	
奉贤区	1	5		
崇明县	2	3		

4－17　各地区18岁及以上肢体残疾人分残疾等级的社会参与状况

单位：人

地区	无障碍/无适用				轻度障碍			
	残疾一级	残疾二级	残疾三级	残疾四级	残疾一级	残疾二级	残疾三级	残疾四级
总　计			**15**	**101**		**5**	**89**	**346**
黄浦区				2		1	2	15
卢湾区				1				1
徐汇区				1			15	1
长宁区				3			3	19
静安区				5			1	11
普陀区				5			2	30
闸北区			5	27		1	8	40
虹口区				1				13
杨浦区			10	29		3	41	13
闵行区								15
宝山区				1			2	14
嘉定区								25
浦东新区				7			3	30
金山区				17			2	20
松江区								19
青浦区								12
南汇区				1				18
奉贤区				1			8	31
崇明县							2	19

4－17 续表 1

单位：人

地 区	中度障碍				重度障碍			
	残疾一级	残疾二级	残疾三级	残疾四级	残疾一级	残疾二级	残疾三级	残疾四级
总 计		**15**	**128**	**135**	**6**	**85**	**74**	**23**
黄浦区		1	5	4	2	9	4	5
卢湾区			1	6		2	2	2
徐汇区		1	13	1		6	11	
长宁区		1	3	20		12	7	3
静安区			1			1		
普陀区		1	14	18		2	2	2
闸北区			1			6	2	
虹口区			1	10		3	11	1
杨浦区		5	15			7	2	
闵行区			3			1		
宝山区		3	6	11	1	1	1	2
嘉定区		2	14		1	6		
浦东新区			4	12	2	7	20	8
金山区			2	2		3		
松江区			6			2		
青浦区			2	20		10	5	
南汇区			10	17			1	
奉贤区			16	7		2	4	
崇明县		1	11	7		5	2	

4－17 续表 2

单位：人

地区	极重度障碍/不能完成			
	残疾一级	残疾二级	残疾三级	残疾四级
总计	**34**	**35**	**22**	**7**
黄浦区	1	1	1	
卢湾区		3	4	2
徐汇区	2	3	2	
长宁区		1		
静安区				
普陀区	1	3		1
闸北区	6	1		
虹口区		1	1	
杨浦区	5	1		
闵行区	2			
宝山区	1	2	1	
嘉定区				
浦东新区	10	12	13	4
金山区	3			
松江区				
青浦区				
南汇区		1		
奉贤区	1	6		
崇明县	2			

4－18　各地区18岁及以上智力残疾人分残疾等级的理解和交流状况

单位：人

地　区	无障碍/无适用				轻度障碍			
	残疾一级	残疾二级	残疾三级	残疾四级	残疾一级	残疾二级	残疾三级	残疾四级
总　计				**8**			**16**	**68**
黄浦区				1			4	
卢湾区				1			1	
徐汇区				1			1	3
长宁区								3
静安区								1
普陀区								3
闸北区								2
虹口区				1			3	2
杨浦区							1	8
闵行区				1			2	1
宝山区				1			2	3
嘉定区				1				2
浦东新区								13
金山区							2	4
松江区				1				3
青浦区								1
南汇区								9
奉贤区								
崇明县								10

4－18 续表 1

单位：人

地　区	中度障碍				重度障碍			
	残疾一级	残疾二级	残疾三级	残疾四级	残疾一级	残疾二级	残疾三级	残疾四级
总　计		**5**	**49**	**17**	**4**	**16**	**12**	
黄浦区		2	5					
卢湾区								
徐汇区			2				1	
长宁区			1	1	1	1	1	
静安区							2	
普陀区			1			3		
闸北区			2			1	1	
虹口区			4	1			1	
杨浦区			4					
闵行区			1					
宝山区			4	2				
嘉定区			3					
浦东新区		1	5	5	2	5	1	
金山区		2	1	3		1	1	
松江区			3	1	1			
青浦区			1			1	2	
南汇区			3	2				
奉贤区			3			3	1	
崇明县			6	2		1	1	

4-18 续表 2

单位：人

地 区	极重度障碍/不能完成			
	残疾一级	残疾二级	残疾三级	残疾四级
总 计	**19**	**6**	**3**	
黄浦区				
卢湾区				
徐汇区	1	2		
长宁区		1		
静安区				
普陀区	1			
闸北区	2			
虹口区		1	2	
杨浦区	6			
闵行区				
宝山区				
嘉定区				
浦东新区	3	1		
金山区	1			
松江区				
青浦区			1	
南汇区				
奉贤区	5	1		
崇明县				

4－19　各地区18岁及以上智力残疾人分残疾等级的身体移动状况

单位：人

地　区	无障碍/无适用				轻度障碍			
	残疾一级	残疾二级	残疾三级	残疾四级	残疾一级	残疾二级	残疾三级	残疾四级
总　计	**11**	**21**	**67**	**86**	**3**	**3**	**7**	**5**
黄浦区		1	8	1			1	
卢湾区			1	1				
徐汇区		2	4	2				1
长宁区	1	2	2	4				
静安区			1	1				
普陀区	1	1	1	3		1		
闸北区	1	1	3	2	1			
虹口区			4	3			3	
杨浦区			1	4			2	4
闵行区			3	2				
宝山区			6	6				
嘉定区			3	3				
浦东新区	2	6	6	18	2	1		
金山区	1	3	4	7				
松江区	1		3	5				
青浦区		1	4	1				
南汇区			2	11			1	
奉贤区	4	3	4			1		
崇明县		1	7	12				

4－19　续表 1

单位：人

地　区	中度障碍				重度障碍			
	残疾一级	残疾二级	残疾三级	残疾四级	残疾一级	残疾二级	残疾三级	残疾四级
总　计	**2**		**4**	**2**	**1**	**2**	**1**	
黄浦区						1		
卢湾区								
徐汇区	1			1				
长宁区								
静安区			1					
普陀区						1		
闸北区								
虹口区			1	1			1	
杨浦区			2					
闵行区								
宝山区								
嘉定区								
浦东新区					1			
金山区								
松江区								
青浦区								
南汇区								
奉贤区	1							
崇明县								

4－19 续表 2

单位：人

地 区	极重度障碍/不能完成			
	残疾一级	残疾二级	残疾三级	残疾四级
总 计	**6**	**1**	**1**	
黄浦区				
卢湾区				
徐汇区				
长宁区				
静安区				
普陀区				
闸北区				
虹口区		1	1	
杨浦区	6			
闵行区				
宝山区				
嘉定区				
浦东新区				
金山区				
松江区				
青浦区				
南汇区				
奉贤区				
崇明县				

4－20 各地区18岁及以上智力残疾人分残疾等级的生活自理状况

单位：人

地 区	无障碍/无适用				轻度障碍			
	残疾一级	残疾二级	残疾三级	残疾四级	残疾一级	残疾二级	残疾三级	残疾四级
总 计		**2**	**30**	**74**	**4**	**13**	**36**	**17**
黄浦区			1	1		1	7	
卢湾区				1			1	
徐汇区			1	1		1	3	1
长宁区			1	4	1	1	1	
静安区				1			1	
普陀区				3			1	
闸北区		1		2			3	
虹口区				2			6	2
杨浦区				3			1	5
闵行区			2	2			1	
宝山区			4	6			2	
嘉定区			2	3			1	
浦东新区			3	15		5	3	3
金山区			4	6	1	3		1
松江区			3	5				
青浦区				1			2	
南汇区			1	7			1	4
奉贤区		1	3		2	1	1	
崇明县			5	11		1	1	1

4－20 续表 1

单位：人

地区	中度障碍				重度障碍			
	残疾一级	残疾二级	残疾三级	残疾四级	残疾一级	残疾二级	残疾三级	残疾四级
总　计	**5**	**8**	**10**	**2**	**5**	**3**	**4**	
黄浦区		1					1	
卢湾区								
徐汇区	1	1		2				
长宁区		1						
静安区							1	
普陀区		1			1	2		
闸北区					1			
虹口区			2				2	
杨浦区			4					
闵行区								
宝山区								
嘉定区								
浦东新区	1	1			2	1		
金山区								
松江区					1			
青浦区		1	2					
南汇区			1					
奉贤区	3	2						
崇明县			1					

4－20 续表 2

单位：人

地区	极重度障碍/不能完成			
	残疾一级	残疾二级	残疾三级	残疾四级
总计	**9**	**1**		
黄浦区				
卢湾区				
徐汇区				
长宁区				
静安区				
普陀区				
闸北区	1			
虹口区		1		
杨浦区	6			
闵行区				
宝山区				
嘉定区				
浦东新区	2			
金山区				
松江区				
青浦区				
南汇区				
奉贤区				
崇明县				

4－21 各地区18岁及以上智力残疾人分残疾等级的与人相处状况

单位：人

地 区	无障碍/无适用				轻度障碍			
	残疾一级	残疾二级	残疾三级	残疾四级	残疾一级	残疾二级	残疾三级	残疾四级
总 计				**11**			**16**	**60**
黄浦区							1	1
卢湾区				1				
徐汇区				1			2	2
长宁区				1			1	2
静安区								1
普陀区							1	3
闸北区								2
虹口区							2	4
杨浦区				1			1	7
闵行区				1			1	1
宝山区				1			1	1
嘉定区							2	3
浦东新区							1	13
金山区								1
松江区				1			1	2
青浦区								1
南汇区				1				8
奉贤区								
崇明县				3			2	8

4-21 续表 1

单位：人

地 区	中度障碍				重度障碍			
	残疾一级	残疾二级	残疾三级	残疾四级	残疾一级	残疾二级	残疾三级	残疾四级
总　计		**5**	**42**	**21**	**5**	**12**	**20**	**1**
黄浦区		2	6				2	
卢湾区			1					
徐汇区			1	1			1	
长宁区			1	1	1	1		
静安区			1					
普陀区		1				2		
闸北区						1	3	
虹口区			2				6	
杨浦区			4					
闵行区			2					
宝山区			5	4				
嘉定区			1					
浦东新区		1	5	5	3	4		
金山区		1	2	5		1	2	1
松江区			2	2	1			
青浦区			1			1	3	
南汇区			3	2				
奉贤区			1			1	2	
崇明县			4	1		1	1	

4－21 续表 2

单位：人

地 区	极重度障碍/不能完成			
	残疾一级	残疾二级	残疾三级	残疾四级
总 计	**18**	**10**	**2**	
黄浦区				
卢湾区				
徐汇区	1	2		
长宁区		1		
静安区			1	
普陀区	1			
闸北区	2			
虹口区		1		
杨浦区	6			
闵行区				
宝山区				
嘉定区				
浦东新区	2	2		
金山区	1	1		
松江区				
青浦区				
南汇区				
奉贤区	5	3	1	
崇明县				

4－22 各地区18岁及以上智力残疾人分残疾等级的生活活动状况

单位：人

地 区	无障碍/无适用				轻度障碍			
	残疾一级	残疾二级	残疾三级	残疾四级	残疾一级	残疾二级	残疾三级	残疾四级
总 计			**1**	**12**			**12**	**61**
黄浦区			1	1			1	
卢湾区								1
徐汇区							2	2
长宁区								4
静安区				1				
普陀区								3
闸北区								2
虹口区							2	3
杨浦区				1			1	4
闵行区				2			1	
宝山区				2			2	3
嘉定区								2
浦东新区				2				12
金山区							1	4
松江区				1				2
青浦区								1
南汇区				2			2	7
奉贤区								
崇明县								11

4－22　续表 1

单位：人

地　区	中度障碍				重度障碍			
	残疾一级	残疾二级	残疾三级	残疾四级	残疾一级	残疾二级	残疾三级	残疾四级
总　计		**6**	**34**	**15**	**2**	**10**	**22**	**4**
黄浦区		1	6				1	
卢湾区			1					
徐汇区		2		1			2	1
长宁区		1	1				1	
静安区							1	
普陀区			1			3		
闸北区						1	1	
虹口区							3	
杨浦区			2	2			2	1
闵行区			2					
宝山区			4	1				
嘉定区			2	1			1	
浦东新区			1	3	1	3	4	1
金山区		1	3	3		2		
松江区			3	2	1			
青浦区			1				2	
南汇区			1	2				
奉贤区		1	3			1	1	
崇明县			3				3	1

4－22 续表 2

单位：人

地区	极重度障碍/不能完成			
	残疾一级	残疾二级	残疾三级	残疾四级
总 计	**21**	**11**	**11**	**1**
黄浦区		1		
卢湾区				
徐汇区	1			
长宁区	1	1		
静安区			1	
普陀区	1			
闸北区	2		2	
虹口区		1	5	1
杨浦区	6			
闵行区				
宝山区				
嘉定区				
浦东新区	4	4	1	
金山区	1			
松江区				
青浦区		1	1	
南汇区				
奉贤区	5	2		
崇明县		1	1	

4－23 各地区18岁及以上智力残疾人分残疾等级的社会参与状况

单位：人

地区	无障碍/无适用				轻度障碍			
	残疾一级	残疾二级	残疾三级	残疾四级	残疾一级	残疾二级	残疾三级	残疾四级
总　计			**3**	**10**			**15**	**60**
黄浦区							1	1
卢湾区								1
徐汇区							2	3
长宁区			1	1				1
静安区								1
普陀区								3
闸北区								
虹口区							4	2
杨浦区				1			2	7
闵行区				1				1
宝山区			2	5			1	1
嘉定区							2	3
浦东新区				1			1	13
金山区								2
松江区							1	3
青浦区								1
南汇区				1			1	9
奉贤区								
崇明县								8

4－23 续表 1

单位：人

地区	中度障碍				重度障碍			
	残疾一级	残疾二级	残疾三级	残疾四级	残疾一级	残疾二级	残疾三级	残疾四级
总计	**2**	**10**	**48**	**21**	**6**	**13**	**14**	**2**
黄浦区		1	7			1	1	
卢湾区			1					
徐汇区					1		2	1
长宁区	1		1	2		2		
静安区			2					
普陀区			1			3		
闸北区		1	1	2	1		2	
虹口区			6	2				
杨浦区			3					
闵行区			2				1	
宝山区			3					
嘉定区			1					
浦东新区	1	5	5	3	2	2		1
金山区		1	2	5		2	2	
松江区			2	2	1			
青浦区			2			1	2	
南汇区			1	1			1	
奉贤区		1	3		1	2	1	
崇明县		1	5	4			2	

4－23 续表 2

单位：人

地 区	极重度障碍/不能完成			
	残疾一级	残疾二级	残疾三级	残疾四级
总 计	**15**	**4**		
黄浦区				
卢湾区				
徐汇区		2		
长宁区				
静安区				
普陀区	1			
闸北区	1			
虹口区		1		
杨浦区	6			
闵行区				
宝山区				
嘉定区				
浦东新区	2			
金山区	1			
松江区				
青浦区				
南汇区				
奉贤区	4	1		
崇明县				

4－24 各地区18岁及以上精神残疾人分残疾等级的理解和交流状况

单位：人

地　区	无障碍/无适用				轻度障碍			
	残疾一级	残疾二级	残疾三级	残疾四级	残疾一级	残疾二级	残疾三级	残疾四级
总　计	**1**			**31**		**4**	**19**	**83**
黄浦区							1	3
卢湾区								
徐汇区				1				8
长宁区				14				8
静安区								1
普陀区	1							3
闸北区						1	1	5
虹口区				2			3	9
杨浦区				1				9
闵行区				3			1	2
宝山区				2			3	4
嘉定区				1				3
浦东新区				3		3	6	6
金山区								5
松江区								1
青浦区				1			3	3
南汇区							1	4
奉贤区				1				4
崇明县				2				5

4－24 续表 1

单位：人

地区	中度障碍				重度障碍			
	残疾一级	残疾二级	残疾三级	残疾四级	残疾一级	残疾二级	残疾三级	残疾四级
总 计	**17**	**32**	**37**	**29**	**25**	**13**	**6**	**1**
黄浦区	1	3	1	2	1			
卢湾区				1		3		
徐汇区	1		4	4	1			
长宁区						1		
静安区					3			
普陀区		5	8	7	1		1	
闸北区	3	5	2	4	8	2		
虹口区	2	1	2				1	
杨浦区	2	1	5	6	1	5	2	
闵行区		3	1					
宝山区	2	1	2	1	3			
嘉定区			3			2	2	1
浦东新区	6	6	5		4			
金山区		3	1					
松江区		1		3				
青浦区		1	1	1	2			
南汇区			2					
奉贤区								
崇明县		2			1			

4－24　续表 2

单位：人

地　区	极重度障碍/不能完成			
	残疾一级	残疾二级	残疾三级	残疾四级
总　计	**15**			
黄浦区	1			
卢湾区				
徐汇区	1			
长宁区				
静安区				
普陀区	4			
闸北区				
虹口区	1			
杨浦区	2			
闵行区				
宝山区				
嘉定区	1			
浦东新区	1			
金山区				
松江区				
青浦区	1			
南汇区				
奉贤区				
崇明县	3			

4－25　各地区18岁及以上精神残疾人分残疾等级的身体移动状况

单位：人

地　区	无障碍/无适用				轻度障碍			
	残疾一级	残疾二级	残疾三级	残疾四级	残疾一级	残疾二级	残疾三级	残疾四级
总　计	**11**	**24**	**35**	**125**	**23**	**17**	**19**	**16**
黄浦区		3	1	5			1	
卢湾区		2		1		1		
徐汇区				12	1		3	1
长宁区				22		1		
静安区	1			1	1			
普陀区		2	5	10	1	2	2	
闸北区		4	2	7	6	3	1	2
虹口区		1	4	10	1		1	
杨浦区	1	1		10	2	2	3	5
闵行区			2	5		2		
宝山区	3		3	6	2	1	2	1
嘉定区		1	4	4	1		1	1
浦东新区	4	7	10	8	6	2	1	
金山区		2	1	3		1		2
松江区				4		1		
青浦区	2		3	5	1	1	1	
南汇区							3	4
奉贤区				5				
崇明县		1		7	1			

4－25 续表 1

单位：人

地　区	中度障碍				重度障碍			
	残疾一级	残疾二级	残疾三级	残疾四级	残疾一级	残疾二级	残疾三级	残疾四级
总　计	**10**	**8**	**8**	**3**	**6**			
黄浦区	2							
卢湾区								
徐汇区			1		1			
长宁区								
静安区								
普陀区	1	1	2		2			
闸北区	3	1			2			
虹口区	1		1	1				
杨浦区	2	3	4	1				
闵行区		1						
宝山区								
嘉定区		1						
浦东新区	1			1				
金山区								
松江区								
青浦区								
南汇区								
奉贤区								
崇明县		1			1			

4－25 续表 2

单位：人

地 区	极重度障碍/不能完成			
	残疾一级	残疾二级	残疾三级	残疾四级
总 计	**8**			
黄浦区	1			
卢湾区				
徐汇区	1			
长宁区				
静安区	1			
普陀区	2			
闸北区				
虹口区	1			
杨浦区				
闵行区				
宝山区				
嘉定区				
浦东新区				
金山区				
松江区				
青浦区				
南汇区				
奉贤区				
崇明县	2			

4－26 各地区18岁及以上精神残疾人分残疾等级的生活自理状况

单位：人

地区	无障碍/无适用				轻度障碍			
	残疾一级	残疾二级	残疾三级	残疾四级	残疾一级	残疾二级	残疾三级	残疾四级
总计		**5**	**8**	**93**	**15**	**28**	**44**	**49**
黄浦区		1	1	4	2	2	1	1
卢湾区				1		1		
徐汇区				8			1	5
长宁区				21				1
静安区				1	1			
普陀区		1		4		3	8	5
闸北区				4	3	7	3	5
虹口区		1	1	8			4	3
杨浦区				9	1	4	7	7
闵行区				5		2	1	
宝山区			2	5	3		2	2
嘉定区			1	3	1		2	2
浦东新区		1	3	2	2	5	7	7
金山区		1		4		2	1	1
松江区				1		1		3
青浦区				3	2	1	4	2
南汇区							3	4
奉贤区				3				1
崇明县				7				

4－26　续表 1

单位：人

地　区	中度障碍				重度障碍			
	残疾一级	残疾二级	残疾三级	残疾四级	残疾一级	残疾二级	残疾三级	残疾四级
总　计	**26**	**14**	**10**	**2**	**10**	**2**		
黄浦区								
卢湾区		1				1		
徐汇区	1		3					
长宁区		1						
静安区	1				1			
普陀区	1		1	1	3	1		
闸北区	6	1			2			
虹口区	2		1					
杨浦区	3	2			1			
闵行区		1	1					
宝山区	2	1	1					
嘉定区		2	2					
浦东新区	8	3	1		1			
金山区								
松江区								
青浦区	1							
南汇区								
奉贤区				1				
崇明县	1	2			2			

4－26 续表 2

单位：人

地区	极重度障碍/不能完成			
	残疾一级	残疾二级	残疾三级	残疾四级
总计	**7**			
黄浦区	1			
卢湾区				
徐汇区	2			
长宁区				
静安区				
普陀区	2			
闸北区				
虹口区	1			
杨浦区				
闵行区				
宝山区				
嘉定区				
浦东新区				
金山区				
松江区				
青浦区				
南汇区				
奉贤区				
崇明县	1			

4－27 各地区18岁及以上精神残疾人分残疾等级的与人相处状况

单位：人

地区	无障碍/无适用				轻度障碍			
	残疾一级	残疾二级	残疾三级	残疾四级	残疾一级	残疾二级	残疾三级	残疾四级
总计				**17**		**3**	**5**	**52**
黄浦区								
卢湾区								
徐汇区				1				6
长宁区				7				5
静安区								
普陀区								2
闸北区								1
虹口区								2
杨浦区								3
闵行区						3	1	4
宝山区				3			2	4
嘉定区				1				2
浦东新区				2				6
金山区								2
松江区								3
青浦区				1			2	2
南汇区								4
奉贤区								2
崇明县				2				4

4－27 续表 1

单位：人

地区	中度障碍				重度障碍			
	残疾一级	残疾二级	残疾三级	残疾四级	残疾一级	残疾二级	残疾三级	残疾四级
总计	**4**	**20**	**39**	**62**	**40**	**23**	**16**	**13**
黄浦区		3	2	3	2			2
卢湾区				1		1		
徐汇区			4	6	1			
长宁区				7		1		3
静安区	1							1
普陀区		2	8	8	4	3	1	
闸北区			2	7	10	8	1	1
虹口区			2	7	2		2	2
杨浦区		2	3	11	5	4	4	2
闵行区			1	1				
宝山区	1	1	3		2			
嘉定区		2	2	1	1		3	1
浦东新区	1	5	7	1	10	4	4	
金山区		2		2		1	1	1
松江区		1		1				
青浦区	1		2	2	2	1		
南汇区			3					
奉贤区				3				
崇明县		2		1	1			

4－27 续表 2

单位：人

地区	极重度障碍/不能完成			
	残疾一级	残疾二级	残疾三级	残疾四级
总计	**14**	**3**	**2**	
黄浦区	1			
卢湾区		2		
徐汇区	2			
长宁区				
静安区	2			
普陀区	2			
闸北区	1			
虹口区	1	1	2	
杨浦区				
闵行区				
宝山区	2			
嘉定区				
浦东新区				
金山区				
松江区				
青浦区				
南汇区				
奉贤区				
崇明县	3			

4－28　各地区18岁及以上精神残疾人分残疾等级的生活活动状况

单位：人

地　区	无障碍/无适用				轻度障碍			
	残疾一级	残疾二级	残疾三级	残疾四级	残疾一级	残疾二级	残疾三级	残疾四级
总　计				**9**			**1**	**38**
黄浦区								1
卢湾区								1
徐汇区								5
长宁区				4				1
静安区								
普陀区				1				1
闸北区				1			1	2
虹口区								3
杨浦区								4
闵行区								3
宝山区								1
嘉定区								1
浦东新区				1				1
金山区								
松江区				1				1
青浦区								2
南汇区								4
奉贤区								2
崇明县				1				5

4－28 续表 1

单位：人

地区	中度障碍				重度障碍			
	残疾一级	残疾二级	残疾三级	残疾四级	残疾一级	残疾二级	残疾三级	残疾四级
总计		**2**	**12**	**65**	**12**	**31**	**40**	**32**
黄浦区					1	3	2	4
卢湾区								
徐汇区				5			1	3
长宁区				13				4
静安区								1
普陀区			3	6		5	6	2
闸北区				3	7	7	2	3
虹口区				6		1	6	2
杨浦区		2	4	9	1	3	3	3
闵行区				2		2	1	
宝山区				2	1	1	3	4
嘉定区			1	4	1	1	3	
浦东新区				3	1	5	11	4
金山区			1	5		2		
松江区				1		1		1
青浦区				2			2	1
南汇区			3					
奉贤区				3				
崇明县				1				

4－28　续表 2

单位：人

地　区	极重度障碍/不能完成			
	残疾一级	残疾二级	残疾三级	残疾四级
总　计	**46**	**16**	**9**	
黄浦区	2			
卢湾区		3		
徐汇区	3		3	
长宁区		1		
静安区	3			
普陀区	6			
闸北区	4	1		
虹口区	3			
杨浦区	4	1		
闵行区		1	1	
宝山区	4		2	
嘉定区		1	1	
浦东新区	10	4		
金山区		1		
松江区				
青浦区	3	1	2	
南汇区				
奉贤区				
崇明县	4	2		

4－29　各地区18岁及以上精神残疾人分残疾等级的社会参与状况

单位：人

地　区	无障碍/无适用				轻度障碍			
	残疾一级	残疾二级	残疾三级	残疾四级	残疾一级	残疾二级	残疾三级	残疾四级
总　计				**3**		**3**	**1**	**53**
黄浦区								
卢湾区								
徐汇区				1				8
长宁区				1				1
静安区								
普陀区								1
闸北区								3
虹口区								3
杨浦区								4
闵行区								2
宝山区						1	1	4
嘉定区						1		3
浦东新区								5
金山区								5
松江区								2
青浦区								1
南汇区								4
奉贤区								2
崇明县				1		1		5

4－29　续表 1

单位：人

地　区	中度障碍				重度障碍			
	残疾一级	残疾二级	残疾三级	残疾四级	残疾一级	残疾二级	残疾三级	残疾四级
总　计	**10**	**24**	**44**	**83**	**37**	**21**	**17**	**5**
黄浦区				5	2	3	2	
卢湾区		2				1		1
徐汇区			3	4	1		1	
长宁区				18		1		2
静安区				1	3			
普陀区		4	7	9	3	1	2	
闸北区	1	4	2	6	10	4	1	
虹口区			4	7	3	1	2	1
杨浦区		2	3	12	3	3	4	
闵行区		1	2	3		2		
宝山区	2		4	2	2			1
嘉定区			4	2	1	1	1	
浦东新区	2	7	8	4	9	2	3	
金山区		1				2	1	
松江区		1		2				
青浦区	3	1	4	4				
南汇区			3					
奉贤区				3				
崇明县	2	1		1				

4－29　续表 2

单位：人

地　区	极重度障碍/不能完成			
	残疾一级	残疾二级	残疾三级	残疾四级
总　计	**11**	**1**		
黄浦区	1			
卢湾区				
徐汇区	2			
长宁区				
静安区				
普陀区	3			
闸北区				
虹口区				
杨浦区	2	1		
闵行区				
宝山区	1			
嘉定区				
浦东新区				
金山区				
松江区				
青浦区				
南汇区				
奉贤区				
崇明县	2			

4－30 各地区18岁及以上多重残疾人分残疾等级的理解和交流状况

单位：人

地 区	无障碍/无适用				轻度障碍			
	残疾一级	残疾二级	残疾三级	残疾四级	残疾一级	残疾二级	残疾三级	残疾四级
总 计	**25**	**9**	**18**	**27**	**41**	**8**	**48**	**21**
黄浦区			2	1			1	1
卢湾区	1		1	2	2		2	1
徐汇区			1		3		2	1
长宁区	7	1	2	4	2	2	1	
静安区	3		1	1		1		
普陀区				1	2		6	5
闸北区	1		1	4	1	1	2	1
虹口区	5	1	2	2	3	1	9	1
杨浦区	2	2	5	1	4		5	1
闵行区			2	2	1		2	3
宝山区	3	1		3	5		5	2
嘉定区		1		2		1	5	1
浦东新区		1	1	2	11		3	3
金山区					1			
松江区		1		1	1			
青浦区		1		1	1	2	3	1
南汇区					1			
奉贤区					3		2	
崇明县	3							

4－30 续表 1

单位：人

地 区	中度障碍				重度障碍			
	残疾一级	残疾二级	残疾三级	残疾四级	残疾一级	残疾二级	残疾三级	残疾四级
总 计	**31**	**13**	**31**	**8**	**38**	**14**	**9**	**1**
黄浦区	1		1	2	3	1		
卢湾区	3	2	1	1		1		
徐汇区	1		2		5	2	1	
长宁区	1	1	3			1	1	
静安区		1	2		1		1	
普陀区	2		3		4	2	2	
闸北区		1	1		1			
虹口区	4	2	3		1	1	2	1
杨浦区	4		3		2	1		
闵行区	3	1	2			1		
宝山区	6	3	6	3	5			
嘉定区		1	1		3	1		
浦东新区	1		1	2	4	3	1	
金山区							1	
松江区			1					
青浦区	1	1	1		1			
南汇区	2				3			
奉贤区					2			
崇明县	2				3			

4－30 续表 2

单位：人

地 区	极重度障碍/不能完成			
	残疾一级	残疾二级	残疾三级	残疾四级
总 计	**54**	**3**	**1**	
黄浦区	1		1	
卢湾区				
徐汇区	3	1		
长宁区	4			
静安区	4			
普陀区	3			
闸北区	4			
虹口区	1	1		
杨浦区	6			
闵行区	2			
宝山区	5			
嘉定区	4			
浦东新区	3	1		
金山区	3			
松江区	1			
青浦区	1			
南汇区	3			
奉贤区	1			
崇明县	5			

4－31　各地区18岁及以上多重残疾人分残疾等级的身体移动状况

单位：人

地　区	无障碍/无适用				轻度障碍			
	残疾一级	残疾二级	残疾三级	残疾四级	残疾一级	残疾二级	残疾三级	残疾四级
总　计	**98**	**18**	**58**	**32**	**5**	**5**	**16**	**11**
黄浦区	3		4	3				
卢湾区	4	1	2	4				
徐汇区	7	1	1				1	
长宁区	8	3	2	1			1	1
静安区	3	1	4			1		
普陀区	3		5	2	1		2	2
闸北区	1	2	1	3			3	2
虹口区	9	4	13	2			1	
杨浦区	8		2		2	1	3	1
闵行区	3		4	5	1		1	
宝山区	8	2	5	4		1	2	2
嘉定区	3	2	3	2			2	1
浦东新区	14	2	5	6		1		
金山区	2		1					
松江区	1		1					
青浦区	2		3			1		2
南汇区	6				1			
奉贤区	6		2					
崇明县	7							

4－31 续表 1

单位：人

地　区	中度障碍				重度障碍			
	残疾一级	残疾二级	残疾三级	残疾四级	残疾一级	残疾二级	残疾三级	残疾四级
总　计	**20**	**5**	**22**	**13**	**17**	**13**	**10**	**1**
黄浦区			1	1		1		
卢湾区	1						2	
徐汇区	1	1	2	1	1		2	
长宁区	2		1	2	1	2	2	
静安区				1	1			
普陀区	2	1	2	2		1	2	
闸北区	2							
虹口区	1		2	1		1		1
杨浦区	1	1	8	1	2			
闵行区	1	1	1			1		
宝山区	5		2	2	6	1	2	
嘉定区		1	1		1	1		
浦东新区	1		1	1	2	1		
金山区					1			
松江区				1		1		
青浦区			1		2	3		
南汇区	2							
奉贤区								
崇明县	1							

4-31 续表 2

单位：人

地区	极重度障碍/不能完成			
	残疾一级	残疾二级	残疾三级	残疾四级
总　计	**49**	**6**	**1**	
黄浦区	2			
卢湾区	1	2		
徐汇区	3	1		
长宁区	3		1	
静安区	4			
普陀区	5			
闸北区	4			
虹口区	4	1		
杨浦区	5	1		
闵行区	1			
宝山区	5			
嘉定区	3			
浦东新区	2	1		
金山区	1			
松江区	1			
青浦区				
南汇区				
奉贤区				
崇明县	5			

4－32 各地区18岁及以上多重残疾人分残疾等级的生活自理状况

单位：人

地 区	无障碍/无适用				轻度障碍			
	残疾一级	残疾二级	残疾三级	残疾四级	残疾一级	残疾二级	残疾三级	残疾四级
总 计	**64**	**6**	**38**	**33**	**17**	**17**	**34**	**19**
黄浦区			1	1	1		2	1
卢湾区	4	1	1	3			2	1
徐汇区	5		2		1	1		1
长宁区	6	1	2	3	3	1		1
静安区	2		1			2		1
普陀区	2		2	3	1		6	2
闸北区	1	1	1	4		1	3	1
虹口区	6	1	5	1	1	3	6	2
杨浦区	6		5	1		2	3	1
闵行区	3		3	5			1	
宝山区	4	1	3	3	4	2	5	4
嘉定区	3	1	3	3		1	2	
浦东新区	11		3	6	1	3	3	1
金山区	1						1	
松江区			1					1
青浦区	1		3			1		2
南汇区	4				2			
奉贤区	2		2		1			
崇明县	3				2			

4－32 续表 1

单位：人

地　区	中度障碍				重度障碍			
	残疾一级	残疾二级	残疾三级	残疾四级	残疾一级	残疾二级	残疾三级	残疾四级
总　计	**26**	**7**	**28**	**4**	**32**	**12**	**5**	**1**
黄浦区	1		1	2	2	1	1	
卢湾区	1		1		1			
徐汇区	1	1	2		2		2	
长宁区	1	1	5			2		
静安区	1		2				1	
普陀区	2	1	2	1	1	1	1	
闸北区	1				2			
虹口区	1		4		4			1
杨浦区	1		5		4	1		
闵行区	1	1	2		1	1		
宝山区	5	1	2	1	3			
嘉定区		1	1		2	1		
浦东新区	1	1			3	1		
金山区	1							
松江区	1					1		
青浦区	1		1		2	3		
南汇区	2				1			
奉贤区	2				1			
崇明县	2				3			

4-32 续表 2

单位：人

地 区	极重度障碍/不能完成			
	残疾一级	残疾二级	残疾三级	残疾四级
总 计	**50**	**5**	**2**	
黄浦区	1			
卢湾区		2		
徐汇区	3	1		
长宁区	4			
静安区	5			
普陀区	5			
闸北区	3			
虹口区	2	2	1	
杨浦区	7			
闵行区	1			
宝山区	8		1	
嘉定区	2			
浦东新区	3			
金山区	2			
松江区	1			
青浦区				
南汇区				
奉贤区				
崇明县	3			

4－33 各地区18岁及以上多重残疾人分残疾等级的与人相处状况

单位：人

地区	无障碍/无适用				轻度障碍			
	残疾一级	残疾二级	残疾三级	残疾四级	残疾一级	残疾二级	残疾三级	残疾四级
总　计	**34**	**11**	**20**	**22**	**26**	**7**	**39**	**28**
黄浦区			1	1			2	2
卢湾区	3		1	2	1		2	1
徐汇区	2		2		1		1	1
长宁区	8	1	2	3	1			1
静安区	3	1	1	1				
普陀区			1	1	1		6	5
闸北区	2		1	3		1	1	2
虹口区	2	2	3	1	4		6	
杨浦区	3	2	3		3		4	1
闵行区			1	1	1		3	4
宝山区	5	1	3	5	5	2	4	3
嘉定区		1				1	2	3
浦东新区	2	1	1	2	6	1	3	4
金山区								
松江区		1		1	1		1	
青浦区		1		1		2	3	1
南汇区	1				1			
奉贤区					1		1	
崇明县	3							

4－33 续表 1

单位：人

地　区	中度障碍				重度障碍			
	残疾一级	残疾二级	残疾三级	残疾四级	残疾一级	残疾二级	残疾三级	残疾四级
总　计	**30**	**12**	**38**	**7**	**45**	**16**	**9**	
黄浦区	1		1	1	2	1		
卢湾区	2	1	1	1		2		
徐汇区	2	2	2		4	1	1	
长宁区	1	2	3		2	2	2	
静安区		1	2		1		1	
普陀区	2		4		3	2		
闸北区		1	1		1		1	
虹口区	2	1	5	3	3	2	2	
杨浦区	3		5	1	4	1	1	
闵行区	3	1	2			1		
宝山区	5	1	4		3			
嘉定区		1	4		5	1		
浦东新区	5		2	1	3	3		
金山区	1						1	
松江区								
青浦区	2	1	1		2			
南汇区					6			
奉贤区			1		3			
崇明县	1				3			

4－33 续表 2

单位：人

地 区	极重度障碍/不能完成			
	残疾一级	残疾二级	残疾三级	残疾四级
总 计	**54**	**1**	**1**	
黄浦区	2		1	
卢湾区				
徐汇区	3			
长宁区	2			
静安区	4			
普陀区	5			
闸北区	4			
虹口区	3	1		
杨浦区	5			
闵行区	2			
宝山区	6			
嘉定区	2			
浦东新区	3			
金山区	3			
松江区	1			
青浦区				
南汇区	1			
奉贤区	2			
崇明县	6			

4－34 各地区18岁及以上多重残疾人分残疾等级的生活活动状况

单位：人

地区	无障碍/无适用				轻度障碍			
	残疾一级	残疾二级	残疾三级	残疾四级	残疾一级	残疾二级	残疾三级	残疾四级
总　计	**35**	**4**	**11**	**9**	**16**	**5**	**24**	**27**
黄浦区			1				1	1
卢湾区	1		1	1	2	1		1
徐汇区	5						1	
长宁区	5	1	1	1	1	1		1
静安区	2					1	1	
普陀区	1				1		1	5
闸北区	1	1		1			1	3
虹口区	4	1	3		3	1	5	2
杨浦区	3			1	2		4	
闵行区				1	1		1	3
宝山区	3		2		1	1	2	3
嘉定区	1	1	1	1	1		3	2
浦东新区	8		2	3	2		1	3
金山区					1			
松江区								1
青浦区	1						3	2
南汇区								
奉贤区					1			
崇明县								

4－34 续表 1

单位：人

地区	中度障碍				重度障碍			
	残疾一级	残疾二级	残疾三级	残疾四级	残疾一级	残疾二级	残疾三级	残疾四级
总　计	**19**	**5**	**27**	**12**	**32**	**19**	**22**	**8**
黄浦区	1			3	2	1	2	
卢湾区	1		1	1	1			1
徐汇区			1		1	1	1	1
长宁区	1	1		1	1		1	1
静安区	1		1	1		1	1	
普陀区	1		5	1		2	4	
闸北区		1	2	1			1	
虹口区	2		3		2	2	1	1
杨浦区	1	1	5		2	1	2	1
闵行区	1		2	1	2	2	3	
宝山区	1	1	2	3	6	2	2	2
嘉定区	1	1	2			1		
浦东新区	1				2	1	2	1
金山区							1	
松江区						1	1	
青浦区	1		1		2	4		
南汇区	2				5			
奉贤区	2		2					
崇明县	2				6			

4－34 续表 2

单位：人

地 区	极重度障碍/不能完成			
	残疾一级	残疾二级	残疾三级	残疾四级
总 计	**87**	**14**	**23**	**1**
黄浦区	2		1	
卢湾区	1	2	2	
徐汇区	6	2	3	
长宁区	6	2	5	
静安区	5		1	
普陀区	8		1	
闸北区	6			
虹口区	3	2	4	1
杨浦区	10	1	2	
闵行区	2			
宝山区	13		3	
嘉定区	4	1		
浦东新区	6	4	1	
金山区	3			
松江区	2			
青浦区				
南汇区	2			
奉贤区	3			
崇明县	5			

4－35　各地区18岁及以上多重残疾人分残疾等级的社会参与状况

单位：人

地　区	无障碍/无适用				轻度障碍			
	残疾一级	残疾二级	残疾三级	残疾四级	残疾一级	残疾二级	残疾三级	残疾四级
总　计	**3**	**2**	**4**	**9**	**28**	**6**	**39**	**33**
黄浦区							2	2
卢湾区					3		1	3
徐汇区					1		1	
长宁区	2				6	1	2	3
静安区						1		1
普陀区							1	5
闸北区		1	2	1	1		1	3
虹口区			1		5	2	8	2
杨浦区				1	1	2	6	
闵行区				2	1			3
宝山区	1		1	1	3		5	4
嘉定区		1		2			5	1
浦东新区				2	6		4	3
金山区					1			
松江区								1
青浦区							3	2
南汇区								
奉贤区								
崇明县								

4－35 续表 1

单位：人

地 区	中度障碍				重度障碍			
	残疾一级	残疾二级	残疾三级	残疾四级	残疾一级	残疾二级	残疾三级	残疾四级
总 计	**51**	**12**	**40**	**11**	**51**	**22**	**19**	**4**
黄浦区	1		1	2	2	1	2	
卢湾区		1	1	1	2		1	
徐汇区	3	1	1	1	3	1	2	
长宁区	3	2	1		1	1	4	1
静安区	4		2			1	1	
普陀区	3		5	1	2	2	4	
闸北区	1	1	1	1	2			
虹口区	5	1	6		3	3	1	2
杨浦区	6		6	1	3	1	1	
闵行区	1		6		3	2		
宝山区	8	3	4	3	5	1	1	
嘉定区	2	1	1		4	2		
浦东新区	7	1	2	1	5	3		1
金山区					1		1	
松江区						1	1	
青浦区	2	1	1		2	3		
南汇区	2				5			
奉贤区	3		2		1			
崇明县					7			

4－35 续表 2

单位：人

地 区	极重度障碍/不能完成			
	残疾一级	残疾二级	残疾三级	残疾四级
总 计	**56**	**5**	**5**	
黄浦区	2			
卢湾区	1	2	1	
徐汇区	5	1	2	
长宁区	2	1		
静安区	4		1	
普陀区	6		1	
闸北区	3			
虹口区	1			
杨浦区	8			
闵行区	1			
宝山区	7			
嘉定区	1			
浦东新区	1	1		
金山区	2			
松江区	2			
青浦区				
南汇区	2			
奉贤区	2			
崇明县	6			

4－36 各地区视力残疾人分残疾等级的康复形式

单位：人

地 区	机构康复				延伸服务			
	残疾一级	残疾二级	残疾三级	残疾四级	残疾一级	残疾二级	残疾三级	残疾四级
总 计	**51**	**28**	**25**	**265**	**20**	**3**	**5**	**22**
黄浦区	1			9				
卢湾区				4				
徐汇区	2		3	10				
长宁区				3				
静安区				1				1
普陀区	8	3	4	30	1			
闸北区	5	2	3	20	11			10
虹口区	8	3		36		1		
杨浦区	7	3	2	14				
闵行区	4	1		14	2			3
宝山区		1	1	3				
嘉定区	1	4	1	12				
浦东新区	5	2	3	68				
金山区	1	2	3	12				
松江区	1	1	1	7				
青浦区				3	6	2	5	7
南汇区								
奉贤区	4	2	3	13				1
崇明县	4	4	1	6				

4－36 续表

单位：人

地 区	社区和家庭服务			
	残疾一级	残疾二级	残疾三级	残疾四级
总 计	**56**	**22**	**21**	**137**
黄浦区	4	3	4	17
卢湾区	4	1	2	16
徐汇区	6	4	4	16
长宁区		2		10
静安区	3	1		2
普陀区				1
闸北区				
虹口区	1	2		1
杨浦区	6	3	2	15
闵行区				
宝山区	2	2	1	26
嘉定区				3
浦东新区	5			3
金山区	2	1		4
松江区	7		1	4
青浦区				
南汇区	7	2	7	15
奉贤区	1	1		2
崇明县	8			2

4－37　各地区视力残疾人分残疾等级的康复内容

单位：人

地　区	医疗服务				辅助器具			
	残疾一级	残疾二级	残疾三级	残疾四级	残疾一级	残疾二级	残疾三级	残疾四级
总　计	**89**	**39**	**46**	**359**	**30**	**9**	**7**	**74**
黄浦区	1		1	9				
卢湾区	3	1	2	18				1
徐汇区	8	4	7	26				
长宁区		2		13				
静安区				3	2	1		2
普陀区	9	3	4	30	1			1
闸北区	5	1	3	17	11	1		13
虹口区	9	4		36		1		
杨浦区	12	6	4	29	1		1	9
闵行区	3			14	4	1		4
宝山区	2	3	2	27				
嘉定区	1	2	1	12		2		8
浦东新区	5	2	3	66			1	11
金山区	2	3	3	13	2	2	2	9
松江区	8	1	2	10	7			3
青浦区	5	1	4	7	1	1	1	3
南汇区	6	1	6	8			1	5
奉贤区	4	1	3	14				
崇明县	6	4	1	7	1		1	5

4-37 续表

单位：人

地区	康复训练与服务			
	残疾一级	残疾二级	残疾三级	残疾四级
总计	**40**	**17**	**10**	**53**
黄浦区	4	3	3	17
卢湾区	1			4
徐汇区			1	1
长宁区				
静安区	1	1		
普陀区	1			1
闸北区				
虹口区		1		1
杨浦区	4	1	3	3
闵行区				
宝山区				2
嘉定区				
浦东新区	5			3
金山区	2	3	1	10
松江区	7	1	1	4
青浦区	1			
南汇区	1	1	1	2
奉贤区	1	2		2
崇明县	12	4		3

4－38　各地区听力残疾人分残疾等级的康复形式

单位：人

地　区	机构康复				延伸服务			
	残疾一级	残疾二级	残疾三级	残疾四级	残疾一级	残疾二级	残疾三级	残疾四级
总　计	**27**	**31**	**220**	**196**	**9**	**9**	**69**	**64**
黄浦区			1					
卢湾区			2	1	1	1	10	4
徐汇区	1	1	6				1	
长宁区					1	1	15	19
静安区	3	3	24	15				1
普陀区		2	3	11			4	14
闸北区			2			2		1
虹口区	6	8	43	52			1	1
杨浦区	7	6	42	8				
闵行区								
宝山区	1		1	4	6	4	31	18
嘉定区			1					
浦东新区	9	3	40	49				
金山区			1					1
松江区		2	18	24				
青浦区		4	33	29				1
南汇区		1	1	1				
奉贤区		1	2	2	1	1	7	4
崇明县								

4－38 续表

单位：人

地 区	社区和家庭服务			
	残疾一级	残疾二级	残疾三级	残疾四级
总 计	**45**	**41**	**204**	**162**
黄浦区	1		9	22
卢湾区	2	2	7	3
徐汇区	1	6	24	4
长宁区				
静安区			1	2
普陀区	2	1	4	10
闸北区	9	6	27	6
虹口区	2	1	8	14
杨浦区	2	2	12	5
闵行区	3	3	22	18
宝山区		1		1
嘉定区	2	4	16	18
浦东新区	2	5	9	4
金山区	1	1	16	23
松江区			1	2
青浦区				
南汇区	12	3	20	5
奉贤区		1	10	9
崇明县	6	5	18	16

4－39　各地区听力残疾人分残疾等级的康复内容

单位：人

地　区	医疗服务				辅助器具			
	残疾一级	残疾二级	残疾三级	残疾四级	残疾一级	残疾二级	残疾三级	残疾四级
总　计	**52**	**48**	**286**	**240**	**51**	**50**	**327**	**284**
黄浦区	1		9	22			1	1
卢湾区	3	2	17	6	3	3	18	7
徐汇区	2	6	22	4		1	23	4
长宁区					1	1	15	19
静安区	3	3	25	17	3	3	25	16
普陀区		1	1	11	2	3	11	32
闸北区	3			1	7	8	29	6
虹口区	7	9	44	55	7	9	49	64
杨浦区	5	6	38	8	6	3	24	1
闵行区	2		6	3	3	3	22	17
宝山区	1	1		4	6	4	32	19
嘉定区	1	4	17	17		1		
浦东新区	11	6	49	48	4	3	8	21
金山区			2	5	1	1	15	19
松江区		1	4	5		2	18	24
青浦区		2	12	13		2	21	17
南汇区	9	3	20	6	4		1	
奉贤区			6	4	1	2	13	11
崇明县	4	4	14	11	3	1	2	6

4-39 续表

单位：人

地区	康复训练与服务			
	残疾一级	残疾二级	残疾三级	残疾四级
总计	**8**	**11**	**47**	**33**
黄浦区			1	
卢湾区	1	1	9	3
徐汇区		1		
长宁区				
静安区	1	2	8	5
普陀区				1
闸北区				
虹口区	1		1	2
杨浦区	1	1	6	4
闵行区	2	1	14	9
宝山区		1		1
嘉定区	1			1
浦东新区		2	1	4
金山区			2	2
松江区				
青浦区				
南汇区		1		
奉贤区		1		
崇明县	1		5	1

4－40 各地区言语残疾人分残疾等级的康复形式

单位：人

地 区	机构康复				延伸服务			
	残疾一级	残疾二级	残疾三级	残疾四级	残疾一级	残疾二级	残疾三级	残疾四级
总 计	**8**	**2**	**1**	**1**				**1**
黄浦区								
卢湾区								
徐汇区								
长宁区								
静安区								
普陀区	2	1	1					
闸北区		1						
虹口区								
杨浦区	1			1				
闵行区								
宝山区								
嘉定区	1							
浦东新区								
金山区								1
松江区	1							
青浦区								
南汇区	3							
奉贤区								
崇明县								

4－40 续表

单位：人

地区	社区和家庭服务			
	残疾一级	残疾二级	残疾三级	残疾四级
总 计	**11**	**4**	**6**	**12**
黄浦区				
卢湾区				
徐汇区	1	1		2
长宁区			1	
静安区	1			
普陀区				
闸北区	1	2		2
虹口区	1			2
杨浦区				
闵行区	2			
宝山区	1			
嘉定区				
浦东新区	2		1	2
金山区	1		2	1
松江区				
青浦区			1	
南汇区	1	1	1	1
奉贤区				1
崇明县				1

4－41 各地区言语残疾人分残疾等级的康复内容

单位：人

地 区	医疗服务				辅助器具			
	残疾一级	残疾二级	残疾三级	残疾四级	残疾一级	残疾二级	残疾三级	残疾四级
总 计	**6**	**3**	**2**	**5**	**6**	**1**	**1**	**1**
黄浦区								
卢湾区								
徐汇区		1			1			
长宁区								
静安区	1							
普陀区	2	1	1		2	1	1	
闸北区	1	1		1				
虹口区				2	1			1
杨浦区								
闵行区					1			
宝山区								
嘉定区	1							
浦东新区				1				
金山区	1		1					
松江区					1			
青浦区								
南汇区								
奉贤区								
崇明县				1				

4－41 续表

单位：人

地 区	康复训练与服务			
	残疾一级	残疾二级	残疾三级	残疾四级
总 计	**14**	**5**	**6**	**10**
黄浦区				
卢湾区				
徐汇区				2
长宁区			1	
静安区	1			
普陀区	2	1	1	
闸北区	1	3		1
虹口区				1
杨浦区	1			1
闵行区	1			
宝山区	1			
嘉定区				
浦东新区	2		1	1
金山区			1	2
松江区	1			
青浦区			1	
南汇区	4	1	1	1
奉贤区				1
崇明县				

4－42 各地区肢体残疾人分残疾等级的康复形式

单位：人

地 区	机构康复				延伸服务			
	残疾一级	残疾二级	残疾三级	残疾四级	残疾一级	残疾二级	残疾三级	残疾四级
总 计	**8**	**43**	**64**	**121**	**3**	**4**	**18**	**28**
黄浦区		4	1	1			1	1
卢湾区				1				1
徐汇区		9	16	2			6	
长宁区		2	1	13			1	1
静安区				4				1
普陀区	1	2	3	19			4	9
闸北区	1			7				2
虹口区								
杨浦区		1	1					
闵行区				1		1		1
宝山区		1	3	3				
嘉定区		2	1	3				
浦东新区	3	8	15	8	1		1	2
金山区	1			4	2	3	2	7
松江区		1	2	4				
青浦区	1	10	7	31				
南汇区			4	9				1
奉贤区		1	1	2			3	2
崇明县	1	2	9	9				

4－42 续表

单位：人

地 区	社区和家庭服务			
	残疾一级	残疾二级	残疾三级	残疾四级
总 计	**31**	**95**	**249**	**467**
黄浦区	3	8	10	24
卢湾区		5	7	10
徐汇区	2	1	19	1
长宁区		12	11	33
静安区		1	2	11
普陀区		4	11	28
闸北区	6	8	16	59
虹口区		5	13	25
杨浦区	5	15	68	42
闵行区	2		3	13
宝山区	2	5	7	25
嘉定区	1	6	14	22
浦东新区	8	11	24	52
金山区			2	28
松江区		2	5	15
青浦区				1
南汇区		1	7	26
奉贤区	1	7	24	35
崇明县	1	4	6	17

4－43　各地区肢体残疾人分残疾等级的康复内容

单位：人

地　区	医疗服务				辅助器具			
	残疾一级	残疾二级	残疾三级	残疾四级	残疾一级	残疾二级	残疾三级	残疾四级
总　计	**21**	**71**	**130**	**244**	**21**	**70**	**117**	**214**
黄浦区	1	5	1	2	2	8	6	13
卢湾区				2		2	2	1
徐汇区	2	8	19			1	5	
长宁区		2	1	12		14	12	36
静安区				6			1	2
普陀区	1	6	18	54	1	6	17	53
闸北区	2			9			1	3
虹口区			1	1				
杨浦区		1	2	1	1	1	2	1
闵行区		1		3	2	1	3	12
宝山区			6	8	1	5	7	12
嘉定区		3	2	3			1	
浦东新区	10	19	40	51	9	13	34	32
金山区	2	2	2	11	3	2	3	4
松江区		3	2	8		1	2	3
青浦区	1	10	7	32	1	10	7	32
南汇区			4	12			2	1
奉贤区		5	10	5		2	4	1
崇明县	2	6	15	24	1	4	8	8

4－43 续表

单位：人

地 区	康复训练与服务			
	残疾一级	残疾二级	残疾三级	残疾四级
总 计	**36**	**123**	**280**	**549**
黄浦区	3	9	11	26
卢湾区		3	5	9
徐汇区		3	18	3
长宁区		12	11	33
静安区		1	2	16
普陀区	1	6	17	54
闸北区	5	8	15	56
虹口区		5	12	24
杨浦区	5	16	67	42
闵行区	2	1	3	14
宝山区	2	6	10	27
嘉定区	1	7	15	23
浦东新区	11	18	36	58
金山区	3	3	4	39
松江区		3	7	17
青浦区	1	10	7	32
南汇区		1	5	25
奉贤区	1	6	23	34
崇明县	1	5	12	17

4－44 各地区智力残疾人分残疾等级的康复形式

单位：人

地 区	机构康复				延伸服务			
	残疾一级	残疾二级	残疾三级	残疾四级	残疾一级	残疾二级	残疾三级	残疾四级
总 计	**5**	**3**	**23**	**25**	**1**	**9**	**6**	**10**
黄浦区			2					
卢湾区								
徐汇区	1	2	4	5			1	
长宁区				2		1		3
静安区			1					
普陀区		1						
闸北区			2		1	1	1	2
虹口区			2					
杨浦区			1				1	
闵行区								1
宝山区			3	5				
嘉定区			1					1
浦东新区	3			1		6	3	1
金山区	1		1	1				
松江区			1					
青浦区								
南汇区			2	7				
奉贤区				1		1		
崇明县			3	3				2

4－44 续表

单位：人

地 区	社区和家庭服务			
	残疾一级	残疾二级	残疾三级	残疾四级
总 计	**22**	**17**	**64**	**84**
黄浦区		2	9	2
卢湾区			1	1
徐汇区			1	1
长宁区	1	1	3	1
静安区			1	1
普陀区	1	3	1	3
闸北区	2		1	1
虹口区		1	8	6
杨浦区	8		4	10
闵行区			3	1
宝山区			3	1
嘉定区			2	3
浦东新区	4	1	4	21
金山区		3	3	7
松江区	1		4	7
青浦区		1	4	1
南汇区			2	7
奉贤区	5	4	4	
崇明县		1	6	10

4－45 各地区智力残疾人分残疾等级的康复内容

单位：人

地 区	医疗服务				辅助器具			
	残疾一级	残疾二级	残疾三级	残疾四级	残疾一级	残疾二级	残疾三级	残疾四级
总 计	**10**	**9**	**41**	**43**	**2**			**1**
黄浦区		1	5	1				
卢湾区								
徐汇区	1	1	2	2	1			
长宁区	1	1	2	3				
静安区			2					
普陀区		1						
闸北区	2		2	2				
虹口区		1	7	1				
杨浦区			1	1				
闵行区								
宝山区			3	5				
嘉定区			2	1				
浦东新区	4	1	1	2				
金山区			2	4				1
松江区			1					
青浦区								
南汇区			4	9				
奉贤区	2	2		1	1			
崇明县		1	7	11				

4－45 续表

单位：人

地区	康复训练与服务			
	残疾一级	残疾二级	残疾三级	残疾四级
总 计	**21**	**23**	**70**	**93**
黄浦区		2	11	2
卢湾区			1	1
徐汇区	1	1	5	4
长宁区		1	1	4
静安区			1	1
普陀区	1	4	1	3
闸北区	2	1	3	2
虹口区			5	6
杨浦区	8		5	10
闵行区			3	2
宝山区			3	1
嘉定区			2	3
浦东新区	5	7	7	22
金山区	1	3	3	6
松江区	1		5	7
青浦区		1	4	1
南汇区			4	14
奉贤区	2	3	4	
崇明县			2	4

4－46 各地区精神残疾人分残疾等级的康复形式

单位：人

地 区	机构康复				延伸服务			
	残疾一级	残疾二级	残疾三级	残疾四级	残疾一级	残疾二级	残疾三级	残疾四级
总 计	**32**	**36**	**41**	**96**	**1**		**1**	**7**
黄浦区							1	
卢湾区		2		1				
徐汇区	2		1	6				5
长宁区		1		22				
静安区	1			1				
普陀区	4	5	9	9	1			
闸北区	6	5		3				
虹口区	1	1	2	2				
杨浦区	5	6	7	15				
闵行区		2	1	5				
宝山区	2	1	1	4				1
嘉定区		2	4	6				
浦东新区	9	8	10	9				
金山区		2	1					
松江区				2				1
青浦区	2	1	2	3				
南汇区			3	3				
奉贤区				5				
崇明县								

4－46 续表

单位：人

地 区	社区和家庭服务			
	残疾一级	残疾二级	残疾三级	残疾四级
总 计	**25**	**13**	**20**	**42**
黄浦区	3	3	1	5
卢湾区		1		
徐汇区	1		3	2
长宁区				
静安区	2			
普陀区	1			1
闸北区	5	3	3	6
虹口区	2		4	9
杨浦区				1
闵行区		1	1	
宝山区	3		4	2
嘉定区	1		1	
浦东新区	2	1	1	
金山区		1		5
松江区		1		1
青浦区	1		2	2
南汇区				1
奉贤区				
崇明县	4	2		7

4－47 各地区精神残疾人分残疾等级的康复内容

单位：人

地　区	医疗服务				辅助器具			
	残疾一级	残疾二级	残疾三级	残疾四级	残疾一级	残疾二级	残疾三级	残疾四级
合　计	**52**	**46**	**54**	**123**	**1**			
黄浦区	3	3	1	2				
卢湾区		3		1				
徐汇区	3		4	10				
长宁区		1		22				
静安区	3			1				
普陀区	4	5	9	10	1			
闸北区	9	6		4				
虹口区	3	1	6	10				
杨浦区	5	6	6	16				
闵行区		2	2	5				
宝山区	3	1	3	5				
嘉定区	1	2	5	6				
浦东新区	11	9	10	9				
金山区		3	1	1				
松江区		1		2				
青浦区	3	1	4	4				
南汇区			3	4				
奉贤区				4				
崇明县	4	2		7				

4－47 续表

单位：人

地 区	康复训练与服务			
	残疾一级	残疾二级	残疾三级	残疾四级
合 计	**26**	**17**	**28**	**66**
黄浦区	3	2	2	4
卢湾区		2		
徐汇区	1		2	8
长宁区				13
静安区	2			
普陀区	4			
闸北区	2	2	3	5
虹口区	3	1	5	11
杨浦区			1	2
闵行区		1		
宝山区	2		2	2
嘉定区	1	2	4	5
浦东新区	5	5	5	7
金山区		2		4
松江区				2
青浦区	3		2	1
南汇区			2	
奉贤区				2
崇明县				

4－48 各地区多重残疾人分残疾等级的康复形式

单位：人

地 区	机构康复				延伸服务			
	残疾一级	残疾二级	残疾三级	残疾四级	残疾一级	残疾二级	残疾三级	残疾四级
总 计	**58**	**18**	**39**	**22**	**16**	**5**	**12**	**8**
黄浦区								
卢湾区	2			1			1	2
徐汇区	6	2	4				1	
长宁区	2	2	1	1	5	2	1	1
静安区	4	1	4		1			
普陀区	6	1	2	3	1		2	
闸北区	2			1				2
虹口区	7	5	11	2				
杨浦区	6		6					
闵行区	1		2	3	1			
宝山区	1	1		1	5	1	7	3
嘉定区	2	1	2		1			
浦东新区	7	1	2	7	2	2		
金山区								
松江区		1	1	1				
青浦区	3	3	4	2				
南汇区	4							
奉贤区	3							
崇明县	2							

4－48 续表

单位：人

地 区	社区和家庭服务			
	残疾一级	残疾二级	残疾三级	残疾四级
总 计	**129**	**27**	**57**	**27**
黄浦区	5	1	5	4
卢湾区	4	3	3	1
徐汇区	9	1	1	1
长宁区	7	1	5	2
静安区	4	1		1
普陀区	5	1	7	3
闸北区	6	2	4	2
虹口区	8	1	5	2
杨浦区	14	3	7	2
闵行区	5	2	4	2
宝山区	18	2	4	4
嘉定区	4	4	4	3
浦东新区	13	3	5	
金山区	4		1	
松江区	2			
青浦区	1	1		
南汇区	5			
奉贤区	4	1	2	
崇明县	11			

4－49 各地区多重残疾人分残疾等级的康复内容

单位：人

地区	医疗服务				辅助器具			
	残疾一级	残疾二级	残疾三级	残疾四级	残疾一级	残疾二级	残疾三级	残疾四级
总 计	**94**	**34**	**56**	**34**	**76**	**22**	**51**	**33**
黄浦区	4	1	3	3			1	1
卢湾区	2	2	1	2	5	2	2	2
徐汇区	11	3	5	1				
长宁区	7	2	1	1	5	4	6	4
静安区	6	2	4		5	1	3	
普陀区	9	2	8	5	9	2	7	5
闸北区	2			1	1	2	1	3
虹口区	6	6	12	3	9	2	11	3
杨浦区	8		6	1	3		1	
闵行区	2	1	3	3	3	1	2	3
宝山区	6	3	1	2	15	3	9	5
嘉定区	3	4	3	3			1	
浦东新区	11	4	4	6	8	1	2	4
金山区	1		1		1			
松江区		1		1	1	1	1	1
青浦区	2	3	3	2	3	3	3	2
南汇区	2				1			
奉贤区	5		1				1	
崇明县	7				7			

4－49 续表

单位：人

地区	康复训练与服务			
	残疾一级	残疾二级	残疾三级	残疾四级
总 计	**124**	**29**	**49**	**25**
黄浦区	2		2	1
卢湾区	4	2	2	3
徐汇区	7		3	1
长宁区	9	2	5	2
静安区	6	2	1	1
普陀区	9	2	7	4
闸北区	5		3	1
虹口区	6	1	3	2
杨浦区	12	3	8	1
闵行区	4	2	3	2
宝山区	16	2	4	4
嘉定区	6	3	3	
浦东新区	17	4	4	
金山区	3			
松江区	1	1		1
青浦区	3	4	1	2
南汇区	7			
奉贤区	2	1		
崇明县	5			

4－50　各地区残疾人分城乡、残疾等级的持证情况

单位：人

地　区	持证残疾人			持证残疾人		
				残疾一级		
	合计	城镇	农村	小计	城镇	农村
总　计	**1091**	**817**	**274**	**224**	**173**	**51**
黄浦区	60	60		5	5	
卢湾区	25	25		8	8	
徐汇区	74	74		14	14	
长宁区	49	49		6	6	
静安区	22	22		5	5	
普陀区	61	61		10	10	
闸北区	77	77		21	21	
虹口区	68	68		10	10	
杨浦区	110	110		29	29	
闵行区	31	30	1	8	8	
宝山区	45	27	18	10	8	2
嘉定区	39	24	15	3	2	1
浦东新区	139	115	24	32	28	4
金山区	45	26	19	7	4	3
松江区	43	21	22	9	7	2
青浦区	44	7	37	12	1	11
南汇区	78	14	64	17	5	12
奉贤区	33	3	30	8		8
崇明县	48	4	44	10	2	8

4-50 续表

单位：人

地区	持证残疾人								
	残疾二级			残疾三级			残疾四级		
	小计	城镇	农村	小计	城镇	农村	小计	城镇	农村
总 计	**134**	**105**	**29**	**267**	**197**	**70**	**466**	**342**	**124**
黄浦区	10	10		19	19		26	26	
卢湾区	2	2		3	3		12	12	
徐汇区	10	10		32	32		18	18	
长宁区	8	8		8	8		27	27	
静安区	2	2		3	3		12	12	
普陀区	10	10		15	15		26	26	
闸北区	9	9		7	7		40	40	
虹口区	9	9		19	19		30	30	
杨浦区	11	11		42	42		28	28	
闵行区	3	3		5	5		15	14	1
宝山区	7	4	3	15	9	6	13	6	7
嘉定区	6	3	3	9	7	2	21	12	9
浦东新区	19	15	4	23	19	4	65	53	12
金山区	6	4	2	6	3	3	26	15	11
松江区	3	2	1	12	4	8	19	8	11
青浦区	6	2	4	15		15	11	4	7
南汇区	6	1	5	16	1	15	39	7	32
奉贤区	3		3	10	1	9	12	2	10
崇明县	4		4	8		8	26	2	24

4－52 6-14岁听力残疾人分年龄、性别、残疾等级的在校生接受义务教育情况

单位：人

年 龄	残疾人		残疾一级							
			普通教育学校普通班		普通教育学校特教班		特殊教育学校		其 他	
	男	女	男	女	男	女	男	女	男	女
总 计	**1**									
6岁										
7岁										
8岁										
9岁										
10岁	1									
11岁										
12岁										
13岁										
14岁										

4－52 续表 1

单位：人

年 龄	残疾二级							
	普通教育学校普通班		普通教育学校特教班		特殊教育学校		其 他	
	男	女	男	女	男	女	男	女
总 计								
6岁								
7岁								
8岁								
9岁								
10岁								
11岁								
12岁								
13岁								
14岁								

4－52 续表 2

单位：人

年龄	残疾三级							
	普通教育学校普通班		普通教育学校特教班		特殊教育学校		其他	
	男	女	男	女	男	女	男	女
总计	**1**							
6岁								
7岁								
8岁								
9岁								
10岁	1							
11岁								
12岁								
13岁								
14岁								

4－52 续表 3

单位：人

年龄	残疾四级							
	普通教育学校普通班		普通教育学校特教班		特殊教育学校		其他	
	男	女	男	女	男	女	男	女
总计								
6岁								
7岁								
8岁								
9岁								
10岁								
11岁								
12岁								
13岁								
14岁								

4－53　6–14岁言语残疾人分年龄、性别、残疾等级的在校生接受义务教育情况

单位：人

年　龄	残疾人		残疾一级							
			普通教育学校普通班		普通教育学校特教班		特殊教育学校		其　他	
	男	女	男	女	男	女	男	女	男	女
总　计		**1**						**1**		
6岁										
7岁										
8岁		1						1		
9岁										
10岁										
11岁										
12岁										
13岁										
14岁										

4－53　续表 1

单位：人

年　龄	残疾二级							
	普通教育学校普通班		普通教育学校特教班		特殊教育学校		其　他	
	男	女	男	女	男	女	男	女
总　计								
6岁								
7岁								
8岁								
9岁								
10岁								
11岁								
12岁								
13岁								
14岁								

4－53 续表 2

单位：人

年 龄	残疾三级							
	普通教育学校普通班		普通教育学校特教班		特殊教育学校		其 他	
	男	女	男	女	男	女	男	女
总 计								
6岁								
7岁								
8岁								
9岁								
10岁								
11岁								
12岁								
13岁								
14岁								

4－53 续表 3

单位：人

年 龄	残疾四级							
	普通教育学校普通班		普通教育学校特教班		特殊教育学校		其 他	
	男	女	男	女	男	女	男	女
总 计								
6岁								
7岁								
8岁								
9岁								
10岁								
11岁								
12岁								
13岁								
14岁								

4－54　6-14岁肢体残疾人分年龄、性别、残疾等级的在校生接受义务教育情况

单位：人

年　龄	残疾人		残疾一级							
			普通教育学校普通班		普通教育学校特教班		特殊教育学校		其　他	
	男	女	男	女	男	女	男	女	男	女
总　计	**1**	**3**								
6岁										
7岁										
8岁		1								
9岁										
10岁										
11岁		1								
12岁										
13岁		1								
14岁	1									

4－54　续表 1

单位：人

年　龄	残疾二级							
	普通教育学校普通班		普通教育学校特教班		特殊教育学校		其　他	
	男	女	男	女	男	女	男	女
总　计								
6岁								
7岁								
8岁								
9岁								
10岁								
11岁								
12岁								
13岁								
14岁								

4－54　续表 2

单位：人

年　龄	残疾三级							
	普通教育学校普通班		普通教育学校特教班		特殊教育学校		其他	
	男	女	男	女	男	女	男	女
总　计	**1**	**1**						
6岁								
7岁								
8岁		1						
9岁								
10岁								
11岁								
12岁								
13岁								
14岁	1							

4－54　续表 3

单位：人

年　龄	残疾四级							
	普通教育学校普通班		普通教育学校特教班		特殊教育学校		其　他	
	男	女	男	女	男	女	男	女
总　计		**2**						
6岁								
7岁								
8岁								
9岁								
10岁								
11岁		1						
12岁								
13岁		1						
14岁								

4－55　6–14岁智力残疾人分年龄、性别、残疾等级的在校生接受义务教育情况

单位：人

年　龄	残疾人		残疾一级							
			普通教育学校普通班		普通教育学校特教班		特殊教育学校		其他	
	男	女	男	女	男	女	男	女	男	女
总　计	**10**	**9**								
6岁										
7岁		2								
8岁	2	1								
9岁										
10岁		1								
11岁	2	1								
12岁	1	2								
13岁	2	1								
14岁	3	1								

4－55　续表 1

单位：人

年　龄	残疾二级							
	普通教育学校普通班		普通教育学校特教班		特殊教育学校		其　他	
	男	女	男	女	男	女	男	女
总　计		**1**						
6岁								
7岁								
8岁								
9岁								
10岁								
11岁								
12岁		1						
13岁								
14岁								

4－55 续表 2

单位：人

年 龄	残疾三级							
	普通教育学校普通班		普通教育学校特教班		特殊教育学校		其 他	
	男	女	男	女	男	女	男	女
总 计								
6岁								
7岁								
8岁								
9岁								
10岁								
11岁								
12岁								
13岁								
14岁								

4－55 续表 3

单位：人

年 龄	残疾四级							
	普通教育学校普通班		普通教育学校特教班		特殊教育学校		其 他	
	男	女	男	女	男	女	男	女
总 计	**3**	**3**			**3**	**3**		
6岁								
7岁						1		
8岁	1				1			
9岁								
10岁		1						
11岁	1				1	1		
12岁		1						
13岁		1						
14岁	1				1	1		

4－57 6-14岁多重残疾人分年龄、性别、残疾等级的在校生接受义务教育情况

单位：人

年 龄	残疾人		残疾一级							
			普通教育学校普通班		普通教育学校特教班		特殊教育学校		其 他	
	男	女	男	女	男	女	男	女	男	女
总 计	**4**	**3**					**1**			
6岁		3								
7岁	1						1			
8岁										
9岁	2									
10岁	1									
11岁										
12岁										
13岁										
14岁										

4－57 续表 1

单位：人

年 龄	残疾二级							
	普通教育学校普通班		普通教育学校特教班		特殊教育学校		其 他	
	男	女	男	女	男	女	男	女
总 计					**1**			
6岁								
7岁								
8岁								
9岁					1			
10岁								
11岁								
12岁								
13岁								
14岁								

4－57　续表 2

单位：人

年　龄	残疾三级							
	普通教育学校普通班		普通教育学校特教班		特殊教育学校		其　他	
	男	女	男	女	男	女	男	女
总　计								
6岁								
7岁								
8岁								
9岁								
10岁								
11岁								
12岁								
13岁								
14岁								

4－57　续表 3

单位：人

年　龄	残疾四级							
	普通教育学校普通班		普通教育学校特教班		特殊教育学校		其　他	
	男	女	男	女	男	女	男	女
总　计								
6岁								
7岁								
8岁								
9岁								
10岁								
11岁								
12岁								
13岁								
14岁								

4－58　各地区6–14岁残疾人分城乡、残疾等级的在校生接受义务教育情况

单位：人

地　区	残疾人		残疾一级							
			普通教育学校普通班		普通教育学校特教班		特殊教育学校		其　他	
	城镇	农村	城镇	农村	城镇	农村	城镇	农村	城镇	农村
总　计	**21**	**11**					**1**	**1**		
黄浦区										
卢湾区										
徐汇区	4						1			
长宁区	3									
静安区										
普陀区										
闸北区	3									
虹口区	3									
杨浦区	1									
闵行区										
宝山区										
嘉定区		1								
浦东新区	7	2								
金山区										
松江区		1								
青浦区										
南汇区		1						1		
奉贤区		3								
崇明县		3								

4－58 续表 1

单位：人

地 区	残疾二级							
	普通教育学校普通班		普通教育学校特教班		特殊教育学校		其 他	
	城镇	农村	城镇	农村	城镇	农村	城镇	农村
总 计		**1**			**1**			
黄浦区								
卢湾区								
徐汇区								
长宁区								
静安区								
普陀区								
闸北区								
虹口区								
杨浦区								
闵行区								
宝山区								
嘉定区								
浦东新区					1			
金山区								
松江区								
青浦区								
南汇区								
奉贤区		1						
崇明县								

4－58 续表 2

单位：人

地区	残疾三级							
	普通教育学校普通班		普通教育学校特教班		特殊教育学校		其他	
	城镇	农村	城镇	农村	城镇	农村	城镇	农村
总计	**2**	**1**						
黄浦区								
卢湾区								
徐汇区								
长宁区	1							
静安区								
普陀区								
闸北区								
虹口区								
杨浦区	1							
闵行区								
宝山区								
嘉定区		1						
浦东新区								
金山区								
松江区								
青浦区								
南汇区								
奉贤区								
崇明县								

4－58 续表 3

单位：人

地区	残疾四级							
	普通教育学校普通班		普通教育学校特教班		特殊教育学校		其他	
	城镇	农村	城镇	农村	城镇	农村	城镇	农村
总计	**5**	**3**			**5**	**1**		
黄浦区								
卢湾区								
徐汇区	1				1			
长宁区	2							
静安区								
普陀区								
闸北区	1							
虹口区	1				1			
杨浦区								
闵行区								
宝山区								
嘉定区								
浦东新区					3	1		
金山区								
松江区								
青浦区								
南汇区								
奉贤区		1						
崇明县		2						

4-59 各地区16岁及以上视力残疾人分城乡的参加社会保险情况

单位：人

地 区	残疾人			参加社会保险人数					
				养老保险			医疗保险		
	合计	城镇	农村	小计	城镇	农村	小计	城镇	农村
总 计	**654**	**507**	**147**	**471**	**417**	**54**	**525**	**434**	**91**
黄浦区	38	38		33	33		33	33	
卢湾区	27	27		24	24		24	24	
徐汇区	45	45		36	36		36	36	
长宁区	15	15		3	3		10	10	
静安区	8	8		7	7		8	8	
普陀区	47	47		38	38		42	42	
闸北区	51	51		41	41		41	41	
虹口区	51	51		42	42		42	42	
杨浦区	52	52		49	49		50	50	
闵行区	24	24		19	19		21	21	
宝山区	36	25	11	24	17	7	25	19	6
嘉定区	21	14	7	19	13	6	20	13	7
浦东新区	86	73	13	74	65	9	73	65	8
金山区	25	15	10	16	14	2	23	14	9
松江区	22	12	10	15	11	4	13	11	2
青浦区	23	2	21	17	2	15	23	2	21
南汇区	31	3	28	5	2	3	8	1	7
奉贤区	27	3	24	6	1	5	9	1	8
崇明县	25	2	23	3		3	24	1	23

4-59 续表

单位：人

地区	参加社会保险人数						未参加		
	工伤保险			失业保险					
	小计	城镇	农村	小计	城镇	农村	小计	城镇	农村
总　计	**12**	**12**		**27**	**27**		**113**	**65**	**48**
黄浦区	4	4		6	6		5	5	
卢湾区	3	3		3	3		3	3	
徐汇区							9	9	
长宁区							5	5	
静安区	1	1		1	1				
普陀区				2	2		3	3	
闸北区							10	10	
虹口区				1	1		9	9	
杨浦区				9	9		2	2	
闵行区							2	2	
宝山区							6	4	2
嘉定区							1	1	
浦东新区				1	1		10	7	3
金山区	4	4		4	4		2	1	1
松江区							6		6
青浦区									
南汇区							21	1	20
奉贤区							18	2	16
崇明县							1	1	

4-60 各地区16岁及以上听力残疾人分城乡的参加社会保险情况

单位：人

地 区	残疾人			参加社会保险人数					
				养老保险			医疗保险		
	合计	城镇	农村	小计	城镇	农村	小计	城镇	农村
总 计	**1076**	**826**	**250**	**811**	**729**	**82**	**925**	**757**	**168**
黄浦区	33	33		30	30		30	30	
卢湾区	33	33		32	32		32	32	
徐汇区	44	44		39	39		38	38	
长宁区	35	35		32	32		34	34	
静安区	49	49		44	44		45	45	
普陀区	51	51		49	49		49	49	
闸北区	53	53		46	46		49	49	
虹口区	136	136		127	127		128	128	
杨浦区	84	84		74	74		78	78	
闵行区	46	45	1	41	41		41	41	
宝山区	67	38	29	44	34	10	60	35	25
嘉定区	41	30	11	39	28	11	40	29	11
浦东新区	121	103	18	85	78	7	96	88	8
金山区	43	26	17	25	24	1	35	25	10
松江区	47	18	29	31	18	13	29	18	11
青浦区	67	14	53	35	14	21	67	14	53
南汇区	43	21	22	18	14	4	16	15	1
奉贤区	38	7	31	14	3	11	15	3	12
崇明县	45	6	39	6	2	4	43	6	37

4-60 续表

单位：人

地区	参加社会保险人数						未参加		
	工伤保险			失业保险					
	小计	城镇	农村	小计	城镇	农村	小计	城镇	农村
总计	**6**	**5**	**1**	**20**	**19**	**1**	**137**	**63**	**74**
黄浦区							3	3	
卢湾区	2	2		2	2		1	1	
徐汇区				1	1		4	4	
长宁区							1	1	
静安区	1	1		1	1		4	4	
普陀区							2	2	
闸北区				1	1		4	4	
虹口区				5	5		8	8	
杨浦区				7	7		6	6	
闵行区							5	4	1
宝山区	1	1		2	2		5	2	3
嘉定区							1	1	
浦东新区							23	13	10
金山区							7	1	6
松江区	2	1	1	1		1	16		16
青浦区									
南汇区							23	5	18
奉贤区							23	4	19
崇明县							1		1

4-61 各地区16岁及以上言语残疾人分城乡的参加社会保险情况

单位：人

地 区	残疾人			参加社会保险人数					
				养老保险			医疗保险		
	合计	城镇	农村	小计	城镇	农村	小计	城镇	农村
总 计	**42**	**31**	**11**	**27**	**26**	**1**	**34**	**29**	**5**
黄浦区									
卢湾区									
徐汇区	3	3		1	1		3	3	
长宁区	1	1		1	1		1	1	
静安区	1	1		1	1		1	1	
普陀区	4	4		4	4		4	4	
闸北区	5	5		3	3		5	5	
虹口区	3	3		2	2		2	2	
杨浦区	2	2		2	2		2	2	
闵行区	2	2		2	2		2	2	
宝山区	1	1		1	1		1	1	
嘉定区	1	1		1	1		1	1	
浦东新区	4	4		4	4		4	4	
金山区	5	2	3	2	2		5	2	3
松江区	1		1	1		1	1		1
青浦区	1	1		1	1		1	1	
南汇区	6	1	5	1	1				
奉贤区	1		1						
崇明县	1		1				1		1

4-61 续表

单位：人

地区	参加社会保险人数						未参加		
	工伤保险			失业保险					
	小计	城镇	农村	小计	城镇	农村	小计	城镇	农村
总　计	**1**	**1**		**2**	**2**		**7**	**1**	**6**
黄浦区									
卢湾区									
徐汇区									
长宁区									
静安区									
普陀区									
闸北区									
虹口区							1	1	
杨浦区				1	1				
闵行区	1	1		1	1				
宝山区									
嘉定区									
浦东新区									
金山区									
松江区									
青浦区									
南汇区							5		5
奉贤区							1		1
崇明县									

4-62 各地区16岁及以上肢体残疾人分城乡的参加社会保险情况

单位：人

地区	残疾人			参加社会保险人数					
				养老保险			医疗保险		
	合计	城镇	农村	小计	城镇	农村	小计	城镇	农村
总 计	**1125**	**834**	**291**	**753**	**669**	**84**	**895**	**748**	**147**
黄浦区	53	53		46	46		46	46	
卢湾区	24	24		24	24		24	24	
徐汇区	56	56		5	5		54	54	
长宁区	72	72		57	57		64	64	
静安区	19	19		17	17		17	17	
普陀区	81	81		76	76		77	77	
闸北区	98	98		85	85		85	85	
虹口区	42	42		34	34		34	34	
杨浦区	131	131		120	120		121	121	
闵行区	21	20	1	17	17		17	17	
宝山区	46	30	16	19	13	6	25	24	1
嘉定区	48	27	21	42	26	16	44	25	19
浦东新区	133	114	19	111	105	6	115	109	6
金山区	49	30	19	33	23	10	46	27	19
松江区	29	12	17	11	6	5	12	6	6
青浦区	50	10	40	26	10	16	47	10	37
南汇区	48	10	38	4	2	2	7	4	3
奉贤区	76	3	73	18	1	17	18	2	16
崇明县	49	2	47	8	2	6	42	2	40

4-62 续表

单位：人

地区	参加社会保险人数						未参加		
	工伤保险			失业保险					
	小计	城镇	农村	小计	城镇	农村	小计	城镇	农村
总　计	**6**	**6**		**60**	**58**	**2**	**212**	**77**	**135**
黄浦区				2	2		7	7	
卢湾区									
徐汇区							2	2	
长宁区				3	3		7	7	
静安区	2	2		2	2		2	2	
普陀区	1	1		3	3		2	2	
闸北区				1	1		13	13	
虹口区				10	10		8	8	
杨浦区	2	2		28	28		10	10	
闵行区							4	3	1
宝山区				2	2		14	4	10
嘉定区				2	2		2		2
浦东新区	1	1		3	3		18	5	13
金山区				1	1		3	3	
松江区				2	1	1	17	6	11
青浦区							3		3
南汇区							38	4	34
奉贤区				1		1	56	1	55
崇明县							6		6

4-63 各地区16岁及以上智力残疾人分城乡的参加社会保险情况

单位：人

地区	残疾人			参加社会保险人数					
				养老保险			医疗保险		
	合计	城镇	农村	小计	城镇	农村	小计	城镇	农村
总 计	**232**	**143**	**89**	**105**	**81**	**24**	**125**	**81**	**44**
黄浦区	14	14		4	4		4	4	
卢湾区	2	2		1	1		1	1	
徐汇区	12	12		9	9		5	5	
长宁区	9	9		7	7		6	6	
静安区	3	3		3	3		3	3	
普陀区	8	8		5	5		5	5	
闸北区	8	8		8	8		6	6	
虹口区	15	15		11	11		11	11	
杨浦区	22	22		12	12		14	14	
闵行区	5	5		3	3		3	3	
宝山区	12	4	8	3	1	2	7	2	5
嘉定区	6	3	3	4	1	3	1	1	
浦东新区	37	25	12	18	14	4	17	16	1
金山区	15	7	8	1	1		11	4	7
松江区	9	3	6				3		3
青浦区	6		6	4		4	6		6
南汇区	15	2	13	1	1		1		1
奉贤区	13	1	12	5		5	9		9
崇明县	21		21	6		6	12		12

4-63 续表

单位：人

地 区	参加社会保险人数						未参加		
	工伤保险			失业保险					
	小计	城镇	农村	小计	城镇	农村	小计	城镇	农村
总 计	**5**	**4**	**1**	**14**	**13**	**1**	**89**	**54**	**35**
黄浦区							10	10	
卢湾区	1	1		1	1		1	1	
徐汇区							3	3	
长宁区				2	2		2	2	
静安区	1	1		1	1				
普陀区							3	3	
闸北区	1	1		1	1				
虹口区	1	1		2	2		4	4	
杨浦区				5	5		8	8	
闵行区							2	2	
宝山区							4	2	2
嘉定区							2	2	
浦东新区							16	9	7
金山区							4	3	1
松江区							6	3	3
青浦区	1		1						
南汇区				2	1	1	13	1	12
奉贤区							4	1	3
崇明县							7		7

4-64 各地区16岁及以上精神残疾人分城乡的参加社会保险情况

单位：人

地 区	残疾人			参加社会保险人数					
				养老保险			医疗保险		
	合计	城镇	农村	小计	城镇	农村	小计	城镇	农村
总 计	**314**	**266**	**48**	**229**	**209**	**20**	**241**	**211**	**30**
黄浦区	13	13		9	9		9	9	
卢湾区	4	4		3	3		3	3	
徐汇区	20	20		15	15		18	18	
长宁区	23	23		18	18		18	18	
静安区	4	4		3	3		3	3	
普陀区	30	30		21	21		22	22	
闸北区	31	31		27	27		27	27	
虹口区	21	21		17	17		17	17	
杨浦区	34	34		27	27		27	27	
闵行区	10	10		9	9		7	7	
宝山区	18	15	3	12	10	2	12	10	2
嘉定区	14	9	5	11	7	4	11	7	4
浦东新区	40	38	2	32	31	1	33	31	2
金山区	9	9		8	8		8	8	
松江区	5	1	4	2	1	1	4	1	3
青浦区	13		13	11		11	13		13
南汇区	7		7						
奉贤区	5	2	3	3	2	1	3	2	1
崇明县	13	2	11	1	1		6	1	5

4-64 续表

单位：人

地区	参加社会保险人数						未参加		
	工伤保险			失业保险					
	小计	城镇	农村	小计	城镇	农村	小计	城镇	农村
总计	**13**	**13**		**25**	**24**	**1**	**67**	**50**	**17**
黄浦区	1	1		1	1		4	4	
卢湾区							1	1	
徐汇区				1	1		1	1	
长宁区	4	4		4	4		5	5	
静安区	1	1		1	1		1	1	
普陀区				1	1		7	7	
闸北区	2	2		3	3		4	4	
虹口区				2	2		4	4	
杨浦区	1	1		3	3		7	7	
闵行区							1	1	
宝山区							6	5	1
嘉定区	1	1					2	1	1
浦东新区				5	5		7	7	
金山区	3	3		3	3		1	1	
松江区				1		1			
青浦区									
南汇区							7		7
奉贤区							2		2
崇明县							7	1	6

4-65 各地区16岁及以上多重残疾人分城乡的参加社会保险情况

单位：人

地区	残疾人			参加社会保险人数					
				养老保险			医疗保险		
	合计	城镇	农村	小计	城镇	农村	小计	城镇	农村
总计	**402**	**336**	**66**	**279**	**263**	**16**	**311**	**273**	**38**
黄浦区	15	15		12	12		12	12	
卢湾区	17	17		14	14		14	14	
徐汇区	23	23		11	11		17	17	
长宁区	30	30		26	26		28	28	
静安区	15	15		11	11		12	12	
普陀区	30	30		21	21		23	23	
闸北区	18	18		14	14		15	15	
虹口区	40	40		34	34		34	34	
杨浦区	37	37		32	32		32	32	
闵行区	19	19		16	16		17	17	
宝山区	47	31	16	28	25	3	31	25	6
嘉定区	20	11	9	13	6	7	10	4	6
浦东新区	37	35	2	34	33	1	32	31	1
金山区	5	3	2	2	2		3	2	1
松江区	5	3	2	2	2		2	2	
青浦区	14	2	12	4	2	2	14	2	12
南汇区	9	5	4	3	2	1	4	3	1
奉贤区	8		8	2		2	2		2
崇明县	13	2	11				9		9

4-65 续表

单位：人

地区	参加社会保险人数						未参加		
	工伤保险			失业保险					
	小计	城镇	农村	小计	城镇	农村	小计	城镇	农村
总　计	**4**	**4**		**17**	**15**	**2**	**79**	**56**	**23**
黄浦区							3	3	
卢湾区	1	1		1	1		3	3	
徐汇区							6	6	
长宁区							2	2	
静安区	2	2		1	1		3	3	
普陀区							7	7	
闸北区							3	3	
虹口区				4	4		6	6	
杨浦区				5	5		5	5	
闵行区	1	1					2	2	
宝山区							12	4	8
嘉定区							6	4	2
浦东新区				5	4	1	3	2	1
金山区							2	1	1
松江区							3	1	2
青浦区									
南汇区				1		1	4	2	2
奉贤区							5		5
崇明县							4	2	2

4-66 各地区视力残疾人分城乡、残疾等级的领取低保金和救济情况

地区	残疾人		残疾一级				残疾二级			
			领取低保人数		领取过救济人数		领取低保人数		领取过救济人数	
	城镇	农村	城镇	农村	城镇	农村	城镇	农村	城镇	农村
总计	**508**	**147**	**16**	**10**	**16**	**12**	**3**	**3**	**3**	**4**
黄浦区	38		1		1					
卢湾区	27		1		1					
徐汇区	45		3		2		1			
长宁区	15									
静安区	8									
普陀区	47		1		1					
闸北区	51		4		4					
虹口区	52		1						2	
杨浦区	52		2		2					
闵行区	24									
宝山区	25	11								
嘉定区	14	7					1		1	
浦东新区	73	13								
金山区	15	10			1					
松江区	12	10	2		3		1			
青浦区	2	21		1		3		2		
南汇区	3	28		3		5		1		1
奉贤区	3	24				1				1
崇明县	2	23	1	6	1	3				2

4-66 续表

地区	残疾三级				残疾四级			
	领取低保人数		领取过救济人数		领取低保人数		领取过救济人数	
	城镇	农村	城镇	农村	城镇	农村	城镇	农村
总计	**2**	**4**	**2**	**6**	**23**	**17**	**17**	**16**
黄浦区					4		1	
卢湾区								
徐汇区	1		1		2		4	
长宁区					2			
静安区								
普陀区								
闸北区					2		2	
虹口区								
杨浦区	1		1		2			
闵行区					3		2	
宝山区					1	4	1	4
嘉定区					1		2	
浦东新区					2		2	
金山区					3		2	
松江区		1		1		3		
青浦区		2		1		1		3
南汇区				3	1	5	1	5
奉贤区								
崇明县		1		1		4		4

4-67 各地区听力残疾人分城乡、残疾等级的领取低保金和救济情况

地区	残疾人		残疾一级				残疾二级			
			领取低保人数		领取过救济人数		领取低保人数		领取过救济人数	
	城镇	农村	城镇	农村	城镇	农村	城镇	农村	城镇	农村
总计	**827**	**250**	**1**	**3**	**2**	**4**	**1**	**4**		**2**
黄浦区	33									
卢湾区	33		1							
徐汇区	44						1			
长宁区	36									
静安区	49									
普陀区	51									
闸北区	53									
虹口区	136									
杨浦区	84									
闵行区	45	1			1					
宝山区	38	29			1					
嘉定区	30	11								
浦东新区	103	18								
金山区	26	17								
松江区	18	29						1		
青浦区	14	53						1		
南汇区	21	22		1		1		1		1
奉贤区	7	31								
崇明县	6	39		2		3		1		1

4-67 续表

地 区	残疾三级				残疾四级			
	领取低保人数		领取过救济人数		领取低保人数		领取过救济人数	
	城镇	农村	城镇	农村	城镇	农村	城镇	农村
总 计	**4**	**31**	**7**	**10**	**11**	**25**	**6**	**7**
黄浦区					1			
卢湾区								
徐汇区			2					
长宁区	1		1					
静安区	1							
普陀区								
闸北区					1		1	
虹口区	1				1			
杨浦区								
闵行区	1		2				1	
宝山区					1			
嘉定区			2				1	
浦东新区		1			2			
金山区				5				4
松江区		6		1		12		
青浦区		20		1	1	10		
南汇区								
奉贤区				1			1	
崇明县		4		2	4	3	2	3

4-68 各地区言语残疾人分城乡、残疾等级的领取低保金和救济情况

地区	残疾人		残疾一级				残疾二级			
			领取低保人数		领取过救济人数		领取低保人数		领取过救济人数	
	城镇	农村	城镇	农村	城镇	农村	城镇	农村	城镇	农村
总　计	**33**	**13**	**1**		**2**	**3**				
黄浦区										
卢湾区										
徐汇区	4		1		1					
长宁区	1									
静安区	1									
普陀区	4									
闸北区	6									
虹口区	3									
杨浦区	2									
闵行区	2				1					
宝山区	1									
嘉定区	1									
浦东新区	4	1								
金山区	2	3				1				
松江区		1				1				
青浦区	1									
南汇区	1	6				1				
奉贤区		1								
崇明县		1								

4-68 续表

地 区	残疾三级				残疾四级			
	领取低保人数		领取过救济人数		领取低保人数		领取过救济人数	
	城镇	农村	城镇	农村	城镇	农村	城镇	农村
总 计				**2**				
黄浦区								
卢湾区								
徐汇区								
长宁区								
静安区								
普陀区								
闸北区								
虹口区								
杨浦区								
闵行区								
宝山区								
嘉定区								
浦东新区								
金山区				1				
松江区								
青浦区								
南汇区				1				
奉贤区								
崇明县								

4-69 各地区肢体残疾人分城乡、残疾等级的领取低保金和救济情况

地区	残疾人		残疾一级				残疾二级			
			领取低保人数		领取过救济人数		领取低保人数		领取过救济人数	
	城镇	农村	城镇	农村	城镇	农村	城镇	农村	城镇	农村
总　计	**839**	**292**	**3**	**1**	**3**	**3**	**8**	**11**	**7**	**9**
黄浦区	53						1			
卢湾区	24									
徐汇区	56						2			
长宁区	74									
静安区	19						1		1	
普陀区	81		1		1					
闸北区	99		1							
虹口区	43						2		2	
杨浦区	132				1		1		1	
闵行区	20	1								
宝山区	30	16								
嘉定区	27	22						1	1	2
浦东新区	114	19	1		1		1		1	
金山区	30	19				1			1	1
松江区	12	17								1
青浦区	10	40						5		1
南汇区	10	38								
奉贤区	3	73						2		2
崇明县	2	47		1		2		3		2

4-69 续表

地区	残疾三级				残疾四级			
	领取低保人数		领取过救济人数		领取低保人数		领取过救济人数	
	城镇	农村	城镇	农村	城镇	农村	城镇	农村
总　计	**15**	**16**	**13**	**8**	**33**	**44**	**25**	**20**
黄浦区	1		1		5		4	
卢湾区			1				1	
徐汇区	1		1					
长宁区					3		1	
静安区					1		1	
普陀区	1		1				1	
闸北区					2			
虹口区	2		2		2		4	
杨浦区	5		5		2		1	
闵行区					2			
宝山区	3				1	1		
嘉定区	1		1			2	1	1
浦东新区					6		5	
金山区			1	1	4	1	4	4
松江区					1	1		
青浦区		1			1	13	2	1
南汇区		3			1	10		
奉贤区	1	5		3		8		4
崇明县		7		4	2	8		10

4-70 各地区智力残疾人分城乡、残疾等级的领取低保金和救济情况

地区	残疾人		残疾一级				残疾二级			
			领取低保人数		领取过救济人数		领取低保人数		领取过救济人数	
	城镇	农村	城镇	农村	城镇	农村	城镇	农村	城镇	农村
总 计	**163**	**106**	**10**	**4**	**6**	**4**	**10**	**4**	**8**	**5**
黄浦区	15								1	
卢湾区	2									
徐汇区	15		1		1		2		2	
长宁区	12						1			
静安区	3									
普陀区	9		1		1		1		1	
闸北区	11		2							
虹口区	17									
杨浦区	24		4		1					
闵行区	5									
宝山区	4	8								
嘉定区	3	4								
浦东新区	30	14	2		2		5	1	3	1
金山区	7	9			1		1		1	
松江区	3	10		1		1				
青浦区		6						1		1
南汇区	2	16								
奉贤区	1	14		3		3		1		2
崇明县		25						1		1

4-70 续表

地 区	残疾三级				残疾四级			
	领取低保人数		领取过救济人数		领取低保人数		领取过救济人数	
	城镇	农村	城镇	农村	城镇	农村	城镇	农村
总 计	**19**	**10**	**27**	**14**	**15**	**11**	**13**	**15**
黄浦区	4		9					
卢湾区	1		1		1		1	
徐汇区	4		4					
长宁区					2		1	
静安区								
普陀区	1		1				2	
闸北区	2		1		2			
虹口区	1		2					
杨浦区	1		2		2		1	
闵行区			2					
宝山区	2	2	1	3				2
嘉定区		2			2	1	2	
浦东新区	1		1	1	3	2	4	1
金山区	1		1		3			
松江区		1	1	1			1	1
青浦区		1		4				
南汇区		1		1		2	1	2
奉贤区	1	1	1	1				
崇明县		2		3		6		9

4-71 各地区精神残疾人分城乡、残疾等级的领取低保金和救济情况

地 区	残疾人		残疾一级				残疾二级			
			领取低保人数		领取过救济人数		领取低保人数		领取过救济人数	
	城镇	农村	城镇	农村	城镇	农村	城镇	农村	城镇	农村
总 计	**266**	**48**	**9**	**1**	**15**	**4**	**10**	**2**	**8**	
黄浦区	13				1		2		2	
卢湾区	4									
徐汇区	20		1		1					
长宁区	23									
静安区	4		1		1					
普陀区	30				1		2		1	
闸北区	31		1		1		2		2	
虹口区	21				1					
杨浦区	34		3		4				1	
闵行区	10						1		1	
宝山区	15	3	1		1					
嘉定区	9	5								
浦东新区	38	2	1		4	1	3		1	
金山区	9									
松江区	1	4						1		
青浦区		13		1		3				
南汇区		7								
奉贤区	2	3								
崇明县	2	11	1					1		

4-71 续表

地 区	残疾三级				残疾四级			
	领取低保人数		领取过救济人数		领取低保人数		领取过救济人数	
	城镇	农村	城镇	农村	城镇	农村	城镇	农村
总 计	**6**		**8**	**6**	**26**	**4**	**37**	**1**
黄浦区					1		2	
卢湾区								
徐汇区					4		5	
长宁区					4		4	
静安区								
普陀区	2		1		1		2	
闸北区					3		4	
虹口区			1		1		4	
杨浦区					2		5	
闵行区					1		1	
宝山区			1		1		1	
嘉定区			1		2		2	
浦东新区	4		4		3		5	
金山区					1		1	
松江区								
青浦区				4				
南汇区				2				
奉贤区					2		1	
崇明县						4		1

4-72 各地区多重残疾人分城乡、残疾等级的领取低保金和救济情况

地 区	残疾人		残疾一级				残疾二级			
			领取低保人数		领取过救济人数		领取低保人数		领取过救济人数	
	城镇	农村	城镇	农村	城镇	农村	城镇	农村	城镇	农村
总 计	**349**	**69**	**23**	**15**	**30**	**9**	**4**	**4**	**5**	**1**
黄浦区	15				2					
卢湾区	17		2		1		1		1	
徐汇区	25		4		6					
长宁区	30		1							
静安区	16		1		1					
普陀区	31		3		4		1		1	
闸北区	19		1							
虹口区	41		2		3				1	
杨浦区	38		4		1					
闵行区	20				1				1	
宝山区	31	16	1	2	1	1				
嘉定区	12	9	1		2			1		1
浦东新区	39	3	1	1	5	1	2		1	
金山区	3	2								
松江区	3	2		1	1					
青浦区	2	12		2		1		3		
南汇区	5	4		1		1				
奉贤区		10		3		1				
崇明县	2	11	2	5	2	4				

4-72 续表

地区	残疾三级				残疾四级			
	领取低保人数		领取过救济人数		领取低保人数		领取过救济人数	
	城镇	农村	城镇	农村	城镇	农村	城镇	农村
总计	**7**	**7**	**10**	**1**	**5**	**1**	**3**	
黄浦区	2		1					
卢湾区			1		1		2	
徐汇区			2					
长宁区	1		1		1			
静安区								
普陀区	2		2		1		1	
闸北区								
虹口区			1		1			
杨浦区								
闵行区								
宝山区		1						
嘉定区	1		1		1			
浦东新区	1		1					
金山区								
松江区		1						
青浦区		4				1		
南汇区								
奉贤区		1		1				
崇明县								

4－73　各地区残疾人分城乡的曾接受服务或扶助

单位：人次

地　区	合　计		医疗服务与救助		辅助器具	
	城镇	农村	城镇	农村	城镇	农村
总　计	**4356**	**1328**	**1712**	**431**	**413**	**73**
黄浦区	217		64		18	
卢湾区	212		101		36	
徐汇区	288		148		19	
长宁区	251		79		11	
静安区	153		88		18	
普陀区	374		201		39	
闸北区	292		69		20	
虹口区	349		155		28	
杨浦区	441		242		8	
闵行区	213	4	51		33	1
宝山区	171	85	70	36	20	1
嘉定区	231	114	52	35	2	4
浦东新区	756	148	252	50	150	37
金山区	150	103	42	23	4	3
松江区	119	113	32	15		1
青浦区	41	174	20	87	5	8
南汇区	53	195	38	93	1	3
奉贤区	24	177	3	18		4
崇明县	21	215	5	74	1	11

4－73 续表 1

单位：人次

地 区	康复训练与服务		教育费用补助或减免		职业教育与培训	
	城镇	农村	城镇	农村	城镇	农村
总 计	**464**	**160**	**19**	**2**	**16**	**4**
黄浦区	14		1			
卢湾区	29					
徐汇区	21		1		3	
长宁区	3		3		3	
静安区	31					
普陀区	50		6		3	
闸北区	10				2	
虹口区	6		1			
杨浦区	7		4		2	
闵行区	32	1				
宝山区	9					
嘉定区	42	16	1		1	
浦东新区	153	32	1	1	2	
金山区	37	19				
松江区	2	9				
青浦区	5	7		1		
南汇区	8	51				2
奉贤区	4	13	1			2
崇明县	1	12				

4－73 续表 2

单位：人次

地 区	就业安置或扶持		贫困残疾人救助与扶持		法律援助与服务	
	城镇	农村	城镇	农村	城镇	农村
总 计	**72**	**5**	**236**	**175**	**7**	**4**
黄浦区			19			
卢湾区			7			
徐汇区	4		19			
长宁区	5		21		2	
静安区	1		5		1	
普陀区	9		16			
闸北区			17			
虹口区	1		6			
杨浦区	15		16			
闵行区	7		9			
宝山区			4	2		1
嘉定区	2		10	11		
浦东新区	17	1	37	6	1	
金山区	3		9	18	1	3
松江区	6	1	30	16	1	
青浦区		1	2	19		
南汇区			2	26	1	
奉贤区		1	3	20		
崇明县	2	1	4	57		

4－73 续表 3

单位：人次

地　区	无障碍设施		信息无障碍		生活服务	
	城镇	农村	城镇	农村	城镇	农村
总　计	**146**	**31**	**25**	**8**	**202**	**88**
黄浦区	25				6	
卢湾区					25	
徐汇区	5				6	
长宁区	13		3		25	
静安区	2				1	
普陀区	7				10	
闸北区	1				5	
虹口区	1		1		2	
杨浦区	33				11	
闵行区	3		1		23	
宝山区				1		
嘉定区	36	12	10		64	27
浦东新区	6		5	1	6	4
金山区	6	3	5	5	9	5
松江区				1		1
青浦区	7	15				
南汇区						3
奉贤区					2	12
崇明县	1	1			7	36

4－73 续表 4

单位：人次

地区	文化服务		其他		未曾接受任何服务或扶助	
	城镇	农村	城镇	农村	城镇	农村
总计	**28**	**7**	**68**	**20**	**948**	**320**
黄浦区			1		69	
卢湾区	4		8		2	
徐汇区	1		10		51	
长宁区	4		3		76	
静安区					6	
普陀区	4		1		28	
闸北区					168	
虹口区	1		1		146	
杨浦区					103	
闵行区	8		4	1	42	1
宝山区			1		67	44
嘉定区	4	1			7	8
浦东新区	1	1	3		122	15
金山区	1	3	1		32	21
松江区			34	17	14	52
青浦区					2	36
南汇区					3	17
奉贤区		2	1	2	10	103
崇明县						23

4-74 各地区视力残疾人分城乡的曾接受服务或扶助

单位：人次

地区	合计		医疗服务与救助		辅助器具	
	城镇	农村	城镇	农村	城镇	农村
总计	**711**	**225**	**351**	**65**	**50**	**10**
黄浦区	40		3			
卢湾区	42		27		4	
徐汇区	58		45		3	
长宁区	35		15			
静安区	12		7			
普陀区	53		47		5	
闸北区	52		31		18	
虹口区	57		45			
杨浦区	86		51		3	
闵行区	47		24		9	
宝山区	27	11	5	6		
嘉定区	38	16	11	5	1	
浦东新区	82	20	13	9	6	4
金山区	29	22	11	4		1
松江区	36	18	12	3		
青浦区	4	32	2	15		
南汇区	3	33	1	9		
奉贤区	4	25		1		
崇明县	6	48	1	13	1	5

4-74 续表 1

单位：人次

地区	康复训练与服务		教育费用补助或减免		职业教育与培训	
	城镇	农村	城镇	农村	城镇	农村
总 计	**27**	**9**	**1**			
黄浦区						
卢湾区	10					
徐汇区	1					
长宁区						
静安区	3					
普陀区						
闸北区						
虹口区						
杨浦区						
闵行区	7					
宝山区	3					
嘉定区			1			
浦东新区						
金山区	2					
松江区						
青浦区						
南汇区						
奉贤区						
崇明县	1	9				

4-74 续表 2

单位：人次

地 区	就业安置或扶持		贫困残疾人救助与扶持		法律援助与服务	
	城镇	农村	城镇	农村	城镇	农村
总 计	**3**	**1**	**33**	**50**	**1**	
黄浦区			3			
卢湾区						
徐汇区			4			
长宁区			3		1	
静安区						
普陀区			1			
闸北区						
虹口区			2			
杨浦区						
闵行区	1		2			
宝山区						
嘉定区			2	1		
浦东新区			1	1		
金山区			1	2		
松江区	2	1	10	4		
青浦区			2	11		
南汇区				9		
奉贤区			1	3		
崇明县			1	19		

4-74 续表 3

单位：人次

地　区	无障碍设施		信息无障碍		生活服务	
	城镇	农村	城镇	农村	城镇	农村
总　计	**72**	**10**	**7**	**5**	**23**	**10**
黄浦区						
卢湾区					1	
徐汇区	5					
长宁区	12				4	
静安区	2					
普陀区						
闸北区						
虹口区	1				2	
杨浦区	31					
闵行区	2					
宝山区						
嘉定区	9	6	2		12	4
浦东新区	3					2
金山区	6	3	5	5	2	1
松江区						
青浦区						
南汇区						3
奉贤区					1	
崇明县	1	1			1	

4-74 续表 4

单位：人次

地　区	文化服务		其　他		未曾接受任何服务或扶助	
	城镇	农村	城镇	农村	城镇	农村
总　计	**2**	**2**	**12**	**4**	**129**	**59**
黄浦区					34	
卢湾区						
徐汇区						
长宁区						
静安区						
普陀区						
闸北区					3	
虹口区					7	
杨浦区					1	
闵行区	2					
宝山区					19	5
嘉定区						
浦东新区					59	4
金山区		2			2	4
松江区			12	4		6
青浦区						6
南汇区					2	12
奉贤区					2	21
崇明县						1

4-75 各地区听力残疾人分城乡的曾接受服务或扶助

单位：人次

地 区	合计		医疗服务与救助		辅助器具	
	城镇	农村	城镇	农村	城镇	农村
总 计	**1095**	**321**	**392**	**117**	**139**	**26**
黄浦区	39		11			
卢湾区	80		33		21	
徐汇区	55		37		12	
长宁区	36		1		1	
静安区	78		44		14	
普陀区	56		20		12	
闸北区	53		3			
虹口区	159		69		24	
杨浦区	88		30		4	
闵行区	50	1	2			
宝山区	43	30	11	9	6	1
嘉定区	60	21	23	10	1	2
浦东新区	185	45	61	15	44	14
金山区	26	19	2	1		1
松江区	38	37	10	4		
青浦区	14	55	14	47		1
南汇区	22	24	21	22		1
奉贤区	7	31				3
崇明县	6	58		9		3

4-75 续表 1

单位：人次

地 区	康复训练与服务		教育费用补助或减免		职业教育与培训	
	城镇	农村	城镇	农村	城镇	农村
总 计	**60**	**15**			**1**	
黄浦区						
卢湾区	7					
徐汇区	1				1	
长宁区						
静安区	15					
普陀区						
闸北区						
虹口区						
杨浦区						
闵行区						
宝山区						
嘉定区	3					
浦东新区	34	13				
金山区						
松江区		2				
青浦区						
南汇区						
奉贤区						
崇明县						

4-75 续表 2

单位：人次

地区	就业安置或扶持		贫困残疾人救助与扶持		法律援助与服务	
	城镇	农村	城镇	农村	城镇	农村
总计	**4**	**1**	**15**	**17**	**1**	
黄浦区						
卢湾区						
徐汇区	1		1			
长宁区						
静安区						
普陀区	1					
闸北区			1			
虹口区						
杨浦区						
闵行区						
宝山区						
嘉定区						
浦东新区	1		2		1	
金山区				1		
松江区	1		9	2		
青浦区				1		
南汇区			1	1		
奉贤区				3		
崇明县		1	1	9		

4-75 续表 3

单位：人次

地区	无障碍设施		信息无障碍		生活服务	
	城镇	农村	城镇	农村	城镇	农村
总 计	**22**		**1**		**61**	**42**
黄浦区	20					
卢湾区					16	
徐汇区					1	
长宁区					6	
静安区						
普陀区	1					
闸北区						
虹口区						
杨浦区						
闵行区					9	
宝山区						
嘉定区	1		1		24	7
浦东新区						
金山区						
松江区						
青浦区						
南汇区						
奉贤区						1
崇明县					5	34

4-75 续表 4

单位：人次

地 区	文化服务		其 他		未曾接受任何服务或扶助	
	城镇	农村	城镇	农村	城镇	农村
总 计	**8**	**1**	**15**	**5**	**376**	**97**
黄浦区					8	
卢湾区	1		2			
徐汇区					1	
长宁区					28	
静安区					5	
普陀区					22	
闸北区					49	
虹口区	1				65	
杨浦区					54	
闵行区	4		1		34	1
宝山区			1		25	20
嘉定区	2	1			5	1
浦东新区					42	3
金山区			1		23	16
松江区			10	4	8	25
青浦区						6
南汇区						
奉贤区				1	7	23
崇明县						2

4-76 各地区言语残疾人分城乡的曾接受服务或扶助

单位：人次

地 区	合 计		医疗服务与救助		辅助器具	
	城镇	农村	城镇	农村	城镇	农村
总 计	**53**	**20**	**22**	**3**	**5**	
黄浦区						
卢湾区						
徐汇区	7		3			
长宁区	2		1			
静安区	1		1			
普陀区	9		4		2	
闸北区	9		2			
虹口区	4		3		1	
杨浦区	3		2			
闵行区	4				1	
宝山区	2		1			
嘉定区	2		1			
浦东新区	5	1	4		1	
金山区	3	8		1		
松江区		3		1		
青浦区	1					
南汇区	1	6		1		
奉贤区		1				
崇明县		1				

4-76 续表 1

单位：人次

地区	康复训练与服务		教育费用补助或减免		职业教育与培训	
	城镇	农村	城镇	农村	城镇	农村
总计	**7**	**1**			**1**	
黄浦区						
卢湾区						
徐汇区						
长宁区						
静安区						
普陀区	3					
闸北区	2				1	
虹口区						
杨浦区						
闵行区						
宝山区	1					
嘉定区						
浦东新区						
金山区	1					
松江区						
青浦区						
南汇区		1				
奉贤区						
崇明县						

4-76 续表 2

单位：人次

地　区	就业安置或扶持		贫困残疾人救助与扶持		法律援助与服务	
	城镇	农村	城镇	农村	城镇	农村
总　计	**2**		**2**	**7**		**3**
黄浦区						
卢湾区						
徐汇区	1		1			
长宁区			1			
静安区						
普陀区						
闸北区						
虹口区						
杨浦区	1					
闵行区						
宝山区						
嘉定区						
浦东新区						
金山区				3		3
松江区				1		
青浦区						
南汇区				2		
奉贤区						
崇明县				1		

4-76 续表 3

单位：人次

地区	无障碍设施		信息无障碍		生活服务	
	城镇	农村	城镇	农村	城镇	农村
总计			**1**		**4**	
黄浦区						
卢湾区						
徐汇区					1	
长宁区						
静安区						
普陀区						
闸北区					1	
虹口区						
杨浦区						
闵行区			1		1	
宝山区						
嘉定区					1	
浦东新区						
金山区						
松江区						
青浦区						
南汇区						
奉贤区						
崇明县						

4-76 续表 4

单位：人次

地　区	文化服务		其他		未曾接受任何服务或扶助	
	城镇	农村	城镇	农村	城镇	农村
总　计	**2**	**1**		**1**	**7**	**4**
黄浦区						
卢湾区						
徐汇区					1	
长宁区						
静安区						
普陀区						
闸北区					3	
虹口区						
杨浦区						
闵行区	1					
宝山区						
嘉定区						
浦东新区						1
金山区	1	1			1	
松江区				1		
青浦区					1	
南汇区					1	2
奉贤区						1
崇明县						

4-77 各地区肢体残疾人分城乡的曾接受服务或扶助

单位：人次

地 区	合计		医疗服务与救助		辅助器具	
	城镇	农村	城镇	农村	城镇	农村
总 计	**1316**	**443**	**462**	**145**	**165**	**35**
黄浦区	79		23		18	
卢湾区	37		22		5	
徐汇区	60		17		1	
长宁区	93		28		7	
静安区	27		15		1	
普陀区	119		70		14	
闸北区	102		11		2	
虹口区	43					
杨浦区	145		98			
闵行区	49	3	3		14	1
宝山区	41	16	28	9	7	
嘉定区	81	43	1	6		2
浦东新区	312	57	104	19	87	19
金山区	60	35	20	9	4	1
松江区	28	25	7	3		1
青浦区	18	52	3	8	4	6
南汇区	15	70	9	37	1	1
奉贤区	5	85	1	12		1
崇明县	2	57	2	42		3

4-77 续表 1

单位：人次

地 区	康复训练与服务		教育费用补助或减免		职业教育与培训	
	城镇	农村	城镇	农村	城镇	农村
总 计	**236**	**102**	**3**		**3**	
黄浦区	6		1			
卢湾区	6					
徐汇区	3					
长宁区	1		1		1	
静安区	7					
普陀区	24					
闸北区	4					
虹口区	2					
杨浦区			1			
闵行区	17	1				
宝山区	4					
嘉定区	27	12				
浦东新区	92	18			2	
金山区	30	17				
松江区	2	2				
青浦区	4	6				
南汇区	5	32				
奉贤区	2	12				
崇明县		2				

4-77 续表 2

单位：人次

地 区	就业安置或扶持		贫困残疾人救助与扶持		法律援助与服务	
	城镇	农村	城镇	农村	城镇	农村
总 计	**21**	**1**	**47**	**22**		
黄浦区			5			
卢湾区			1			
徐汇区						
长宁区			14			
静安区			3			
普陀区	3		3			
闸北区						
虹口区						
杨浦区	4		5			
闵行区	1		1			
宝山区						
嘉定区				1		
浦东新区	12	1	3			
金山区			6	8		
松江区	1		6	3		
青浦区						
南汇区						
奉贤区				3		
崇明县				7		

4-77 续表 3

单位：人次

地区	无障碍设施		信息无障碍		生活服务	
	城镇	农村	城镇	农村	城镇	农村
总　计	**35**	**20**	**12**		**50**	**11**
黄浦区	2				6	
卢湾区						
徐汇区						
长宁区	1		3		5	
静安区					1	
普陀区	2					
闸北区						
虹口区						
杨浦区					4	
闵行区					10	
宝山区						
嘉定区	24	6	5		23	11
浦东新区			4		1	
金山区						
松江区						
青浦区	6	14				
南汇区						
奉贤区						
崇明县						

4-77 续表 4

单位：人次

地　区	文化服务		其　他		未曾接受任何服务或扶助	
	城镇	农村	城镇	农村	城镇	农村
总　计	**5**		**16**	**5**	**261**	**102**
黄浦区					18	
卢湾区			1		2	
徐汇区					39	
长宁区	3		1		28	
静安区						
普陀区					3	
闸北区					85	
虹口区			1		40	
杨浦区					33	
闵行区	1		1	1	1	
宝山区					2	7
嘉定区	1					5
浦东新区			3		4	
金山区						
松江区			8	3	4	13
青浦区					1	18
南汇区						
奉贤区			1	1	1	56
崇明县						3

4-78 各地区智力残疾人分城乡的曾接受服务或扶助

单位：人次

地 区	合 计		医疗服务与救助		辅助器具	
	城镇	农村	城镇	农村	城镇	农村
总 计	**286**	**156**	**66**	**34**	**2**	
黄浦区	26		5			
卢湾区	6					
徐汇区	42		13			
长宁区	15		3			
静安区	5		3		1	
普陀区	27		4			
闸北区	17		5			
虹口区	19		2		1	
杨浦区	34		2			
闵行区	8		2			
宝山区	4	8	4	5		
嘉定区	7	6	1	2		
浦东新区	43	15	17	3		
金山区	17	15	3	7		
松江区	7	18		1		
青浦区		7				
南汇区	6	42	2	15		
奉贤区	3	19				
崇明县		26		1		

4-78 续表 1

单位：人次

地 区	康复训练与服务		教育费用补助或减免		职业教育与培训	
	城镇	农村	城镇	农村	城镇	农村
总 计	**51**	**18**	**12**	**2**	**5**	**3**
黄浦区	7					
卢湾区	1					
徐汇区	14		1			
长宁区			1		1	
静安区						
普陀区	8		4		2	
闸北区	1					
虹口区	1		1			
杨浦区	4		3		1	
闵行区	2					
宝山区						
嘉定区	3				1	
浦东新区	4		1	1		
金山区	3	2				
松江区		3				
青浦区				1		
南汇区	2	12				2
奉贤区	1		1			1
崇明县		1				

4-78 续表 2

单位：人次

地区	就业安置或扶持		贫困残疾人救助与扶持		法律援助与服务	
	城镇	农村	城镇	农村	城镇	农村
总 计	**26**	**2**	**51**	**50**	**1**	
黄浦区			10			
卢湾区			2			
徐汇区			2			
长宁区	2		1			
静安区	1					
普陀区	3		2			
闸北区			5			
虹口区	1		2			
杨浦区	10		5			
闵行区	2		1			
宝山区				1		
嘉定区			2	3		
浦东新区	2		14	4		
金山区	3		2	2		
松江区	2		2	5		
青浦区		1		5		
南汇区			1	12	1	
奉贤区		1		7		
崇明县				11		

4-78 续表 3

单位：人次

地 区	无障碍设施		信息无障碍		生活服务	
	城镇	农村	城镇	农村	城镇	农村
总 计	**1**			**2**	**19**	**11**
黄浦区						
卢湾区					2	
徐汇区					3	
长宁区						
静安区						
普陀区	1				2	
闸北区					2	
虹口区						
杨浦区					4	
闵行区						
宝山区						
嘉定区						
浦东新区				1		
金山区					5	3
松江区				1		
青浦区						
南汇区						
奉贤区					1	7
崇明县						1

4-78 续表 4

单位：人次

地区	文化服务		其他		未曾接受任何服务或扶助	
	城镇	农村	城镇	农村	城镇	农村
总计	**3**	**2**	**11**	**3**	**38**	**29**
黄浦区			1		3	
卢湾区	1					
徐汇区			8		1	
长宁区					7	
静安区						
普陀区	1					
闸北区					4	
虹口区					11	
杨浦区					5	
闵行区					1	
宝山区						2
嘉定区						1
浦东新区	1				4	6
金山区					1	1
松江区			2	3	1	5
青浦区						
南汇区						1
奉贤区		2				1
崇明县						12

4-79 各地区精神残疾人分城乡的曾接受服务或扶助

单位：人次

地区	合计		医疗服务与救助		辅助器具	
	城镇	农村	城镇	农村	城镇	农村
总计	**361**	**73**	**204**	**38**	**2**	
黄浦区	13		12			
卢湾区	7		4			
徐汇区	27		17			
长宁区	29		21			
静安区	8		4		1	
普陀区	54		28		1	
闸北区	36		10			
虹口区	23		20			
杨浦区	37		32			
闵行区	13		8			
宝山区	16	3	1			
嘉定区	18	12	8	4		
浦东新区	60	3	30	2		
金山区	11		5			
松江区	1	10		3		
青浦区		14		12		
南汇区		14		7		
奉贤区	5	3	2	3		
崇明县	3	14	2	7		

4-79 续表 1

单位：人次

地 区	康复训练与服务		教育费用补助或减免		职业教育与培训	
	城镇	农村	城镇	农村	城镇	农村
总 计	**30**	**12**			**1**	
黄浦区						
卢湾区	2					
徐汇区						
长宁区						
静安区	1					
普陀区	5					
闸北区	1				1	
虹口区	1					
杨浦区						
闵行区						
宝山区						
嘉定区	6	4				
浦东新区	12	1				
金山区	1					
松江区		2				
青浦区						
南汇区		5				
奉贤区	1					
崇明县						

4-79 续表 2

单位：人次

地区	就业安置或扶持		贫困残疾人救助与扶持		法律援助与服务	
	城镇	农村	城镇	农村	城镇	农村
总计	**3**		**49**	**14**	**1**	
黄浦区						
卢湾区						
徐汇区	1		5			
长宁区	1					
静安区			1		1	
普陀区			7			
闸北区			9			
虹口区			1			
杨浦区			3			
闵行区			3			
宝山区			3	1		
嘉定区			2	4		
浦东新区	1		12			
金山区						
松江区				1		
青浦区				1		
南汇区				2		
奉贤区			2			
崇明县			1	5		

4-79 续表 3

单位：人次

地区	无障碍设施		信息无障碍		生活服务	
	城镇	农村	城镇	农村	城镇	农村
总计	**3**				**13**	**1**
黄浦区						
卢湾区						
徐汇区					1	
长宁区					5	
静安区						
普陀区	2				5	
闸北区	1					
虹口区						
杨浦区						
闵行区						
宝山区						
嘉定区					1	
浦东新区						
金山区					1	
松江区						1
青浦区						
南汇区						
奉贤区						
崇明县						

4-79 续表 4

单位：人次

地 区	文化服务		其 他		未曾接受任何服务或扶助	
	城镇	农村	城镇	农村	城镇	农村
总 计	**4**		**2**	**2**	**49**	**6**
黄浦区					1	
卢湾区			1			
徐汇区	1				2	
长宁区					2	
静安区						
普陀区	3		1		2	
闸北区					14	
虹口区					1	
杨浦区					2	
闵行区					2	
宝山区					12	2
嘉定区					1	
浦东新区					5	
金山区					4	
松江区				2	1	1
青浦区						1
南汇区						
奉贤区						
崇明县						2

4-80　各地区多重残疾人分城乡的曾接受服务或扶助

单位：人次

地　区	合　计		医疗服务与救助		辅助器具	
	城镇	农村	城镇	农村	城镇	农村
总　计	**534**	**90**	**215**	**29**	**50**	**2**
黄浦区	20		10			
卢湾区	40		15		6	
徐汇区	39		16		3	
长宁区	41		10		3	
静安区	22		14		1	
普陀区	56		28		5	
闸北区	23		7			
虹口区	44		16		2	
杨浦区	48		27		1	
闵行区	42		12		9	
宝山区	38	17	20	7	7	
嘉定区	25	16	7	8		
浦东新区	69	7	23	2	12	
金山区	4	4	1	1		
松江区	9	2	3			
青浦区	4	14	1	5	1	1
南汇区	6	6	5	2		1
奉贤区		13		2		
崇明县	4	11		2		

4-80 续表 1

单位：人次

地 区	康复训练与服务		教育费用补助或减免		职业教育与培训	
	城镇	农村	城镇	农村	城镇	农村
总 计	**53**	**3**	**3**		**5**	**1**
黄浦区	1					
卢湾区	3					
徐汇区	2				2	
长宁区	2		1		1	
静安区	5					
普陀区	10		2		1	
闸北区	2					
虹口区	2					
杨浦区	3				1	
闵行区	6					
宝山区	1					
嘉定区	3					
浦东新区	11					
金山区						
松江区						
青浦区	1	1				
南汇区	1	1				
奉贤区		1				1
崇明县						

4-80 续表 2

单位：人次

地 区	就业安置或扶持		贫困残疾人救助与扶持		法律援助与服务	
	城镇	农村	城镇	农村	城镇	农村
总 计	**13**		**39**	**15**	**3**	**1**
黄浦区			1			
卢湾区			4			
徐汇区	1		6			
长宁区	2		2		1	
静安区			1			
普陀区	2		3			
闸北区			2			
虹口区			1			
杨浦区			3			
闵行区	3		2			
宝山区			1			1
嘉定区	2		4	2		
浦东新区	1		5	1		
金山区				2	1	
松江区			3		1	
青浦区				1		
南汇区						
奉贤区				4		
崇明县	2		1	5		

4-80 续表 3

单位：人次

地　区	无障碍设施		信息无障碍		生活服务	
	城镇	农村	城镇	农村	城镇	农村
总　计	**13**	**1**	**4**	**1**	**32**	**13**
黄浦区	3					
卢湾区					6	
徐汇区						
长宁区					5	
静安区						
普陀区	1				3	
闸北区					2	
虹口区			1			
杨浦区	2				3	
闵行区	1				3	
宝山区				1		
嘉定区	2		2		3	5
浦东新区	3		1		5	2
金山区					1	1
松江区						
青浦区	1	1				
南汇区						
奉贤区						4
崇明县					1	1

4-80 续表 4

单位：人次

地 区	文化服务		其 他		未曾接受任何服务或扶助	
	城镇	农村	城镇	农村	城镇	农村
总 计	**4**	**1**	**12**		**88**	**23**
黄浦区					5	
卢湾区	2		4			
徐汇区			2		7	
长宁区	1		2		11	
静安区					1	
普陀区					1	
闸北区					10	
虹口区					22	
杨浦区					8	
闵行区			2		4	
宝山区					9	8
嘉定区	1				1	1
浦东新区		1			8	1
金山区					1	
松江区			2			2
青浦区						5
南汇区						2
奉贤区						1
崇明县						3

4-81 各地区视力残疾人分残疾等级的曾接受服务或扶助

单位：人次

地区	医疗服务与救助				辅助器具			
	残疾一级	残疾二级	残疾三级	残疾四级	残疾一级	残疾二级	残疾三级	残疾四级
总计	**82**	**41**	**26**	**267**	**16**	**1**	**1**	**42**
黄浦区	1			2				
卢湾区	4	1	2	20				4
徐汇区	8	4	7	26	1		1	1
长宁区		2		13				
静安区	2	1		4				
普陀区	9	3	4	31	1			4
闸北区	7	1	3	20	8	1		9
虹口区	7	5		33				
杨浦区	13	6	4	28	2			1
闵行区	6	1		17	3			6
宝山区	1	2		8				
嘉定区		4		12				1
浦东新区	3	2		17				10
金山区	2	1	2	10				1
松江区	7	1	1	6				
青浦区	6	2	2	7				
南汇区	2	1		7				
奉贤区		1						
崇明县	4	3	1	6	1			5

4-81 续表 1

单位：人次

地区	康复训练与服务				教育费用补助或减免			
	残疾一级	残疾二级	残疾三级	残疾四级	残疾一级	残疾二级	残疾三级	残疾四级
总计	**8**	**4**	**3**	**21**				**1**
黄浦区								
卢湾区			2	8				
徐汇区				1				
长宁区								
静安区	1	1		1				
普陀区								
闸北区								
虹口区								
杨浦区								
闵行区	1			6				
宝山区				3				
嘉定区								1
浦东新区								
金山区	1			1				
松江区								
青浦区								
南汇区								
奉贤区								
崇明县	5	3	1	1				

4-81 续表 2

单位：人次

地 区	职业教育与培训				就业安置或扶持			
	残疾一级	残疾二级	残疾三级	残疾四级	残疾一级	残疾二级	残疾三级	残疾四级
总 计					**2**			**2**
黄浦区								
卢湾区								
徐汇区								
长宁区								
静安区								
普陀区								
闸北区								
虹口区								
杨浦区								
闵行区								1
宝山区								
嘉定区								
浦东新区								
金山区								
松江区					2			1
青浦区								
南汇区								
奉贤区								
崇明县								

4-81 续表 3

单位：人次

地 区	贫困残疾人救助与扶持				法律援助与服务			
	残疾一级	残疾二级	残疾三级	残疾四级	残疾一级	残疾二级	残疾三级	残疾四级
总 计	**27**	**13**	**6**	**37**				**1**
黄浦区	2			1				
卢湾区								
徐汇区	2	2						
长宁区		1		2				1
静安区								
普陀区				1				
闸北区								
虹口区				2				
杨浦区								
闵行区				2				
宝山区								
嘉定区		1		2				
浦东新区				2				
金山区				3				
松江区	5	1	1	7				
青浦区	6		2	5				
南汇区	3	2	1	3				
奉贤区	1	2	1					
崇明县	8	4	1	7				

4-81 续表 4

单位：人次

地 区	无障碍设施				信息无障碍			
	残疾一级	残疾二级	残疾三级	残疾四级	残疾一级	残疾二级	残疾三级	残疾四级
总 计	**11**	**12**	**6**	**53**		**2**	**1**	**9**
黄浦区								
卢湾区								
徐汇区			1	4				
长宁区		2		10				
静安区	1	1						
普陀区								
闸北区								
虹口区				1				
杨浦区	7	5	3	16				
闵行区				2				
宝山区								
嘉定区	1	1	1	12		1		1
浦东新区		2		1				
金山区		1	1	7		1	1	8
松江区								
青浦区								
南汇区								
奉贤区								
崇明县	2							

4-81 续表 5

单位：人次

地 区	生活服务				文化服务			
	残疾一级	残疾二级	残疾三级	残疾四级	残疾一级	残疾二级	残疾三级	残疾四级
总 计	**6**	**7**	**2**	**18**				**4**
黄浦区								
卢湾区				1				
徐汇区								
长宁区		1		3				
静安区								
普陀区								
闸北区								
虹口区		1		1				
杨浦区								
闵行区								2
宝山区								
嘉定区	1	4	1	10				
浦东新区	1			1				
金山区	2			1				2
松江区								
青浦区								
南汇区	1	1		1				
奉贤区			1					
崇明县	1							

4-81 续表 6

单位：人次

地 区	其 他				未曾接受任何服务或扶助			
	残疾一级	残疾二级	残疾三级	残疾四级	残疾一级	残疾二级	残疾三级	残疾四级
总 计	**7**	**1**	**1**	**7**	**24**	**8**	**22**	**134**
黄浦区					3	3	4	24
卢湾区								
徐汇区								
长宁区								
静安区								
普陀区								
闸北区					2			1
虹口区					2	1		4
杨浦区								1
闵行区								
宝山区					1	1	2	20
嘉定区								
浦东新区					7		3	53
金山区						2	1	3
松江区	7	1	1	7	1		1	4
青浦区							3	3
南汇区					3		6	5
奉贤区					4	1	2	16
崇明县					1			

4-82　各地区听力残疾人分残疾等级的曾接受服务或扶助

单位：人次

地　区	医疗服务与救助				辅助器具			
	残疾一级	残疾二级	残疾三级	残疾四级	残疾一级	残疾二级	残疾三级	残疾四级
总　计	**43**	**42**	**252**	**172**	**30**	**23**	**87**	**25**
黄浦区			4	7				
卢湾区	3	3	19	8	3	3	12	3
徐汇区	1	6	27	3	2	2	8	
长宁区				1				1
静安区	3	3	22	16	3	2	9	
普陀区		1	2	17	2	2	2	6
闸北区	1		2					
虹口区	4	8	29	28	5	5	11	3
杨浦区	5	2	19	4	3	1		
闵行区			1	1				
宝山区	3	2	10	5	3		4	
嘉定区	1	4	14	14		1	1	1
浦东新区	9	6	38	23	7	6	35	10
金山区			2	1			1	
松江区			7	7				
青浦区		2	30	29			1	
南汇区	12	4	21	6		1		
奉贤区					1		2	
崇明县	1	1	5	2	1		1	1

4-82 续表 1

单位：人次

地 区	康复训练与服务				教育费用补助或减免			
	残疾一级	残疾二级	残疾三级	残疾四级	残疾一级	残疾二级	残疾三级	残疾四级
总 计	**9**	**5**	**44**	**17**				
黄浦区								
卢湾区	1		4	2				
徐汇区	1							
长宁区								
静安区	1	1	7	6				
普陀区								
闸北区								
虹口区								
杨浦区								
闵行区								
宝山区								
嘉定区	1		1	1				
浦东新区	5	4	31	7				
金山区								
松江区			1	1				
青浦区								
南汇区								
奉贤区								
崇明县								

4-82 续表 2

单位：人次

地区	职业教育与培训				就业安置或扶持			
	残疾一级	残疾二级	残疾三级	残疾四级	残疾一级	残疾二级	残疾三级	残疾四级
总　计		**1**			**1**		**2**	**2**
黄浦区								
卢湾区								
徐汇区		1			1			
长宁区								
静安区								
普陀区								1
闸北区								
虹口区								
杨浦区								
闵行区								
宝山区								
嘉定区								
浦东新区							1	
金山区								
松江区							1	
青浦区								
南汇区								
奉贤区								
崇明县								1

4-82 续表 3

单位：人次

地 区	贫困残疾人救助与扶持				法律援助与服务			
	残疾一级	残疾二级	残疾三级	残疾四级	残疾一级	残疾二级	残疾三级	残疾四级
总 计	**4**	**1**	**14**	**13**	**1**			
黄浦区								
卢湾区								
徐汇区			1					
长宁区								
静安区								
普陀区								
闸北区				1				
虹口区								
杨浦区								
闵行区								
宝山区								
嘉定区								
浦东新区	1		1		1			
金山区			1					
松江区			5	6				
青浦区			1					
南汇区		1	1					
奉贤区			1	2				
崇明县	3		3	4				

4-82 续表 4

单位：人次

地 区	无障碍设施				信息无障碍			
	残疾一级	残疾二级	残疾三级	残疾四级	残疾一级	残疾二级	残疾三级	残疾四级
总 计	**2**		**7**	**13**	**1**			
黄浦区	1		7	12				
卢湾区								
徐汇区								
长宁区								
静安区								
普陀区				1				
闸北区								
虹口区								
杨浦区								
闵行区								
宝山区								
嘉定区	1				1			
浦东新区								
金山区								
松江区								
青浦区								
南汇区								
奉贤区								
崇明县								

4-82 续表 5

单位：人次

地区	生活服务				文化服务			
	残疾一级	残疾二级	残疾三级	残疾四级	残疾一级	残疾二级	残疾三级	残疾四级
总计	**6**	**11**	**50**	**36**	**1**	**2**	**5**	**1**
黄浦区								
卢湾区	1	2	9	4	1			
徐汇区			1					
长宁区			4	2				
静安区								
普陀区								
闸北区								
虹口区								1
杨浦区								
闵行区	1		6	2			4	
宝山区								
嘉定区	1	4	12	14		2	1	
浦东新区								
金山区								
松江区								
青浦区								
南汇区								
奉贤区			1					
崇明县	3	5	17	14				

4-82 续表 6

单位：人次

地 区	其 他				未曾接受任何服务或扶助			
	残疾一级	残疾二级	残疾三级	残疾四级	残疾一级	残疾二级	残疾三级	残疾四级
总 计		**1**	**9**	**10**	**25**	**32**	**202**	**214**
黄浦区							1	7
卢湾区		1		1				
徐汇区								1
长宁区					1	1	11	15
静安区							3	2
普陀区							7	15
闸北区					8	8	27	6
虹口区					3	1	23	38
杨浦区					4	6	35	9
闵行区			1		2	3	15	15
宝山区				1	4	3	21	17
嘉定区							3	3
浦东新区					2	2	11	30
金山区				1	1	1	15	22
松江区			7	7		2	12	19
青浦区						2	3	1
南汇区								
奉贤区			1			3	14	13
崇明县							1	1

4-83 各地区言语残疾人分残疾等级的曾接受服务或扶助

单位：人次

地　区	医疗服务与救助				辅助器具			
	残疾一级	残疾二级	残疾三级	残疾四级	残疾一级	残疾二级	残疾三级	残疾四级
总　计	**13**	**4**	**2**	**6**	**1**	**1**	**1**	**2**
黄浦区								
卢湾区								
徐汇区	1	1		1				
长宁区			1					
静安区	1							
普陀区	2	1	1			1	1	
闸北区	1	1						
虹口区	1			2				1
杨浦区	1			1				
闵行区					1			
宝山区	1							
嘉定区	1							
浦东新区	2			2				1
金山区	1							
松江区	1							
青浦区								
南汇区		1						
奉贤区								
崇明县								

4-83 续表 1

单位：人次

地 区	康复训练与服务				教育费用补助或减免			
	残疾一级	残疾二级	残疾三级	残疾四级	残疾一级	残疾二级	残疾三级	残疾四级
总 计	**4**	**2**	**2**					
黄浦区								
卢湾区								
徐汇区								
长宁区								
静安区								
普陀区	1	1	1					
闸北区	1	1						
虹口区								
杨浦区								
闵行区								
宝山区	1							
嘉定区								
浦东新区								
金山区			1					
松江区								
青浦区								
南汇区	1							
奉贤区								
崇明县								

4-83 续表 2

单位：人次

地 区	职业教育与培训				就业安置或扶持			
	残疾一级	残疾二级	残疾三级	残疾四级	残疾一级	残疾二级	残疾三级	残疾四级
总 计				**1**	**1**			**1**
黄浦区								
卢湾区								
徐汇区					1			
长宁区								
静安区								
普陀区								
闸北区				1				
虹口区								
杨浦区								1
闵行区								
宝山区								
嘉定区								
浦东新区								
金山区								
松江区								
青浦区								
南汇区								
奉贤区								
崇明县								

4-83 续表 3

单位：人次

地区	贫困残疾人救助与扶持				法律援助与服务			
	残疾一级	残疾二级	残疾三级	残疾四级	残疾一级	残疾二级	残疾三级	残疾四级
总　计	**4**		**3**	**2**	**1**		**1**	**1**
黄浦区								
卢湾区								
徐汇区	1							
长宁区			1					
静安区								
普陀区								
闸北区								
虹口区								
杨浦区								
闵行区								
宝山区								
嘉定区								
浦东新区								
金山区	1		1	1	1		1	1
松江区	1							
青浦区								
南汇区	1		1					
奉贤区								
崇明县				1				

4-83 续表 4

单位：人次

地　区	无障碍设施				信息无障碍			
	残疾一级	残疾二级	残疾三级	残疾四级	残疾一级	残疾二级	残疾三级	残疾四级
总　计					**1**			
黄浦区								
卢湾区								
徐汇区								
长宁区								
静安区								
普陀区								
闸北区								
虹口区								
杨浦区								
闵行区					1			
宝山区								
嘉定区								
浦东新区								
金山区								
松江区								
青浦区								
南汇区								
奉贤区								
崇明县								

4-83 续表 5

单位：人次

地 区	生活服务				文化服务			
	残疾一级	残疾二级	残疾三级	残疾四级	残疾一级	残疾二级	残疾三级	残疾四级
总 计	**3**			**1**	**1**		**1**	**1**
黄浦区								
卢湾区								
徐汇区				1				
长宁区								
静安区								
普陀区								
闸北区	1							
虹口区								
杨浦区								
闵行区	1				1			
宝山区								
嘉定区	1							
浦东新区								
金山区							1	1
松江区								
青浦区								
南汇区								
奉贤区								
崇明县								

4-83 续表 6

单位：人次

地 区	其 他				未曾接受任何服务或扶助			
	残疾一级	残疾二级	残疾三级	残疾四级	残疾一级	残疾二级	残疾三级	残疾四级
总 计	**1**				**2**	**2**	**2**	**5**
黄浦区								
卢湾区								
徐汇区								1
长宁区								
静安区								
普陀区								
闸北区						2		1
虹口区								
杨浦区								
闵行区								
宝山区								
嘉定区								
浦东新区							1	
金山区								1
松江区	1							
青浦区							1	
南汇区					2			1
奉贤区								1
崇明县								

4-84 各地区肢体残疾人分残疾等级的曾接受服务或扶助

单位：人次

地 区	医疗服务与救助				辅助器具			
	残疾一级	残疾二级	残疾三级	残疾四级	残疾一级	残疾二级	残疾三级	残疾四级
总 计	**26**	**87**	**174**	**320**	**14**	**37**	**56**	**93**
黄浦区	3	5	4	11	1	6	3	8
卢湾区		5	7	10		3	1	1
徐汇区	2	6	9			1		
长宁区		5	3	20		1	1	5
静安区			2	13			1	
普陀区	1	6	14	49		2	3	9
闸北区		1	1	9	1			1
虹口区								
杨浦区	4	15	53	26				
闵行区		1		2	2		3	10
宝山区	2	6	9	20		1	2	4
嘉定区		2	1	4		1	1	
浦东新区	11	19	37	56	9	17	36	44
金山区	1	3	2	23	1	1	1	2
松江区		3	2	5		1		
青浦区		1	1	9		2	1	7
南汇区		1	11	34			2	
奉贤区		2	7	4		1		
崇明县	2	6	11	25			1	2

4-84 续表 1

单位：人次

地 区	康复训练与服务				教育费用补助或减免			
	残疾一级	残疾二级	残疾三级	残疾四级	残疾一级	残疾二级	残疾三级	残疾四级
总 计	**15**	**36**	**85**	**202**			**1**	**2**
黄浦区	1	1	1	3				1
卢湾区		1	1	4				
徐汇区		1	2					
长宁区				1				1
静安区				7				
普陀区			7	17				
闸北区		1	1	2				
虹口区				2				
杨浦区							1	
闵行区	1	1	3	13				
宝山区		2	1	1				
嘉定区	1	8	11	19				
浦东新区	9	15	34	52				
金山区	3	2	4	38				
松江区			1	3				
青浦区		2	1	7				
南汇区		1	8	28				
奉贤区		1	8	5				
崇明县			2					

4-84 续表 2

单位：人次

地 区	职业教育与培训				就业安置或扶持			
	残疾一级	残疾二级	残疾三级	残疾四级	残疾一级	残疾二级	残疾三级	残疾四级
总 计				**3**			**6**	**16**
黄浦区								
卢湾区								
徐汇区								
长宁区				1				
静安区								
普陀区							1	2
闸北区								
虹口区								
杨浦区							2	2
闵行区								1
宝山区								
嘉定区								
浦东新区				2			3	10
金山区								
松江区								1
青浦区								
南汇区								
奉贤区								
崇明县								

4-84 续表 3

单位：人次

地 区	贫困残疾人救助与扶持				法律援助与服务			
	残疾一级	残疾二级	残疾三级	残疾四级	残疾一级	残疾二级	残疾三级	残疾四级
总 计	**4**	**18**	**12**	**35**				
黄浦区			2	3				
卢湾区		1						
徐汇区								
长宁区		6	2	6				
静安区		1		2				
普陀区	1		1	1				
闸北区								
虹口区								
杨浦区			1	4				
闵行区				1				
宝山区								
嘉定区		1						
浦东新区	1	1		1				
金山区	1	2	2	9				
松江区		3	1	5				
青浦区								
南汇区								
奉贤区		2	1					
崇明县	1	1	2	3				

4-84 续表 4

单位：人次

地区	无障碍设施				信息无障碍			
	残疾一级	残疾二级	残疾三级	残疾四级	残疾一级	残疾二级	残疾三级	残疾四级
总计	**1**	**12**	**13**	**29**	**2**	**2**	**1**	**7**
黄浦区		1		1				
卢湾区								
徐汇区								
长宁区			1					3
静安区								
普陀区	1			1				
闸北区								
虹口区								
杨浦区								
闵行区								
宝山区								
嘉定区		5	9	16	1	2	1	1
浦东新区					1			3
金山区								
松江区								
青浦区		6	3	11				
南汇区								
奉贤区								
崇明县								

4-84 续表 5

单位：人次

地 区	生活服务				文化服务			
	残疾一级	残疾二级	残疾三级	残疾四级	残疾一级	残疾二级	残疾三级	残疾四级
总 计	**3**	**10**	**15**	**33**		**1**		**4**
黄浦区		1	1	4				
卢湾区								
徐汇区								
长宁区		3	1	1		1		2
静安区				1				
普陀区								
闸北区								
虹口区								
杨浦区			1	3				
闵行区	2		2	6				1
宝山区								
嘉定区	1	5	10	18				1
浦东新区		1						
金山区								
松江区								
青浦区								
南汇区								
奉贤区								
崇明县								

4-84 续表 6

单位：人次

地 区	其 他				未曾接受任何服务或扶助			
	残疾一级	残疾二级	残疾三级	残疾四级	残疾一级	残疾二级	残疾三级	残疾四级
总 计		**3**	**7**	**11**	**9**	**31**	**122**	**201**
黄浦区						4	5	9
卢湾区			1					2
徐汇区						4	32	3
长宁区		1				1	8	19
静安区								
普陀区								3
闸北区					6	7	14	58
虹口区				1		5	13	22
杨浦区					1	1	16	15
闵行区				2				1
宝山区							1	8
嘉定区							3	2
浦东新区			2	1			2	2
金山区								
松江区		2	2	7			5	12
青浦区					1	3	3	12
南汇区								
奉贤区			2		1	6	18	32
崇明县							2	1

4-85 各地区智力残疾人分残疾等级的曾接受服务或扶助

单位：人次

地 区	医疗服务与救助				辅助器具			
	残疾一级	残疾二级	残疾三级	残疾四级	残疾一级	残疾二级	残疾三级	残疾四级
总 计	**11**	**10**	**36**	**43**			**2**	
黄浦区		1	4					
卢湾区								
徐汇区	1	2	6	4				
长宁区		1	2					
静安区			2	1			1	
普陀区	1	2		1				
闸北区	2	1	2					
虹口区			2				1	
杨浦区	1			1				
闵行区			1	1				
宝山区			5	4				
嘉定区			2	1				
浦东新区	4	2	4	10				
金山区	1	1	2	6				
松江区	1							
青浦区								
南汇区			4	13				
奉贤区								
崇明县				1				

4-85 续表 1

单位：人次

地区	康复训练与服务				教育费用补助或减免			
	残疾一级	残疾二级	残疾三级	残疾四级	残疾一级	残疾二级	残疾三级	残疾四级
总　计	**7**	**8**	**25**	**29**	**1**	**2**	**4**	**7**
黄浦区		1	6					
卢湾区				1				
徐汇区	1	2	6	5				1
长宁区								1
静安区								
普陀区	1	4	1	2		2	1	1
闸北区			1					
虹口区			1					1
杨浦区	3		1		1		2	
闵行区			1	1				
宝山区								
嘉定区			1	2				
浦东新区	2			2				2
金山区		1	1	3				
松江区			1	2				
青浦区								1
南汇区			4	10				
奉贤区			1				1	
崇明县				1				

4-85 续表 2

单位：人次

地区	职业教育与培训				就业安置或扶持			
	残疾一级	残疾二级	残疾三级	残疾四级	残疾一级	残疾二级	残疾三级	残疾四级
总计			**2**	**6**	**1**	**2**	**10**	**15**
黄浦区								
卢湾区								
徐汇区								
长宁区				1		1		1
静安区							1	
普陀区			1	1				3
闸北区								
虹口区							1	
杨浦区				1	1		3	6
闵行区								2
宝山区								
嘉定区				1				
浦东新区							2	
金山区							1	2
松江区							1	1
青浦区							1	
南汇区				2				
奉贤区			1			1		
崇明县								

4-85 续表 3

单位：人次

地区	贫困残疾人救助与扶持				法律援助与服务			
	残疾一级	残疾二级	残疾三级	残疾四级	残疾一级	残疾二级	残疾三级	残疾四级
总　计	**12**	**14**	**36**	**39**				**1**
黄浦区		1	9					
卢湾区			1	1				
徐汇区		1	1					
长宁区				1				
静安区								
普陀区		1		1				
闸北区	1		2	2				
虹口区			2					
杨浦区	4			1				
闵行区			1					
宝山区			1					
嘉定区			2	3				
浦东新区	2	6	2	8				
金山区	1	1		2				
松江区	1		3	3				
青浦区		1	4					
南汇区			4	9				1
奉贤区	3	2	2					
崇明县		1	2	8				

4-85 续表 4

单位：人次

地 区	无障碍设施				信息无障碍			
	残疾一级	残疾二级	残疾三级	残疾四级	残疾一级	残疾二级	残疾三级	残疾四级
总 计		**1**					**1**	**1**
黄浦区								
卢湾区								
徐汇区								
长宁区								
静安区								
普陀区		1						
闸北区								
虹口区								
杨浦区								
闵行区								
宝山区								
嘉定区								
浦东新区								1
金山区								
松江区							1	
青浦区								
南汇区								
奉贤区								
崇明县								

4-85 续表 5

单位：人次

地　区	生活服务				文化服务			
	残疾一级	残疾二级	残疾三级	残疾四级	残疾一级	残疾二级	残疾三级	残疾四级
总　计	**9**	**3**	**7**	**11**	**1**	**2**	**1**	**1**
黄浦区								
卢湾区			1	1			1	
徐汇区			1	2				
长宁区								
静安区								
普陀区	1	1				1		
闸北区	1			1				
虹口区								
杨浦区	3		1					
闵行区								
宝山区								
嘉定区								
浦东新区								1
金山区	1	1	1	5				
松江区								
青浦区								
南汇区								
奉贤区	3	1	3	1	1	1		
崇明县				1				

4-85 续表 6

单位：人次

地　区	其　他				未曾接受任何服务或扶助			
	残疾一级	残疾二级	残疾三级	残疾四级	残疾一级	残疾二级	残疾三级	残疾四级
总　计	**2**	**1**	**6**	**5**	**5**	**4**	**22**	**36**
黄浦区			1			1		2
卢湾区								
徐汇区	1	1	3	3				1
长宁区					1	1	1	4
静安区								
普陀区								
闸北区					1		2	1
虹口区						1	5	5
杨浦区							2	3
闵行区							1	
宝山区								2
嘉定区								1
浦东新区					2		1	7
金山区						1	1	
松江区	1		2	2			2	4
青浦区								
南汇区								1
奉贤区					1			
崇明县							7	5

4-86 各地区精神残疾人分残疾等级的曾接受服务或扶助

单位：人次

地 区	医疗服务与救助				辅助器具			
	残疾一级	残疾二级	残疾三级	残疾四级	残疾一级	残疾二级	残疾三级	残疾四级
总 计	**41**	**36**	**47**	**118**	**1**		**1**	
黄浦区	3	3	2	4				
卢湾区		3		1				
徐汇区	2		3	12				
长宁区		1		20				
静安区	3			1	1			
普陀区	5	5	9	9			1	
闸北区	3	4	1	2				
虹口区	3	1	5	11				
杨浦区	5	5	7	15				
闵行区		2	2	4				
宝山区	1							
嘉定区	1	2	4	5				
浦东新区	10	6	7	9				
金山区		2		3				
松江区		1		2				
青浦区	3	1	4	4				
南汇区			3	4				
奉贤区				5				
崇明县	2			7				

4-86 续表 1

单位：人次

地 区	康复训练与服务				教育费用补助或减免			
	残疾一级	残疾二级	残疾三级	残疾四级	残疾一级	残疾二级	残疾三级	残疾四级
总 计	**7**	**8**	**9**	**18**				
黄浦区								
卢湾区		2						
徐汇区								
长宁区								
静安区	1							
普陀区	2		1	2				
闸北区				1				
虹口区			1					
杨浦区								
闵行区								
宝山区								
嘉定区	1	1	4	4				
浦东新区	3	3	1	6				
金山区		1						
松江区		1		1				
青浦区								
南汇区			2	3				
奉贤区				1				
崇明县								

4-86 续表 2

单位：人次

地 区	职业教育与培训				就业安置或扶持			
	残疾一级	残疾二级	残疾三级	残疾四级	残疾一级	残疾二级	残疾三级	残疾四级
总 计				**1**	**1**		**1**	**1**
黄浦区								
卢湾区								
徐汇区					1			
长宁区								1
静安区								
普陀区								
闸北区				1				
虹口区								
杨浦区								
闵行区								
宝山区								
嘉定区								
浦东新区							1	
金山区								
松江区								
青浦区								
南汇区								
奉贤区								
崇明县								

4-86 续表 3

单位：人次

地区	贫困残疾人救助与扶持				法律援助与服务			
	残疾一级	残疾二级	残疾三级	残疾四级	残疾一级	残疾二级	残疾三级	残疾四级
总　计	**16**	**11**	**9**	**27**				**1**
黄浦区								
卢湾区								
徐汇区	1			4				
长宁区								
静安区	1							1
普陀区	1	1	2	3				
闸北区	1	5		3				
虹口区			1					
杨浦区	1			2				
闵行区		1	1	1				
宝山区	2	1		1				
嘉定区	1	1	1	3				
浦东新区	6	1	2	3				
金山区								
松江区				1				
青浦区				1				
南汇区			2					
奉贤区				2				
崇明县	2	1		3				

4-86 续表 4

单位：人次

地　区	无障碍设施				信息无障碍			
	残疾一级	残疾二级	残疾三级	残疾四级	残疾一级	残疾二级	残疾三级	残疾四级
总　计	**1**		**1**	**1**				
黄浦区								
卢湾区								
徐汇区								
长宁区								
静安区								
普陀区	1		1					
闸北区				1				
虹口区								
杨浦区								
闵行区								
宝山区								
嘉定区								
浦东新区								
金山区								
松江区								
青浦区								
南汇区								
奉贤区								
崇明县								

4-86 续表 5

单位：人次

地 区	生活服务				文化服务			
	残疾一级	残疾二级	残疾三级	残疾四级	残疾一级	残疾二级	残疾三级	残疾四级
总 计		**2**	**4**	**8**		**1**	**1**	**2**
黄浦区								
卢湾区								
徐汇区				1				1
长宁区				5				
静安区								
普陀区			4	1		1	1	1
闸北区								
虹口区								
杨浦区								
闵行区								
宝山区								
嘉定区				1				
浦东新区								
金山区		1						
松江区		1						
青浦区								
南汇区								
奉贤区								
崇明县								

4-86 续表 6

单位：人次

地区	其他				未曾接受任何服务或扶助			
	残疾一级	残疾二级	残疾三级	残疾四级	残疾一级	残疾二级	残疾三级	残疾四级
总计		**1**		**3**	**13**	**8**	**12**	**22**
黄浦区								1
卢湾区		1						
徐汇区							1	1
长宁区								2
静安区								
普陀区				1	1			1
闸北区					8	1	2	3
虹口区							1	
杨浦区						1		1
闵行区						1		1
宝山区					3		5	6
嘉定区								1
浦东新区						3	2	
金山区						1	1	2
松江区				2				2
青浦区								1
南汇区								
奉贤区								
崇明县					1	1		

4-87 各地区多重残疾人分残疾等级的曾接受服务或扶助

单位：人次

地 区	医疗服务与救助				辅助器具			
	残疾一级	残疾二级	残疾三级	残疾四级	残疾一级	残疾二级	残疾三级	残疾四级
总 计	**120**	**32**	**64**	**28**	**24**	**10**	**13**	**5**
黄浦区	4	1	3	2				
卢湾区	6	2	4	3	3	2	1	
徐汇区	11	1	4		3			
长宁区	4	4	1	1		1	2	
静安区	7	2	4	1		1		
普陀区	12	2	10	4	4			1
闸北区	3	1		3				
虹口区	4	4	7	1	1	1		
杨浦区	14	1	10	2			1	
闵行区	3	2	4	3	1	2	4	2
宝山区	18	3	4	2	3	1	2	1
嘉定区	6	3	3	3				
浦东新区	14	5	4	2	7	2	2	1
金山区	1		1					
松江区	1	1		1				
青浦区	2		4		1		1	
南汇区	7				1			
奉贤区	1		1					
崇明县	2							

4-87 续表 1

单位：人次

地区	康复训练与服务				教育费用补助或减免			
	残疾一级	残疾二级	残疾三级	残疾四级	残疾一级	残疾二级	残疾三级	残疾四级
总计	**29**	**10**	**13**	**4**			**3**	
黄浦区			1					
卢湾区	1	1	1					
徐汇区	2							
长宁区	1	1					1	
静安区	3	1		1				
普陀区	5		3	2			2	
闸北区	2							
虹口区	2							
杨浦区	3							
闵行区	2		3	1				
宝山区	1							
嘉定区		2	1					
浦东新区	4	4	3					
金山区								
松江区								
青浦区	1		1					
南汇区	2							
奉贤区		1						
崇明县								

4-87 续表 2

单位：人次

地区	职业教育与培训				就业安置或扶持			
	残疾一级	残疾二级	残疾三级	残疾四级	残疾一级	残疾二级	残疾三级	残疾四级
总　计	**5**		**1**		**8**	**1**	**4**	
黄浦区								
卢湾区								
徐汇区	2				1			
长宁区	1				1		1	
静安区								
普陀区			1		1		1	
闸北区								
虹口区								
杨浦区	1							
闵行区					1	1	1	
宝山区								
嘉定区					1		1	
浦东新区					1			
金山区								
松江区								
青浦区								
南汇区								
奉贤区	1							
崇明县					2			

4-87 续表 3

单位：人次

地 区	贫困残疾人救助与扶持				法律援助与服务			
	残疾一级	残疾二级	残疾三级	残疾四级	残疾一级	残疾二级	残疾三级	残疾四级
总 计	**36**	**7**	**7**	**4**	**3**	**1**		
黄浦区			1					
卢湾区	2	1		1				
徐汇区	5		1					
长宁区			2		1			
静安区	1							
普陀区	1	1		1				
闸北区	2							
虹口区	1							
杨浦区	3							
闵行区	1	1						
宝山区	1				1			
嘉定区	3	1	1	1				
浦东新区	3	2	1					
金山区	1		1		1			
松江区	1	1		1		1		
青浦区	1							
南汇区								
奉贤区	4							
崇明县	6							

4-87 续表 4

单位：人次

地　区	无障碍设施				信息无障碍			
	残疾一级	残疾二级	残疾三级	残疾四级	残疾一级	残疾二级	残疾三级	残疾四级
总　计	**5**	**3**	**3**	**3**	**2**	**2**		**1**
黄浦区	1	1		1				
卢湾区								
徐汇区								
长宁区								
静安区								
普陀区	1							
闸北区								
虹口区					1			
杨浦区	1		1					
闵行区				1				
宝山区								1
嘉定区		1	1			2		
浦东新区	2		1		1			
金山区								
松江区								
青浦区		1		1				
南汇区								
奉贤区								
崇明县								

4-87 续表 5

单位：人次

地　区	生活服务				文化服务			
	残疾一级	残疾二级	残疾三级	残疾四级	残疾一级	残疾二级	残疾三级	残疾四级
总　计	**26**	**3**	**10**	**6**	**3**		**2**	
黄浦区								
卢湾区	1	2	2	1	1		1	
徐汇区								
长宁区	3	1		1	1			
静安区								
普陀区	1		1	1				
闸北区	2							
虹口区								
杨浦区	3							
闵行区	1		2					
宝山区								
嘉定区	3		2	3			1	
浦东新区	6		1		1			
金山区	1		1					
松江区								
青浦区								
南汇区								
奉贤区	3		1					
崇明县	2							

4-87 续表 6

单位：人次

地 区	其 他				未曾接受任何服务或扶助			
	残疾一级	残疾二级	残疾三级	残疾四级	残疾一级	残疾二级	残疾三级	残疾四级
总 计	**6**	**1**	**1**	**4**	**42**	**13**	**34**	**22**
黄浦区					1		2	2
卢湾区	1		1	2				
徐汇区	2				2	2	2	1
长宁区		1		1	7		3	1
静安区					1			
普陀区								1
闸北区					3	1	4	2
虹口区					8	2	9	3
杨浦区					3	2	3	
闵行区	2				1		1	2
宝山区					6	1	6	4
嘉定区						1	1	
浦东新区					2	1	1	5
金山区					1			
松江区	1			1	1		1	
青浦区					1	3		1
南汇区					2			
奉贤区							1	
崇明县					3			

4－88　各地区残疾人分城乡的主要需求

单位：人次

地　区	合　计		医疗服务与救助		辅助器具	
	城镇	农村	城镇	农村	城镇	农村
总　计	**6269**	**2181**	**2019**	**643**	**1165**	**310**
黄浦区	344		98		24	
卢湾区	255		92		59	
徐汇区	454		168		47	
长宁区	348		74		70	
静安区	232		91		62	
普陀区	622		199		129	
闸北区	483		156		130	
虹口区	495		195		129	
杨浦区	777		334		112	
闵行区	298	6	54	1	79	2
宝山区	213	106	60	30	35	25
嘉定区	242	162	48	35	15	16
浦东新区	946	186	294	53	164	33
金山区	209	161	57	38	34	26
松江区	147	215	38	53	22	29
青浦区	67	325	29	135	25	99
南汇区	85	270	19	88	23	27
奉贤区	29	372	9	104	4	16
崇明县	23	378	4	106	2	37

4－88 续表 1

单位：人次

地 区	康复训练与服务		教育费用补助或减免		职业教育与培训	
	城镇	农村	城镇	农村	城镇	农村
总 计	**835**	**350**	**15**	**10**	**26**	**10**
黄浦区	46				1	
卢湾区	50					
徐汇区	49		1			
长宁区	12		2		6	
静安区	47					
普陀区	111		1		5	
闸北区	85		1		2	
虹口区	14		1			
杨浦区	50		3		5	
闵行区	41	2	1		1	
宝山区	23	3		1		
嘉定区	40	24				
浦东新区	168	48	5	1	6	1
金山区	43	24				
松江区	10	17				1
青浦区	12	46				
南汇区	29	68		1		2
奉贤区	4	81		4		4
崇明县	1	37		3		2

4－88　续表 2

单位：人次

地　区	就业安置或扶持		贫困残疾人救助与扶持		法律援助与服务	
	城镇	农村	城镇	农村	城镇	农村
总　计	**105**	**32**	**534**	**539**	**47**	**14**
黄浦区	4		44		1	
卢湾区			10			
徐汇区	8		32		3	
长宁区	10		24		3	
静安区	2		20		2	
普陀区	22		49			
闸北区	4		27		3	
虹口区	3		27		1	
杨浦区	15		31		12	
闵行区	1		31			
宝山区	5	2	30	22	1	
嘉定区	4	2	26	27		
浦东新区	17	4	101	27	11	1
金山区	2		20	49	3	4
松江区	7	12	43	70	6	8
青浦区		2	1	39		1
南汇区			9	68	1	
奉贤区		7	4	113		
崇明县	1	3	5	124		

4－88 续表 3

单位：人次

地 区	无障碍设施		信息无障碍		生活服务	
	城镇	农村	城镇	农村	城镇	农村
总 计	**269**	**22**	**25**	**1**	**728**	**174**
黄浦区	54		1		38	
卢湾区	3		1		32	
徐汇区	56				49	
长宁区	19				81	
静安区	4				3	
普陀区	13		1		76	
闸北区			2		25	
虹口区	3		1		34	
杨浦区	31		1		163	
闵行区	16		2		46	
宝山区	4				8	2
嘉定区	33	13	5		56	42
浦东新区	24	2	11	1	68	9
金山区	2	2			34	13
松江区	6	1				1
青浦区						1
南汇区		1			4	14
奉贤区					3	34
崇明县	1	3			8	58

4－88 续表 4

单位：人次

地　区	文化服务		其　他		不选择	
	城镇	农村	城镇	农村	城镇	农村
总　计	**72**	**7**	**46**	**25**	**383**	**44**
黄浦区	2		1		30	
卢湾区	2		4		2	
徐汇区	13		9		19	
长宁区	7				40	
静安区					1	
普陀区	1		7		8	
闸北区	7				41	
虹口区	2				85	
杨浦区	3				17	
闵行区	10		4	1	12	
宝山区			1		46	21
嘉定区	3	2			12	1
浦东新区	21	2	1		55	4
金山区	1	1	2	2	11	2
松江区			15	22		1
青浦区						2
南汇区						1
奉贤区		1	1		4	8
崇明县		1	1			4

4-89 各地区视力残疾人分城乡的主要需求

单位：人次

地 区	合 计		医疗服务与救助		辅助器具	
	城镇	农村	城镇	农村	城镇	农村
总 计	**1019**	**338**	**429**	**123**	**119**	**26**
黄浦区	54		13		2	
卢湾区	48		27		4	
徐汇区	111		45		5	
长宁区	37		15			
静安区	16		6		4	
普陀区	103		47		20	
闸北区	72		31		29	
虹口区	72		45			
杨浦区	140		52		6	
闵行区	68		23		21	
宝山区	32	12	16	11		
嘉定区	42	21	12	6	5	2
浦东新区	129	30	64	13	10	6
金山区	39	30	14	8	10	7
松江区	36	29	11	9	2	
青浦区	2	41	2	18		3
南汇区	5	55	3	24		
奉贤区	7	56	2	18		2
崇明县	6	64	1	16	1	6

4-89 续表 1

单位：人次

地 区	康复训练与服务		教育费用补助或减免		职业教育与培训	
	城镇	农村	城镇	农村	城镇	农村
总 计	**61**	**25**	**1**		**3**	
黄浦区	3					
卢湾区	15					
徐汇区	1					
长宁区						
静安区	1					
普陀区	14				1	
闸北区	10					
虹口区						
杨浦区						
闵行区	1					
宝山区	3					
嘉定区						
浦东新区	3		1		2	
金山区	6	4				
松江区	1					
青浦区						
南汇区						
奉贤区	2	4				
崇明县	1	17				

4-89 续表 2

单位：人次

地 区	就业安置或扶持		贫困残疾人救助与扶持		法律援助与服务	
	城镇	农村	城镇	农村	城镇	农村
总 计	**8**	**2**	**85**	**104**	**12**	**3**
黄浦区	1		11			
卢湾区						
徐汇区			8			
长宁区			3		1	
静安区					1	
普陀区	3		12			
闸北区			1			
虹口区			11			
杨浦区			1		8	
闵行区			10			
宝山区	1		2	1		
嘉定区	1	1	5	5		
浦东新区	2		8	4		
金山区			2	8		
松江区			9	10	2	3
青浦区				20		
南汇区				17		
奉贤区		1	1	18		
崇明县			1	21		

4-89　续表 3

单位：人次

地　区	无障碍设施		信息无障碍		生活服务	
	城镇	农村	城镇	农村	城镇	农村
总　计	**96**	**9**	**1**		**141**	**40**
黄浦区	3				1	
卢湾区			1		1	
徐汇区	13				27	
长宁区	13				5	
静安区	3					
普陀区					6	
闸北区						
虹口区					10	
杨浦区	25				48	
闵行区	11					
宝山区	1				2	
嘉定区	10	3			9	4
浦东新区	8	2			22	5
金山区	2	1			5	2
松江区	6					1
青浦区						
南汇区		1			2	13
奉贤区					2	13
崇明县	1	2			1	2

4-89 续表 4

单位：人次

地 区	文化服务		其 他		不选择	
	城镇	农村	城镇	农村	城镇	农村
总 计	**20**		**5**	**6**	**38**	
黄浦区					20	
卢湾区						
徐汇区	12					
长宁区						
静安区					1	
普陀区						
闸北区					1	
虹口区					6	
杨浦区						
闵行区	2					
宝山区					7	
嘉定区						
浦东新区	6				3	
金山区						
松江区			5	6		
青浦区						
南汇区						
奉贤区						
崇明县						

4-90 各地区听力残疾人分城乡的主要需求

单位：人次

地区	合计		医疗服务与救助		辅助器具	
	城镇	农村	城镇	农村	城镇	农村
总计	**1530**	**514**	**508**	**143**	**534**	**163**
黄浦区	67		33			
卢湾区	97		32		32	
徐汇区	88		41		30	
长宁区	41		5		15	
静安区	121		49		46	
普陀区	86		21		49	
闸北区	70		14		46	
虹口区	243		109		105	
杨浦区	117		66		24	
闵行区	88	3	5	1	29	1
宝山区	49	37	9	6	25	18
嘉定区	61	30	16	10	9	8
浦东新区	210	46	56	14	51	14
金山区	53	49	19	15	18	16
松江区	54	87	15	21	17	22
青浦区	27	99	14	49	13	46
南汇区	42	46	1	3	21	22
奉贤区	10	40	3	8	4	13
崇明县	6	77		16		3

4-90 续表 1

单位：人次

地 区	康复训练与服务		教育费用补助或减免		职业教育与培训	
	城镇	农村	城镇	农村	城镇	农村
总 计	**130**	**28**		**1**		
黄浦区						
卢湾区	15					
徐汇区						
长宁区						
静安区	26					
普陀区	4					
闸北区	2					
虹口区	3					
杨浦区	6					
闵行区	11	1				
宝山区	3	1		1		
嘉定区	3					
浦东新区	37	14				
金山区	1					
松江区	1	3				
青浦区						
南汇区	18	7				
奉贤区		1				
崇明县		1				

4-90 续表 2

单位：人次

地 区	就业安置或扶持		贫困残疾人救助与扶持		法律援助与服务	
	城镇	农村	城镇	农村	城镇	农村
总 计	**5**	**1**	**45**	**81**	**3**	**3**
黄浦区						
卢湾区						
徐汇区	2		3			
长宁区						
静安区						
普陀区	1		2			
闸北区			1			
虹口区			4			
杨浦区						
闵行区			4			
宝山区						
嘉定区			2	1		
浦东新区	2		5		2	
金山区			3	14	1	
松江区			18	29		3
青浦区				3		
南汇区			2	13		
奉贤区				2		
崇明县		1	1	19		

4-90 续表 3

单位：人次

地 区	无障碍设施		信息无障碍		生活服务	
	城镇	农村	城镇	农村	城镇	农村
总 计	**34**		**8**		**105**	**58**
黄浦区	30		1		3	
卢湾区					16	
徐汇区					10	
长宁区					6	
静安区						
普陀区	1				8	
闸北区						
虹口区					6	
杨浦区	1				4	
闵行区					21	
宝山区						
嘉定区	1		1		17	10
浦东新区	1		6		6	
金山区					3	1
松江区						
青浦区						
南汇区						1
奉贤区						9
崇明县					5	37

4-90　续表 4

单位：人次

地　区	文化服务		其　他		不选择	
	城镇	农村	城镇	农村	城镇	农村
总　计	**12**	**1**	**11**	**11**	**135**	**24**
黄浦区						
卢湾区	1		1			
徐汇区			1		1	
长宁区					15	
静安区						
普陀区						
闸北区	2				5	
虹口区					16	
杨浦区					16	
闵行区	3		3		12	
宝山区			1		11	11
嘉定区	2	1			10	
浦东新区	4				40	4
金山区			2	2	6	1
松江区			3	9		
青浦区						1
南汇区						
奉贤区					3	7
崇明县						

4-91 各地区言语残疾人分城乡的主要需求

单位：人次

地 区	合 计		医疗服务与救助		辅助器具	
	城镇	农村	城镇	农村	城镇	农村
总 计	**68**	**29**	**22**	**6**	**8**	
黄浦区						
卢湾区						
徐汇区	7		2		1	
长宁区	1					
静安区	2		1			
普陀区	12		4		3	
闸北区	13		4		1	
虹口区	4		1		1	
杨浦区	3		2			
闵行区	5					
宝山区	1					
嘉定区	3		1			
浦东新区	8	1	3		1	
金山区	5	9	2	2	1	
松江区		3		1		
青浦区	2		1			
南汇区	2	13	1	3		
奉贤区		2				
崇明县		1				

4-91 续表 1

单位：人次

地 区	康复训练与服务		教育费用补助或减免		职业教育与培训	
	城镇	农村	城镇	农村	城镇	农村
总 计	**12**	**6**	**1**	**1**	**1**	
黄浦区						
卢湾区						
徐汇区	1					
长宁区						
静安区	1					
普陀区	4					
闸北区	4				1	
虹口区						
杨浦区	1					
闵行区						
宝山区						
嘉定区						
浦东新区		1	1			
金山区						
松江区		1				
青浦区						
南汇区	1	4		1		
奉贤区						
崇明县						

4-91 续表 2

单位：人次

地 区	就业安置或扶持		贫困残疾人救助与扶持		法律援助与服务	
	城镇	农村	城镇	农村	城镇	农村
总 计	**1**	**1**	**4**	**11**	**1**	**3**
黄浦区						
卢湾区						
徐汇区	1					
长宁区						
静安区						
普陀区						
闸北区						
虹口区			1			
杨浦区						
闵行区						
宝山区			1			
嘉定区						
浦东新区			1			
金山区				3	1	3
松江区				1		
青浦区			1			
南汇区				5		
奉贤区		1		1		
崇明县				1		

4-91 续表 3

单位：人次

地 区	无障碍设施		信息无障碍		生活服务	
	城镇	农村	城镇	农村	城镇	农村
总 计	**3**		**2**		**6**	
黄浦区						
卢湾区						
徐汇区	1					
长宁区						
静安区						
普陀区					1	
闸北区					1	
虹口区					1	
杨浦区						
闵行区			2		2	
宝山区						
嘉定区	1				1	
浦东新区	1					
金山区						
松江区						
青浦区						
南汇区						
奉贤区						
崇明县						

4-91 续表 4

单位：人次

地　区	文化服务		其　他		不选择	
	城镇	农村	城镇	农村	城镇	农村
总　计	**2**	**1**			**5**	
黄浦区						
卢湾区						
徐汇区					1	
长宁区					1	
静安区						
普陀区						
闸北区					2	
虹口区						
杨浦区						
闵行区	1					
宝山区						
嘉定区						
浦东新区					1	
金山区	1	1				
松江区						
青浦区						
南汇区						
奉贤区						
崇明县						

4-92 各地区肢体残疾人分城乡的主要需求

单位：人次

地 区	合 计		医疗服务与救助		辅助器具	
	城镇	农村	城镇	农村	城镇	农村
总 计	**1919**	**793**	**537**	**233**	**372**	**94**
黄浦区	123		17		21	
卢湾区	49		17		13	
徐汇区	113		39		8	
长宁区	143		19		45	
静安区	39		15		2	
普陀区	233		75		39	
闸北区	198		71		43	
虹口区	43				1	
杨浦区	311		132		74	
闵行区	51	3	4		16	1
宝山区	40	21	5	3	2	1
嘉定区	81	66	3	6		3
浦东新区	325	57	97	18	91	13
金山区	75	45	11	3	4	3
松江区	36	51	8	12	1	5
青浦区	30	120	10	40	10	40
南汇区	18	84	9	35	1	2
奉贤区	7	212	3	69		1
崇明县	4	134	2	47	1	25

4-92 续表 1

单位：人次

地 区	康复训练与服务		教育费用补助或减免		职业教育与培训	
	城镇	农村	城镇	农村	城镇	农村
总 计	**354**	**216**	**4**	**1**	**5**	**1**
黄浦区	14				1	
卢湾区	7					
徐汇区	20					
长宁区	2		2		3	
静安区	8					
普陀区	52					
闸北区	54					
虹口区	3					
杨浦区	16		2		1	
闵行区	17	1				
宝山区	1					
嘉定区	27	19				
浦东新区	83	18				
金山区	30	18				
松江区	3	3				1
青浦区	10	37				
南汇区	6	35				
奉贤区	1	69		1		
崇明县		16				

4-92 续表 2

单位：人次

地　区	就业安置或扶持		贫困残疾人救助与扶持		法律援助与服务	
	城镇	农村	城镇	农村	城镇	农村
总　计	**40**	**13**	**138**	**193**	**6**	**2**
黄浦区	1		22			
卢湾区			3			
徐汇区	1		3			
长宁区	4		14			
静安区	1		11			
普陀区	13		11			
闸北区					1	
虹口区						
杨浦区	9		6			
闵行区			1			
宝山区	2	2	12	13	1	
嘉定区	1	1	4	7		
浦东新区	2		22	7	2	
金山区	1		12	19		
松江区	5	8	12	16	2	2
青浦区				3		
南汇区			2	12		
奉贤区		2	2	70		
崇明县			1	46		

4-92 续表 3

单位：人次

地区	无障碍设施		信息无障碍		生活服务	
	城镇	农村	城镇	农村	城镇	农村
总计	**98**	**11**	**6**	**1**	**233**	**21**
黄浦区	13				27	
卢湾区	2				5	
徐汇区	38				2	
长宁区	4				37	
静安区					2	
普陀区	9		1		29	
闸北区					1	
虹口区						
杨浦区	1				70	
闵行区					10	
宝山区	1				2	
嘉定区	19	9	3		23	20
浦东新区	11		2	1	8	
金山区		1			17	1
松江区		1				
青浦区						
南汇区						
奉贤区						
崇明县						

4-92 续表 4

单位：人次

地 区	文化服务		其 他		不选择	
	城镇	农村	城镇	农村	城镇	农村
总 计	**12**	**1**	**12**	**4**	**102**	**2**
黄浦区	1				6	
卢湾区	1				1	
徐汇区					2	
长宁区	3				10	
静安区						
普陀区			4			
闸北区					28	
虹口区					39	
杨浦区						
闵行区	2		1	1		
宝山区					14	2
嘉定区	1	1				
浦东新区	4		1		2	
金山区						
松江区			5	3		
青浦区						
南汇区						
奉贤区			1			
崇明县						

4-93 各地区智力残疾人分城乡的主要需求

单位：人次

地 区	合 计		医疗服务与救助		辅助器具	
	城镇	农村	城镇	农村	城镇	农村
总 计	**388**	**258**	**82**	**65**	**4**	
黄浦区	33		9		1	
卢湾区	6					
徐汇区	40		12			
长宁区	21		6			
静安区	7		2		1	
普陀区	27		3			
闸北区	30		6		1	
虹口区	22		4			
杨浦区	70		15		1	
闵行区	8		2			
宝山区	4	10	4	7		
嘉定区	8	9	1	3		
浦东新区	79	37	12	4		
金山区	16	24	4	9		
松江区	9	27		5		
青浦区		13		5		
南汇区	6	45	2	15		
奉贤区	2	34		2		
崇明县		59		15		

4-93 续表 1

单位：人次

地区	康复训练与服务		教育费用补助或减免		职业教育与培训	
	城镇	农村	城镇	农村	城镇	农村
总计	**84**	**42**	**6**	**6**	**8**	**7**
黄浦区	12					
卢湾区	2					
徐汇区	11		1			
长宁区	1					
静安区	1					
普陀区	7		1		4	
闸北区	6					
虹口区	4		1			
杨浦区	15		1		1	
闵行区	1					
宝山区		1				
嘉定区	3					
浦东新区	12	12	2		3	1
金山区	4	2				
松江区	2	7				
青浦区		2				
南汇区	2	13				2
奉贤区	1	2		3		2
崇明县		3		3		2

4-93 续表 2

单位：人次

地　区	就业安置或扶持		贫困残疾人救助与扶持		法律援助与服务	
	城镇	农村	城镇	农村	城镇	农村
总　计	**23**	**8**	**70**	**84**	**3**	**1**
黄浦区			7			
卢湾区			2			
徐汇区	2		3			
长宁区	2		3			
静安区			3			
普陀区	2		3			
闸北区	1		6			
虹口区	1					
杨浦区	6		7		1	
闵行区			3			
宝山区				1		
嘉定区			3	3		
浦东新区	6	4	24	14		
金山区	1		2	4		1
松江区	2	3	3	9	1	
青浦区				6		
南汇区			1	14	1	
奉贤区		1		13		
崇明县				20		

4-93 续表 3

单位：人次

地 区	无障碍设施		信息无障碍		生活服务	
	城镇	农村	城镇	农村	城镇	农村
总 计	**3**		**2**		**64**	**35**
黄浦区						
卢湾区					2	
徐汇区					2	
长宁区					4	
静安区						
普陀区	1				5	
闸北区			1		6	
虹口区	1				5	
杨浦区	1				20	
闵行区					1	
宝山区						
嘉定区					1	2
浦东新区			1		12	2
金山区					5	8
松江区						
青浦区						
南汇区						
奉贤区					1	10
崇明县						13

4-93 续表 4

单位：人次

地 区	文化服务		其 他		不选择	
	城镇	农村	城镇	农村	城镇	农村
总 计	**14**	**2**	**9**	**2**	**16**	**6**
黄浦区			1		3	
卢湾区						
徐汇区			7		2	
长宁区	1				4	
静安区						
普陀区	1					
闸北区	2				1	
虹口区	1				5	
杨浦区	2					
闵行区	1					
宝山区						1
嘉定区						1
浦东新区	6				1	
金山区						
松江区			1	2		1
青浦区						
南汇区						1
奉贤区		1				
崇明县		1				2

4-94 各地区精神残疾人分城乡的主要需求

单位：人次

地区	合计		医疗服务与救助		辅助器具	
	城镇	农村	城镇	农村	城镇	农村
总计	**565**	**99**	**205**	**40**	**3**	
黄浦区	34		12			
卢湾区	7		4			
徐汇区	35		9			
长宁区	46		17			
静安区	10		4			
普陀区	76		23		2	
闸北区	59		15			
虹口区	38		10		1	
杨浦区	55		34			
闵行区	24		9			
宝山区	37	6	15	2		
嘉定区	17	15	7	5		
浦东新区	104	6	38	2		
金山区	15		5			
松江区	3	12	1	4		
青浦区		21		12		
南汇区		18		7		
奉贤区	3	6	1	3		
崇明县	2	15	1	5		

4-94 续表 1

单位：人次

地区	康复训练与服务		教育费用补助或减免		职业教育与培训	
	城镇	农村	城镇	农村	城镇	农村
总计	**82**	**16**			**5**	
黄浦区	12					
卢湾区	3					
徐汇区	5					
长宁区	4				2	
静安区	2					
普陀区	13					
闸北区	2				1	
虹口区	1					
杨浦区	1				2	
闵行区	3					
宝山区	10					
嘉定区	4	5				
浦东新区	20	2				
金山区	2					
松江区		3				
青浦区						
南汇区		6				
奉贤区						
崇明县						

4-94 续表 2

单位：人次

地区	就业安置或扶持		贫困残疾人救助与扶持		法律援助与服务	
	城镇	农村	城镇	农村	城镇	农村
总 计	**18**	**3**	**111**	**30**	**9**	**1**
黄浦区	1		3			
卢湾区						
徐汇区	1		7			
长宁区	3		2			
静安区	1		2		1	
普陀区	3		11			
闸北区	3		17		1	
虹口区	2		7			
杨浦区			10		1	
闵行区	1		8			
宝山区			9	2		
嘉定区			4	5		
浦东新区	3		28	1	5	
金山区			1			
松江区		1		3	1	
青浦区		1		5		1
南汇区				5		
奉贤区		1	1	1		
崇明县			1	8		

4-94 续表 3

单位：人次

地区	无障碍设施		信息无障碍		生活服务	
	城镇	农村	城镇	农村	城镇	农村
总计	**2**		**2**		**78**	**4**
黄浦区					4	
卢湾区						
徐汇区					1	
长宁区					13	
静安区						
普陀区	1				15	
闸北区					15	
虹口区	1		1		6	
杨浦区			1		5	
闵行区					3	
宝山区					3	1
嘉定区						
浦东新区					10	1
金山区					3	
松江区						
青浦区						1
南汇区						
奉贤区						1
崇明县						

4-94 续表 4

单位：人次

地 区	文化服务		其 他		不选择	
	城镇	农村	城镇	农村	城镇	农村
总 计	**6**		**3**	**1**	**41**	**4**
黄浦区	1				1	
卢湾区						
徐汇区	1				11	
长宁区	1				4	
静安区						
普陀区			2		6	
闸北区	2				3	
虹口区					9	
杨浦区	1					
闵行区						
宝山区						1
嘉定区					2	
浦东新区						
金山区					4	
松江区			1	1		
青浦区						1
南汇区						
奉贤区					1	
崇明县						2

4-95 各地区多重残疾人分城乡的主要需求

单位：人次

地 区	合 计		医疗服务与救助		辅助器具	
	城镇	农村	城镇	农村	城镇	农村
总 计	**780**	**150**	**236**	**33**	**125**	**27**
黄浦区	33		14			
卢湾区	48		12		10	
徐汇区	60		20		3	
长宁区	59		12		10	
静安区	37		14		9	
普陀区	85		26		16	
闸北区	41		15		10	
虹口区	73		26		21	
杨浦区	81		33		7	
闵行区	54		11		13	
宝山区	50	20	11	1	8	6
嘉定区	30	21	8	5	1	3
浦东新区	91	9	24	2	11	
金山区	6	4	2	1	1	
松江区	9	6	3	1	2	2
青浦区	6	31	2	11	2	10
南汇区	12	9	3	1	1	3
奉贤区		22		4		
崇明县	5	28		7		3

4-95 续表 1

单位：人次

地　区	康复训练与服务		教育费用补助或减免		职业教育与培训	
	城镇	农村	城镇	农村	城镇	农村
总　计	**112**	**17**	**3**	**1**	**4**	**2**
黄浦区	5					
卢湾区	8					
徐汇区	11					
长宁区	5				1	
静安区	8					
普陀区	17					
闸北区	7		1			
虹口区	3					
杨浦区	11				1	
闵行区	8		1		1	
宝山区	6	1				
嘉定区	3					
浦东新区	13	1	1	1	1	
金山区						
松江区	3					
青浦区	2	7				
南汇区	2	3				
奉贤区		5				2
崇明县						

4-95 续表 2

单位：人次

地区	就业安置或扶持		贫困残疾人救助与扶持		法律援助与服务	
	城镇	农村	城镇	农村	城镇	农村
总计	**10**	**4**	**81**	**36**	**13**	**1**
黄浦区	1		1		1	
卢湾区			5			
徐汇区	1		8		3	
长宁区	1		2		2	
静安区			4			
普陀区			10			
闸北区			2		1	
虹口区			4		1	
杨浦区			7		2	
闵行区			5			
宝山区	2		6	5		
嘉定区	2		8	6		
浦东新区	2		13	1	2	1
金山区				1	1	
松江区			1	2		
青浦区		1		2		
南汇区			4	2		
奉贤区		1		8		
崇明县	1	2	1	9		

4-95 续表 3

单位：人次

地 区	无障碍设施		信息无障碍		生活服务	
	城镇	农村	城镇	农村	城镇	农村
总 计	**33**	**2**	**4**		**101**	**16**
黄浦区	8				3	
卢湾区	1				8	
徐汇区	4				7	
长宁区	2				16	
静安区	1				1	
普陀区	1				12	
闸北区			1		2	
虹口区	1				6	
杨浦区	3				16	
闵行区	5				9	
宝山区	2				1	1
嘉定区	2	1	1		5	6
浦东新区	3		2		10	1
金山区					1	1
松江区						
青浦区						
南汇区					2	
奉贤区						1
崇明县		1			2	6

4-95 续表 4

单位：人次

地区	文化服务		其他		不选择	
	城镇	农村	城镇	农村	城镇	农村
总计	**6**	**2**	**6**	**1**	**46**	**8**
黄浦区						
卢湾区			3		1	
徐汇区			1		2	
长宁区	2				6	
静安区						
普陀区			1		2	
闸北区	1				1	
虹口区	1				10	
杨浦区					1	
闵行区	1					
宝山区					14	6
嘉定区						
浦东新区	1	2			8	
金山区					1	1
松江区				1		
青浦区						
南汇区						
奉贤区						1
崇明县			1			

4-96 各地区视力残疾人分残疾等级的主要需求

单位：人次

地 区	医疗服务与救助				辅助器具			
	残疾一级	残疾二级	残疾三级	残疾四级	残疾一级	残疾二级	残疾三级	残疾四级
总 计	**94**	**46**	**48**	**364**	**34**	**11**	**9**	**91**
黄浦区	3		2	8			1	1
卢湾区	4	1	2	20				4
徐汇区	8	4	7	26	1	1		3
长宁区		2		13				
静安区	1	1		4	2	1		1
普陀区	9	3	4	31	5	2	2	11
闸北区	8	1	3	19	13	2	1	13
虹口区	6	6		33				
杨浦区	13	6	4	29			1	5
闵行区	5	1		17	6	1		14
宝山区	2	3	2	20				
嘉定区	1	3	1	13		2		5
浦东新区	5	2	3	67	1			15
金山区	3	2	3	14	1	2	3	11
松江区	7	1	2	10	2			
青浦区	6	2	5	7	1			2
南汇区	6	2	7	12				
奉贤区	2	2	2	14			1	1
崇明县	5	4	1	7	2			5

4-96 续表 1

单位：人次

地区	康复训练与服务				教育费用补助或减免			
	残疾一级	残疾二级	残疾三级	残疾四级	残疾一级	残疾二级	残疾三级	残疾四级
总　计	**27**	**10**	**8**	**41**	**1**			
黄浦区				3				
卢湾区	3		2	10				
徐汇区				1				
长宁区								
静安区				1				
普陀区	3		1	10				
闸北区	7	2		1				
虹口区								
杨浦区								
闵行区				1				
宝山区				3				
嘉定区								
浦东新区	2			1	1			
金山区		2	3	5				
松江区		1						
青浦区								
南汇区								
奉贤区	1	1	1	3				
崇明县	11	4	1	2				

4-96 续表 2

单位：人次

地区	职业教育与培训				就业安置或扶持			
	残疾一级	残疾二级	残疾三级	残疾四级	残疾一级	残疾二级	残疾三级	残疾四级
总 计			**1**	**2**		**1**	**1**	**8**
黄浦区								1
卢湾区								
徐汇区								
长宁区								
静安区								
普陀区				1				3
闸北区								
虹口区								
杨浦区								
闵行区								
宝山区								1
嘉定区								2
浦东新区			1	1			1	1
金山区								
松江区								
青浦区								
南汇区								
奉贤区						1		
崇明县								

4-96 续表 3

单位：人次

地 区	贫困残疾人救助与扶持				法律援助与服务			
	残疾一级	残疾二级	残疾三级	残疾四级	残疾一级	残疾二级	残疾三级	残疾四级
总 计	**54**	**20**	**16**	**99**	**2**		**2**	**11**
黄浦区	3		2	6				
卢湾区								
徐汇区	1	1	2	4				
长宁区		1		2				1
静安区								1
普陀区	4	1		7				
闸北区	1							
虹口区	3	2		6				
杨浦区				1	2		1	5
闵行区	5			5				
宝山区				3				
嘉定区	1	2		7				
浦东新区	4			8				
金山区	1	2		7				
松江区	6	1	2	10			1	4
青浦区	5	2	5	8				
南汇区	5	1	3	8				
奉贤区	5	3	1	10				
崇明县	10	4	1	7				

4-96 续表 4

单位：人次

地区	无障碍设施				信息无障碍			
	残疾一级	残疾二级	残疾三级	残疾四级	残疾一级	残疾二级	残疾三级	残疾四级
总　计	**29**	**13**	**7**	**56**				**1**
黄浦区	2			1				
卢湾区								1
徐汇区	3	1	2	7				
长宁区		2		11				
静安区	1	1		1				
普陀区								
闸北区								
虹口区								
杨浦区	8	4	4	9				
闵行区	2	1		8				
宝山区				1				
嘉定区	1	2	1	9				
浦东新区	3	2		5				
金山区				3				
松江区	5			1				
青浦区								
南汇区	1							
奉贤区								
崇明县	3							

4-96 续表 5

单位：人次

地区	生活服务				文化服务			
	残疾一级	残疾二级	残疾三级	残疾四级	残疾一级	残疾二级	残疾三级	残疾四级
总 计	**53**	**23**	**10**	**95**	**1**	**1**	**1**	**17**
黄浦区				1				
卢湾区				1				
徐汇区	6	3	3	15	1	1	1	9
长宁区		1		4				
静安区								
普陀区	5			1				
闸北区								
虹口区	5	3		2				
杨浦区	13	6	2	27				
闵行区								2
宝山区				2				
嘉定区		3	1	9				
浦东新区	8	2		17				6
金山区	3	1		3				
松江区				1				
青浦区								
南汇区	6	2	2	5				
奉贤区	4	2	2	7				
崇明县	3							

4-96 续表 6

单位：人次

地区	其他				不选择			
	残疾一级	残疾二级	残疾三级	残疾四级	残疾一级	残疾二级	残疾三级	残疾四级
总计	**4**		**1**	**6**	**5**	**3**	**1**	**29**
黄浦区					1	3	1	15
卢湾区								
徐汇区								
长宁区								
静安区					1			
普陀区								
闸北区								1
虹口区					2			4
杨浦区								
闵行区								
宝山区								7
嘉定区								
浦东新区					1			2
金山区								
松江区	4		1	6				
青浦区								
南汇区								
奉贤区								
崇明县								

4-97 各地区听力残疾人分残疾等级的主要需求

单位：人次

地区	医疗服务与救助				辅助器具			
	残疾一级	残疾二级	残疾三级	残疾四级	残疾一级	残疾二级	残疾三级	残疾四级
总　计	**44**	**49**	**311**	**247**	**56**	**49**	**348**	**244**
黄浦区	1		10	22				
卢湾区	3	3	19	7	3	3	19	7
徐汇区	2	7	28	4	1	1	24	4
长宁区			4	1			9	6
静安区	3	3	25	18	3	3	25	15
普陀区	1		2	18	2	3	11	33
闸北区	3	2	8	1	9	7	25	5
虹口区	6	7	43	53	6	6	41	52
杨浦区	8	6	43	9	3	3	18	
闵行区	1		3	2	1	3	17	9
宝山区	3	3	5	4	4	3	23	13
嘉定区		4	11	11		2	9	6
浦东新区	9	5	36	20	9	4	34	18
金山区	1	1	15	17	1	1	16	16
松江区			15	21		2	16	21
青浦区		2	31	30		2	29	28
南汇区		1	2	1	12	4	21	6
奉贤区		2	4	5	1	2	10	4
崇明县	3	3	7	3	1		1	1

4-97 续表 1

单位：人次

地区	康复训练与服务				教育费用补助或减免			
	残疾一级	残疾二级	残疾三级	残疾四级	残疾一级	残疾二级	残疾三级	残疾四级
总　计	**19**	**13**	**90**	**36**	**1**			
黄浦区								
卢湾区	1	1	10	3				
徐汇区								
长宁区								
静安区	2	3	14	7				
普陀区			2	2				
闸北区			2					
虹口区	1			2				
杨浦区	1	1	3	1				
闵行区	1	1	7	3				
宝山区		1	3		1			
嘉定区	1		1	1				
浦东新区	7	4	31	9				
金山区				1				
松江区			2	2				
青浦区								
南汇区	5	1	14	5				
奉贤区		1						
崇明县			1					

4-97 续表 2

单位：人次

地 区	职业教育与培训				就业安置或扶持			
	残疾一级	残疾二级	残疾三级	残疾四级	残疾一级	残疾二级	残疾三级	残疾四级
总 计						**1**	**3**	**2**
黄浦区								
卢湾区								
徐汇区						1	1	
长宁区								
静安区								
普陀区								1
闸北区								
虹口区								
杨浦区								
闵行区								
宝山区								
嘉定区								
浦东新区							2	
金山区								
松江区								
青浦区								
南汇区								
奉贤区								
崇明县								1

4-97　续表 3

单位：人次

地　区	贫困残疾人救助与扶持				法律援助与服务			
	残疾一级	残疾二级	残疾三级	残疾四级	残疾一级	残疾二级	残疾三级	残疾四级
总　计	**16**	**9**	**53**	**48**	**1**	**1**		**4**
黄浦区								
卢湾区								
徐汇区		1	2					
长宁区								
静安区								
普陀区			1	1				
闸北区				1				
虹口区			2	2				
杨浦区								
闵行区			3	1				
宝山区								
嘉定区			1	2				
浦东新区	3		2		1	1		
金山区		1	8	8				1
松江区		2	19	26				3
青浦区			3					
南汇区	7	2	6					
奉贤区		1		1				
崇明县	6	2	6	6				

4-97 续表 4

单位：人次

地 区	无障碍设施				信息无障碍			
	残疾一级	残疾二级	残疾三级	残疾四级	残疾一级	残疾二级	残疾三级	残疾四级
总 计	**4**		**10**	**20**	**3**	**1**	**1**	**3**
黄浦区	1		9	20				1
卢湾区								
徐汇区								
长宁区								
静安区								
普陀区			1					
闸北区								
虹口区								
杨浦区	1							
闵行区								
宝山区								
嘉定区	1				1			
浦东新区	1				2	1	1	2
金山区								
松江区								
青浦区								
南汇区								
奉贤区								
崇明县								

4-97 续表 5

单位：人次

地 区	生活服务				文化服务			
	残疾一级	残疾二级	残疾三级	残疾四级	残疾一级	残疾二级	残疾三级	残疾四级
总 计	**14**	**18**	**81**	**50**	**1**	**2**	**5**	**5**
黄浦区			1	2				
卢湾区	2	2	9	3				1
徐汇区	1	2	6	1				
长宁区	1		3	2				
静安区								
普陀区	1	1	3	3				
闸北区					1		1	
虹口区	1	1	2	2				
杨浦区	3		1					
闵行区		2	15	4		1	2	
宝山区								
嘉定区		4	11	12		1	1	1
浦东新区			3	3			1	3
金山区	1		2	1				
松江区								
青浦区								
南汇区		1						
奉贤区			7	2				
崇明县	4	5	18	15				

4-97 续表 6

单位：人次

地区	其他				不选择			
	残疾一级	残疾二级	残疾三级	残疾四级	残疾一级	残疾二级	残疾三级	残疾四级
总计	**1**	**2**	**9**	**10**	**7**	**9**	**54**	**89**
黄浦区								
卢湾区				1				
徐汇区			1				1	
长宁区						1	3	11
静安区								
普陀区								
闸北区						1	2	2
虹口区					1	1	7	7
杨浦区					1	1	10	4
闵行区	1		1	1	1		3	8
宝山区			1		3	2	9	8
嘉定区					1		5	4
浦东新区						2	11	31
金山区			1	3			1	6
松江区		2	5	5				
青浦区						1		
南汇区								
奉贤区							2	8
崇明县								

4-98 各地区言语残疾人分残疾等级的主要需求

单位：人次

地 区	医疗服务与救助				辅助器具			
	残疾一级	残疾二级	残疾三级	残疾四级	残疾一级	残疾二级	残疾三级	残疾四级
总 计	**13**	**4**	**5**	**6**	**3**	**1**	**1**	**3**
黄浦区								
卢湾区								
徐汇区	1	1			1			
长宁区								
静安区	1							
普陀区	2	1	1		2		1	
闸北区	1	2		1		1		
虹口区				1				1
杨浦区	1			1				
闵行区								
宝山区								
嘉定区	1							
浦东新区	2			1				1
金山区	1		2	1				1
松江区	1							
青浦区			1					
南汇区	2		1	1				
奉贤区								
崇明县								

4-98 续表 1

单位：人次

地　区	康复训练与服务				教育费用补助或减免			
	残疾一级	残疾二级	残疾三级	残疾四级	残疾一级	残疾二级	残疾三级	残疾四级
总　计	**9**	**4**	**2**	**3**	**2**			
黄浦区								
卢湾区								
徐汇区				1				
长宁区								
静安区	1							
普陀区	2	1	1					
闸北区	1	2		1				
虹口区								
杨浦区	1							
闵行区								
宝山区								
嘉定区								
浦东新区			1		1			
金山区								
松江区	1							
青浦区								
南汇区	3	1		1	1			
奉贤区								
崇明县								

4–98 续表 2

单位：人次

地 区	职业教育与培训				就业安置或扶持			
	残疾一级	残疾二级	残疾三级	残疾四级	残疾一级	残疾二级	残疾三级	残疾四级
总 计				**1**	**1**			**1**
黄浦区								
卢湾区								
徐汇区					1			
长宁区								
静安区								
普陀区								
闸北区				1				
虹口区								
杨浦区								
闵行区								
宝山区								
嘉定区								
浦东新区								
金山区								
松江区								
青浦区								
南汇区								
奉贤区								1
崇明县								

4-98 续表 3

单位：人次

地 区	贫困残疾人救助与扶持				法律援助与服务			
	残疾一级	残疾二级	残疾三级	残疾四级	残疾一级	残疾二级	残疾三级	残疾四级
总 计	**9**	**1**	**2**	**3**	**1**		**2**	**1**
黄浦区								
卢湾区								
徐汇区								
长宁区								
静安区								
普陀区								
闸北区								
虹口区	1							
杨浦区								
闵行区								
宝山区	1							
嘉定区								
浦东新区	1							
金山区	1		1	1	1		2	1
松江区	1							
青浦区			1					
南汇区	4	1						
奉贤区				1				
崇明县				1				

4-98 续表 4

单位：人次

地区	无障碍设施				信息无障碍			
	残疾一级	残疾二级	残疾三级	残疾四级	残疾一级	残疾二级	残疾三级	残疾四级
总　计	**2**	**1**			**2**			
黄浦区								
卢湾区								
徐汇区		1						
长宁区								
静安区								
普陀区								
闸北区								
虹口区								
杨浦区								
闵行区					2			
宝山区								
嘉定区	1							
浦东新区	1							
金山区								
松江区								
青浦区								
南汇区								
奉贤区								
崇明县								

4-98 续表 5

单位：人次

地区	生活服务				文化服务			
	残疾一级	残疾二级	残疾三级	残疾四级	残疾一级	残疾二级	残疾三级	残疾四级
总　计	**4**	**1**		**1**	**1**		**1**	**1**
黄浦区								
卢湾区								
徐汇区								
长宁区								
静安区								
普陀区		1						
闸北区	1							
虹口区				1				
杨浦区								
闵行区	2				1			
宝山区								
嘉定区	1							
浦东新区								
金山区							1	1
松江区								
青浦区								
南汇区								
奉贤区								
崇明县								

4–98 续表 6

单位：人次

地 区	其 他				不选择			
	残疾一级	残疾二级	残疾三级	残疾四级	残疾一级	残疾二级	残疾三级	残疾四级
总 计						**1**	**1**	**3**
黄浦区								
卢湾区								
徐汇区								1
长宁区							1	
静安区								
普陀区								
闸北区						1		1
虹口区								
杨浦区								
闵行区								
宝山区								
嘉定区								
浦东新区								1
金山区								
松江区								
青浦区								
南汇区								
奉贤区								
崇明县								

4-99　各地区肢体残疾人分残疾等级的主要需求

单位：人次

地　区	医疗服务与救助				辅助器具			
	残疾一级	残疾二级	残疾三级	残疾四级	残疾一级	残疾二级	残疾三级	残疾四级
总　计	**32**	**103**	**245**	**390**	**24**	**81**	**150**	**211**
黄浦区	3	5	4	5	1	8	5	7
卢湾区		3	3	11		4	5	4
徐汇区	2	9	27	1		1	7	
长宁区		4	3	12		11	10	24
静安区		1	2	12			1	1
普陀区		6	17	52		3	10	26
闸北区	6	6	14	45	4	6	10	23
虹口区								1
杨浦区	5	16	69	42	4	12	41	17
闵行区		1		3	2	1	3	11
宝山区		1	2	5			1	2
嘉定区		3	2	4		1	2	
浦东新区	11	18	37	49	8	16	35	45
金山区	1	2	2	9	3	1		3
松江区		3	3	14		1	3	2
青浦区	1	10	7	32	1	10	7	32
南汇区		1	11	32			2	1
奉贤区	1	8	27	36			1	
崇明县	2	6	15	26	1	6	7	12

4-99 续表 1

单位：人次

地区	康复训练与服务				教育费用补助或减免			
	残疾一级	残疾二级	残疾三级	残疾四级	残疾一级	残疾二级	残疾三级	残疾四级
总计	**23**	**67**	**158**	**322**			**2**	**3**
黄浦区	1	3	4	6				
卢湾区			2	5				
徐汇区		3	16	1				
长宁区		2						2
静安区		1		7				
普陀区	1	3	14	34				
闸北区	5	6	12	31				
虹口区			1	2				
杨浦区		3	8	5			1	1
闵行区	1	1	3	13				
宝山区		1						
嘉定区	1	8	15	22				
浦东新区	8	14	29	50				
金山区	3	3	4	38				
松江区			2	4				
青浦区	1	10	6	30				
南汇区		1	9	31				
奉贤区	1	8	26	35			1	
崇明县	1		7	8				

4-99 续表 2

单位：人次

地区	职业教育与培训				就业安置或扶持			
	残疾一级	残疾二级	残疾三级	残疾四级	残疾一级	残疾二级	残疾三级	残疾四级
总　计			**2**	**4**	**1**	**5**	**8**	**39**
黄浦区				1				1
卢湾区								
徐汇区							1	
长宁区				3				4
静安区								1
普陀区					1			12
闸北区								
虹口区								
杨浦区			1			2	3	4
闵行区								
宝山区								4
嘉定区								2
浦东新区						1	1	
金山区								1
松江区			1			1	3	9
青浦区								
南汇区								
奉贤区						1		1
崇明县								

4-99 续表 3

单位：人次

地 区	贫困残疾人救助与扶持				法律援助与服务			
	残疾一级	残疾二级	残疾三级	残疾四级	残疾一级	残疾二级	残疾三级	残疾四级
总　计	**11**	**38**	**85**	**197**				**8**
黄浦区	1	5	7	9				
卢湾区		1		2				
徐汇区		1	2					
长宁区		2	2	10				
静安区		1	2	8				
普陀区	1		3	7				
闸北区								1
虹口区								
杨浦区			2	4				
闵行区				1				
宝山区		2	8	15				1
嘉定区		3	2	6				
浦东新区	4	4	4	17				2
金山区	2	2	3	24				
松江区		3	7	18				4
青浦区			1	2				
南汇区		1	1	12				
奉贤区	1	7	26	38				
崇明县	2	6	15	24				

4-99 续表 4

单位：人次

地区	无障碍设施				信息无障碍			
	残疾一级	残疾二级	残疾三级	残疾四级	残疾一级	残疾二级	残疾三级	残疾四级
总 计	**1**	**17**	**48**	**43**	**2**	**1**	**1**	**3**
黄浦区		1	2	10				
卢湾区		1		1				
徐汇区		9	27	2				
长宁区		1	2	1				
静安区								
普陀区		2	1	6				1
闸北区								
虹口区								
杨浦区				1				
闵行区								
宝山区		1						
嘉定区	1	2	10	15	1		1	1
浦东新区			5	6	1	1		1
金山区				1				
松江区			1					
青浦区								
南汇区								
奉贤区								
崇明县								

4-99 续表 5

单位：人次

地区	生活服务				文化服务			
	残疾一级	残疾二级	残疾三级	残疾四级	残疾一级	残疾二级	残疾三级	残疾四级
总　计	**9**	**42**	**95**	**108**		**3**		**10**
黄浦区	2	7	6	12				1
卢湾区		2	3					1
徐汇区			2					
长宁区		9	10	18		2		1
静安区				2				
普陀区		4	6	19				
闸北区				1				
虹口区								
杨浦区	3	9	47	11				
闵行区	2		2	6				2
宝山区		1	1					
嘉定区		7	13	23				2
浦东新区	2	2	3	1		1		3
金山区		1	2	15				
松江区								
青浦区								
南汇区								
奉贤区								
崇明县								

4-99 续表 6

单位：人次

地 区	其 他				不选择			
	残疾一级	残疾二级	残疾三级	残疾四级	残疾一级	残疾二级	残疾三级	残疾四级
总 计		**1**	**4**	**11**	**3**	**12**	**21**	**68**
黄浦区						1	1	4
卢湾区							1	
徐汇区							1	1
长宁区						1	1	8
静安区								
普陀区			2	2				
闸北区					1	2	2	23
虹口区						5	12	22
杨浦区								
闵行区				2				
宝山区					2	3	2	9
嘉定区								
浦东新区				1			1	1
金山区								
松江区		1	1	6				
青浦区								
南汇区								
奉贤区			1					
崇明县								

4-100　各地区智力残疾人分残疾等级的主要需求

单位：人次

地　区	医疗服务与救助				辅助器具			
	残疾一级	残疾二级	残疾三级	残疾四级	残疾一级	残疾二级	残疾三级	残疾四级
总　计	**17**	**14**	**57**	**59**	**2**	**1**	**1**	
黄浦区		1	8			1		
卢湾区								
徐汇区	1	2	5	4				
长宁区	1	2	2	1				
静安区			2				1	
普陀区	1	2						
闸北区	1		2	3	1			
虹口区			4					
杨浦区	6		3	6	1			
闵行区			1	1				
宝山区			6	5				
嘉定区			3	1				
浦东新区	4	2	3	7				
金山区	1	2	4	6				
松江区	1		2	2				
青浦区		1	4					
南汇区			4	13				
奉贤区	1	1						
崇明县		1	4	10				

4-100 续表 1

单位：人次

地区	康复训练与服务				教育费用补助或减免			
	残疾一级	残疾二级	残疾三级	残疾四级	残疾一级	残疾二级	残疾三级	残疾四级
总　计	**15**	**13**	**43**	**55**	**1**	**2**	**1**	**8**
黄浦区		1	11					
卢湾区			1	1				
徐汇区	1	2	5	3				1
长宁区				1				
静安区			1					
普陀区	1	2	1	3		1		
闸北区	3	1	1	1				
虹口区			3	1				1
杨浦区	5		4	6			1	
闵行区			1					
宝山区				1				
嘉定区			1	2				
浦东新区	3	6	2	13				2
金山区		1	1	4				
松江区	1		4	4				
青浦区			1	1				
南汇区			4	11				
奉贤区	1		1	1	1	1		1
崇明县			1	2				3

4-100 续表 2

单位：人次

地 区	职业教育与培训				就业安置或扶持			
	残疾一级	残疾二级	残疾三级	残疾四级	残疾一级	残疾二级	残疾三级	残疾四级
总 计	**1**	**2**	**4**	**8**		**1**	**7**	**23**
黄浦区								
卢湾区								
徐汇区								2
长宁区								2
静安区								
普陀区		1	1	2			1	1
闸北区							1	
虹口区							1	
杨浦区				1				6
闵行区								
宝山区								
嘉定区								
浦东新区	1		1	2			1	9
金山区								1
松江区							3	2
青浦区								
南汇区				2				
奉贤区		1	1			1		
崇明县			1	1				

4-100 续表 3

单位：人次

地 区	贫困残疾人救助与扶持				法律援助与服务			
	残疾一级	残疾二级	残疾三级	残疾四级	残疾一级	残疾二级	残疾三级	残疾四级
总 计	**17**	**20**	**47**	**70**			**1**	**3**
黄浦区			7					
卢湾区			1	1				
徐汇区		1	1	1				
长宁区		2		1				
静安区			2	1				
普陀区		2		1				
闸北区	2		2	2				
虹口区								
杨浦区	4		2	1			1	
闵行区			2	1				
宝山区				1				
嘉定区			3	3				
浦东新区	5	7	4	22				
金山区	1	1	1	3				1
松江区	1		5	6				1
青浦区		1	4	1				
南汇区			4	11				1
奉贤区	4	5	3	1				
崇明县		1	6	13				

4-100 续表 4

单位：人次

地　区	无障碍设施				信息无障碍			
	残疾一级	残疾二级	残疾三级	残疾四级	残疾一级	残疾二级	残疾三级	残疾四级
总　计	**1**	**1**	**1**				**1**	**1**
黄浦区								
卢湾区								
徐汇区								
长宁区								
静安区								
普陀区		1						
闸北区							1	
虹口区			1					
杨浦区	1							
闵行区								
宝山区								
嘉定区								
浦东新区								1
金山区								
松江区								
青浦区								
南汇区								
奉贤区								
崇明县								

4-100 续表 5

单位：人次

地区	生活服务				文化服务			
	残疾一级	残疾二级	残疾三级	残疾四级	残疾一级	残疾二级	残疾三级	残疾四级
总 计	**19**	**16**	**29**	**35**	**1**	**2**	**2**	**11**
黄浦区								
卢湾区			1	1				
徐汇区			1	1				
长宁区		2	1	1				1
静安区								
普陀区	1	2		2		1		
闸北区		1	2	3	1	1		
虹口区			4	1				1
杨浦区	7		5	8			1	1
闵行区			1					1
宝山区								
嘉定区			1	2				
浦东新区	5	6	2	1				6
金山区	1	2	3	7				
松江区								
青浦区								
南汇区								
奉贤区	5	3	3				1	
崇明县			5	8				1

4-100 续表 6

单位：人次

地　区	其　他				不选择			
	残疾一级	残疾二级	残疾三级	残疾四级	残疾一级	残疾二级	残疾三级	残疾四级
总　计	**1**	**1**	**3**	**6**		**2**	**7**	**13**
黄浦区			1			1		2
卢湾区								
徐汇区	1	1	2	3			1	1
长宁区							1	3
静安区								
普陀区								
闸北区							1	
虹口区						1	1	3
杨浦区								
闵行区								
宝山区								1
嘉定区								1
浦东新区							1	
金山区								
松江区				3				1
青浦区								
南汇区								1
奉贤区								
崇明县							2	

4-101　各地区精神残疾人分残疾等级的主要需求

单位：人次

地　区	医疗服务与救助				辅助器具			
	残疾一级	残疾二级	残疾三级	残疾四级	残疾一级	残疾二级	残疾三级	残疾四级
总　计	**46**	**39**	**51**	**109**	**2**			**1**
黄浦区	3	3	2	4				
卢湾区		3		1				
徐汇区	2		1	6				
长宁区		1		16				
静安区	3			1				
普陀区	4	5	7	7	1			1
闸北区	6	4	2	3				
虹口区	3		1	6	1			
杨浦区	5	6	7	16				
闵行区		2	2	5				
宝山区	4	1	5	7				
嘉定区	1	1	5	5				
浦东新区	11	9	11	9				
金山区		2	1	2				
松江区		1		4				
青浦区	3		4	5				
南汇区			3	4				
奉贤区				4				
崇明县	1	1		4				

4-101 续表 1

单位：人次

地 区	康复训练与服务				教育费用补助或减免			
	残疾一级	残疾二级	残疾三级	残疾四级	残疾一级	残疾二级	残疾三级	残疾四级
总 计	**20**	**18**	**25**	**35**				
黄浦区	3	3	2	4				
卢湾区		3						
徐汇区	1		1	3				
长宁区				4				
静安区	2							
普陀区	3	3	6	1				
闸北区	1			1				
虹口区			1					
杨浦区				1				
闵行区		1	2					
宝山区	3		4	3				
嘉定区	1	1	3	4				
浦东新区	6	5	3	8				
金山区		1		1				
松江区		1		2				
青浦区								
南汇区			3	3				
奉贤区								
崇明县								

4-101 续表 2

单位：人次

地 区	职业教育与培训				就业安置或扶持			
	残疾一级	残疾二级	残疾三级	残疾四级	残疾一级	残疾二级	残疾三级	残疾四级
总 计		**1**		**4**	**2**	**5**	**3**	**11**
黄浦区						1		
卢湾区								
徐汇区								1
长宁区				2				3
静安区					1			
普陀区						1		2
闸北区				1			1	2
虹口区								2
杨浦区		1		1				
闵行区						1		
宝山区								
嘉定区								
浦东新区						1	2	
金山区								
松江区						1		
青浦区					1			
南汇区								
奉贤区								1
崇明县								

4-101 续表 3

单位：人次

地区	贫困残疾人救助与扶持				法律援助与服务			
	残疾一级	残疾二级	残疾三级	残疾四级	残疾一级	残疾二级	残疾三级	残疾四级
总　计	**35**	**27**	**31**	**48**	**1**		**3**	**6**
黄浦区	1	1	1					
卢湾区								
徐汇区	2		1	4				
长宁区				2				
静安区	2							1
普陀区	2	3	2	4				
闸北区	5	8	1	3				1
虹口区	1		2	4				
杨浦区	2	3	3	2			1	
闵行区		3	2	3				
宝山区	4	1	3	3				
嘉定区	1	1	3	4				
浦东新区	10	4	9	6	1		2	2
金山区		1						
松江区				3				1
青浦区	3		1	1				1
南汇区			3	2				
奉贤区				2				
崇明县	2	2		5				

4-101 续表 4

单位：人次

地 区	无障碍设施				信息无障碍			
	残疾一级	残疾二级	残疾三级	残疾四级	残疾一级	残疾二级	残疾三级	残疾四级
总 计	**2**						**1**	**1**
黄浦区								
卢湾区								
徐汇区								
长宁区								
静安区								
普陀区	1							
闸北区								
虹口区	1						1	
杨浦区								1
闵行区								
宝山区								
嘉定区								
浦东新区								
金山区								
松江区								
青浦区								
南汇区								
奉贤区								
崇明县								

4-101 续表 5

单位：人次

地区	生活服务				文化服务			
	残疾一级	残疾二级	残疾三级	残疾四级	残疾一级	残疾二级	残疾三级	残疾四级
总计	**20**	**12**	**12**	**38**			**1**	**5**
黄浦区	2	1		1				1
卢湾区								
徐汇区				1				1
长宁区				13				1
静安区								
普陀区	3	3	5	4				
闸北区	7	3	1	4			1	1
虹口区	2		1	3				
杨浦区	1		2	2				1
闵行区				3				
宝山区	1		1	2				
嘉定区								
浦东新区	4	3	2	2				
金山区		2		1				
松江区								
青浦区				1				
南汇区								
奉贤区				1				
崇明县								

4-101 续表 6

单位：人次

地区	其他				不选择			
	残疾一级	残疾二级	残疾三级	残疾四级	残疾一级	残疾二级	残疾三级	残疾四级
总计			**1**	**3**	**7**	**4**	**9**	**25**
黄浦区								1
卢湾区								
徐汇区					1		3	7
长宁区								4
静安区								
普陀区			1	1	1		2	3
闸北区					2			1
虹口区						1	4	4
杨浦区								
闵行区								
宝山区					1			
嘉定区						1		1
浦东新区								
金山区						1		3
松江区				2				
青浦区						1		
南汇区								
奉贤区								1
崇明县					2			

4-102 各地区多重残疾人分残疾等级的主要需求

单位：人次

地 区	医疗服务与救助				辅助器具			
	残疾一级	残疾二级	残疾三级	残疾四级	残疾一级	残疾二级	残疾三级	残疾四级
总 计	**132**	**35**	**69**	**33**	**55**	**21**	**50**	**26**
黄浦区	5	1	5	3				
卢湾区	4	1	4	3	4	1	3	2
徐汇区	12	2	5	1	3			
长宁区	7	3	1	1	2	2	4	2
静安区	8	1	4	1	3	2	4	
普陀区	12	2	7	5	7		6	3
闸北区	7	2	4	2	2	2	3	3
虹口区	9	5	10	2	5	3	11	2
杨浦区	16	3	12	2	2	1	4	
闵行区	4	1	3	3	4	2	3	4
宝山区	9		2	1	5	1	5	3
嘉定区	3	3	4	3		1	1	2
浦东新区	15	5	3	3	6	2	1	2
金山区	2		1		1			
松江区	2	1		1	1	1	1	1
青浦区	3	4	4	2	3	3	4	2
南汇区	4				4			
奉贤区	3	1						
崇明县	7				3			

4-102 续表 1

单位：人次

地区	康复训练与服务				教育费用补助或减免			
	残疾一级	残疾二级	残疾三级	残疾四级	残疾一级	残疾二级	残疾三级	残疾四级
总　计	**62**	**22**	**31**	**14**	**3**	**1**		
黄浦区	2	1	1	1				
卢湾区	2	2	2	2				
徐汇区	5	2	3	1				
长宁区	1	2	2					
静安区	4	2	1	1				
普陀区	8	1	5	3				
闸北区	4		2	1	1			
虹口区	3							
杨浦区	6	1	4					
闵行区	2	1	3	2	1			
宝山区	5		2					
嘉定区		2	1					
浦东新区	8	3	3		1	1		
金山区								
松江区	1	1		1				
青浦区	3	3	1	2				
南汇区	5							
奉贤区	3	1	1					
崇明县								

4-102 续表 2

单位：人次

地 区	职业教育与培训				就业安置或扶持			
	残疾一级	残疾二级	残疾三级	残疾四级	残疾一级	残疾二级	残疾三级	残疾四级
总 计	**6**				**12**		**1**	**1**
黄浦区								1
卢湾区								
徐汇区					1			
长宁区	1				1			
静安区								
普陀区								
闸北区								
虹口区								
杨浦区	1							
闵行区	1							
宝山区					2			
嘉定区					1		1	
浦东新区	1				2			
金山区								
松江区								
青浦区					1			
南汇区								
奉贤区	2				1			
崇明县					3			

4-102 续表 3

单位：人次

地 区	贫困残疾人救助与扶持				法律援助与服务			
	残疾一级	残疾二级	残疾三级	残疾四级	残疾一级	残疾二级	残疾三级	残疾四级
总 计	**74**	**13**	**21**	**9**	**11**	**1**	**1**	**1**
黄浦区			1					1
卢湾区	1	1	1	2				
徐汇区	6		2		3			
长宁区	1		1		2			
静安区	3	1						
普陀区	2	1	4	3				
闸北区	2				1			
虹口区	3	1				1		
杨浦区	6		1		1		1	
闵行区	3	1	1					
宝山区	8	1	1	1				
嘉定区	7	2	4	1				
浦东新区	6	4	2	2	3			
金山区			1		1			
松江区	2		1					
青浦区	1	1						
南汇区	6							
奉贤区	7		1					
崇明县	10							

4-102 续表 4

单位：人次

地 区	无障碍设施				信息无障碍			
	残疾一级	残疾二级	残疾三级	残疾四级	残疾一级	残疾二级	残疾三级	残疾四级
总 计	**14**	**7**	**7**	**7**	**2**	**1**		**1**
黄浦区	3		2	3				
卢湾区		1						
徐汇区	1	2	1					
长宁区		1	1					
静安区	1							
普陀区	1							
闸北区								1
虹口区	1							
杨浦区	2	1						
闵行区			2	3				
宝山区	1	1						
嘉定区	1	1	1			1		
浦东新区	2			1	2			
金山区								
松江区								
青浦区								
南汇区								
奉贤区								
崇明县	1							

4-102 续表 5

单位：人次

地 区	生活服务				文化服务			
	残疾一级	残疾二级	残疾三级	残疾四级	残疾一级	残疾二级	残疾三级	残疾四级
总 计	**65**	**16**	**24**	**12**	**4**	**1**	**2**	**1**
黄浦区	2		1					
卢湾区	3	3	1	1				
徐汇区	4	1	2					
长宁区	6	3	5	2	1	1		
静安区	1							
普陀区	4	1	3	4				
闸北区	2							1
虹口区	5	1			1			
杨浦区	9	1	6					
闵行区	3	1	3	2			1	
宝山区	1	1						
嘉定区	4	2	2	3				
浦东新区	9	2			2		1	
金山区	1		1					
松江区								
青浦区								
南汇区	2							
奉贤区	1							
崇明县	8							

4-102　续表 6

单位：人次

地　区	其　他				不选择			
	残疾一级	残疾二级	残疾三级	残疾四级	残疾一级	残疾二级	残疾三级	残疾四级
总　计	**3**	**1**	**2**	**1**	**23**	**3**	**16**	**12**
黄浦区								
卢湾区	1		1	1	1			
徐汇区	1				2			
长宁区					3	1		2
静安区								
普陀区		1					2	
闸北区					1			
虹口区					3	1	4	2
杨浦区					1			
闵行区								
宝山区					9	1	6	4
嘉定区								
浦东新区					1		3	4
金山区					2			
松江区			1					
青浦区								
南汇区								
奉贤区							1	
崇明县	1							

第五部分　社区和住户基本情况

5－1 调查社区基本情况

地 区	调查社区(个)			社区人口情况		社区残疾人情况(人)			
	合计	居委会	村委会	户数(户)	人口(人)	残疾人	持证残疾人	享受定期救助人数	享受临时救助人数
总 计	**176**	**134**	**42**	**247626**	**705565**	**13028**	**9822**	**2793**	**3033**
黄浦区	8	8		13018	37169	791	687	127	127
卢湾区	4	4		8636	23036	368	250	64	109
徐汇区	12	12		13595	37543	597	481	129	164
长宁区	8	8		13060	33063	593	457	108	212
静安区	4	4		7685	21975	321	290	56	98
普陀区	12	12		19973	49105	899	769	165	163
闸北区	10	10		16237	45268	1049	804	323	123
虹口区	10	10		13520	35953	619	528	68	96
杨浦区	14	14		19414	101483	880	687	157	137
闵行区	10	9	1	12623	29274	357	267	56	57
宝山区	10	7	3	14249	36023	676	516	143	170
嘉定区	8	5	3	12924	37404	630	444	143	114
浦东新区	24	18	6	38207	104555	1518	1089	287	472
金山区	6	4	2	7061	16142	427	333	84	114
松江区	6	2	4	3070	9748	383	361	59	136
青浦区	6	2	4	5024	13240	360	229	54	103
南汇区	10	2	8	17286	44738	1240	972	381	210
奉贤区	6	1	5	4521	12210	401	171	57	330
崇明县	8	2	6	7523	17636	919	487	332	98

5-1 续表

单位：个

地 区	社区残疾人基层组织建设情况				
	有残疾人协会(小组)的社区	有残疾人专职委员会的社区	有康复站的社区	有社区康复协调员的社区	有无障碍设施的社区(居委会)
总 计	**169**	**175**	**107**	**163**	**114**
黄浦区	8	8	6	7	8
卢湾区	4	4	4	4	4
徐汇区	12	12	8	10	11
长宁区	8	8	8	8	8
静安区	4	4	2	3	4
普陀区	12	12	8	11	9
闸北区	10	9	9	9	6
虹口区	9	10	8	10	8
杨浦区	14	14	12	14	13
闵行区	10	10	4	10	6
宝山区	10	10	10	10	7
嘉定区	8	8	8	8	5
浦东新区	23	24	6	21	15
金山区	6	6	2	3	4
松江区	6	6	5	6	
青浦区	6	6		6	2
南汇区	10	10	1	9	1
奉贤区	1	6	4	6	1
崇明县	8	8	2	8	2

5－2 各地区调查社区公共服务机构的覆盖情况

单位：个

地 区	距离法律服务所(司法所)				距离特教学校(班)			
	0公里	1－2公里	3－5公里	5公里以上	0公里	1－2公里	3－5公里	5公里以上
总 计	**48**	**86**	**25**	**17**	**25**	**49**	**25**	**77**
黄浦区	6	2			3	3		2
卢湾区	1	2		1		3		1
徐汇区	1	10	1		3	8	1	
长宁区	4	4			1	5	1	1
静安区	2			2				4
普陀区	3	6		3	3	2	2	5
闸北区	3	6	1		2	4		4
虹口区	1	9				4	6	
杨浦区	1	11	2		4	7	2	1
闵行区	10				4			6
宝山区	4	4	2				3	7
嘉定区	3	2	3		2	4	1	1
浦东新区	4	13	5	2		5	3	16
金山区	1	3	1	1	1		2	3
松江区	1	3	2		1		1	4
青浦区		3	1	2		1		5
南汇区	1	4	3	2		2		8
奉贤区		4		2				6
崇明县	2		4	2	1	1	3	3

5-2 续表

单位：个

地 区	距离文化活动站(室)				距离卫生室(所、站)			
	0公里	1-2公里	3-5公里	5公里以上	0公里	1-2公里	3-5公里	5公里以上
总 计	**122**	**42**	**7**	**5**	**121**	**51**	**2**	**2**
黄浦区	8				7	1		
卢湾区	3	1			2	2		
徐汇区	6	5	1		5	7		
长宁区	8				8			
静安区	4				4			
普陀区	5	5	1	1	6	5	1	
闸北区	4	6			5	4		1
虹口区	5	5			5	5		
杨浦区	11	3			11	3		
闵行区	10				10			
宝山区	8	2			9	1		
嘉定区	8				8			
浦东新区	15	9			13	10	1	
金山区	4	1		1	2	4		
松江区	3	1	2		6			
青浦区	6				4	2		
南汇区	8	1		1	7	2		1
奉贤区	3	2		1	3	3		
崇明县	3	1	3	1	6	2		

5－2a 各地区调查城镇社区公共服务机构的覆盖情况

单位：个

地 区	距离法律服务所(司法所)				距离特教学校(班)			
	0公里	1－2公里	3－5公里	5公里以上	0公里	1－2公里	3－5公里	5公里以上
总 计	**46**	**73**	**8**	**8**	**22**	**48**	**20**	**45**
黄浦区	6	2			3	3		2
卢湾区	1	2		1		3		1
徐汇区	1	10	1		3	8	1	
长宁区	4	4			1	5	1	1
静安区	2			2				4
普陀区	3	6		3	3	2	2	5
闸北区	3	6	1		2	4		4
虹口区	1	9				4	6	
杨浦区	1	11	2		4	7	2	1
闵行区	9				4			5
宝山区	4	3					3	4
嘉定区	3	2				4		1
浦东新区	4	11	2	1		5	2	11
金山区		3		1			2	2
松江区	1		1		1		1	
青浦区		2				1		1
南汇区	1	1	1			1		2
奉贤区		1						1
崇明县	2				1	1		

5－2a 续表

单位：个

地 区	距离文化活动站(室)				距离卫生室(所、站)			
	0公里	1－2公里	3－5公里	5公里以上	0公里	1－2公里	3－5公里	5公里以上
总 计	**90**	**39**	**3**	**3**	**87**	**44**	**2**	**2**
黄浦区	8				7	1		
卢湾区	3	1			2	2		
徐汇区	6	5	1		5	7		
长宁区	8				8			
静安区	4				4			
普陀区	5	5	1	1	6	5	1	
闸北区	4	6			5	4		1
虹口区	5	5			5	5		
杨浦区	11	3			11	3		
闵行区	9				9			
宝山区	5	2			6	1		
嘉定区	5				5			
浦东新区	10	8			9	8	1	
金山区	2	1		1		4		
松江区	1		1		2			
青浦区	2					2		
南汇区	1	1		1	2			1
奉贤区		1				1		
崇明县	1	1			1	1		

5－2b　各地区调查农村社区公共服务机构的覆盖情况

单位：个

地　区	距离法律服务所(司法所)				距离特教学校(班)			
	0公里	1－2公里	3－5公里	5公里以上	0公里	1－2公里	3－5公里	5公里以上
总　计	**2**	**13**	**17**	**9**	**3**	**1**	**5**	**32**
黄浦区								
卢湾区								
徐汇区								
长宁区								
静安区								
普陀区								
闸北区								
虹口区								
杨浦区								
闵行区	1							1
宝山区		1	2					3
嘉定区			3		2		1	
浦东新区		2	3	1			1	5
金山区	1		1		1			1
松江区		3	1					4
青浦区		1	1	2				4
南汇区		3	2	2		1		6
奉贤区		3		2				5
崇明县			4	2			3	3

5－2b 续表

单位：个

地区	距离文化活动站(室)				距离卫生室(所、站)			
	0公里	1－2公里	3－5公里	5公里以上	0公里	1－2公里	3－5公里	5公里以上
总　计	**32**	**3**	**4**	**2**	**34**	**7**		
黄浦区								
卢湾区								
徐汇区								
长宁区								
静安区								
普陀区								
闸北区								
虹口区								
杨浦区								
闵行区	1				1			
宝山区	3				3			
嘉定区	3				3			
浦东新区	5	1			4	2		
金山区	2				2			
松江区	2	1	1		4			
青浦区	4				4			
南汇区	7				5	2		
奉贤区	3	1		1	3	2		
崇明县	2		3	1	5	1		

5－3 调查农村社区的收入水平与公共服务机构覆盖情况

单位：个、人

2005年本村人均收入	社区个数	社区享受定期救助人数	社区享受临时救助人数	距离法律服务所(司法所)			
				0公里	1－2公里	3－5公里	5公里以上
总　　计	**41**	**944**	**964**	**2**	**13**	**17**	**9**
1000元以下							
1000-1500元							
1500-2000元							
2000-2500元	2	68	46			1	1
2500-3000元	1	58	5			1	
3000-3500元	1	30	25				1
3500-4000元	2	85	55			1	1
4000-4500元	3	158	63			3	
4500-5000元	3	30	44		2		1
5000元以上	29	515	726	2	11	11	5

5－3 续表 1

单位：个

2005年本村人均收入	距离特教学校(班)				距离文化活动站(室)			
	0公里	1－2公里	3－5公里	5公里以上	0公里	1－2公里	3－5公里	5公里以上
总　　计	**3**	**1**	**5**	**32**	**32**	**3**	**4**	**2**
1000元以下								
1000-1500元								
1500-2000元								
2000-2500元			1	1	1		1	
2500-3000元			1		1			
3000-3500元				1	1			
3500-4000元				2	1			1
4000-4500元			1	2	1		2	
4500-5000元				3	3			
5000元以上	3	1	2	23	24	3	1	1

5－3 续表 2

单位：个

2005年本村人均收入	距离卫生室(所、站)			
	0公里	1－2公里	3－5公里	5公里以上
总　　计	**34**	**7**		
1000元以下				
1000-1500元				
1500-2000元				
2000-2500元	1	1		
2500-3000元	1			
3000-3500元	1			
3500-4000元	2			
4000-4500元	3			
4500-5000元	2	1		
5000元以上	24	5		

5－4 各地区调查户2005年人均收入

地 区	总人口(人)	总户数(户)	2005年度调查户人均收入(元)	按人均收入分组的户数(户)			
				0－683元	684－944元	945－2000元	2001－3000元
总 计	**73864**	**28032**	**11639**	**54**	**296**	**612**	**854**
黄浦区	3356	1288	11574			3	22
卢湾区	1661	632	15857				2
徐汇区	4974	1869	15550			3	18
长宁区	3337	1360	14803				3
静安区	1677	647	14584			1	2
普陀区	5070	1901	12348	1	1	11	38
闸北区	4157	1611	11687			5	37
虹口区	4205	1685	13042			5	18
杨浦区	5933	2181	11801	1	1	25	60
闵行区	4131	1622	16977		1	13	18
宝山区	4282	1616	10608	1	19	39	64
嘉定区	3370	1229	11272			4	11
浦东新区	10068	3764	11504		1	20	88
金山区	2537	939	10262	4	3	26	29
松江区	2493	918	7679		9	23	41
青浦区	2491	871	9228	1	45	58	59
南汇区	4184	1632	7072	14	83	158	144
奉贤区	2571	1037	7116	3	35	66	67
崇明县	3367	1230	6493	29	98	152	133

5-4 续表

地 区	按人均收入分组的户数(户)						
	3001-4000元	4001-5000元	5001-6000元	6001-7000元	7001-10000元	10001-20000元	20000元以上
总 计	**1688**	**1885**	**1934**	**1456**	**5893**	**9623**	**3737**
黄浦区	91	77	91	47	310	501	146
卢湾区	15	11	31	21	115	275	162
徐汇区	48	44	101	60	345	765	485
长宁区	45	41	64	54	268	581	304
静安区	10	23	28	23	103	322	135
普陀区	78	77	129	78	403	833	252
闸北区	103	67	115	77	363	649	195
虹口区	88	69	103	60	337	765	240
杨浦区	128	104	176	81	502	829	274
闵行区	54	71	59	48	263	616	479
宝山区	100	97	124	89	380	543	160
嘉定区	44	56	106	65	295	524	124
浦东新区	223	233	316	203	952	1282	446
金山区	58	64	79	81	170	327	98
松江区	76	144	93	80	242	185	25
青浦区	73	94	61	79	186	144	71
南汇区	194	282	85	153	269	194	56
奉贤区	110	199	86	76	235	126	34
崇明县	150	132	87	81	155	162	51

5－4a 各地区城镇调查户2005年人均收入

地 区	总人口(人)	总户数(户)	2005年度调查户人均收入(元)	按人均收入分组的户数(户)			
				0－683元	684－944元	945－2000元	2001－3000元
总 计	**56475**	**21465**	**13179**	**4**	**15**	**122**	**351**
黄浦区	3356	1288	11574			3	22
卢湾区	1661	632	15857				2
徐汇区	4974	1869	15550			3	18
长宁区	3337	1360	14803				3
静安区	1677	647	14584			1	2
普陀区	5070	1901	12348	1	1	11	38
闸北区	4157	1611	11687			5	37
虹口区	4205	1685	13042			5	18
杨浦区	5933	2181	11801	1	1	25	60
闵行区	3703	1420	17904			7	7
宝山区	2963	1133	12163			9	20
嘉定区	2056	783	12956			1	1
浦东新区	7544	2742	12369			9	50
金山区	1679	704	12486	1		4	11
松江区	814	292	7880			4	8
青浦区	830	275	16155				1
南汇区	1251	467	10546	1	13	28	32
奉贤区	417	164	13033			3	3
崇明县	848	311	12005			4	18

5-4a 续表

地 区	按人均收入分组的户数(户)						
	3001-4000元	4001-5000元	5001-6000元	6001-7000元	7001-10000元	10001-20000元	20000元以上
总 计	**998**	**950**	**1349**	**925**	**4489**	**8648**	**3614**
黄浦区	91	77	91	47	310	501	146
卢湾区	15	11	31	21	115	275	162
徐汇区	48	44	101	60	345	765	485
长宁区	45	41	64	54	268	581	304
静安区	10	23	28	23	103	322	135
普陀区	78	77	129	78	403	833	252
闸北区	103	67	115	77	363	649	195
虹口区	88	69	103	60	337	765	240
杨浦区	128	104	176	81	502	829	274
闵行区	32	51	46	41	218	555	463
宝山区	44	45	71	47	290	463	144
嘉定区	23	27	38	32	162	385	114
浦东新区	169	145	233	139	624	959	414
金山区	30	28	49	51	122	311	97
松江区	21	48	26	35	80	66	4
青浦区	1	4	12	17	66	106	68
南汇区	31	64	16	33	83	120	46
奉贤区	13	6	9	5	40	56	29
崇明县	28	19	11	24	58	107	42

5－4b 各地区农村调查户2005年人均收入

地 区	总人口(人)	总户数(户)	2005年度调查户人均收入(元)	按人均收入分组的户数(户)			
				0－683元	684－944元	945－2000元	2001－3000元
总 计	**17389**	**6567**	**6636**	**50**	**281**	**490**	**503**
黄浦区							
卢湾区							
徐汇区							
长宁区							
静安区							
普陀区							
闸北区							
虹口区							
杨浦区							
闵行区	428	202	8956		1	6	11
宝山区	1319	483	7115	1	19	30	44
嘉定区	1314	446	8638			3	10
浦东新区	2524	1022	8920		1	11	38
金山区	858	235	5908	3	3	22	18
松江区	1679	626	7582		9	19	33
青浦区	1661	596	5766	1	45	58	58
南汇区	2933	1165	5590	13	70	130	112
奉贤区	2154	873	5970	3	35	63	64
崇明县	2519	919	4637	29	98	148	115

5－4b 续表

地 区	按人均收入分组的户数(户)						
	3001－4000元	4001－5000元	5001－6000元	6001－7000元	7001－10000元	10001－20000元	20000元以上
总 计	**690**	**935**	**585**	**531**	**1404**	**975**	**123**
黄浦区							
卢湾区							
徐汇区							
长宁区							
静安区							
普陀区							
闸北区							
虹口区							
杨浦区							
闵行区	22	20	13	7	45	61	16
宝山区	56	52	53	42	90	80	16
嘉定区	21	29	68	33	133	139	10
浦东新区	54	88	83	64	328	323	32
金山区	28	36	30	30	48	16	1
松江区	55	96	67	45	162	119	21
青浦区	72	90	49	62	120	38	3
南汇区	163	218	69	120	186	74	10
奉贤区	97	193	77	71	195	70	5
崇明县	122	113	76	57	97	55	9

5－5 各地区有残疾人调查户2005年人均收入

地 区	有残疾人的调查户(户)	有残疾人调查户总人口(人)	残疾人数(人)	2005年度有残疾人的调查户人均收入(元)	按人均收入分组的户数(户)		
					0－683元	684－944元	945－2000元
总 计	**3519**	**10265**	**3910**	**8670**	**17**	**89**	**138**
黄浦区	147	423	167	9461			
卢湾区	91	285	107	12260			
徐汇区	194	619	209	10013			
长宁区	176	478	191	10633			
静安区	93	280	100	12247			
普陀区	227	680	253	9719			1
闸北区	237	675	270	9029			2
虹口区	281	742	313	10849			1
杨浦区	335	1019	366	9609		1	2
闵行区	121	337	128	10816			2
宝山区	203	581	227	7799	1	6	13
嘉定区	146	459	154	8666			1
浦东新区	416	1222	471	8706			1
金山区	142	417	152	7762	2	1	10
松江区	106	363	122	6711		1	3
青浦区	151	461	174	5314		17	21
南汇区	146	356	163	4446	3	24	31
奉贤区	153	415	172	5038	1	16	19
崇明县	154	453	171	3654	10	23	31

5-5 续表

地区	按人均收入分组的户数(户)							
	2001-3000元	3001-4000元	4001-5000元	5001-6000元	6001-7000元	7001-10000元	10001-20000元	20000元以上
总 计	**159**	**214**	**288**	**331**	**209**	**834**	**1136**	**104**
黄浦区	5	5	12	17	4	44	57	3
卢湾区		2		7	5	21	49	7
徐汇区	5	7	9	26	6	52	85	4
长宁区	1	4	4	8	13	65	70	11
静安区		3	1	4	6	15	52	12
普陀区	6	9	16	28	9	55	95	8
闸北区	10	12	17	17	15	70	92	2
虹口区	2	11	14	23	15	65	132	18
杨浦区	10	15	23	36	17	88	131	12
闵行区	3	5	8	14	2	31	47	9
宝山区	15	15	14	17	18	46	53	5
嘉定区		7	12	16	10	44	53	3
浦东新区	9	28	29	47	34	129	135	4
金山区	8	10	10	13	13	35	38	2
松江区	5	9	27	16	11	20	13	1
青浦区	16	19	23	11	12	21	11	
南汇区	24	16	13	8	4	13	9	1
奉贤区	19	17	39	9	10	15	7	1
崇明县	21	20	17	14	5	5	7	1

5－5a 各地区城镇有残疾人调查户2005年人均收入

地 区	有残疾人的调查户(户)	有残疾人调查户总人口(人)	残疾人数(人)	2005年度有残疾人的调查户人均收入(元)	按人均收入分组的户数(户)		
					0－683元	684－944元	945－2000元
总 计	**2690**	**7772**	**2985**	**9895**		**4**	**13**
黄浦区	147	423	167	9461			
卢湾区	91	285	107	12260			
徐汇区	194	619	209	10013			
长宁区	176	478	191	10633			
静安区	93	280	100	12247			
普陀区	227	680	253	9719			1
闸北区	237	675	270	9029			2
虹口区	281	742	313	10849			1
杨浦区	335	1019	366	9609		1	2
闵行区	119	334	126	10887			2
宝山区	130	353	144	9785			1
嘉定区	91	244	96	9769			
浦东新区	353	1056	401	9005			
金山区	85	208	92	9721			
松江区	43	126	49	7295			1
青浦区	24	78	29	9729			
南汇区	37	98	42	8221		3	3
奉贤区	13	35	16	10905			
崇明县	14	39	14	7331			

5－5a 续表

地 区	按人均收入分组的户数(户)							
	2001－3000元	3001－4000元	4001－5000元	5001－6000元	6001－7000元	7001－10000元	10001－20000元	20000元以上
总 计	**58**	**118**	**151**	**253**	**151**	**733**	**1109**	**100**
黄浦区	5	5	12	17	4	44	57	3
卢湾区		2		7	5	21	49	7
徐汇区	5	7	9	26	6	52	85	4
长宁区	1	4	4	8	13	65	70	11
静安区		3	1	4	6	15	52	12
普陀区	6	9	16	28	9	55	95	8
闸北区	10	12	17	17	15	70	92	2
虹口区	2	11	14	23	15	65	132	18
杨浦区	10	15	23	36	17	88	131	12
闵行区	1	5	8	14	2	31	47	9
宝山区	1	6	8	10	9	40	50	5
嘉定区		4	4	7	6	23	45	2
浦东新区	6	23	16	36	28	110	131	3
金山区	3	4	3	8	7	23	36	1
松江区	2	1	9	5	5	10	10	
青浦区			2	1	2	9	10	
南汇区	3	2	3	5	1	7	9	1
奉贤区	1	1		1		5	4	1
崇明县	2	4	2		1		4	1

5－5b 各地区农村有残疾人调查户2005年人均收入

地 区	有残疾人的调查户(户)	有残疾人调查户总人口(人)	残疾人数(人)	2005年度有残疾人的调查户人均收入(元)	按人均收入分组的户数(户)		
					0－683元	684－944元	945－2000元
总 计	**829**	**2493**	**925**	**4848**	**17**	**85**	**125**
黄浦区							
卢湾区							
徐汇区							
长宁区							
静安区							
普陀区							
闸北区							
虹口区							
杨浦区							
闵行区	2	3	2	2920			
宝山区	73	228	83	4723	1	6	12
嘉定区	55	215	58	7415			1
浦东新区	63	166	70	6798			1
金山区	57	209	60	5813	2	1	10
松江区	63	237	73	6401		1	2
青浦区	127	383	145	4415		17	21
南汇区	109	258	121	3012	3	21	28
奉贤区	140	380	156	4497	1	16	19
崇明县	140	414	157	3307	10	23	31

5－5b 续表

地 区	按人均收入分组的户数(户)							
	2001－3000元	3001－4000元	4001－5000元	5001－6000元	6001－7000元	7001－10000元	10001－20000元	20000元以上
总 计	**101**	**96**	**137**	**78**	**58**	**101**	**27**	**4**
黄浦区								
卢湾区								
徐汇区								
长宁区								
静安区								
普陀区								
闸北区								
虹口区								
杨浦区								
闵行区	2							
宝山区	14	9	6	7	9	6	3	
嘉定区		3	8	9	4	21	8	1
浦东新区	3	5	13	11	6	19	4	1
金山区	5	6	7	5	6	12	2	1
松江区	3	8	18	11	6	10	3	1
青浦区	16	19	21	10	10	12	1	
南汇区	21	14	10	3	3	6		
奉贤区	18	16	39	8	10	10	3	
崇明县	19	16	15	14	4	5	3	

5-6 各地区调查户的住房状况

单位：户、平方米

地　区	总户数	人均住房面积	住房结构				
			钢筋混凝土	混合结构	砖木结构	木、竹、草结构	其　他
总　计	**28032**	**25.56**	**2891**	**18019**	**7069**	**39**	**14**
黄浦区	1288	13.24	315	37	936		
卢湾区	632	20.46	201	408	23		
徐汇区	1869	21.1	313	1053	503		
长宁区	1360	19.83		1172	187		1
静安区	647	16.81	2	267	378		
普陀区	1901	19.86	305	1442	154		
闸北区	1611	16.1	146	995	470		
虹口区	1685	17.81	480	430	774		1
杨浦区	2181	18.21	163	1628	390		
闵行区	1622	25.86	316	1100	206		
宝山区	1616	26.34	113	1321	182		
嘉定区	1229	34.09	103	912	213	1	
浦东新区	3764	22.71	153	3273	324	4	10
金山区	939	34.09	90	598	250		1
松江区	918	27.95	1	562	352	3	
青浦区	871	42.45	187	395	289		
南汇区	1632	41.04	3	1352	253	23	1
奉贤区	1037	37.63		167	866	4	
崇明县	1230	49.27		907	319	4	

5-6 续表

单位：户

地区	住房来源			
	自有	租赁	借用	其他来源
总计	**17662**	**10077**	**270**	**23**
黄浦区	354	920	14	
卢湾区	356	270	6	
徐汇区	1032	827	9	1
长宁区	1044	309	7	
静安区	191	443	13	
普陀区	1190	693	15	3
闸北区	874	733	4	
虹口区	775	894	15	1
杨浦区	1445	722	14	
闵行区	1122	478	21	1
宝山区	1054	519	43	
嘉定区	793	425	10	1
浦东新区	2269	1472	12	11
金山区	722	204	12	1
松江区	380	528	10	
青浦区	772	93	3	3
南汇区	1422	172	37	1
奉贤区	671	365	1	
崇明县	1196	10	24	

5-6a 各地区城镇调查户的住房状况

单位：户、平方米

地　区	总户数	人均住房面积	住房结构				
			钢筋混凝土	混合结构	砖木结构	木、竹、草结构	其　他
总　计	**21465**	**20.87**	**2783**	**14551**	**4125**	**1**	**5**
黄浦区	1288	13.24	315	37	936		
卢湾区	632	20.46	201	408	23		
徐汇区	1869	21.1	313	1053	503		
长宁区	1360	19.83		1172	187		1
静安区	647	16.81	2	267	378		
普陀区	1901	19.86	305	1442	154		
闸北区	1611	16.1	146	995	470		
虹口区	1685	17.81	480	430	774		1
杨浦区	2181	18.21	163	1628	390		
闵行区	1420	28.38	316	1097	7		
宝山区	1133	20.11	111	1022			
嘉定区	783	24.47		781	1	1	
浦东新区	2742	22.01	153	2584	2		3
金山区	704	22.83	90	492	122		
松江区	292	29.25		170	122		
青浦区	275	29.6	187	77	11		
南汇区	467	35.21	1	421	45		
奉贤区	164	26.15		164			
崇明县	311	32.74		311			

5-6a 续表

单位：户

地 区	住房来源			
	自 有	租 赁	借 用	其他来源
总 计	**13304**	**7962**	**188**	**11**
黄浦区	354	920	14	
卢湾区	356	270	6	
徐汇区	1032	827	9	1
长宁区	1044	309	7	
静安区	191	443	13	
普陀区	1190	693	15	3
闸北区	874	733	4	
虹口区	775	894	15	1
杨浦区	1445	722	14	
闵行区	1118	280	21	1
宝山区	758	359	16	
嘉定区	513	260	9	1
浦东新区	1919	808	11	4
金山区	498	194	12	
松江区	143	148	1	
青浦区	243	32		
南汇区	406	46	15	
奉贤区	144	20		
崇明县	301	4	6	

5-6b 各地区农村调查户的住房状况

单位：户、平方米

地 区	总户数	人均住房面积	住房结构				
			钢筋混凝土	混合结构	砖木结构	木、竹、草结构	其 他
总 计	**6567**	**40.77**	**108**	**3468**	**2944**	**38**	**9**
黄浦区							
卢湾区							
徐汇区							
长宁区							
静安区							
普陀区							
闸北区							
虹口区							
杨浦区							
闵行区	202	4.06		3	199		
宝山区	483	40.33	2	299	182		
嘉定区	446	49.14	103	131	212		
浦东新区	1022	24.82		689	322	4	7
金山区	235	56.11		106	128		1
松江区	626	27.32	1	392	230	3	
青浦区	596	48.87		318	278		
南汇区	1165	43.53	2	931	208	23	1
奉贤区	873	39.85		3	866	4	
崇明县	919	54.84		596	319	4	

5-6b 续表

单位：户

地 区	住房来源			
	自 有	租 赁	借 用	其他来源
总 计	**4358**	**2115**	**82**	**12**
黄浦区				
卢湾区				
徐汇区				
长宁区				
静安区				
普陀区				
闸北区				
虹口区				
杨浦区				
闵行区	4	198		
宝山区	296	160	27	
嘉定区	280	165	1	
浦东新区	350	664	1	7
金山区	224	10		1
松江区	237	380	9	
青浦区	529	61	3	3
南汇区	1016	126	22	1
奉贤区	527	345	1	
崇明县	895	6	18	

5-7 各地区有残疾人调查户的住房状况

单位：户、平方米

地　区	总户数	人均住房面积	住房结构				
			钢筋混凝土	混合结构	砖木结构	木、竹、草结构	其　他
总　计	**3519**	**24.2**	**309**	**2189**	**1016**	**4**	**1**
黄浦区	147	12.97	37	8	102		
卢湾区	91	16.13	20	68	3		
徐汇区	194	14.75	26	105	63		
长宁区	176	17.15		137	39		
静安区	93	15.6		31	62		
普陀区	227	17.18	40	169	18		
闸北区	237	14.76	21	144	72		
虹口区	281	17.4	61	80	140		
杨浦区	335	16.13	23	239	73		
闵行区	121	22.56	12	104	5		
宝山区	203	28.6	11	173	19		
嘉定区	146	35.26	21	107	18		
浦东新区	416	21.77	14	387	15		
金山区	142	38.11	11	73	57		1
松江区	106	36.12	1	74	30	1	
青浦区	151	40.22	10	89	52		
南汇区	146	35.72	1	104	41		
奉贤区	153	45.01		14	138	1	
崇明县	154	43.57		83	69	2	

5-7 续表

单位：户

地区	住房来源			
	自有	租赁	借用	其他来源
总计	**2470**	**1024**	**22**	**3**
黄浦区	49	97	1	
卢湾区	56	35		
徐汇区	100	91	3	
长宁区	150	26		
静安区	26	66	1	
普陀区	138	89		
闸北区	134	102	1	
虹口区	126	151	4	
杨浦区	234	100	1	
闵行区	104	17		
宝山区	166	34	3	
嘉定区	105	41		
浦东新区	319	97		
金山区	109	31	1	1
松江区	83	23		
青浦区	141	7	1	2
南汇区	137	4	5	
奉贤区	142	11		
崇明县	151	2	1	

5-7a 各地区城镇有残疾人调查户的住房状况

单位：户、平方米

地 区	总户数	人均住房面积	住房结构				
			钢筋混凝土	混合结构	砖木结构	木、竹、草结构	其 他
总 计	**2690**	**17.71**	**285**	**1776**	**629**		
黄浦区	147	12.97	37	8	102		
卢湾区	91	16.13	20	68	3		
徐汇区	194	14.75	26	105	63		
长宁区	176	17.15		137	39		
静安区	93	15.6		31	62		
普陀区	227	17.18	40	169	18		
闸北区	237	14.76	21	144	72		
虹口区	281	17.4	61	80	140		
杨浦区	335	16.13	23	239	73		
闵行区	119	22.73	12	104	3		
宝山区	130	18.92	10	120			
嘉定区	91	22.37		91			
浦东新区	353	19.58	14	339			
金山区	85	21.36	11	47	27		
松江区	43	29.05		23	20		
青浦区	24	17.23	10	12	2		
南汇区	37	29.64		32	5		
奉贤区	13	24.09		13			
崇明县	14	31.67		14			

5-7a 续表

单位：户

地区	住房来源			
	自有	租赁	借用	其他来源
总计	**1696**	**980**	**14**	
黄浦区	49	97	1	
卢湾区	56	35		
徐汇区	100	91	3	
长宁区	150	26		
静安区	26	66	1	
普陀区	138	89		
闸北区	134	102	1	
虹口区	126	151	4	
杨浦区	234	100	1	
闵行区	104	15		
宝山区	98	32		
嘉定区	55	36		
浦东新区	265	88		
金山区	53	31	1	
松江区	28	15		
青浦区	19	5		
南汇区	34	1	2	
奉贤区	13			
崇明县	14			

5-7b 各地区农村有残疾人调查户的住房状况

单位：户、平方米

地 区	总户数	人均住房面积	住房结构				
			钢筋混凝土	混合结构	砖木结构	木、竹、草结构	其 他
总 计	**829**	**44.46**	**24**	**413**	**387**	**4**	**1**
黄浦区							
卢湾区							
徐汇区							
长宁区							
静安区							
普陀区							
闸北区							
虹口区							
杨浦区							
闵行区	2	3.67			2		
宝山区	73	43.57	1	53	19		
嘉定区	55	49.89	21	16	18		
浦东新区	63	35.67		48	15		
金山区	57	54.78		26	30		1
松江区	63	39.88	1	51	10	1	
青浦区	127	44.9		77	50		
南汇区	109	38.03	1	72	36		
奉贤区	140	46.93		1	138	1	
崇明县	140	44.69		69	69	2	

5-7b 续表

单位：户

地 区	住房来源			
	自 有	租 赁	借 用	其他来源
总 计	**774**	**44**	**8**	**3**
黄浦区				
卢湾区				
徐汇区				
长宁区				
静安区				
普陀区				
闸北区				
虹口区				
杨浦区				
闵行区		2		
宝山区	68	2	3	
嘉定区	50	5		
浦东新区	54	9		
金山区	56			1
松江区	55	8		
青浦区	122	2	1	2
南汇区	103	3	3	
奉贤区	129	11		
崇明县	137	2	1	

5-8 各地区调查户家用电器拥有和用电状况

单位：户、度

地 区	总户数	有家用电器户数						户月均生活用电量
		彩色电视机	电冰箱	洗衣机	电话	电脑	无上述家电	
总 计	**28032**	**25619**	**22278**	**19694**	**24923**	**11848**	**1114**	**89**
黄浦区	1288	1220	1068	817	1139	544	22	91
卢湾区	632	625	600	550	615	401		137
徐汇区	1869	1833	1782	1630	1842	1197	7	134
长宁区	1360	1353	1319	1216	1326	730	1	112
静安区	647	634	605	514	611	348	2	108
普陀区	1901	1884	1785	1616	1768	989	7	94
闸北区	1611	1559	1414	1162	1400	705	25	84
虹口区	1685	1626	1534	1274	1601	808	6	101
杨浦区	2181	2123	1989	1747	1952	1153	28	94
闵行区	1622	1504	1358	1306	1435	926	63	126
宝山区	1616	1503	1262	1128	1472	628	52	70
嘉定区	1229	1144	959	880	1126	470	31	96
浦东新区	3764	3376	2948	2678	3488	1581	95	83
金山区	939	887	731	671	792	314	29	73
松江区	918	698	367	272	776	116	74	57
青浦区	871	748	512	491	658	266	101	75
南汇区	1632	1227	960	779	1202	340	251	50
奉贤区	1037	793	387	308	725	134	143	48
崇明县	1230	882	698	655	995	198	177	47

5-8a 各地区城镇调查户家用电器拥有和用电状况

单位：户、度

地区	总户数	有家用电器户数						户月均生活用电量
		彩色电视机	电冰箱	洗衣机	电话	电脑	无上述家电	
总 计	**21465**	**20878**	**19517**	**17464**	**20039**	**11133**	**195**	**103**
黄浦区	1288	1220	1068	817	1139	544	22	91
卢湾区	632	625	600	550	615	401		137
徐汇区	1869	1833	1782	1630	1842	1197	7	134
长宁区	1360	1353	1319	1216	1326	730	1	112
静安区	647	634	605	514	611	348	2	108
普陀区	1901	1884	1785	1616	1768	989	7	94
闸北区	1611	1559	1414	1162	1400	705	25	84
虹口区	1685	1626	1534	1274	1601	808	6	101
杨浦区	2181	2123	1989	1747	1952	1153	28	94
闵行区	1420	1404	1344	1293	1352	921	7	141
宝山区	1133	1109	1011	915	1079	571	7	80
嘉定区	783	757	702	659	738	381	8	103
浦东新区	2742	2672	2557	2366	2644	1416	12	96
金山区	704	683	597	555	601	290	11	81
松江区	292	242	169	142	253	54	17	69
青浦区	275	274	259	255	263	188		146
南汇区	467	412	349	325	403	200	32	80
奉贤区	164	159	143	139	151	77	3	111
崇明县	311	309	290	289	301	160		94

5-8b 各地区农村调查户家用电器拥有和用电状况

单位：户、度

地 区	总户数	有家用电器户数						户月均生活用电量
		彩色电视机	电冰箱	洗衣机	电话	电脑	无上述家电	
总 计	**6567**	**4741**	**2761**	**2230**	**4884**	**715**	**919**	**44**
黄浦区								
卢湾区								
徐汇区								
长宁区								
静安区								
普陀区								
闸北区								
虹口区								
杨浦区								
闵行区	202	100	14	13	83	5	56	22
宝山区	483	394	251	213	393	57	45	47
嘉定区	446	387	257	221	388	89	23	84
浦东新区	1022	704	391	312	844	165	83	50
金山区	235	204	134	116	191	24	18	49
松江区	626	456	198	130	523	62	57	51
青浦区	596	474	253	236	395	78	101	43
南汇区	1165	815	611	454	799	140	219	38
奉贤区	873	634	244	169	574	57	140	36
崇明县	919	573	408	366	694	38	177	31

5-9 各地区有残疾人户家用电器拥有和用电状况

单位：户、度

地 区	总户数	有家用电器户数						户月均生活用电量
		彩色电视机	电冰箱	洗衣机	电话	电脑	无上述家电	
总 计	**3519**	**3154**	**2843**	**2380**	**2957**	**979**	**256**	**84**
黄浦区	147	143	135	93	125	43	1	94
卢湾区	91	91	90	79	89	46		134
徐汇区	194	188	187	159	185	80	2	118
长宁区	176	173	171	155	169	57	1	100
静安区	93	90	90	70	87	36	1	99
普陀区	227	225	219	192	218	99	1	97
闸北区	237	230	223	171	214	63	4	81
虹口区	281	268	264	207	261	98	2	106
杨浦区	335	326	312	263	297	123	4	94
闵行区	121	116	111	101	109	40	4	117
宝山区	203	178	159	150	163	45	19	68
嘉定区	146	138	117	102	125	39	5	104
浦东新区	416	403	375	330	371	113	11	82
金山区	142	131	94	86	105	21	10	63
松江区	106	81	64	48	84	17	15	73
青浦区	151	116	70	59	95	24	30	50
南汇区	146	76	61	45	79	16	53	38
奉贤区	153	104	49	33	87	11	41	43
崇明县	154	77	52	37	94	8	52	29

5-9a 各地区城镇有残疾人户家用电器拥有和用电状况

单位：户、度

地 区	总户数	有家用电器户数						户月均生活用电量
		彩色电视机	电冰箱	洗衣机	电话	电脑	无上述家电	
总 计	**2690**	**2607**	**2499**	**2115**	**2455**	**906**	**40**	**97**
黄浦区	147	143	135	93	125	43	1	94
卢湾区	91	91	90	79	89	46		134
徐汇区	194	188	187	159	185	80	2	118
长宁区	176	173	171	155	169	57	1	100
静安区	93	90	90	70	87	36	1	99
普陀区	227	225	219	192	218	99	1	97
闸北区	237	230	223	171	214	63	4	81
虹口区	281	268	264	207	261	98	2	106
杨浦区	335	326	312	263	297	123	4	94
闵行区	119	116	111	101	109	40	2	119
宝山区	130	129	121	112	116	38		83
嘉定区	91	84	76	66	76	29	4	96
浦东新区	353	350	332	300	334	100	3	86
金山区	85	82	68	61	65	18	3	79
松江区	43	33	30	23	35	5	5	73
青浦区	24	24	21	19	22	10		108
南汇区	37	29	26	25	30	13	6	77
奉贤区	13	12	11	10	11	5	1	118
崇明县	14	14	12	9	12	3		58

5-9b 各地区农村有残疾人户家用电器拥有和用电状况

单位：户、度

地区	总户数	有家用电器户数						户月均生活用电量
		彩色电视机	电冰箱	洗衣机	电话	电脑	无上述家电	
总计	**829**	**547**	**344**	**265**	**502**	**73**	**216**	**44**
黄浦区								
卢湾区								
徐汇区								
长宁区								
静安区								
普陀区								
闸北区								
虹口区								
杨浦区								
闵行区	2						2	9
宝山区	73	49	38	38	47	7	19	42
嘉定区	55	54	41	36	49	10	1	119
浦东新区	63	53	43	30	37	13	8	58
金山区	57	49	26	25	40	3	7	38
松江区	63	48	34	25	49	12	10	73
青浦区	127	92	49	40	73	14	30	40
南汇区	109	47	35	20	49	3	47	25
奉贤区	140	92	38	23	76	6	40	37
崇明县	140	63	40	28	82	5	52	26

主要统计指标解释

总抚养比 指人口总体中非劳动年龄人口数与劳动年龄人口数之比。通常用百分比表示。说明每100名劳动年龄人口大致要负担多少名非劳动年龄人口。用于从人口角度反映人口与经济发展的基本关系。计算公式为:

$$GDR=\frac{P_{0-14}+P_{65+}}{P_{15-64}}\times 100\%$$

其中: GDR为总抚养比;

P_{0-14}为0~14岁少年儿童人口数;

P_{65+}为65岁及以上的老年人口数;

P_{15-64}为15~64岁劳动年龄人口数。

老年抚养比 指人口中老年人口数与劳动年龄人口数之比。通常用百分比表示。用以表明每100名劳动年龄人口要负担多少名老年人。老年人口抚养比是从经济角度反映人口老化社会后果的指标之一。计算公式为:

$$ODR=\frac{P_{65+}}{P_{15-64}}\times 100\%$$

其中: ODR为老年人口抚养比;

P_{65+}为65岁及以上的老年人口数;

P_{15-64}为15~64岁劳动年龄人口数。

少儿抚养比 也称少年儿童抚养系数。指某一人口中少年儿童人口数与劳动年龄人口数之比。通常用百分比表示。以反映每100名劳动年龄人口要负担多少名少年儿童。计算公式为:

$$CDR=\frac{P_{0-14}}{P_{15-64}}\times 100\%$$

其中: CDR为少年儿童抚养比;

P_{0-14}为0~14岁少年儿童人口数;

P_{15-64}为15~64岁劳动年龄人口数。

文盲人口 指15岁及以上不识字或识字很少的人口。根据《住户调查表》指标“R8.是否识字”登记为“2.否”的数据汇总。

经济活动人口 指15岁及以上参加或未参加社会经济活动的人口。包括在业人口和不在业人口。

在业人口和不在业人口分别根据《住户调查表》指标“R11.当前是否有工作”的登记数据汇总。

职业状况 指15岁及以上在业人口所从事的社会劳动工作种类。本资料中职业分类参照国家分类标准《职业分类与代码》(GB/T 6565-1999),将全国职业分类划分为大类和中类。

未工作状况 指15岁及以上不在业人口的未工作状况。根据《住户调查表》指标“R13.当前未工作状况”的登记数据汇总。

致残主要原因 根据被调查残疾人从《残疾人调查表》“C4.致残主要原因”多个选项中选出的主要两项合并汇总。

曾接受服务或扶助 根据被调查残疾人从《残疾人调查表》“T6.曾接受过何种服务或扶助”的14个选项中选出的主要三项合并汇总。

主要需求 根据被调查残疾人从《残疾人调查表》“T7. 本人主要需求”的14个选项中选出的主要三项合并汇总。

附　录

附录 1

上海市第二次全国残疾人抽样调查
主要数据公报（第一号）

上海市第二次全国残疾人抽样调查工作小组

上海市统计局

2006 年 12 月 22 日

经国务院批准，我国进行了第二次全国残疾人抽样调查。在第二次全国残疾人抽样调查工作小组统一领导下，按照全国统一的调查方案，上海市第二次全国残疾人抽样调查工作小组组织实施了我市的调查。经过两年多的充分准备，我市于 2006 年 4 月 1 日开始全面调查，通过调查工作人员的艰苦努力，调查的各项任务已基本完成。现将初步汇总的主要数据公布如下：

一、调查的基本情况

本次调查采取分层、多阶段、整群概率比例抽样方法，在我市各区县抽取 88 个乡(镇、街道)，共 176 个调查小区，平均每个调查小区 420 人左右。

本次调查标准时间为 2006 年 4 月 1 日零时，入户调查时间自 2006 年 4 月 1 日起至 5 月 31 日结束。在市政府和各区县政府直接领导下，组织了 20 个调查队，558 名调查员、统计员，160 名各科医生以及 2500 名陪调员，逐户进行询问登记、筛查和残疾评定，现已全部完成入户调查、复查和调查质量的核查工作。

我市共调查了 28032 户、73864 人，调查的抽样比约为 4.15‰。入户见面 66320 人，占调查总人数的 89.79%；按照《第二次全国残疾人抽样调查残疾筛查方法》，7 岁以上疑似残疾人筛出率为 12.48%，疑似残疾人检查率达到 99.98%。

二、残疾人数及其比例

根据调查初步汇总，被调查户中有残疾人的家庭共 3519 户，确定视力、听力、言语、肢体、智力、精神和多重残疾共 3910 人。其中，视力残疾 655 人，听力残疾 1077 人，言语残疾 46 人，肢体残疾 1131 人，智力残疾 269 人，精神残疾 314 人，多重残疾 418 人。

本次调查结果显示，我市残疾人占总人口的比例为 5.29%，据此推算 2006 年 4 月 1 日零时我市各类残疾人的总数为 94.2 万人。各类残疾人的人数及各占残疾人总人数的比重分别是：视力残疾 15.8 万人，占 16.77%；听力残疾 25.9 万人，占 27.49%；言语残疾 1.1 万人，占 1.17%；肢体残疾 27.2 万人，占 28.88%；智力残疾 6.5 万人，占 6.90%；精神残疾 7.6 万人，占 8.07%；多重残疾 10.1 万人，占 10.72%。

与 1987 年第一次全国残疾人抽样调查比较，我市残疾人口总量增加，残疾人比例上升，残疾类别结构变动。影响这一变化的因素有，两次调查间人口增长与结构变动、社会与环境变化、残疾标准修订等，更深入的分析有待于在详细数据汇总和更全面的资料收集后进行。

三、调查质量评价

在入户调查、复查完毕后，我市按照《事后质量核查工作细则》进行核查，核查结果符合调查方案要求。经对调查实施过程和数据质量进行综合评估，本次调查是一次成功的调查，数据真实可信。调查获得的丰富数据，将为我市经济社会和残疾人事业的发展提供可靠依据。

注：

1. 本公报为初步汇总数。

2. 本次调查登记对象为具有中华人民共和国国籍并居住在中华人民共和国境内大陆的常住人口，残疾人按照《第二次全国残疾人抽样调查残疾标准》评定。

附录 2

第二次全国残疾人抽样调查方案

（国务院 2005 年 11 月 4 日批准）

为贯彻国务院办公厅《关于开展第二次全国残疾人抽样调查的通知》（国办发[2004]73 号），根据《中华人民共和国统计法》、《中华人民共和国残疾人保障法》，制定本方案。

一、组织领导

第二次全国残疾人抽样调查工作在国务院和地方各级人民政府的领导下，按照全国统一部署、部门分工协作、地方分级负责、各方共同参与的原则组织实施。

（一）国务院成立第二次全国残疾人抽样调查领导小组，由有关部门负责人组成，负责这次残疾人抽样调查工作的全面领导与部署。领导小组下设第二次全国残疾人抽样调查办公室，负责这次抽样调查的组织实施工作。

（二）第二次全国残疾人抽样调查办公室成立专家委员会，协助制定和审核调查的重要技术文件，提供决策建议和技术咨询。

（三）各省、自治区、直辖市和被抽中县（市、区）成立残疾人抽样调查领导小组和办公室，负责本地区的残疾人抽样调查工作。

被抽中县（市、区）要做好调查队组建、经费落实和现场组织工作。

被抽中县（市、区）所在地（市）成立相应的领导或工作机构，帮助、督促本地区被抽中县（市、区）做好调查队组建、经费落实和现场调查组织等工作。

各级残疾人抽样调查领导小组组长是本次调查工作的全面负责人,办公室主任是本次调查的具体负责人。

二、调查目的

通过调查，掌握全国和各省、自治区、直辖市各类残疾人的数量、结构、地区分布、致残原因、家庭状况及其康复、教育、劳动就业和参与社会生活等情况，为国家制定经济和社会发展规划，以及有关残疾人的法律法规、政策和规划提供可靠的依据，促进残疾人事业与国民经济和社会协调发展。

三、调查对象

此次调查的对象是具有中华人民共和国国籍，并在被抽中调查小区内常住的人（指自然人，下同）。

调查采用按常住人口登记的原则，以户为单位填报，只调查家庭户，不调查集体户，单身居住独自生活的也作为一个家庭户进行登记。

此次不调查中国人民解放军现役军人和武装警察（包括军队管理的离退休干部）。

应当在本调查小区进行登记的人包括:

1. 居住本调查小区，户口在本乡、镇、街道;
2. 居住本调查小区半年以上，户口在外乡、镇、街道;
3. 居住本调查小区不满半年，离开户口所在地半年以上;
4. 居住本调查小区，户口待定。

常住户口虽然在本乡、镇、街道，但已离开本乡、镇、街道半年以上的人，不属于本调查小区的调查对象。

此次调查的重点是残疾人。残疾人是指在心理、生理、人体结构上，某种组织、功能丧失或者不正常，全部或部分丧失以正常方式从事某种活动能力的人。残疾类别包括：视力残疾、听力残疾、言语残疾、肢体残疾、智力残疾、精神残疾。凡有两种及两种以上残疾的人，列为多重残疾。残疾评定标准和方法按照第二次全国残疾人抽样调查专家委员会重新修订的《残疾标准》及相关方法实施。

四、调查内容

第二次全国残疾人抽样调查使用三种调查表，一是《住户调查表》,二是《残疾人调查表》，三是《社区调查表》。调查项目共有 52 个，调查样本人群的家庭及其个人的状况，重点调查残疾人的致残原因、生活状况及其主要需求。

五、调查的范围、规模和标准时间

第二次全国残疾人抽样调查在 31 个省、自治区、直辖市同时进行，设计总样本量为 260 万人。

调查的标准时间为：2006 年 4 月 1 日 0 时。

六、样本的设计和抽取

此次调查以全国为总体，各省、自治区、直辖市为次总体，采用分层、多阶段、整群、概率比例抽样方法。各省、自治区、直辖市的调查样本量，由第二次全国残疾人抽样调查领导小组确定分配。

各省、自治区、直辖市根据第二次全国残疾人抽样调查办公室规定的分层原则，结合本地的实际情况，对第一级的县（市、区）进行科学、合理的分层，编制抽样框，由第二次全国残疾人抽样调查办公室与各省、自治区、直辖市共同抽取一级样本单位。

各省、自治区、直辖市按照第二次全国残疾人抽样调查办公室规定的抽样原则和要求，制定本省抽样实施方案，经第二次全国残疾人抽样调查办公室审核后，抽取县级以下样本单位，并将具体的抽取步骤和抽中单位名称一起报第二次全国残疾人抽样调查办公室审定。

七、调查队的组建、培训与试点

（一）被抽中县（市、区）都要按照规定组建调查队。调查队在县级残疾人抽样调查领导小组领导下开展调查工作。

调查队由队长、调查副队长、医务副队长、调查员、各科医生和统计员组成。调查队组成人员要具备一定的工作经验，责任心强，身体条件胜任调查工作。调查工作人员必须稳定，在调查工作未结束前，不得变动。

调查队实行责任制，明确职责分工，加强团结协作。

（二）第二次全国残疾人抽样调查办公室负责省级调查业务骨干和医生的系统培训，使之成为省级培训班的教员；各省、自治区、直辖市残疾人抽样调查办公室负责本地区调查队的培训。

（三）第二次全国残疾人抽样调查办公室组织不同层次的试点，检验调查方案的科学性和可操作性，锻炼和提高省级骨干组织调查的实际能力和现场登记的水平。

各省、自治区、直辖市在正式调查前，要结合培训安排被抽中县（市、区）调查队的业务骨干参加试点调查，试点调查不能代替正式调查。

八、现场登记和复查

此次调查的现场登记和复查工作，从 2006 年 4 月 1 日开始到 5 月 31 日以前结束。

现场登记和复查工作要求做到：坚持入户调查，努力提高见面率；积极动员被调查人如实申报，做到不重复，不遗漏；认真询问、筛查和检查评定，提高准确度；搞好自查、互查和议查，最大限度地控制调查误差。

各调查小区要由熟悉当地情况、责任心强的同志担任陪调员，组成陪调组，协同调查员和医生入户，做好宣传、摸底、现场调查登记和复查工作。

（一）摸底工作

调查前的摸底工作，是做好入户调查登记的基础。调查员要提前进入调查小区，在陪调员的协助下摸清本调查小区范围内需要调查的户数、人口数，重点摸清疑似残疾人和 0—6 岁的儿童人数，编制好《调查底册》。

各省、自治区、直辖市残疾人抽样调查办公室将摸底汇总数据于2006年3月25日前报送到第二次全国残疾人抽样调查办公室。

（二）现场登记

1. 入户调查。调查员根据《调查底册》入户，按照《住户调查表》的登记项目，逐人逐项询问，填写《住户调查表》；对7岁及以上人群，按照残疾筛查问卷逐人询问、筛查，并对筛查出的疑似残疾人填写《7岁及以上人群筛查交接单》；对0~6岁的儿童，填写《0-6岁儿童健康检查记录表》。

2. 残疾检查评定。各科医生根据调查员筛查出的《7岁及以上人群筛查交接单》和《0-6岁儿童健康检查记录表》，采取设站与入户相结合的方式逐人检查、评定，对确诊的残疾人，填写《残疾评定记录表》和《残疾人调查表》。

调查期间，医生应对确诊的残疾人进行医疗、康复指导。

（三）复查

调查队组织调查员和医生按照规定的方法进行全面复查。复查采取自查、互查和议查三种形式进行。

调查员和医生每天应对当日调查填写的调查表进行自查。

每个调查小区登记结束后，调查员应分小组对《住户调查表》进行互查和逻辑检查；各科医生要对自己填写的《残疾评定记录表》、《残疾人调查表》进行综合分析检查。

在现场调查登记中和小区调查登记结束后，调查队都要按照规定的方法进行议查，重点议查疑似残疾人的漏筛。

复查中发现的有疑问的人和户，要进一步核查，发现差错，经核实后，予以改正。

（四）调查的后续工作

各级残疾人抽样调查办公室负责收集、汇总调查中残疾人亟待解决的问题，报当地人民政府或有关部门酌处。

九、事后质量核查

现场登记和复查工作结束后，各省、自治区、直辖市残疾人抽样调查办公室应按照全国统一规定的事后质量核查办法和要求，选调高素质的调查员作为核查人员，组建事后质量核查队，对事后质量核查的调查小区，重新入户进行调查登记，计算全国的调查误差。核查人员不得在原来的调查小区参加质量核查工作。

全国统一组织的事后质量核查结果将作为评估第二次全国残疾人抽样调查数据质量的主要依据之一。

十、调查数据的处理

（一）快速汇总

各地按照第二次全国残疾人抽样调查办公室统一规定，对调查的主要数据进行逐级快速汇总。

1. 各县（市、区）残疾人抽样调查办公室将调查数据快速汇总结果于2006年6月5日前报送到省级残疾人抽样调查办公室。

2. 各省、自治区、直辖市残疾人抽样调查办公室将各县（市、区）上报的数据，经审核无误后汇总，将结果于2006年6月15日前报送到第二次全国残疾人抽样调查办公室。

3. 第二次全国残疾人抽样调查办公室负责汇总全国调查主要数据，并对数据进行分析评估后发布公报。

（二）电子计算机数据处理

第二次全国残疾人抽样调查办公室负责制定本次调查的数据处理方案。

1. 省级残疾人抽样调查办公室对调查表进行验收后，组织编码员按照统一规定的标准进行编码。编码前要对编码员进行统一的培训。

编码资料经全面复核、验收合格后，方可交付录入。

2. 第二次全国残疾人抽样调查办公室组织对调查资料进行电子计算机数据处理，对调查的全部数据进行录入汇总，建立国家级和省级残疾人数据库。

3．调查数据的全面汇总和处理工作，于2007年底前全部完成。

4．本次调查的原始资料由各省、自治区、直辖市残疾人抽样调查办公室保管。

十一、调查数据的分析研究

对本次调查获得的不同数据进行分析研究，撰写综合分析报告；同时，对调查数据反映出的有关残疾人的突出问题，制定专题研究课题，邀请政府有关部门、大专院校和国内外研究机构共同研究开发。研究结果以专题报告、论文集形式发表或出版。

全国和各省、自治区、直辖市残疾人抽样调查领导小组组织专人分析研究调查资料，就制定残疾人的法规、方针、政策和工作规划提出建议，供政府和各有关部门研究处理。

十二、宣传工作

各省、自治区、直辖市和被抽中县（市、区）要依靠各级宣传部门，按照第二次全国残疾人抽样调查办公室制定的宣传提纲和宣传口径，利用各种宣传媒体和多种宣传形式，积极开展残疾人抽样调查的宣传活动，在2006年3月中旬要掀起宣传高潮，以取得广大群众和社会对现场调查的支持与配合。

十三、调查经费

根据国务院要求，第二次全国残疾人抽样调查经费由中央和地方财政共同负担。各级财政应根据需要，统筹安排经费，以保证这次残疾人抽样调查各项工作的顺利开展。

残疾人抽样调查办公室要严格按照专款专用的原则，加强调查经费的管理使用，杜绝挤占挪用。

十四、总结表彰

各级残疾人抽样调查机构要认真做好调查的总结工作，各省、自治区、直辖市于2006年12月底前将调查业务技术总结和现场调查工作总结报送第二次全国残疾人抽样调查办公室；第二次全国残疾人抽样调查领导小组于2007年11月底前向国务院报送第二次全国残疾人抽样调查工作总结。

第二次全国残疾人抽样调查领导小组将于2007年初表彰调查工作先进单位和个人。

十五、实施本方案的文件

为保证全国按照统一标准、统一要求、高质量地搞好本次调查工作，第二次全国残疾人抽样调查领导小组统一制定各种文件、表格和工作细则。

（一）《第二次全国残疾人抽样调查残疾标准》包括：视力残疾标准、听力残疾标准、言语残疾标准、肢体残疾标准、智力残疾标准和精神残疾标准。

（二）调查、统计表格包括：《住户调查表》、《残疾人调查表》（主表）；《社区调查表》、《失查疑似残疾人登记表》；《7岁及以上人群残疾筛查问卷》、《0-6岁儿童健康体检记录表》、《残疾评定记录表》、《调查底册》；过录、快速汇总和计算机汇总等统计用表；调查各个环节的交接用表。

（三）工作细则包括：《调查登记和复查工作细则》、《质量控制和验收工作细则》、《摸底工作细则》、《快速汇总工作细则》、《编码工作细则》、《抽样方案》、《数据处理方案》、《资料装订、包装、运输、管理工作细则》等。

（四）填表说明包括：《住户调查表》、《残疾人调查表》、《社区调查表》、《残疾评定记录表》等填表说明。

（五）工作手册包括：《调查工作手册》、《调查员手册》、《医生手册》。

附录 3

第二次全国残疾人抽样调查残疾标准

（国务院 2005 年 11 月 4 日批准）

视力残疾标准

一、视力残疾的定义

视力残疾，是指由于各种原因导致双眼视力低下并且不能矫正或视野缩小，以致影响其日常生活和社会参与。

视力残疾包括盲及低视力。

二、视力残疾的分级

类　　别	级别	最佳矫正视力
盲	一级	无光感~＜0.02；或视野半径＜5 度
	二级	0.02~＜0.05；或视野半径＜10 度
低视力	三级	0.05~＜0.1
	四级	0.1~＜0.3

〔注〕

1. 盲或低视力均指双眼而言，若双眼视力不同，则以视力较好的一眼为准。如仅有单眼为盲或低视力，而另一眼的视力达到或优于 0.3，则不属于视力残疾范畴。

2. 最佳矫正视力是指以适当镜片矫正所能达到的最好视力或针孔视力。

3. 以注视点为中心，视野半径＜10 度者，不论其视力如何均属于盲。

听力残疾标准

一、听力残疾的定义

听力残疾，是指人由于各种原因导致双耳不同程度的永久性听力障碍，听不到或听不清周围环境声及言语声，以致影响日常生活和社会参与。

二、听力残疾的分级

听力残疾一级:

听觉系统的结构和功能方面极重度损伤，较好耳平均听力损失≥91 dB HL，在无助听设备帮助下，不能依靠听觉进行言语交流，在理解和交流等活动上极度受限，在参与社会生活方面存在极严重障碍。

听力残疾二级:

听觉系统的结构和功能重度损伤，较好耳平均听力损失在 81 ~ 90 dB HL 之间，在无助听设备帮助下，在理解和交流等活动上重度受限，在参与社会生活方面存在严重障碍。

听力残疾三级:

听觉系统的结构和功能中重度损伤，较好耳平均听力损失在 61 ~ 80 dB HL 之间，在无助听设备帮助下，在理解和交流等活动上中度受限，在参与社会生活方面存在中度障碍。

听力残疾四级:

听觉系统的结构和功能中度损伤，较好耳平均听力损失在 41 ~ 60dB HL 之间，在无助听设备帮助下，在理解和交流等活动上轻度受限，在参与社会生活方面存在轻度障碍。

言语残疾标准

一、言语残疾的定义

言语残疾，是指由于各种原因导致的不同程度的言语障碍，经治疗一年以上不愈或病程超过两年者,而不能或难以进行正常的言语交往活动，以致影响日常生活和社会参与（3 岁以下不定残）。

言语残疾包括:

1. 失语：是指由于大脑言语区域以及相关部位损伤所导致的获得性言语功能丧失或受损。

2. 运动性构音障碍：是指由于神经肌肉病变导致构音器官的运动障碍，主要表现为不会说话、说话费力、发声和发音不清等。

3. 器官结构异常所致的构音障碍：是指构音器官形态结构异常所致的构音障碍。其代表为腭裂以及舌或颌面部术后造成的构音障碍。主要表现为不能说话、鼻音过重、发音不清等。

4. 发声障碍（嗓音障碍）：是指由于呼吸及喉存在器质性病变导致的失声、发声困难、声音嘶哑等。

5. 儿童言语发育迟滞：指儿童在生长发育过程中其言语发育落后于实际年龄的状态。主要表现不会说话、说话晚、发音不清等。

6. 听力障碍所致的语言障碍：是指由于听觉障碍所致的言语障碍。主要表现为不会说话或者发音不清。

7. 口吃：是指言语的流畅性障碍。常表现为在说话的过程中拖长音、重复、语塞并伴有面部及其他行为变化等。

二、言语残疾的分级

言语残疾一级:

无任何言语功能或语音清晰度≤10%，言语表达能力等级测试未达到一级测试水平，不能进行任何言语交流。

言语残疾二级:

具有一定的发声及言语能力。语音清晰度在 11% ~ 25%之间，言语表达能力等级测试未达到二级测试水平。

言语残疾三级:

可以进行部分言语交流。语音清晰度在 26% ~ 45%之间，言语表达能力等级测试未达到三级测试水平。

言语残疾四级:

能进行简单会话，但用较长句或长篇表达困难。语音清晰度在 46% ~ 65%之间，言语表达能力等级测试未达到四级测试水平。

肢体残疾标准

一、肢体残疾的定义

肢体残疾，是指人体运动系统的结构、功能损伤造成四肢残缺或四肢、躯干麻痹(瘫痪)、畸形等而致人体运动功能不同程度丧失以及活动受限或参与的局限。

肢体残疾包括:

1. 上肢或下肢因伤、病或发育异常所致的缺失、畸形或功能障碍;

2. 脊柱因伤、病或发育异常所致的畸形或功能障碍;

3. 中枢、周围神经因伤、病或发育异常造成躯干或四肢的功能障碍。

二、肢体残疾的分级

肢体残疾一级：不能独立实现日常生活活动。

1. 四肢瘫：四肢运动功能重度丧失；
2. 截瘫：双下肢运动功能完全丧失；
3. 偏瘫：一侧肢体运动功能完全丧失；
4. 单全上肢和双小腿缺失；
5. 单全下肢和双前臂缺失；
6. 双上臂和单大腿（或单小腿）缺失；
7. 双全上肢或双全下肢缺失；
8. 四肢在不同部位缺失；
9. 双上肢功能极重度障碍或三肢功能重度障碍。

肢体残疾二级：基本上不能独立实现日常生活活动。

1. 偏瘫或截瘫，残肢保留少许功能（不能独立行走）；
2. 双上臂或双前臂缺失；
3. 双大腿缺失；
4. 单全上肢和单大腿缺失；
5. 单全下肢和单上臂缺失；
6. 三肢在不同部位缺失（除外一级中的情况）；
7. 二肢功能重度障碍或三肢功能中度障碍。

肢体残疾三级：能部分独立实现日常生活活动。

1. 双小腿缺失；
2. 单前臂及其以上缺失；
3. 单大腿及其以上缺失；
4. 双手拇指或双手拇指以外其他手指全缺失；
5. 二肢在不同部位缺失（除外二级中的情况）；
6. 一肢功能重度障碍或二肢功能中度障碍。

肢体残疾四级：基本上能独立实现日常生活活动。

1. 单小腿缺失；
2. 双下肢不等长，差距在 5 厘米以上（含 5 厘米）；
3. 脊柱强（僵）直；
4. 脊柱畸形，驼背畸形大于 70 度或侧凸大于 45 度；
5. 单手拇指以外其他四指全缺失；
6. 单侧拇指全缺失；
7. 单足跗跖关节以上缺失；
8. 双足趾完全缺失或失去功能；
9. 侏儒症（身高不超过 130 厘米的成年人）；
10. 一肢功能中度障碍或两肢功能轻度障碍；
11. 类似上述的其他肢体功能障碍。

智力残疾标准

一、智力残疾的定义

智力残疾，是指智力显著低于一般人水平，并伴有适应行为的障碍。此类残疾是由于神经系统结构、功能障碍，使个体活动和参与受到限制，需要环境提供全面、广泛、有限和间歇的支持。

智力残疾包括：在智力发育期间（18 岁之前），由于各种有害因素导致的精神发育不全或智力迟滞；或者智力发育成熟以后，由于各种有害因素导致智力损害或智力明显衰退。

二、智力残疾的分级

级　　别	分级标准			
	发展商（DQ） 0-6 岁	智商（IQ） 7 岁及以上	适应性行为 （AB）	WHO-DAS Ⅱ分值 18 岁以上
一级	≤25	＜20	极重度	≥116 分
二级	26~39	20~34	重度	106~115 分
三级	40~54	35~49	中度	96~105 分
四级	55~75	50~69	轻度	52~95 分

精神残疾标准

一、精神残疾的定义

精神残疾，是指各类精神障碍持续一年以上未痊愈，由于存在认知、情感和行为障碍，以致影响其日常生活和社会参与。

二、精神残疾的分级

18 岁以上（含）的精神障碍患者根据《世界卫生组织残疾评定量表Ⅱ》（WHO-DASⅡ）分数和下述的适应行为表现，18 岁以下者依据下述的适应行为的表现，把精神残疾划分为四级：

精神残疾一级：

WHO-DASⅡ值≥116 分，适应行为严重障碍；生活完全不能自理，忽视自己的生理、心理的基本要求。不与人交往，无法从事工作，不能学习新事物。需要环境提供全面、广泛的支持，生活长期、全部需他人监护。

精神残疾二级：

WHO-DASⅡ值在 106~115 分之间，适应行为重度障碍；生活大部分不能自理，基本不与人交往，只与照顾者简单交往，能理解照顾者的简单指令，有一定学习能力。监护下能从事简单劳动。能表达自己的基本需求，偶尔被动参与社交活动；需要环境提供广泛的支持，大部分生活仍需他人照料。

精神残疾三级：

WHO-DASⅡ值在 96~105 分之间，适应行为中度障碍；生活上不能完全自理，可以与人进行简单交流，能表达自己的情感。能独立从事简单劳动，能学习新事物，但学习能力明显比一般人差。被动参与社交活动，偶尔能主动参与社交活动；需要环境提供部分的支持，即所需要的支持服务是经常性的、短时间的需求，部分生活需由他人照料。

精神残疾四级：

WHO-DASⅡ值在 52~95 分之间，适应行为轻度障碍；生活上基本自理，但自理能力比一般人差，有时忽略个人卫生。能与人交往，能表达自己的情感，体会他人情感的能力较差，能从事一般的工作，学习新事物的能力比一般人稍差；偶尔需要环境提供支持，一般情况下生活不需要由他人照料。

多重残疾

存在两种或两种以上残疾为多重残疾。多重残疾应指出其残疾的类别。多重残疾分级按所属残疾中最重类别残疾分级标准进行分级。

附录 5

第二次全国残疾人抽样调查《住户调查表》填写说明

一、《住户调查表》填写方法

《住户调查表》由调查员根据申报人的回答，如实填写。

（一）《住户调查表》的填写方法有两种：有标准答案的栏目，根据实际情况圈填；没有标准答案的栏目，用文字或阿拉伯数字据实填写。

（二）《住户调查表》以户为单位填写，每页可填写 4 人，超过 4 人的家庭户酌情增加调查表。增加的调查表只填写“H1.本户编号”和按人填报的栏目“R1－R15”以及表下方有关内容，不再填写其他按户填报的栏目“H2—H9”。增加的调查表要与首页表顺序保存，不要分开，以防散乱，发生差错。超过 9 人的家庭户分为两户进行填报，其中一户按新增户处理。

（三）调查表填写错误的更改方法。如果文字或数字填写错误，必须用直尺将错误的地方用双线划去。横行书写的，用双横线划去，在划线的上方另行填写；竖行填写的，用双竖线划去，在划线的右侧另行填写；圈填错误的，应将错圈序码连同文字答案用双横线划去，再据实圈填。

（四）表内每个栏目下边的小方格是编码格，调查员不得填写。

二、《住户调查表》填写注意事项

（一）调查表的栏目使用钢笔或签字笔填写，字迹要端正清楚。必须用国家统一规范的简化字书写，不得使用同音异体字和繁体字。阿拉伯数字必须按“0123456789”的正体书写。

（二）在调查登记家庭户中每个人的情况时，要力争与本人见面，无特殊情况，不得由他人代替申报。

（三）调查员应对被调查户申报的情况保密，不得对外提供。

（四）《调查底册》和家庭《户口簿》仅供调查时参考，不得照抄。

三、《住户调查表》的填写顺序

《住户调查表》要逐人逐栏进行询问填写，不得漏填或错填。《住户调查表》填写的顺序是：

第一步，填写左上角的“本户地址”和“H1.本户编号”。

第二步，填写按人填报的栏目 R1－R14，按户主、配偶、子女等顺序逐人逐项登记（“R15.属于何种残疾”暂不圈填，待医生检查评定后再圈填），并以本人登记的顺序作为“本人行号”。

第三步，填写按户填报的栏目，包括“H2.本户登记人数”、“H4.本户住房建筑面积”、“H5.本户住房建筑结构”、“H6.本户住房来源”、“H7.上年度本户全部收入”、“H8.本户拥有的主要家电”、“H9.本户月均生活用电量”。（“H3.本户残疾人数”暂不填写，待医生检查评定后再填写）。

第四步，与被调查户核对主要情况无误后，请家庭的主要申报人在表下方签名或盖章，调查员填写表下方的“本户共___页，本页是第___页”，然后签字并填写填报日期；“装订页码第___页”待本调查小区调查表装订成册后再填写。

第五步，根据医生检查的定性结果，填写“R15.属于何种残疾”，并据此填写本户户记录中的“H3.本户残疾人数”。

第六步，“备注”栏分为两部分填写。左栏属于规定的填写内容，包括本户见面人数，0~6 岁儿童姓名，疑似残疾人的姓名和残疾类别；右栏填写调查中发现的特殊情况。

四、《住户调查表》指标解释

第二次全国残疾人抽样调查的标准时间为：2006 年 4 月 1 日 0 时。此次调查的数据是反映标准时间点的人口状况。2006 年 4 月 1 日 0 时之前出生的人需要登记，之后出生的人则不登记；2006 年 4 月 1 日 0 时之前死亡的人不登记，之后死亡的人需要登记。准确地把握标准时间是防止重复登记和漏登记的重要措施。

（一）按人填报的栏目共有 15 个

R1.姓名：竖行填写本人的正式姓名，无正式姓名的，可填写乳名、小名或某某氏；未取名的婴儿可填写“未取名”。

R2.与户主的关系：指户内各成员与户主之间的关系，并不是指户内各成员与申报人之间的关系。

1.户主。表内所填写的第一人必须是户主。如果户主外出半年以上，按照调查对象标准规定，其不属于本调查小区的调查对象，则由本户另确定一位新的户主，并作为第一人填写，其他成员按照与新户主的关系据实圈填。一户中只能有一位户主。

2.配偶。户主的配偶指户主的妻子或丈夫，必须填在第二格。一户中只能有一个人填为户主的配偶。

3.子女。包括户主的儿子、女儿、儿媳、女婿，一般应按照年龄大小顺序填写。

4.孙子女。包括户主的孙子、孙女、孙媳、孙婿、重孙子女、重孙媳、重孙婿及外孙、重外孙子女等。

5.父母。包括户主的父亲、母亲、公公、婆婆、岳父、岳母、继父、继母。

6.祖父母。包括户主的祖父母、外祖父、外祖母、曾祖父、曾祖母、继祖父、继祖母。

7.兄弟姐妹。包括户主和配偶的兄弟姐妹、表兄弟姐妹等。

8.其他。指上述家庭成员之外的其他人员，如朋友、同事、同学、同乡、保姆等均圈填此项。

R3.性别：根据被调查人的性别据实圈填。

R4.出生年月：被调查人的出生年月按公历用阿拉伯数字填写；只知农历的，按农历月份+1 视为公历填写。从出生日期到调查的标准时间为止，满 12 个月的算一周岁（即使少一天也不算一周岁），不满 12 个月的婴儿填写为 0 周岁。

R5.民族：指被调查人的民族成份。要按《各民族名称一览表》据实竖行填写，要填写全称而不要写简称。父母不是同一民族的，其不满 18 周岁的子女，民族未定的，由父母商定，选填父亲或母亲一方的民族；已满 18 周岁的子女，是填报父亲还是母亲的民族，由本人决定。如果确实有新出现的民族，则据实填报，在备注栏说明；外国人加入中国籍的，其本人的民族和我国某一民族相同，就填报这一民族，例如朝鲜人加入中国籍的，即填朝鲜族；没有相同民族的，按外国人加入中国籍填写，填报为“入籍”。

R6.户口登记状况：指被调查人的常住户口登记状况，设有四个标准答案，即为本次调查对象的四款人。

根据国务院批准的《第二次全国残疾人抽样调查方案》规定，“此次调查的对象是具有中华人民共和国国籍，并居住在被抽中调查小区内常住的人。调查采用按常住人口登记的原则，以户为单位填报，只调查家庭户，不调查集体户。单身居住独自生活的也作为一个家庭进行登记。本次不调查中国人民解放军现役军人和武装警察（包括部队管理的离退休干部）。”

确定被调查人是否属于本次调查的对象，关键是准确掌握调查的空间标准和时间标准。

空间标准：指户口是否在“本乡、镇、街道”所辖的地理区域。

时间标准：指常住本调查小区时间连续“半年”。

本次调查规定的连续“半年”是指从 2005 年 10 月 1 日 0 时到 2006 年 4 月 1 日 0 时。对于在本调查小区居住并从事商业、手工业、服务业、建筑业等活动的人，偶尔返回户口登记地或临时外出探亲访友（包括春节返乡探亲）、出差，判断其在本调查小区居住的时间和离开常住户口登记地的时间时，都不应扣除偶尔返回或临时外出的时间。

调查员可按以下四个标准答案根据调查对象的实际情况圈填。

1.住本调查小区，户口在本乡、镇、街道；

2.住本调查小区半年以上，户口在外乡、镇、街道；

3.住本调查小区不满半年，离开户口所在地半年以上；

4.住本调查小区，户口待定。

第一款人：包括两种情况，一是常住户口在本乡、镇、街道，居住在本调查小区的人；二是常住户口在本乡、镇、街道，但是人离开本乡、镇、街道不满半年的人（包括调查时临时出国考察、学习和旅游等情况不满半年的人)。

常住户口在本户、外出（离开本乡、镇、街道）已超过半年的人，不属于本调查小区的调查对象。

第二款人：是指调查时已在本调查小区常住时间半年以上，但常住户口在其他乡、镇、街道的人。

第三款人：是指调查时在本调查小区常住时间虽然不满半年，常住户口在其他乡、镇、街道，但已离开常住户口登记地半年以上的人。

第四款人：是指调查时居住在本调查小区，在任何地方都没有登记常住户口的人（包括手持户口迁移证、退伍证、出生证、劳改释放证等尚未办理常住户口登记手续的人）。填报此款人的直接跳问 R8。

本次调查对以下情况作了特殊规定：

1.高中及高中以下在校住宿的学生，凡是经常回家的（例如周六、日回家），本次调查规定按调查对象第一款人进行登记。

2.婚嫁、搬迁到本调查小区的人或户，即使来本调查小区居住不满半年而户口在外乡、镇、街道，但因其具有长期居住的意义，本次调查规定按调查对象第一款人进行登记。

3.凡是户口在集体户、人在家庭户居住的人，本次调查规定按调查对象第一款人在被调查户进行登记。

R7.户口性质：指被调查人的常住户口性质，按户口簿上常住户口性质据实圈填。取消了农业户口和非农业户口的地区，按照取消前的户口性质圈填。农民进城已办理了小城镇户口的，也圈填“2.非农业”；在“R6.户口登记状况”中填报为“4.住本调查小区，户口待定”的人不填报本栏。

R8、R9 两栏限 6 岁及以上的人填报。

R8.是否识字：指被调查人是否达到国务院规定的脱盲标准（城市居民和乡、镇企业职工识字 2000 个，乡村居民识字 1500 个）。调查登记时可询问是否具有阅读通俗书报刊或写便条、简单书信的能力。凡具有简单读写能力的人，圈填“1.是”，没有达到脱盲标准的人，则圈填“2.否”。圈填“2.否”的人，不再填报“R9.受教育程度”，跳问“R10、婚姻状况”。

R9.受教育程度：指本人接受国内外教育的最高学历。通过自学或成人学历教育经国家统一考试合格的，可分别归入相应的受教育程度。

1.未上过学。指被调查人识字，但从未接受过国家或其他办学机构实施的各级各类学校教育。参加过各种扫盲班或成人识字班的人，也圈填此项。

2.小学。指接受的最高一级教育为小学，无论其是在校、毕业、肄业或辍学均圈填此项。只读过私塾的也填报此项。

3.初中。指接受的最高一级教育为初中，无论其是在校、毕业、肄业或辍学均圈填此项。技工学校相当于初中的也圈填此项。

4.高中。指接受的最高一级教育为普通高中、职业高中，无论其是在校、毕业、肄业或辍学均圈填此项。

5.中专。指接受的最高一级教育为中等专业学校，无论其是在校、毕业、肄业或辍学均圈填此项。

6.大学专科。指接受的最高一级教育为大学专科。在普通高等学校学习大学专科的，无论其在校、毕业、肄业或辍学均圈填此项。

凡在国家授权承认学历的广播电视大学、职工大学、高等院校举办的函授大学、夜大学和其他形式的大学，按教育部颁布的大学专科教学大纲进行授课的，其毕业生圈填此项；其肄业生、在校生按原有受教育程度圈填。

通过自学，经国家统一举办的考试，并取得大学专科毕业证书的，也圈填此项标准答案。

7.大学本科。指接受的最高一级教育为大学本科。在普通高等学校学习大学本科的，无论其是在校、毕业、肄业或辍学均圈填此项。

凡在国家授权承认学历的广播电视大学、职工大学、高等院校举办的函授大学、夜大学和其他形式的大学，按教育部颁布的大学本科教学大纲进行授课的，其毕业生圈填此项；其肄业生、在校生按原有受教育程度圈填。

通过自学和进修大学课程，经国家统一举办的考试，并取得大学本科毕业证书的，也圈填此项标准答案。

8.研究生。指接受的最高一级教育为硕士、博士研究生，无论其是在校、毕业、肄业或辍学均圈填此项。

在职接受研究生教育的，其毕业生圈填此项，肄业生和在校生按原有受教育程度圈填。

凡是没有按教育部的教学大纲培训或只学单科的人，不能圈填“大学专科”、“大学本科”或“研究生”，一律按照原有受教育程度圈填。

R10-R14 栏限 15 岁及以上的人填报。

R10.婚姻状况：指被调查人在调查标准时间的实际婚姻状况。

1.未婚。指从未结过婚的人。

2.初婚有配偶。指本人有配偶，且属于第一次婚姻的人。对于没有办理结婚登记而未婚同居的人，按其申报的圈填。

3.再婚有配偶。指本人有配偶，但属于第二次及以上婚姻的人。

4.离婚。指夫妻间已办理了离婚手续，并在调查标准时间仍未再结婚的人。未办理离婚手续，而长期分居，不圈填此项，而应圈填“2.初婚有配偶”或“3.再婚有配偶”。

5.丧偶。指夫妇一方丧亡，在调查标准时间时还没有再结婚的人。

R11.当前是否有工作：指被调查人在调查标准时间前一周（即 2006 年 3 月 25—31 日），是否从事过不少于一小时有收入的社会劳动。工作时间不足一小时的，应视为无工作。填报无工作的则不再询问职业栏目，直接跳填“R13.当前未工作状况”。

有收入是指在该周内曾经得到或能够得到工资或家庭收益等，包括现金和实物收入。农民在承包的土地上劳动应视为有收入的工作；家庭成员在自家经营的商店、门市部、工厂劳动，既使没有任何收入，也应视同为有收入工作。

在职休假、培训学习、临时停工和季节性歇业而未工作，也视为当前有工作，包括如因生病或受伤而短期休息、休假和休养的人；脱产学习的人；由于天气原因、季节或电力故障、原料或燃料短缺等原因临时停工的人；从事季节性工作，正值歇业的人等。

R12.职业：指本人所从事的社会劳动工作种类。要求必须填写工作单位全称和所做的具体工作。

填写职业要注意以下几点：

1.填写职业要具体、详细。既要填写工作单位全称，也要填写具体做什么工作。例如“北京重型机床厂钳工”、“北京市公交总公司司机”等，不能笼统地填写“工人”；机关工作人员不能笼统填写“干部”，应填写其工作单位全称和职业，例如“北京市统计局主任科员”、“中国科学院工程师”等；农民不能笼统地填写“农民”或“种地”，而应具体填写为“粮农”、“菜农”或者“养鸡”等。

2.具有中级以上技术职称的行政领导人员，应按行政领导职务填写其职业；同时担任党和行政职务的领导干部，应按主要职务填写职业。

3.工种尚未确定，暂时又无具体工作的，可填“工种未定”。

4.农村就业人口中，凡在乡镇或村办企业中有比较固定的工作，既使在调查标准时间前一周干的是农活，仍要填报其比较固定的职业。

5.调查标准时间前一周内同时从事一种以上工作的，按所从事时间最长的工作种类填写；不能确定时间长短的，按其经济收入较多的工作填写。

6.没有固定性工作的个体经营者，进城务工经商和农闲时进行其他经济活动的人，企业停工停产自某出路从事一些临时性工作的职工，填写调查标准时间前一周主要从事的具体工作。

脱产进入学校学习者，不填职业栏，而应填写“R13.当前未工作状况”栏。

R13.当前未工作状况：此栏限十五岁及十五岁以上当前没有工作的人填写。

1.在校学生。指正在接受各级各类学校教育并有学籍的人。

2.离退休。指已办理离休、退休手续，依靠领取离退休金生活的人。离休、退休后又参加社会劳动并取得报酬的人，应视为有工作，不应圈填此项。

3.料理家务。主要从事家务劳动，且没有劳动收入的人圈填。离退休人员参加部分家务劳动的则不填此栏。农村中既料理家务又务农或从事家庭副业的人，应按在业人口填写职业，不应圈填此栏。

4.丧失劳动能力。指因心理、生理残疾和疾病等原因，在现有劳动条件下丧失了从事劳动的能力、不能参加社会劳动的人。也包括年老体弱生活不能自理的人员。但不包括领取退休金的人员。

5.毕业后未工作。指从学校毕业后从未工作过的人。

6.因单位原因失去原工作。指用人单位或雇主提出与劳动者本人中断劳动关系而失去原工作的人。包括：被原单位辞退、除名、开除的人；劳动合同到期后单位不同意续签劳动合同的人；因单位破产而失去工作的人；未办理正式退休手续的“内退”人员；仍与原工作单位保留劳动关系的下岗人员。

7.因本人原因失去原工作。指本人因各种原因提出与单位中断劳动关系而离开原工作岗位的人。包括辞职的人和劳动合同到期后本人不同意与单位继续签订劳动合同的人。

8.承包土地被征用。指本人承包或转包、租用集体或他人的土地，被有关部门和单位依据土地征用制度的规定征作公益性用地而失去工作。受雇在别人承包的土地上工作，因该土地被征用而失去工作的人，不圈此项，而应圈填“6、因单位原因失去原工作”。

9.其他。除以上八种人之外的未工作人口，圈填为“其他”。

R14.未工作者主要生活来源：根据被调查人情况据实圈填。如果同时有多项生活费来源，则选择其中最主要一项标准答案圈填。

1.离退休金。指办理了离休、退休手续的人，从原工作单位或社会保险部门领取的离退休生活费。

2.领取基本生活费。为了保证基本生活水平而领取的生活费。包括：企业下岗、内退职工领取的基本生活费，失业救济金；民政部门发放给烈军属的生活抚恤金，发给五保户和残疾人的生活补助费，以及发给城镇低收入户的最低生活保障金等。

3.家庭其他成员供养。指被调查人依靠家庭其他成员的经济收入生活。单独生活、由本家庭户外的其他亲属供养的也圈填此项。

4.财产性收入。指以资金储蓄、借贷入股以及财产经营、租赁等所取得的利息、股息、红利、租金等财产性收入生活。

5.保险收入。指主要靠从保险公司领取保险金生活。

6.其他。除以上几种情况之外的其他生活费来源。

R15.定性结果：此栏待医生对残疾人检查定性以后再由调查员填写。如果是残疾人，属于哪类残疾，就圈填哪类残疾；如果被调查人具有多种残疾现象，就圈填“7、多重残疾”；没有残疾的人不填报此栏。

（二）按户填报的栏目

按户填报的栏目共有9个。其中H1为本户编号，根据调查底册的序号填写；H2和H3应与本户人记录中的有关栏目合计数相符；H4—H9栏与人记录栏目无关，是以户为单位填报的项目。

H1.本户编号：按《调查底册》序号填写“H1 本户编号”。

在登记时，如果发现《调查底册》中某户为空户，则将本小区的最后一户前移，使用该户的“本户编号”；如果某户中实际居住着两户，其中一户使用原来的“本户编号”，另一户的“本户编号”续在本调查小区所有户编号的最后，按顺序编写户编号；居住三户或以上的，依次类推（上述户编号的改动须经调查队负责调查的副队长核定后进行，防止错乱）。

H2.本户登记人数：在本户调查登记的人数,应与人记录的合计人数一致。

H3.本户残疾人数：根据人记录的“R15.属于何种残疾”的定性结果，分男、女性别的残疾人数填写。

H4.本户住房　建筑面积：本户住房的建筑面积按住房的外墙计算。

1.知道建筑面积的可直接填报；不知道住房建筑面积，只知道使用面积的，则可使用公式换算：

建筑面积＝使用面积（包括扩建的使用面积）÷0.7

2.住旅馆或租借房屋的常住户，一律按现住房的实际情况填写其住房面积。

3.居住在工作场所的户，住房面积应该填写其居住房间的建筑面积。

4.合住在同一所住房里的住户，其建筑面积为各户所独立使用的房间面积加上公共使用面积（包括厨房、厕所、门厅、阳台等）的一部分；两户合用的面积，各按二分之一计算，三户合用的面积，各按三分之一计算；以此类推。

5.属于本小区调查对象，但居无定所的常住户（如进城的流动人口）睡在桥下、公园和车站等地方的人，其住房面积填“0”平方米。

H5.本户住房建筑结构：指本户住房建筑的结构（指承重结构，如承重墙、梁、柱等）所用的建筑材料。本栏目设有五个标准答案。

1.钢筋混凝土：指承重的主要构件是用钢筋混凝土建造的住房。包括薄壳结构、大模板现浇结构及使用滑模、升板等建造的钢筋混凝土结构的房屋。

2.混合结构：指承重的主要构件是用钢筋混凝土和砖、木建造的房屋。如一幢房屋的梁是用钢筋混凝土制成，以砖墙为承重墙，或者梁使用木材建造，柱是使用钢筋混凝土。

3.砖木结构：是指承重的主要构件是砖和木材。如一幢房屋是木制房架、砖墙、木柱建造的。

4.木、竹、草结构：指房屋的主要建筑材料为木、竹、草。如一幢房屋是木（竹）制房架、草顶。

5.其他：不属于上述结构类型的房屋都归此类。如砖拱结构、窑洞、蒙古包等。

H6.本户住房来源：指本户获取住房的途径，包括拥有全部产权或部分产权。本栏目设有四个标准答案，可根据住房的拥有情况，据实圈填。

1.自有：指本户住房的产权属于本户私人所有。既包括城镇和农村中私人自建的房屋，也包括私人从单位或房地产开发单位购买的房屋，还包括继承的私有遗产房等情况。

2.租赁：指本户住房属于交纳房租费后获有使用权。既包括由单位作为福利分配给本单位职工、产权归单位所有、个人交纳少量房租费的住房，也包括从市场上租用的房屋。

3.借用：指不用交房租费，临时借住单位或亲朋好友的房屋。

4.其他：指不属于以上几种房屋产权性质的住房，圈填此项。

H7.上年度本户全部收入：指被调查户2005年度全部经济收入，包括工薪收入、经营性净收入、财产性收入、转移性收入（如保险、奖金、抚恤金、资助、出租房收入等）。农村的全部收入包括各种农作物、养殖等实物收获，并要将实物折算成人民币，根据全户所有人的合计收入是多少就填报多少。但是，家中雇佣保姆和非亲属的经济收入不包括在内。

对亲属供养情况收入的计算，如果供养人与被供养人在同一户居住，供养费不计入总收入；如果不在同一户，供养费应计入被供养人所在户的总收入中。

H8.本户拥有的主要家电：本栏属于多选栏目，共列出五种家庭常用的主要电器名称。可根据被调查户拥有（指拥有所有权或使用权）并能使用的家用电器分别圈填。彩色电视机，不包括黑白电视机；电冰箱包括单门、双门和多门的；洗衣机包括全自动和半自动（含双缸和单缸的）；电话包括有线电话和无线电话（手机）；电脑指电子计算机。

H9.本户月均生活用电量：根据本户的月平均用电量填报。如果只知道用电费用，可根据当地每度电价换算成用电度数。

附录 7

第二次全国残疾人抽样调查《残疾人调查表》填写说明

一、填写注意事项

（一）《残疾人调查表》由医生填写，填表人员要严格按照规定填写，保证本表的工整与清洁。

（二）本表要求使用铅笔填写，字迹要端正清楚，不得潦草模糊。不得用同音异体字；简化字必须按国家公布的《简化字总表》书写；阿拉伯数字必须按“0 1 2 3 4 5 6 7 8 9”的正体书写，不得用自由体。

（三）填表人员根据评定结果填写表中相关项目，不能遗漏。

（四）填表人员要对被调查的残疾人及家庭申报的情况严格保密，不得对外提供。

二、填写顺序

依据诊断情况完成《残疾评定记录表》的填报后，再开始填报《残疾人调查表》，填写要逐项进行，不得漏填或重复。填写顺序如下：

第一步：《残疾人调查表》的上沿部分“本户编号”、“本人行号”、“本户住址”和“残疾人姓名”、“性别”、“年龄”、“户主姓名”等项均对照《残疾评定记录表》的上沿内容。

第二步：本表中“C1.残疾类别”、“C2.残疾等级”、“C3.残疾发现时间”和“C4.致残主要原因”等按诊断残疾的实际情况填写。

第三步：遇到两种或两种以上残疾人，即多重残疾则复选填报。

第四步：“T1.残疾人活动和参与评定”、“T2.康复建议”、“T3.是否持有残疾人证”、“T4.接受教育情况”、“T5.社会保障情况”、“T6.曾接受何种服务或辅助”及“T7.本人主要需求”等逐项询问判断填写，遇多重残疾由最后诊断确诊某种残疾的医生填写。

第五步：本表下沿部分，完成逐项填写后，“本户包括住户调查表”、“医生”、“申报人”及“填报日期”均按《残疾评定记录表》的下沿内容填写完整。

另外，本表每个项目下面的方格为编码格，填写人员不得填写，由专业编码人员处理。

三、填写说明

C1.残疾类别

分为视力残疾、听力残疾、言语残疾、肢体残疾、智力残疾和精神残疾等六类。填表时在诊断确定为残疾后，请在残疾类别的左面编号上圈填，如多重残疾，则复选。例如，诊断为“视力残疾”，应圈填为 (1.) 视力残疾。

C2.残疾等级

各类残疾均分为四个等级。填表时，请在相应的残疾等级编号上圈填。例如：诊断为听力三级，应圈填为 (3.) 三级。

C3.残疾发现时间

残疾发生时间是指发现残疾或出现残疾的年份，如“1999 年”。针对 0~6 岁的儿童来说，是指发现残疾的时间；而针对其他人则为出现残疾的时间。填表时，请将残疾发现时间填在年前面的横线上。

C4.致残主要原因（选择主要致残原因不超过两项）

致残主要原因是指导致主要致残的原因，选择主要致残原因不超过两项。填表时请在相应项目前的编号上圈填。如填表人的致残原因在表中没有列出，请在“其他”前的编号上圈填。按照不同类别分为以下几类：

视力残疾

01.遗传、先天异常或发育障碍	05.角膜病	09.弱视
02.白内障	06.视神经病变	10.外伤
03.青光眼	07.视网膜、色素膜病变	11.中毒
04.沙眼	08.屈光不正	12.其他
		13.原因不明

听力残疾

01.遗传	06.中耳炎	11.药物中毒
02.母孕期病毒感染	07.老年性耳聋	12.创伤或意外伤害
03.传染性疾病	08.早产和低体重	13.噪声和爆震
04.自身免疫缺陷性疾病	09. 新生儿窒息	14.其他
05.全身性疾病	10. 高胆红素血症	15.原因不明

言语残疾

01.唐氏综合征	08.脑出血	15.脊髓侧索硬化
02.脑性瘫痪	09.脑炎	16.脑外伤
03.新生儿病理性黄疸	10.脑囊虫病	17.产伤
04.早产、低体重和过期产	11.喉、舌疾病术后	18.孤独症
05.腭裂	12.听力障碍	19.癫痫
06.智力低下	13.帕金森氏病	20.CO 中毒
07.脑梗死	14.多发性硬化	21.其他
		22.原因不明

肢体残疾

01.脑性瘫痪	08.肿瘤	15.脑外伤
02.发育畸形	09.骨关节病	16.其他外伤
03.侏儒症	10.地方病	17.结核性感染
04.其他先天性或发育性障碍	11.脊髓疾病	18.化脓性感染
05.脊髓灰质炎	12.工伤	19.中毒
06.脑血管疾病	13.交通事故	20.其他
07.周围血管疾病	14.脊髓损伤	21.原因不明

智力残疾

01.遗传	07.发育畸形	13.其他外伤
02.脑疾病	08.营养不良	14.中毒与过敏反应
03.内分泌障碍	09.母孕期外伤及物理伤害	15.不良社会文化因素
04.惊厥性疾病	10.产伤	16.其他
05.新生儿窒息	11.工伤	17.原因不明
06.早产、低体重和过期产	12.交通事故	

精神残疾

01.痴呆	06.分裂情感性障碍	11.人格障碍
02.其它器质性精神障碍	07.其它精神病性障碍	12.孤独症
03.使用精神活性物质所致的障碍	08.心境障碍	13.癫痫
04.精神分裂症	09.神经症性障碍	14.其他
05.妄想性障碍	10.行为综合征	15.原因不明

T1.残疾人活动和参与评定（18 岁以上填报）

T1.残疾人活动和参与评定（18 岁以上填报）					
理解和交流	身体移动	生活自理	与人相处	生活活动	社会参与
1.无障碍/无适用 2.轻度障碍 3.中度障碍 4.重度障碍 5.极重度障碍/不能完成	1.无障碍/无适用 2.轻度障碍 3.中度障碍 4.重度障碍 5.极重度障碍/不能完成	1.无障碍/无适用 2.轻度障碍 3.中度障碍 4.重度障碍 5.极重度障碍/不能完成	1.无障碍/无适用 2.轻度障碍 3.中度障碍 4.重度障碍 5.极重度障碍/不能完成	1.无障碍/无适用 2.轻度障碍 3.中度障碍 4.重度障碍 5.极重度障碍/不能完成	1.无障碍/无适用 2.轻度障碍 3.中度障碍 4.重度障碍 5.极重度障碍/不能完成

活动是由个体执行一项任务或行动，它代表了功能的个体方面。当个体在进行活动时可能遇到的困难，即是活动受限制，它根据完成活动时的质和量从轻微到严重偏差的变化范围。

参与是指投入到一种生活情景中，它代表了功能的社会方面，是衡量残疾程度的重要指标。

分六大类:理解和交流、身体移动、生活自理、与人相处、生活活动和社会参与。其中各类均有五种程度：无障碍、轻度障碍、中度障碍、重度障碍、极重度障碍。填表时请依据《残疾评定记录表》结果在相应项目前的数值上圈填。

T2.今后康复建议

康复形式：即残疾人实现康复的基本途径，包括以下三种：机构康复，延伸服务（上门服务），社区、家庭康复。

1.机构康复：指在康复中心、综合医院设置的康复科室等机构中，以门诊和住院的形式提供的康复服务途径。

2.延伸服务（上门服务）：延伸服务是指由康复机构派专业人员到实地，为康复对象提供专业性康复服务的途径。

3.社区和家庭康复：社区、家庭康复是指在社区和家庭为残疾人采取的康复措施，这些措施是利用和依靠社区和家庭的人力资源而进行的，包括依靠残疾人及其家庭成员和社会。

康复内容

指实现残疾人康复的方法或手段，包括：医疗服务、辅助器具、康复训练与服务等。

康复形式仅能选择其中一项圈填。选择康复形式后，康复内容至少选择一项圈填。填表时请在相应项目前的编号上圈填。

T3.是否持有残疾人证

指被调查人是否持有当地残联核发的残疾人证。填表时请在相应项目前的编号上圈填。

T4.接受义务教育情况（在校生填报）

1.普通教育学校普通班：指在普通义务教育学校随班就读。

2.普通教育学校特教班：指在普通义务教育学校专门为视力、听力言语、智力残疾和多重残疾人开办的特殊教育班中接受教育。

3.特殊教育学校：指在专门为视力、听力言语、智力残疾和多重残疾人开办的提供义务教育的学校。

4.其他：指通过社区服务、送教上门等多种形式接受教育。

填表时请在相应项目前的编号上圈填。

T5.社会保障情况

指被调查人是否纳入了社会保险、当地居民最低生活保障或集中供养、五保供养、临时救济、定期补助、残联系统专项补助等社会保障范围。

1.参加社会保险情况：指调查时被调查人是否参加了养老、医疗、工伤、失业等社会保险。此栏至少填写一项。

2.是否领取低保金：指调查时被调查人是否被纳入当地居民最低生活保障范围领取最低生活保障金。

3.是否领取过救济：指被调查人在调查标准时间前一年（即2005年4月1日至2006年4月1日）内是否享受当地民政、残联等部门所给予的集中供养、五保供养、临时救济、定期补助、残联系统专项补助等。

填表时请在相应项目前的编号上圈填。

T6.曾接受过何种服务或扶助(填报最主要三项)

指被调查人曾经接受过的当地残联、民政或其他部门、组织提供的康复、教育、就业、生活等方面的服务或扶助。选最主要的三项圈填。填表时请在相应项目前的编号上圈填。

01.医疗服务与救助：医疗服务指通过医院或专门医疗机构采用手术或其他诊断形式帮助残疾人恢复或补偿功能，提高生活自理和社会适应能力等。

医疗救助：指政府和社会对因病而无经济能力进行治疗的贫困残疾人实施专项医疗帮助和支持的行为。在农村开展新型农村合作医疗的地区，资助残疾人缴纳个人应负担的全部或部分资金，参加当地合作医疗，享受合作医疗待遇；因患大病经合作医疗补助后个人负担医疗费用过高的，再给予补助；尚未开展新型农村合作医疗的地区，对因患病难以负担费用的残疾人，给予适当医疗救助；对患国家所规定的特种传染病的残疾人，其救治费用按有关规定给予补助。在城市，通过发动社会力量资助、城市医疗救助基金给予适当补助、医疗机构自愿减免有关费用等多种形式对患病而无力承担治疗费用的贫困残疾人给予医疗救助。

02.辅助器具：（在我国习惯称为残疾人用品用具)，是指供残疾人个人使用的能够补偿、减轻或替代因残疾造成的身体功能缺失或障碍的产品和器械。

用于肢体残疾人的辅助器具有：假肢、轮椅、手摇轮椅车、电动动轮、机动轮椅车、助行架、腋杖、肘杖、多脚手杖、单脚手杖、握笔器、取物器、穿衣辅助、用餐辅助、刷牙辅助、梳头辅具等；用于听力残疾人的辅助器具有：助听器、语言训练器、骨导电话、闪光门铃等；用于视力残疾人的辅助器具有：助视器、电子语音报时器、盲文写字板、盲文打字机、盲文阅读器、盲杖等。

03.康复训练与服务：指残联、卫生或其他部门为残疾人及其亲友提供的包括肢残人功能、智残人能力、盲人行走导向、聋儿听力语言、助视器配用、精神病防治康复等多方面的培训、训练指导、康复护理、心理疏导、残疾预防知识普及、健康教育、科学与安全意识宣传及相关的咨询转介等多种康复训练与服务。

04.教育费用补助或减免(6岁以上填报)：指政府、教育部门、残联系统或其他部门，组织减免残疾人或其子女就学的费用或提供的补助金。

05.职业教育与培训(12 岁以上填报)：残疾人或其子女在各级各类职业学校或培训机构中接受学历教育（包括初等、中等和高等职业教育）或短期的职业培训。

06.就业安置与扶持(16岁以上填报)：指残疾人就业服务机构或其他社会机构提供的职业指导、就业安置或扶持扶助等服务。

07.贫困残疾人救助与扶持：

救助是指纳入当地居民最低生活保障或享受集中供养、五保供养、临时救济、定期补助、残联系统专项补助等。

扶持是指各级政府扶贫办、妇联、共青团、残联及社会团体等有关部门或信用社、扶贫社等开展的帮助贫困残疾人筹措资金、落实优惠政策、选项目、学技术等多种形式的带动贫困残疾人脱贫活动，包括扶贫经济实体、扶贫基地辐射带动到户；党员、干部、助残志愿者结对包户帮带活动；残疾人联合会利用康复扶贫贷款开展残疾人专项扶贫活动等。

08.法律援助与服务：指各级政府法律援助机构、各级司法行政部门、各级残疾人维权机构、公证机构和基层法律服务机构、律师、民间法律援助组织、法律专业网站和志愿者等为残疾人提供的免费法律服务、贫困残疾人诉讼费或其他费用减免缓、法律咨询、转介服务和法律帮助等。

09.无障碍设施：指为保障残疾人、老年人、伤病人、儿童和其他社会成员的通行安全和使用便利，在道路、公共建筑、居住建筑和居住区等建设工程中配套建设的服务设施。

10.信息无障碍：指公共传媒应使残疾人能够无障碍地获得信息，进行交流，如影视作品、电视节目的字幕和解说，电视手语，盲人有声读物，针对不同障碍的残疾人开发适合不同需要的通信技术和产品等。

11.生活服务：指社区组织、志愿者等为残疾人提供的不定期的日常生活服务，如日常家务的协助、代办等。

12.文化服务：指各级政府文化行政部门、各文化机构、基层组织、社会团体、志愿者等为残疾人提供或组织的旨在解决残疾人精神文化需求、提高残疾人素质的各项文化艺术活动及相应服务。如送书上门，爱心赠书，盲文及有声读物的借阅，参与社会文化活动时享受的便利、优惠服务等。

13.其他：除以上十四种之外的服务或扶助，圈填为“其他”。

14.未曾接受过何种服务或扶助。

T7.本人主要需求

指被调查人需要的康复、教育、就业、生活等方面的服务或扶助，选最主要的三项圈填。指标解释参见T6。填表时请在相应项目前的编号上圈填。

附录 8

第二次全国残疾人抽样调查社区（村、居委会）调查表

表　　号：残调 3 表
制表机关：第二次全国残疾人抽样调查办公室
批准机关：国家统计局
批准文号：国统函【2005】227 号
有效期截止时间：2006 年 6 月 30 日

地　址：＿＿＿＿省（自治区.直辖市）＿＿＿＿县（市.区）＿＿＿＿乡（镇.街道）＿＿＿＿社区（村、居委会）

地址码：□□　□□　□□　□

一、类别	二、总户数	三、总人口数	残疾人情况				残疾人组织情况		十、社区内无障碍设施
			四、残疾人数	五、持证残疾人数	六、享受定期救助人数	七、享受临时救助人数	八、残疾人协会（小组）	九、残疾人专职委员	
1. 社区（居委会） 2.村委会 □	＿＿＿＿户 □□□□□	＿＿＿＿人 □□□□□	＿＿＿人 □□□	＿＿＿人 □□□	＿＿＿人 □□□	＿＿＿人 □□□	1.有 2.无 □	1.有 2.无 □	1.有 2.无 □

十一、康复站	十二、社区康复协调员	各项公共服务机构覆盖情况（距本社区、村委会公里数）				十七、上年度本村人均收入
		十三、法律服务所（司法所）	十四、特教学校（班）	十五、文化活动站（室）	十六、卫生室（所、站）	
1.有 2.无 □	1.有 2.无 □	＿＿＿＿公里 □□	＿＿＿＿公里 □□	＿＿＿＿公里 □□	＿＿＿＿公里 □□	＿＿＿＿元 □□□□□

填表人（签字）：＿＿＿＿＿＿　　　　填报时间：＿＿＿＿年＿＿＿月＿＿＿日

附录 9

第二次全国残疾人抽样调查《社区（村、居委会）调查表》填写说明

《第二次全国残疾人抽样调查社区（村、居委会）调查表》（简称《社区调查表》），是为了获取调查小区所在社区的有关基础数据而制定的。数据可以反映残疾人生活的环境与条件，是本次调查数据的重要组成部分。

本表的填写要求：

一、本表以被抽中调查小区所在的社区（居委会）或村委会为单位，由陪调组组长负责收集资料，并在调查队长的指导下填报。

二、表中第十栏只由社区（居委会）填报，第十七栏只由村委会填报，其余项目栏社区（居委会）和村委会都填报。

三、指标解释：

1.“总户数”、“总人口数”，为2005年末社区（村、居委会）所辖范围内的常住人口统计数（如果确实没有常住人口数据，才能使用其他人口数据填报）。

2.“残疾人数”，为社区和村委会掌握的残疾人数（包括持证残疾人和无证的残疾人）。

3.“持证残疾人数”，指社区和村委会掌握的持有残联系统发放的残疾证的人数。

4.“享受定期救助人数”，指上一年度民政、残联等部门给予的居民最低生活保障、集中供养、五保供养等定期性救助人数。

5.“享受临时救助人数”，指上一年度民政、残联等部门给予的临时性费用减免、临时救济等形式的救助人数。

6.“社区内无障碍设施”，是本社区范围内是否设有坡道、盲道等无障碍设施。

7.“残疾人康复站”，指社区（村、居委会）依托社区服务中心学校、幼儿园、福利企业事业单位、工疗站、残疾人活动场所的等现有机构和设施，建立的满足残疾人全面康复需求的社区康复站。

8.“社区康复协调员” 指社区（村、居委会）配备的专（兼）职人员，可会同社区卫生服务机构调查康复需求，建立康复服务档案，向残疾人提供康复服务信息和转介服务，协调组织社区内有关机构、人员为残疾人提供康复服务和相应支持。

9.“卫生室（所、站）”，在农村指卫生室（所、站），在城市指社区卫生服务中心（站）。

四、“十三”至“十六”栏是指本社区（村、居委会）距最近的、可使用或能提供服务的各项公共服务机构的公里数。凡是本社区（村、居委会）范围内有的，填写“0”公里；若周围没有或不知道，则填写“无”。

附录 10

上海市第二次全国残疾人抽样调查抽样实施方案

一、全市情况

近几年来，上海市行政区划变动较大。全市残疾人抽样调查的样本设计方案和抽取的样本，以 2005 年的行政区划和 2004 年底的户籍人口统计数为抽样框。

按 2005 年的行政区划，全市有 18 个区、1 个县，共 19 个区、县级单位。

据公安户籍人口统计数据，全市户籍人口为 1255.73 万人。人口的地区分布见下表。

全市分区县的人口数

序号	地　区	户籍人口（人）	比重（%）
1	黄浦区	610826	4.86
2	卢湾区	323868	2.58
3	徐汇区	881791	7.02
4	长宁区	588905	4.69
5	静安区	302092	2.41
6	普陀区	649809	5.17
7	闸北区	728949	5.80
8	虹口区	804896	6.41
9	杨浦区	1024566	8.16
10	闵行区	782340	6.23
11	宝山区	845481	6.73
12	嘉定区	519466	4.14
13	浦东新区	1814115	14.45
14	金山区	517053	4.12
15	松江区	509098	4.05
16	青浦区	455689	3.63
17	南汇区	701870	5.59
18	奉贤区	496479	3.95
19	崇明县	604209	4.81
合　计		12557293	100.0

二、全市的样本量和抽取的单位数

按照全国残疾人抽样调查领导小组的分配结果，全市样本量为 7 万人左右，占全市户籍人口 1255 万人的 5.58‰，占全市常住人口 1742 万人的 4.02‰。按照样本设计，全市抽 19 个区、县级单位，占全市抽样框 19 个单位的 100%。

二级以下样本的抽取采用 2×1 的模式，即在每个区、县级单位被抽中乡、镇、街道级单位中抽取 2 个村民委员会或居民委员会[以下简称村（居）]级单位；在每个抽中村（居）级单位中根据人口规模，按 400 人左右划分调查小区，随机抽选 1 个调查小区。

按照以上模式全市共抽选 88 个乡、镇、街道级单位，176 个村（居）级单位，176 个调查小区，样本人数为 7 万人左右。

三、分层情况

1. 分层的原则：对第一级样本的区、县级单位进行分层。分层的原则应尽可能使层内各单位之间调查指标的差异小，各层间调查指标的差异大，以便降低总体的抽样误差。

2. 分层的标志：根据分层的原则以及上海采用三级抽样的具体情况，对区、县级单位采用一次分层方法分层。将全市19个区、县分成19层。

3. 各层样本人数的确定：每层调查的样本人数，均按该层人口数占全市总人口的比例分配。

四、抽样方法

以上海市为总体，采用分层、多级、概率比例、整群的抽样方法。(PPES 抽样方法)

（一）第一级抽样

抽取乡、镇、街道级样本单位。经分层后，在每层内按乡、镇、街道级单位人口数降序排队进行累计。在人口累计数中，采用与乡、镇、街道人口估计规模成比例的概率抽样。具体作法：

1. 在层内各单位按人口数量多少由大到小降序排队，按人口累计，以各层人口累计数为分母，本层应抽乡、镇、街道级单位数为分子，计算抽样组距（包括总组距和各层组距）。

2. 在1~抽样组距之间选择随机起点，如查得随机数字落在1~抽样组距之间，就定为随机起点；如查得的随机数字超过抽样组距数，则继续查表，到满足条件为止。

3. 等距抽取单位。若随机起点小于人口累计栏中第一个单位，则第一个单位被抽中；用随机起点加抽样组距，再确定下一个被抽中的单位。以此类推，抽取所需的样本单位数。如某层抽取 M 个乡、镇、街道级单位，算法如下：

R+0*K

R+1*K

R+2*K

…

R+（M－1）*K

4. 乡、镇、街道级单位抽样结果

全市抽中88个单位（见附表）。样本中，街道人口占样本总人口的比重为64.4%，与2004年底公安户籍统计资料中街道人口占全市总人口的56.1%相比，略高出8.3个百分点。

（二）第二级抽样

1. 样本单位和样本数量

在被抽中的乡、镇、街道内各抽取2个村（居）民委员会。

2. 抽样方法

按村民委员会和居民委员会的人口数量降序排队编制抽样框。计算抽样组距，按人口降序排队，随机等距抽取村（居）民委员会样本单位。

（三）第三级抽样

1. 样本单位和样本数量

在被抽中的村（居）民委员会各抽取1个调查小区。

2. 村（居）级单位的合并

凡抽中村（居）级单位人口规模小于350人的，以接壤或临近为原则，选择一个村（居）级单位与其合并。

3. 调查小区的划分

用村（居）民委员会人口数除以400人，得到可以划分的小区数，利用本村（居）级单位的户口底册或平面图大致划分，划分好的小区人口数量应在350~400人之间。

4. 调查小区的抽取

而后，给每个调查小区编升序加1序号，在序号范围内使用简单随机抽样方法抽取样本（例如抓阄）。

附录 11

上海市第二次全国残疾人抽样调查工作小组组成人员名单

组　长　周太彤　副市长、市残联主席
副组长　姚明宝　市政府副秘书长、市残联副主席
　　　　　曹子平　市残联副主席、党组书记
　　　　　朱章海　市统计局副局长
　　　　　高菊兰　市民政局副局长
　　　　　马　强　市卫生局副局长
成　员　龚伯荣　市残联副理事长
　　　　　朱匡宇　市委宣传部副部长
　　　　　瞿　钧　市教委副主任
　　　　　叶明忠　市发展改革委副主任
　　　　　张剑萍　市劳动保障局副局长
　　　　　周　正　市公安局治安总队总队长
　　　　　赵伟星　市财政局副局长
　　　　　孙常敏　市人口计生委副主任
　　　　　唐晓芬　市技监局副局长
　　　　　李跃旗　团市委副书记
　　　　　张　静　市妇联副主席
　　　　　李晓雪　市残疾人福利基金会秘书长

上海市第二次全国残疾人抽样调查办公室组成人员名单

主　任	龚伯荣（兼）	市残联副理事长
副主任	刘建华	市政府残工委办公室副主任、市残联组联维权处处长
	柴捍平	市残联组联维权处调研员
	顾逸华	市统计局人口与就业处处长
	王达文	市民政局福利企业管理处处长
	孙晓明	市卫生局妇幼基层处处长
	张　炜	市卫生局医政处副处长
	谈炎华	市公安局户政处副处长

工作人员　陆卫平　赵　华　周新建　周定中　余美华　王诚　陈培娣

上海市第二次全国残疾人抽样调查专家组人员名单

组　　长 郑洁皎　华东医院康复医学科主任医师

成　　员 唐文忠　上海精神卫生中心康复科主任医师

罗　怡　眼耳鼻喉科医院眼科副主任医师

陈凯敏　瑞金医院康复医学科副主任医师

张凤玲　上海儿童医院儿童保健所副主任医师

王　瑛　瑞金医院神经内科副主任医师

范国华　瑞金医院康复医学科副主任医师

曾咏梅　眼耳鼻喉科医院耳鼻喉科副主任医师

附录 12

上海市第二次全国残疾人抽样调查样本区（县）工作小组、办公室主任、副主任、调查队名单

黄浦区

工作小组	组　长	沈惠君	副区长
	副组长	陶玉仁	区残联理事长
		陈文龙	区统计局副局长
		田作庆	区政府办公室副主任
		钟志宏	区民政局副局长
		章绳正	区卫生局副局长
	成　员	孔庆秀	区人口计生委
		成秋燕	区地区办
		毕　玲	区委宣传部
		杨　燕	区教育局
		何　明	区公安分局
		徐若海	区财政局
		濮忠宝	区劳动保障局
		张春静	区质量技监局
		忻志明	区残联
		姜　敏	团区委
		钱美君	区妇联
		杨联荣	老西门街道办事处
		吴剑秋	小东门街道办事处
		季学斌	南京东路街道办事处
		周海鹰	豫园街道办事处
办公室	主　任	忻志明	区残联副理事长
	副主任	邵惠强	区残联科长
		柴冠伦	区统计局科长
		章立平	区民政局科长
		李君华	区卫生局科员

卢湾区

工作小组	组　长	王丽华	副区长
	副组长	陈子民	区残联理事长
		屠奇敏	区政府办公室副主任
	成　员	沈锡良	区统计局
		侍　勇	区民政局
		胡　莹	区财政局
		李时珍	区卫生局

		曹冬敏	五里桥街道办事处
		孔庆根	瑞金街道办事处
办公室	主　任	陈子民	区残联理事长
	副主任	周强华	区统计局科长
		陈　涛	区卫生局科员

徐汇区

工作小组	组　长	徐孙庆	副区长
	副组长	冯玉惠	区发改委副主任、区统计局局长
		彭秋萍	区民政局党委副书记
		王克利	区卫生局副局长
		姚秀华	区残联理事长
		魏　敏	区财政局副局长
	成　员	王　炜	区质监局
		朱建华	区教育局
		李亦海	区劳动保障局
		陈赛娟	区妇联
		邱雪刚	区公安分局治安支队
		范林生	区残联
		林广宇	区委宣传部
		周小萍	区人口计生委
		袁　罡	团区委
		王治洪	枫林街道办事处
		王德明	斜土街道办事处
		朱伟红	康健街道办事处
		谈　琳	徐家汇街道办事处
		龚仲德	凌云街道办事处
		阎宗桂	天平街道办事处
办公室	主　任	范林生	区残联副理事长
	副主任	沈征宇	区统计局科长
		倪轶栋	区民政局募捐办副主任
		王　现	区卫生局科长
		江圣华	区公安分局治安支队科长
		汪美君	区残联办公室主任科员

长宁区

工作小组	组　长	周文贤	副区长
	副组长	沈善敏	区残联理事长、民政局副局长
		经照华	区统计局局长
		池　捷	区卫生局副局长
	成　员	杜晓建	区残联
		符雪峰	区文明办

吴玉雷　区教育局
陆浩正　区劳动局
刘玉波　区公安分局治安支队
王　瑾　区财政局
张　聆　区计生委
刘春扬　区质监局
陈　颖　团区委
张国蕊　区妇联
赵　勇　仙霞新村街道办事处
李金香　程家桥街道办事处
谢志升　江苏路街道办事处
马国蓉　新泾镇政府
办 公 室　主　任　沈善敏　区残联理事长
常务副主任　杜晓建　区残联副理事长
副主任　吴进龙　区统计局科长
孙成华　区民政局福企办主任
郑　涛　区卫生局科长
江　萍　区卫生局科长
沈佩瑛　区公安分局治安支队科长

静安区

工作小组　组　长　杨培源　副区长
副组长　吴耀亮　区残联理事长
童建民　区政府办公室副主任
李长风　区统计局局长
张传良　区民政局副局长
许舜根　区卫生局副局长
张锡鳌　区财政局副局长
成　员　马建超　团区委
王家骏　区公安分局
戈一萍　区教育局
吕仁碧　区人口计生委
严志明　区残联
宋建频　区妇联
张爱华　区委宣传部
侯康宁　区质量技监局
葛安基　区劳动保障局
应大伟　静安寺街道办事处
董玉兆　曹家渡街道办事处
办 公 室　主　任　严志明　区残联副理事长
常务副主任　王秀英　区残联办公室主任
副主任　罗咏梅　区统计管理中心负责人

王晓栋　区卫生局副科长
顾懿芸　区财政局副科长

普陀区

工作小组　组　长　陆永新　副区长
副组长　居长鸿　区政府办公室副主任
陈锡峰　区残联理事长
宁克标　区发改委副主任、区统计局副局长
刘毛伢　区民政局副局长
于为国　区卫生局副局长
成　员　李　群　区残联
贾成芳　区委宣传部
詹伯安　区教育局
周　伟　区劳动保障局
王旭明　区公安分局
张思拯　区财政局
陈志秀　区人口计生委
李海云　团区委
汤尉琳　区妇联
庄春松　长寿路街道办事处
戴德炎　宜川路街道办事处
孙菊英　石泉路街道办事处
陶美英　甘泉路街道办事处
陈衡华　真如镇政府
庄　华　桃浦镇政府
办公室　主　任　李　群　区残联副理事长
常务副主任　周　丽　区残联办公室主任
副主任　吴严佩　区民政局
叶福申　区统计局
杜　敏　区公安分局
吴妙麟　区卫生局

闸北区

工作小组　组　长　颜建平　副区长
副组长　魏步良　区残联党组书记、理事长
金宝根　区发改委副主任、区统计局副局长
陈世清　区民政局局长
顾耀亮　区政府办公室副主任
曹光毅　区公安分局副局长
武树红　区卫生局副局长
江天熙　区财政局副局长
成　员　邬金国　区残联

胡　飞　彭浦新村街道办事处
全维刚　北站街道办事处
张　众　宝山路街道办事处
周长鸿　共和新路街道办事处
章泽明　大宁路街道办事处
办公室　主　任　邬金国　区残联副理事长
副主任　杭　琳　区残联办公室副主任
周淑仪　区统计局科长
袁建明　区卫生局科长

虹口区

工作小组　组　长　陈静薇　副区长
副组长　郭金水　区残联理事长
薛志民　区府办副主任、地区办主任
陆震龙　区统计局总统计师
张伟胜　区卫生局副局长
成　员　王兰强　区教育局
卞学敏　区信息委
滕　玫　区残联
张　强　区委宣传部
梅小平　区劳动保障局
陈　琪　区公安分局
宋　彬　区财政局
范陵俊　区人口计生委
沈超英　区质量技监局
张素平　区妇联
万建辉　团区委
李爱武　新港路街道办事处
顾维新　提篮桥街道办事处
潘明云　凉城新村街道办事处
张学林　乍浦路街道办事处
刘洪礼　欧阳路街道办事处
办公室　主　任　滕　玫　区残联副理事长
常务副主任　周伟明　区残联办公室主任
副主任　张新民　区综合计划科副科长
张学堂　区民政局主任
任国倩　区卫生局科长
李建新　区公安分局主任科员

杨浦区

工作小组　组　长　曹雅琳　副区长
副组长　陆志根　区残联理事长

唐晓军　区统计局副局长
封　岩　区卫生局副局长
成　员　陶光宙　区民政局
朱　萍　区财政局
周德辉　区公安分局
蔡玉珍　区人口计生委
胡建新　殷行街道办事处
王莲青　平凉街道办事处
徐冠群　五角场街道办事处
吴玉珍　延吉新村街道办事处
顾毓静　控江路街道办事处
明　依　江浦路街道办事处
吴　冰　五角场镇政府
办公室主任　陆志根　区残联理事长
常务副主任　余　征　区残联办公室主任
副主任　徐俊元　区统计局统计中心主任
曹　燕　区残联
谈　群　区残联
缪寿群　区残联

闵行区

工作小组　组　长　金士华　副区长
副组长　邢红光　区政府办公室副主任
凌志欣　区残联理事长
成　员　郑　平　区计生委
奚正明　区公安分局治安支队
包妙祥　区民政局
季佩坤　区财政局
周明飞　区统计局
顾建平　区卫生局
唐建华　区残联
许月琴　江川街道办事处
张书明　龙柏街道办事处
王志清　莘庄镇政府
王宁红　七宝镇政府
钱金华　虹桥镇政府
办公室主任　唐建华　区残联副理事长
副主任　林忠权　区残联办公室主任
张元鹏　区残联康文科副科长
冯小红　区统计局调查中心主任
吴庆令　区卫生局
陈建伟　区民政局福企所所长

曹少云　区公安分局治安支队副支队长

宝山区

工作小组	组　长	张培正	副区长
	副组长	高　香	区政府办公室副主任
		郭廷育	区残联理事长
		徐　凯	区统计局副局长
		华建国	区民政局副局长
		程　斌	区卫生局副局长
	成　员	方建华	区财政局
		张步华	区教育局
		王夏宝	区残联
		钱剑斌	通河新村街道办事处
		仲　军	吴淞镇街道办事处
		蔡永平	高境镇政府
		高静娟	月浦镇政府
		张志芬	罗泾镇政府
办公室	主　任	王夏宝	区残联副理事长
	副主任	范坤明	区残联办公室主任
		李香红	区统计局调查中心主任
		徐　冰	区民政局福企所所长
		许景艺	区卫生局科长

嘉定区

工作小组	组　长	贝晓曦	副区长
	副组长	方进元	区残联理事长
		叶晓华	区政府办公室副主任
	成　员	方云芬	区卫生局
		卢　伟	区财政局
		吴雪芬	区统计局
		陈蕴珠	区民政局
		时　洁	嘉定镇街道办事处
		汪丽萍	真新新村街道办事处
		王晓燕	马陆镇政府
		钱小萍	黄渡镇政府
办公室	主　任	方进元	区残联理事长
	常务副主任	王建平	区残联办公室主任
	副主任	吴雪芬	区统计局副局长
		陈蕴珠	区民政局副局长
		方云芬	区卫生局副局长
		卢　伟	区财政局副局长

浦东新区

工作小组	组　长	臧新民	副区长
	副组长	王德宝	区劳动保障局副局长
		范金成	区社会发展局副局长
		彭　立	区发展计划局副书记
		高学兵	区残联理事长
	成　员	鞠卫峰	区政府办公室
		胡建平	区委宣传部
		马嘉楠	区财政局
		王星宝	区公安局
		徐惠平	区工会
		胡　军	团区委
		段慧霞	区妇联
		赵连根	区社会发展局
		严　胜	区社会发展局
		万其刚	区劳动保障局
		华元炜	区残联
		宋宪东	区社会发展局
		杨建英	洋泾街道办事处
		苟义生	上钢新村街道办事处
		张培红	周家渡街道办事处
		谈文娟	沪东新村街道办事处
		徐　闵	东明街道办事处
		顾良君	川沙镇政府
		顾龙宝	北蔡镇政府
		陈　华	张江镇政府
		张燕岗	机场镇政府
		徐德定	花木镇政府
		瞿理华	高行镇政府
		姚志明	金桥镇政府
办公室	主　任	华元炜	区残联副理事长
	常务副主任	袁晓东	区残联副理事长
	副主任	宋宪东	区社发局计生办副主任

金山区

工作小组	组　长	施黄飞	副区长
	副组长	魏　菁	区政府办公室副主任
		朱良宝	区残联理事长
		李永革	区统计局副局长
		符国祥	区民政局副局长
		鲁桂根	区卫生局副局长
	成　员	费治中	区残联

孙　训　区委宣传部
邱辉忠　区教育局
冯毛龙　区发改委
吴　斌　区劳动保障局
王世华　区公安分局
潘国范　区财政局
姜卫芳　区人口计生委
孙群荣　团区委
李　伟　区妇联
黄翔洲　石化街道办事处
陈延东　枫泾镇政府
吴惠琴　张堰镇政府

办公室主任　朱良宝　区残联理事长
常务副主任　张决心　区残联办公室主任
副主任　杨丽芳　区统计局社会统计科
刘　辉　区民政局福企办主任
林美华　区卫生局副科长
黄韶新　区公安分局科长

松江区

工作小组组长　任向阳　副区长
副组长　杨云珠　区残联理事长
黄桂弟　区统计局副局长
景玉龙　区民政局副局长
徐建新　区卫生局副局长
成　员　闵德云　区财政局
谷增发　区公安分局
蔡坚峰　区劳动保障局
沈利明　区人口计生委
许明华　区残联
颜静芳　永丰街道办事处
陆娟娟　泗泾镇政府
邱瑞云　佘山镇政府

办公室主任　许明华　区残联副理事长
副主任　浦国信　区残联办公室主任
陆侃侃　区农村经济调查队队长
蒋勤芬　区公安分局科长

青浦区

工作小组组长　姚全根　副区长
副组长　胡海民　区政府办公室副主任
衣伟昌　区残联理事长

王春进　区发改委副主任
王勇赋　区民政局副局长
王小敏　区卫生局副局长
王　健　区财政局副局长
成　员　姚昌华　区残联
蔡双琪　区委宣传部
王海青　区教育局
周志良　区劳动保障局
姜德才　区公安分局
虞伟春　区计生委
王增云　区质量技监局
吴　春　团区委
陈菊英　区妇联
俞　峰　区信息委
王东升　盈浦街道办事处
蒋伟雄　金泽镇政府
沈　英　练塘镇政府
办公室主任　姚昌华　区残联副理事长
常务副主任　金雪林　区残联办公室主任
副主任　王玉琴　区发改委科长
徐朝晖　区民政局科长
程忆文　区卫生局科长
姚振贤　区财政局科长

南汇区

工作小组　组　长　丁大恒　副区长
副组长　徐　荣　区残联理事长
成　员　乐秀嵘　区统计局
韩根娟　区财政局
蔡军民　区民政局
范　冰　区卫生局
顾琦华　惠南镇政府
倪立新　书院镇政府
潘艳萍　周浦镇政府
张文娟　泥城镇政府
庄美臻　老港镇政府
办公室主任　徐　荣　区残联理事长
常务副主任　陆佳盛　区残联办公室主任
副主任　乐秀嵘　区统计局副局长
韩根娟　区财政局副局长
蔡军民　区民政局副局长
范　冰　区卫生局副局长

奉贤区

工作小组	组　长	崔卫中	副区长
	副组长	余萃新	区政府办公室副主任
		谢栋兴	区残联理事长
	成　员	于海生	区公安分局
		戴光岳	区发改委、区统计局
		陈　坚	区财政局
		褚国华	区卫生局
		金建华	区劳动保障局
		夏宝勋	区民政局
		项　华	区委宣传部
		顾卫星	团区委
		沈　黎	区妇联
		韩　康	区残联
		卫银章	南桥镇政府
		潘文萍	金汇镇政府
		卫连清	现代农业园区管委会
办公室主任		韩　康	区残联党组成员
	常务副主任	胡菊萍	区统计局科长
	副主任	李红英	区残联办公室主任
		马卫东	区残联科长
		李月红	区残联科长
		沈国义	区残联科长

崇明县

工作小组	组　长	陆　鸣	副县长
	副组长	王　菁	县政府办公室副主任
		吴志祥	县残联党组书记、理事长
		沈永国	县统计局副局长
		沈志强	县民政局副局长
		李汉超	县卫生局副局长
	成　员	姚士新	县委宣传部
		陆惠星	县教育局
		张昌耀	县发改委
		马雪波	县公安分局
		袁锦超	县劳动保障局
		黄幸家	县财政局
		施锦兴	县人口计生委
		倪超利	县质量技监局
		季晓云	团县委
		王慧英	县妇联
		张忠振	城桥镇政府

	杨　诚	庙镇镇政府
	张　俭	新河镇政府
	黄耀忠	中兴镇政府
办公室主任	吴志祥	县残联理事长
常务副主任	黄　雄	县残联办公室主任
副主任	沈永国	县统计局副局长
	沈志强	县民政局副局长
	李汉超	县卫生局副局长
	黄幸家	县财政局副局长

附录 13

上海市第二次全国残疾人抽样调查样本街道、镇名单

黄浦区

1. 老西门街道
   大兴居委会
   也是园居委会
2. 小东门街道
   新码居委会
   天灯居委会
3. 南京东路街道
   贵州居委会
   福海居委会
4. 豫园街道
   宝带居委会
   露香居委会

卢湾区

1. 五里桥街道
   桥二居委会
   斜土居委会
2. 街道
   茂名居委会
   陕建居委会

徐汇区

1. 枫林街道
   谨斜居委会
   庄家宅居委会
2. 斜土街道
   日晖七村居委会
   大木桥路第三居委会
3. 康健街道
   紫薇园居委会
   紫荆园居委会
4. 徐家汇街道
   番禺居委会
   乐山八、九村居委会
5. 凌云街道

龙州居委会
华理苑居委会
6. 天平街道
上海新村居委会
襄南居委会

长宁区

1. 仙霞新村街道
天山五村第三居委会
仙逸居委会
2. 程家桥街道
程桥一村居委会
程桥二村居委会
3. 江苏路街道
江苏居委会
福世居委会
4. 新泾镇
刘家宅第二居委会
绿园八村居委会

静安区

1. 静安寺街道
四明居委会
景华居委会
2. 曹家渡街道
武南居委会
姚西居委会

普陀区

1. 长寿路街道
武宁新村第一居委会
武宁新村第二居委会
2. 宜川路街道
宜川二村居委会
泰山宅居委会
3. 石泉路街道
石泉新村第二居委会
管弄新村第二居委会
4. 甘泉路街道
合阳居委会
志丹居委会
5. 真如镇

北大街居委会
真光新村第二居委会
6. 桃浦镇
昆仑花苑居委会
山茶苑居委会

闸北区

1. 彭浦新村街道
彭浦新村第三居委会
三泉路770弄居委会
2. 北站街道
东德居委会
均益居委会
3. 宝山路街道
王家宅居委会
通阁路居委会
4. 共和新路街道
柳营新村第二居委会
三阳居委会
5. 大宁路街道
延铁新村居委会
大宁路540弄居委会

虹口区

1. 新港路街道
三联居委会
华兴居委会
2. 提篮桥街道
宝华居委会
东村居委会
3. 凉城新村街道
水电居委会
凉城新村第二居委会
4. 乍浦路街道
南天潼居委会
长安居委会
5. 欧阳路街道
欧阳路第三居委会
大连新村第二居委会

杨浦区

1. 殷行街道
   殷行二村居委会
   市光三村第一居委会
2. 平凉街道
   兰州居委会
   隆仁居委会
3. 五角场街道
   五一居委会
   三门路第一居委会
4. 延吉新村街道
   控江路 645 弄居委会
   延吉四村居委会
5. 控江路街道
   东方居委会
   凤城三村第四居委会
6. 江浦路街道
   辽阳居委会
   辽源三村居委会
7. 五角场镇
   洪东居委会
   国顺东路 26 弄居委会

闵行区

1. 江川街道
   北街居委会
   电机新村第二居委会
2. 龙柏街道
   龙柏一村第二居委会
   航华一村第四居委会
3. 莘庄镇
   西街居委会
   莲浦花苑居委会
4. 七宝镇
   塘北居委会
   牡丹居委会
5. 虹桥镇
   河南居委会
   虹二村委会

宝山区

1. 新村街道
   通河二村居委会
   呼玛三村第一居委会
2. 吴淞镇
   淞新居委会
   桃园居委会
3. 高境镇
   逸仙一村二居委会
   共和三村居委会
4. 月浦镇
   月浦三村居委会
   段泾村委会
5. 罗泾镇
   塘湾村委会
   洋桥村委会

嘉定区

1. 嘉定镇街道
   州桥社区居委会
   虬桥居委会
2. 真新新村街道
   丰庄社区第一居委会
   双河社区居委会
3. 马陆镇
   天马社区居委会
   李家村委会
4. 黄渡镇
   邓家角村委会
   杨木桥村委会

浦东新区

1. 洋泾街道
   西镇居委会
   凌桥三村居委会
2. 上钢新村街道
   上钢二村居委会
   济阳一村居委会
3. 周家渡街道
   上南二村居委会
   云台路第二居委会
4. 沪东新村街道

沪东新村第二居委会
金桥花苑居委会

5. 东明路街道
   翠竹苑居委会
   凌兆新村第十二居委会
6. 川沙镇
   侨光居委会
   柴场村委会
7. 北蔡镇
   香花居委会
   中界村委会
8. 张江镇
   丹桂路居委会
   韩荡村委会
9. 机场镇
   思凡花苑第一居委会
   营前村委会
10. 花木镇
   花木新村第四居委会
   花木新村第一居委会
11. 高行镇
   东沟新村第二居委会
   行西村委会
12. 金桥镇
   永业居委会
   社庄村委会

金山区

1. 石化街道
   石化四村居委会
   临潮三村居委会
2. 枫泾镇
   友好居委会
   中洪村委会
3. 张堰镇
   解放居委会
   桑园村委会

松江区

1. 永丰街道
   秀南居委会
   薛家居委会

2. 泗泾镇

小长村委会

青松村委会

3. 佘山镇

陈坊村委会

新镇村委会

青浦区

1. 盈浦街道

庆新居委会

三元河居委会

2. 金泽镇

新池村委会

田山庄村委会

3. 练塘镇

泾花村委会

东厍村委会

南汇区

1. 惠南镇

南门居委会

城北村委会

2. 书院镇

洋溢村委会

余姚村委会

3. 周浦镇

东南居委会

沈西村委会

4. 泥城镇

公平村委会

马厂村委会

5. 老港镇

牛肚村委会

欣河村委会

奉贤区

1. 南桥镇

古华第二居委会

江海村委会

2. 金汇镇

金建村委会

北丁村委会

3. 奉贤区现代农业园区

陈谊村委会

丁家村委会

崇明县

1. 城桥镇

花园弄居委会

马桥村委会

2. 庙镇

南星村委会

镇东村委会

3. 新河镇

新中居委会

永丰村委会

4. 中兴镇

爱国村委会

永隆村委会